JN412164

TAXNET
세무/회계 전문 재경비즈니스 포털 서비스

"꼭 필요한 실무내용만 짚어주는"

제1판

포인트. 세무조사 실무

김태원 저

조세통람

포인트
세무조사
실무

Preface

오랜 기간 세무사업에 종사하면서, 1년에도 수많은 세무신고서를 제출하지만 언제 어떻게 세무조사가 나올지 항상 두려운 마음을 가지게 된다. 이는 세무신고를 대행하는 세무대리업에 종사하는 직원뿐 아니라 사업체를 경영하는 사장님들도 마찬가지일 것이다. 최근 세무조사 통계를 보면 법인사업자에 대한 조사비율은 전체 법인 수 대비 0.43%, 개인사업자에 대한 조사비율은 0.05%로 나타난다. 이마저도 주로 매출외형이 큰 기업체에게 조사건수가 집중되므로 중소기업이 세무조사 위험에 노출되는 일은 극히 드문 일이다. 그러다 보니 막상 세무조사가 나오게 되면 기업의 실무자들은 당황하게 되며, 자주 있는 일이 아니다 보니 세무조사의 진행 단계에 대해서도 잘 알지 못하는 경우가 많다.

따라서 본서의 제1편에서는 세무조사의 기본개념과 세무조사의 시작, 진행, 종결 등 진행절차에 대해서 기술하면서 각 진행단계별로 실무자들이 제출해야 할 서류 및 각 단계별로 중요한 납세자 권리보호 절차에 대하여도 설명하였다. 또한, 세무조사가 종결된 후 실무자들이 해야 할 상여처분 등에 대한 원천징수절차 및 세금납부기한 연장절차를 기술하였고, 세무조사 후 중요한 권리구제제도인 조세불복절차에 대하여 설명하였으며, 세무조사 이후 부과된 세금을 체납하게 되면 어떠한 불이익을 받게 되는지에 대하여도 자세히 설명하였다.

제2편에서는 세무조사 현장에서 많이 다루어지는 주요 쟁점들을 살펴보았는데, 주로 판례 및 심판례를 통해 세무조사 과정에서 어떠한 사실관계들이 다루어졌으며 최종 판단은 어떻게 결론지어졌는지 설명하였다. 또한, 국세청은 수시로 세무조사 사례를 보도자료로 배포하는데, 이들 중 중요한 사례를 선별하여 본문에 수록하였다.

세무조사와 관련된 법률규정은 주로 「국세기본법」과 「국세징수법」에 규정되어 있는데, 세무조사 현장에서 일어나는 일들의 상당수는 국세청 훈령에서 규정하고 있다. 따라서 본서에서는 현행 세법령뿐 아니라 국세청 훈령도 상당부분 수록하였는데, 수록된 훈령과 약어표시는 다음과 같다.

국세청 훈령	약 어
조사사무처리규정	조사규
탈세제보자료 관리규정	탈세규
납세자보호사무처리규정	납보규
법인세사무처리규정	법인규
소득세사무처리규정	소득규
부가가치세사무처리규정	부가규

저자는 본서를 출간한 것에서 머물지 않고 본서를 독자들이 최대한 활용할 수 있도록 온라인과 오프라인에서 강의로 만날 것이다. 본서에 대한 온라인 강의는 택스에듀TV(www.taxedutv.com)와 이나우스아카데미(edu.inausacademy.com)에서 제공될 예정이다. 본서는 다른 포인트 세무실무 서적과 달리 매년 개정판을 제작하지는 않을 예정이며, 2~3년에 한 번 또는 중요한 개정이 있는 경우에 개정판을 제작할 예정이다.

저자는 세무실무와 집필을 병행하고 있어 탈고시점에는 시간적 한계와 지식적 한계를 절감하게 되고 항상 깊은 아쉬움이 남는다. 그렇지만 이후 개정판을 거듭하면서 더 좋은 책으로 찾아갈 것을 약속드리며, 부디 본서가 세무조사 현장에서 실무자들에게 길잡이가 되어주길 간절히 바라는 마음으로 펜을 놓는다.

2023년 6월 5일

세무사 김태원

CONTENTS

CHAPTER 02 세무조사의 진행절차 … 45

CONTENTS

CONTENTS

PART 02 세무조사의 주요 쟁점

세무조사의 기본개념

CHAPTER

01 세무조사 개론

1 세무조사의 정의

1. 세무조사의 정의

"세무조사"란 국세의 과세표준과 세액을 결정 또는 경정하기 위하여 질문을 하거나 해당 장부 · 서류 또는 그 밖의 물건(이하 "장부등"이라 한다)을 검사 · 조사하거나 그 제출을 명하는 활동을 말한다(국기법 2). 세무조사는 일반세무조사와 조세범칙사건 조사로 구분되며, 이하에서는 특별한 언급이 없는 한 일반세무조사를 기준으로 설명하며, 조세범칙 세무조사에 대하여는 별도로 설명한다.

2. 조사 유형별 정의

국세청 훈령인 조사사무처리규정('이하 조사규')에서는 세무조사와 관련된 용어를 다음과 같이 정의하고 있다(조사규 3).

(1) 일반세무조사

"일반세무조사"란 각 세법에 규정하는 질문조사권 또는 질문검사권에 근거하여 조사공무원이 납세자의 국세에 관한 정확한 과세표준과 세액을 결정 또는 경정하기 위하여 조사계획에 의해 세무조사 사전통지 또는 세무조사 통지를 실시한 후 납세자 또는 납세자와 거래가 있다고 인정되는 자 등을 상대로 질문하고, 장부 · 서류 · 물건 등을 검사 · 조사하거나 그 제출을 명하는 행위를 말한다.

(2) 현장확인

"현장확인"이란 각 세법에 규정하는 질문조사권 또는 질문검사권에 따라 세원관리, 과세자료 처리 또는 세무조사 증거자료 수집 등 다음 각 목의 어느 하나에서 예시하는 업무

등을 처리하기 위하여 납세자 또는 그 납세자와 거래가 있다고 인정되는 자 등을 상대로 세무조사에 의하지 아니하고 현장확인 계획에 따라 현장출장하여 사실관계를 확인하는 행위를 말한다.

① 자료상혐의자료, 위장가공자료, 조세범칙조사 파생자료로서 단순사실 확인만으로 처리할 수 있는 업무
② 위장가맹점 확인 및 신용카드 고액매출자료 등 변칙거래 혐의 자료의 처리를 위한 현장출장 · 확인업무
③ 세무조사 과정에서 납세자의 거래처 또는 거래상대방에 대한 거래사실 등 사실관계 여부 확인업무
④ 민원처리 등을 위한 현장출장 · 확인이나 탈세제보자료, 과세자료 등의 처리를 위한 일회성 확인업무
⑤ 사업자에 대한 사업장현황 확인이나 기장확인 업무
⑥ 거래사실 확인 등을 위한 계좌 등 금융거래 확인업무

(3) 추적조사

"추적조사"란 무자료 · 변칙거래혐의자, 자료상혐의자 등과 같이 유통과정 및 거래질서를 문란하게 하는 자 등을 대상으로 재화 · 용역 또는 세금계산서 · 계산서의 흐름을 거래의 앞 · 뒤 단계별로 추적하여 사실관계를 확인하는 세무조사를 말한다.

(4) 기획조사

"기획조사"란 소득종류별 · 계층별 · 업종별 · 지역별 · 거래유형별 세부담 불균형이나 구조적인 문제점 등을 시정하기 위하여 국세청장, 지방국세청장 또는 세무서장이 별도로 수립한 계획에 따라 지방국세청장 또는 세무서장이 실시하는 세무조사를 말한다.

(5) 통합조사

"통합조사"란 납세자의 편의와 조사의 효율성을 제고하기 위하여 조사대상으로 선정된 과세기간에 대하여 그 납세자의 사업과 관련하여 신고 · 납부의무가 있는 세목을 함께 조사하는 것을 말한다. 세무조사는 납세자의 사업과 관련하여 세법에 따라 신고 · 납부의무가 있는 세목을 통합하여 실시하는 것을 원칙으로 한다(국기법 81의 11 ①).

(6) 세목별 조사

"세목별조사"란 「국세기본법」 제81조의 11 제2항 각 호의 사유에 따라 특정 세목만을 대상으로 실시하는 세무조사를 말한다. 다음 중 어느 하나에 해당하는 경우에는 특정한 세목만을 조사할 수 있다(국기법 81의 11 ②).

① 세목의 특성, 납세자의 신고유형, 사업규모 또는 세금탈루 혐의 등을 고려하여 특정 세목만을 조사할 필요가 있는 경우

② 조세채권의 확보 등을 위하여 특정 세목만을 긴급히 조사할 필요가 있는 경우

③ 그 밖에 세무조사의 효율성 및 납세자의 편의 등을 고려하여 특정 세목만을 조사할 필요가 있는 경우로서 대통령령으로 정하는 경우

(7) 전부조사

"전부조사"란 조사대상 과세기간의 신고사항에 대한 적정 여부를 전반적으로 검증하는 세무조사를 말한다.

(8) 부분조사

"부분조사"란 「국세기본법」 제81조의 11 제1항 및 제2항에 따른 통합조사 또는 세목별조사에 의하지 아니하고 특정 사업장, 특정 항목 · 부분 또는 거래 일부 등에 한정하여 적정 여부를 검증하는 세무조사를 말한다.

(9) 동시조사

"동시조사"란 세무조사 시 조사효율성, 납세자 편의 등을 감안하여 조사대상자로 선정된 납세자와 특수관계에 있는 자(법인을 포함한다) 등 관련인을 함께 조사하거나, 동일한 납세자가 통합조사 또는 세목별조사, 주식변동조사, 자금출처조사 등 여러 유형의 조사대상자로 각각 선정되어 있는 경우 각 조사의 조사시기를 맞추어 함께 조사하는 것을 말한다.

(10) 긴급조사

"긴급조사"란 각 세법에서 규정하는 수시부과 사유가 발생하였거나, 「채무자 회생 및 파산에 관한 법률」에 의한 회생절차개시 신청 등으로 조세채권의 조기 확보가 필요한 납세자에 대하여 그 사유가 발생하는 즉시 실시하는 세무조사를 말한다.

(11) 간편조사

"간편조사"란 상대적으로 성실하게 신고한 것으로 인정되는 중소기업 등을 대상으로 최소한의 해명자료의 요구 · 검증 및 현장조사 방법 등에 의해 단기간의 조사기간 동안 조사를 실시하고 회계 · 세무 처리과정에서 유의할 사항 안내, 경영 · 사업자문 등을 하는 세무조사를 말한다.

(12) 사무실 간이조사

"사무실 간이조사"란 소규모 납세자에 대해 납세자 편의, 회계투명성 · 신고성실도 및 규모 등을 고려하여 현장조사에 의하지 아니하고도 조사의 목적을 달성할 수 있다고 판단되는 경우 납세자가 제출한 신고서류, 회계서류 및 증빙자료 등을 통해 조사기간의 대부분을 조사관서의 사무실에서 실시하는 세무조사를 말한다.

(13) 주식변동조사

"주식변동조사"란 주식변동 과정에서 관련 주주 및 해당 법인의 제세 탈루 여부를 확인하는 세무조사를 말한다. "주식변동"이란 출자, 증자, 감자, 매매, 상속, 증여, 신탁, 주식배당, 합병, 전환사채 · 신주인수권부사채 · 교환사채 · 기타 유사한 사채의 출자전환(전환 · 인수 · 교환 등) 등에 따라 주주 또는 출자자가 회사에 대하여 갖는 법적지위권 또는 소유지분율 및 소유주식수 · 출자지분이 변동되는 것을 말한다.

(14) 자금출처조사

"자금출처조사"란 거주자 또는 비거주자가 재산을 취득(해외유출 포함)하거나 채무의 상환 또는 개업 등에 사용한 자금과 이와 유사한 자금의 원천이 직업 · 나이 · 소득 및 재산상태 등으로 보아 본인의 자금 능력에 의한 것이라고 인정하기 어려운 경우, 그 자금의 출처를 밝혀 증여세 등의 탈루 여부를 확인하기 위하여 행하는 세무조사를 말한다.

(15) 이전가격조사

"이전가격조사"란 거주자, 내국법인 또는 외국법인 국내사업장이 「국제조세조정에 관한 법률」에서 규정하는 국외 특수관계자와의 거래와 관련하여 과세표준 및 세액신고 시에 적용된 이전가격이 「국제조세조정에 관한 법률」 제2조(정의) 제1항 제10호에서 규정하는 정상가격과 합치하는지를 확인하기 위하여 행하는 세무조사를 말한다.

(16) 위임조사

"위임조사"란 지방국세청장이 조사인력 · 업무량 · 조사실익 등을 감안하여 지방국세청 조사대상자를 세무서장에게 위임하여 실시하는 세무조사를 말한다.

(17) 교차 세무조사

"교차 세무조사"란 「국세기본법 시행령」 제63조의 3(세무조사의 관할 조정) 제1호, 제2호 및 제4호에 따른 관할 조정 사유에 해당하는 경우 납세지 관할 지방국세청장이 관할조정을 신청하여 납세지 관할이 아닌 지방국세청장이 실시하는 세무조사를 말한다.

(18) 자료상 조사

"자료상 조사"란 재화 또는 용역을 공급하지 아니하고 (세금)계산서를 발급하였거나 매출처별 (세금)계산서합계표를 거짓으로 기재하여 제출하였는지 여부를 확인하는 세무조사를 말한다.

(19) 거짓(세금)계산서 수취자 조사

"거짓(세금)계산서 수취자 조사"란 재화 또는 용역을 공급받지 아니하고 (세금)계산서를 발급받았거나 매입처별 (세금)계산서합계표를 거짓으로 기재하여 제출하였는지 여부를 확인하는 세무조사를 말한다.

3. 세무조사의 관할

(1) 원 칙

세무조사는 납세지 관할 세무서장 또는 지방국세청장이 수행한다(국기법 81의 6 ①).

(2) 예 외

납세자의 주된 사업장 등이 납세지와 관할을 달리하거나 납세지 관할 세무서장 또는 지방국세청장이 세무조사를 수행하는 것이 부적절한 경우 등 다음의 사유에 해당하는 경우에는 국세청장(같은 지방국세청 소관 세무서 관할 조정의 경우에는 지방국세청장)이 그 관할을 조정할 수 있다(국기법 81의 6 ①, 국기령 63의 3).

① 납세자가 사업을 실질적으로 관리하는 장소의 소재지와 납세지가 관할을 달리하는 경우

② 조사대상 납세자와 출자관계에 있는 자, 거래가 있는 자 또는 특수관계에 있는 자 등에 대한 조사가 필요한 경우
③ 세무관서별 업무량과 조사인력 등을 감안하여 관할 조정이 필요하다고 판단되는 경우
④ 관할 지방국세청장, 세무서장이 세무조사를 수행하는 것이 부적절한 경우

2 해명자료 제출안내

법인세 서면분석은 지방국세청장(성실납세지원국장) 또는 세무서장(법인세과장)이 동일 또는 특정한 업종 · 항목 · 신고유형의 법인사업자에 대한 법인세 과세표준 및 세액 신고내용의 적정여부를 전산분석 · 기획분석 또는 서면검토 방법으로 확인하여 소득금액 또는 세액계산의 공통적인 오류 · 탈루사항 등을 시정함으로써 법인의 성실신고를 유도하고, 실지조사의 한계를 보완하는 한편 신고관리의 미비점을 제도적으로 개선하는 데 그 목적이 있다(법인규 95).

국세청에서는 서면분석 대상 법인에게 해명자료 제출을 요구하고, 납세자가 제출한 자료에 따라 수정신고를 안내하거나 직접 과세를 하는 경우도 있다. 해명자료 안내는 세무조사는 아니지만 결과적으로 세금을 추가납부하게 되는 경우가 많아 납세자에게는 사실상 세무조사와 유사하게 받아들여진다. 소득세 사무처리규정이나 부가가치세 사무처리규정에서는 과세자료에 대한 해명안내절차가 규정되어 있으나, 진행절차가 유사하므로 법인세사무처리 규정을 중심으로 해명자료 안내에 대한 절차를 알아보고자 한다.

1. 해명요구

(1) 법인세

법인세 서면분석담당자는 법인의 신고서류 검토결과 소득금액 또는 세액계산의 오류 · 탈루혐의가 있어 별도의 해명자료를 받고자 할 때에는 법인세 신고관련 해명자료 제출 안내로 서면 요구하여야 한다. 이 경우 15일 이내의 기간을 정하여 안내하되 막연히 포괄적인 서류제출을 요구하지 않도록 유의하여야 한다(법인규 101 ①). 한편, 서면분석 과정에서 법적용이 명백히 잘못된 사항이 나타나는 경우 해명요구 없이 수정신고를 권장할 수 있다(법인규 101 ②).

(2) 부가세

과세자료 처리를 위해 납세자의 해명이 필요한 경우에는 『과세자료 해명안내』와 『권리보호요청제도에 대한 안내』를 작성하여 발송하여야 한다. 또한, 해명안내에 대해 납세자가 해명자료를 제출하는 경우 『납세자 해명자료(별지 제15호 서식, 이하 같다)』에 따라 제출하도록 안내하여야 한다(부가규 83 ①).

(3) 소득세

소득세담당과장 또는 조사담당과장은 전산자료 등을 활용하여 신속하고 정확하게 과세자료를 처리하여야 한다. 과세자료 처리 시 충분한 사전검토 후 과세가 예상되거나 소득금액에 변동이 있는 경우 또는 납세자의 해명이 반드시 필요한 경우에는 '종합소득세 과세자료 해명안내서'와 '권리보호요청제도에 대한 안내'를 납세자에게 발송하여야 한다(소득규 88 ①).

2. 제출자료 분석 및 처리(법인규 102~104)

서면분석 담당자는 납세자가 해명자료를 제출하면 그 내용을 면밀히 검토하여 처리하여야 한다.

(1) 탈루가 발견되지 않은 경우

해명자료 검토 결과 탈루사실이 발견되지 않는 경우에도 『법인세 해명자료 검토결과 안내』로 납세자에게 통지하여야 한다.

(2) 탈루가 발견된 경우

1) 수정신고 안내

서면분석결과 소득금액이나 세액의 오류 또는 탈루가 있는 경우 『법인세(서면분석 · 공제감면 사후관리) 검토결과 안내』로 수정신고를 안내하여야 한다.

2) 수정신고 불이행 시 조치

『법인세 서면분석 · 공제감면 사후관리 검토결과 안내』를 받고 정당한 사유 없이 법인세 과세표준 및 세액을 수정하여 신고 납부하지 아니한 경우 「과세전적부심사사무처리규정」에 따른 과세예고통지서를 발송하고, 과세전 적부심사 청구기한 종료 후 법인세 과세표준 및 세액을 경정 결정하여 납세지 관할 세무서장이 고지 결정할 수 있도록 결의서(안)을 통보하여야 한다.

3) 불성실해명에 대한 조치 등

지방국세청 및 세무서 서면분석 담당자는 해명요구에 대하여 납세자가 해명자료를 제출하지 아니하거나 제출된 해명자료가 불성실하여 간접확인에 의해 서면분석을 종결할 수 없는 경우에는 제4조 및 제5조에 따라 최소한의 범위에서 현장확인을 실시할 수 있다. 다만, 현장확인 결과 또는 해명요구 결과 실지조사를 갈음하는 광범위한 확인이 필요한 경우에는 관련내용을 조사대상 선정 등에 활용하도록 조사국(세무서는 조사과)에 통보하여야 한다.

법인세 사무처리규정【별지 제8호 서식】(2019.5.10. 개정)

기 관 명

법인세 신고관련 해명자료 제출 안내

문서번호 : 법인 –

○ 법인명 : ○ 대표자 : 귀하

안녕하십니까?
귀사의 사업이 번창하길 기원합니다.

귀사가 제출한 20 . . . ~ 20 . . . **사업연도** 법인세 신고 서류를 검토한 결과 확인할 사항이 있어 아래의 자료를 요청하니 20 . . .**까지** 제출하여 주시기 바랍니다.
(요청 근거 :「법인세법」 제60조 제6항 및 같은 법 제122조 또는「상속세 및 증여세법」 제84조)

상기 해명안내에 따라 해명자료 제출시「납세자 해명자료[법인세 사무처리규정 별지 제14호 서식]」를 작성하여 제출하여야 합니다. 기한 내 제출 시 검토하여 그 결과를 **처리기한일인** 20 . . .(단, 기한연장 통지를 한 경우 그 기한연장일)**이후 7일 이내** 발송해드립니다.

※ 검토내용과 같이 과소신고한 경우 위 기한까지 수정신고·납부하여 주시기 바랍니다.

○ 신고내용 검토결과 문제점

○ 제출할 자료

년 월 일

기 관 장

위 내용과 관련하여 문의 사항이 있을 때에는 담당자에게 연락하시면 친절하게 상담해 드리겠습니다. 성실납세자가 우대받는 사회를 만드는 국세청이 되겠습니다.
◆담당자 : ○○세무서 ○○○과 ○○○ 조사관(전화 : , 전송 :)

부가가치세 사무처리규정【별지 제14호 서식】

기 관 명

수신자

제 목 **과세자료 해명안내**

문서번호 : 부가 −

1. 국세행정에 협조하여 주셔서 감사드립니다.

2. 귀하(귀사)의 사업과 관련하여 아래와 같이 과세자료가 발생하여 알려드리니 이에 대한 해명자료를 20 . . .까지 제출하여 주시기 바라며, 해명자료를 제출 기한까지 제출한 경우 제출일로부터 30일(기한의 말일이 토요일 또는 공휴일인 경우 그 다음날, 기한연장 통지를 한 경우 그 기한연장일) 내에 그 검토결과를 통지합니다.

3. 제출 기한까지 회신이 없거나 제출한 자료가 불충분할 때에는 과세자료의 내용대로 세금이 부과될 수 있음을 알려드립니다.

○ 과세자료 발생 경위

(보기) 이 자료는 귀사의 거래처를 세무조사한 결과 실제로 거래하지 않고 세금계산서만 받은 것으로 의심되어 발생한 자료입니다.

○ 과세자료 내용

(단위 : 원)

과세자료명	구분 (매입, 매출)	과세기간	과세자료 발생처		과세자료금액 (공급가액)	비 고
			상 호 (성 명)	사업자등록번호		

○ 제출할 해명자료

− 납세자 해명자료(부가가치세 사무처리규정 별지 제15호 서식) − 관련 증빙서류 *(보기) 세금계산서, 계약서, 거래명세표, 금융거래 내역 등*

년 월 일

기 관 장

위 내용과 관련하여 문의 사항이 있을 때에는 담당자에게 연락주시면 친절하게 상담해 드리겠습니다. 성실납세자가 우대받는 사회를 만드는 국세청이 되겠습니다.
◆ 담당자 : ○○세무서 ○○○과 ○○○ 조사관(전화 : , 팩스 :)

3 세무조사 대상자의 선정

조사대상자의 선정방법은 정기선정과 비정기선정으로 구분한다. 국세청장은 업종별 신고성실도, 계층별 · 유형별 · 지역별 세부담 형평 등을 감안하여 적정 조사비율이 유지되도록 하여야 한다(조사규 9).

1. 정기선정

(1) 개 요

정기선정은 신고내용의 적정 여부를 검증하기 위하여 「국세기본법」 제81조의 6(세무조사 대상자 선정) 제1항에서 정한 범위에서 신고성실도 평가결과, 미조사연도수 등을 기준으로 지방국세청장 또는 세무서장이 일괄하여 선정한다(조사규 9 ②).

(2) 정기선정의 사유

세무공무원은 다음 중 어느 하나에 해당하는 경우에 정기적으로 신고의 적정성을 검증하기 위하여 대상을 선정하여 세무조사를 할 수 있다. 이 경우 세무공무원은 객관적 기준에 따라 공정하게 그 대상을 선정하여야 한다(국기법 81의 6 ②, 국기령 63의 4).

① 국세청장이 납세자의 신고 내용에 대하여 과세자료, 세무정보 및 「주식회사의 외부감사에 관한 법률」에 따른 감사의견, 외부감사 실시내용 등 회계성실도 자료 등을 고려하여 정기적으로 성실도를 분석한 결과 불성실 혐의가 있다고 인정하는 경우

② 최근 4과세기간 이상 같은 세목의 세무조사를 받지 아니한 납세자에 대하여 업종, 규모, 경제력 집중, 납세자의 이력이나 세무정보 등을 고려하여 국세청장이 정하는 기준에 따라 신고 내용이 적정한지를 검증할 필요가 있는 경우

③ 무작위추출방식으로 표본조사를 하려는 경우

(3) 신고성실도 평가

신고성실도는 법인세, 소득세, 부가가치세, 원천제세, 양도소득세 등의 신고사항과 각종 세원정보 등을 반영하여 전산시스템에 의해 평가함을 원칙으로 하고, 세무정보자료 수집 등 세원관리 정보에 의한 평가로 보완할 수 있다. 또한, 전산시스템으로 신고성실도를 평가할 때에는 평가요소 및 가중치를 과학적이고 객관적인 방법으로 정하여야 한다(조사규 10).

(4) 법인의 정기선정

1) 대기업

「국세기본법」 제81조의 6(세무조사 관할 및 대상자 선정)에 따라 법인 정기조사 대상 선정 시 연간 수입금액 1,500억원 이상의 법인은 「국세기본법」 제81조의 6 제2항 제2호에 따라 5년 주기 순환조사를 원칙으로 선정한다. 다만, 경제력 집중 등 다음 중 어느 하나에 해당하는 법인의 경우에는 수입금액 500억원 이상의 법인을 5년 주기 순환조사로 선정한다(법인규 184 ①).

① 「독점규제 및 공정거래에 관한 법률」에 따른 상호출자제한기업집단 소속 법인

② 자산 2천억원 이상

③ 전문인적용역 제공 법인

2) 일반기업

'1)'에서 규정하는 법인 외의 법인은 「국세기본법」 제81조의 6 제2항 제1호에 따라 신고성실도 평가에 의한 선정을 원칙으로 하되, 「국세기본법」 제81조의 6 제2항 제3호에 따라 무작위추출방식에 의한 선정을 병행할 수 있다. 또한, 장기간 세무조사를 받지 아니하여 성실신고 여부 검증이 필요한 일정 규모 이상의 법인은 신고성실도 평가결과와 관계없이 「국세기본법 시행령」 제63조의 4(장기 미조사자에 대한 세무조사기준)에 따라 정기조사 대상으로 선정할 수 있다(법인규 184 ②·③).

(5) 개인의 정기선정

1) 대규모 개인

「국세기본법」 제81조의 6(세무조사 관할 및 대상자 선정)에 따라 개인사업자 정기조사 대상 선정 시 연간 사업소득(부동산임대소득 포함) 수입금액 500억원(전문인적용역사업자 200억원) 이상인 개인사업자는 「국세기본법」 제81조의 6 제2항 제2호에 따라 5년 주기 순환조사를 원칙으로 선정하고 기타 순환조사 선정기준은 국세청장이 별도로 정하는 기준에 의한다(소득규 97 ①).

2) 일반개인

'1)'에서 규정하는 사업자 외의 개인납세자는 「국세기본법」 제81조의 6 제2항 제1호에 따라 신고성실도 평가에 의한 선정을 원칙으로 하되, 장기간 세무조사를 받지 아니하여 성실신고 여부 검증이 필요한 개인납세자는 「국세기본법 시행령」 제63조의 4(장기 미조사자에 대한 세무조사기준)에 따라 정기조사 대상으로 선정할 수 있다. 납세자 성실도 및 미조사기

간과 상관없이 개인납세자에 대한 표본조사가 필요한 경우 「국세기본법」 제81조의 6 제2항 제3호에 따라 무작위 추출방식으로 선정할 수 있다(소득규 97 ②·③).

(6) 정기선정 세무조사 배제 대상

세무공무원은 다음의 요건을 모두 충족하는 자(소규모 성실사업자)에 대해서는 정기선정에 따른 세무조사를 하지 아니할 수 있다. 다만, 객관적인 증거자료에 의하여 과소신고한 것이 명백한 경우에는 그러하지 아니하다(국기법 81의 6 ⑤, 국기령 63의 5).

1) 업종별 수입금액이 다음의 금액 이하인 사업자

① 개인 : 간편장부대상자

② 법인 : 법인세 과세표준 및 세액 신고서에 적어야 할 해당 법인의 수입금액이 3억원 이하인 자. 과세기간이 1년 미만인 경우에는 1년으로 환산한 수입금액을 말한다.

2) 장부 기록 등이 다음의 요건을 모두 충족하는 사업자

① 모든 거래사실이 객관적으로 파악될 수 있도록 복식부기방식으로 장부를 기록·관리할 것

② 과세기간 개시 이전에 신용카드가맹점으로 가입하고 해당 과세기간에 신용카드 결제거부나 허위발급의 행위를 하지 아니할 것. 단, 「소득세법」 및 「법인세법」에 따라 현금영수증가맹점으로 가입하여야 하는 사업자만 해당한다.

③ 과세기간 개시 이전에 현금영수증가맹점으로 가입하고 해당 과세기간에 현금영수증 발급거부나 허위발급의 행위를 하지 아니할 것. 단, 「소득세법」 및 「법인세법」에 따라 현금영수증가맹점으로 가입하여야 하는 사업자만 해당한다.

④ 소득세법에 따른 사업용 계좌를 개설하여 사용할 것(개인만 해당)

⑤ 해당 과세기간의 법정신고납부기한 종료일 현재 최근 3년간 조세범으로 처벌받은 사실이 없을 것

⑥ 해당 과세기간의 법정신고납부기한 종료일 현재 국세의 체납사실이 없을 것

⑦ 업종별 평균수입금액 증가율 등을 고려하여 국세청장이 정하여 고시하는 수입금액 등의 신고기준에 해당할 것

2. 비정기선정

(1) 개 요

비정기선정은 공평과세와 세법질서의 확립을 위하여 「국세기본법」 제81조의 6 제2항에

서 정한 범위에서 지방국세청장과 세무서장이 선정한다. 이 경우 세무서장이 실시하여야 할 긴급조사, 부분조사, 통합조사가 아닌 자료상 조사 및 거짓 (세금)계산서 수취자 조사 등을 제외하고는 지방국세청장의 사전 승인을 받아야 한다(조사규 9 ③).

(2) 비정기선정의 사유

세무공무원은 정기선정에 의한 조사 외에 다음 중 어느 하나에 해당하는 경우에는 세무조사를 할 수 있다(국기법 81의 6 ③).

① 납세자가 세법에서 정하는 신고, 성실신고확인서의 제출, 세금계산서 또는 계산서의 작성 · 교부 · 제출, 지급명세서의 작성 · 제출 등의 납세협력의무를 이행하지 아니한 경우

② 무자료거래, 위장 · 가공거래 등 거래 내용이 사실과 다른 혐의가 있는 경우

③ 납세자에 대한 구체적인 탈세 제보가 있는 경우

④ 신고 내용에 탈루나 오류의 혐의를 인정할 만한 명백한 자료가 있는 경우

⑤ 납세자가 세무공무원에게 직무와 관련하여 금품을 제공하거나 금품제공을 알선한 경우

3. 중복조사 금지

조사대상자는 조사사무 관할 지방국세청장 또는 세무서장이 선정한다. 국세청장 또는 지방국세청장은 지방국세청장 또는 세무서장의 조사대상자 선정내용을 검토 · 조정할 수 있다. 조사대상자를 선정할 때에는 납세자의 세무조사 이력 및 조사대상으로 이미 선정되어 있는지 등을 확인하여 중복조사를 방지하여야 한다(조사규 11).

(1) 중복조사 금지 원칙

세무공무원은 원칙적으로 같은 세목 및 같은 과세기간에 대하여 재조사를 할 수 없다(국기법 81의 4 ②). 중복세무조사를 금지하는 규정을 둔 입법취지는 무분별한 세무조사로 인하여 발생하는 세무조사권의 남용을 견제하고 세무조사 기법의 선진화를 유도하는 한편, 납세자의 정신적 경제적 위축을 방지하고 안정감을 확보하여 납세자의 권리를 실질적으로 보호하려는 데에 있다. 다만, 세무조사가 한 번 이루어지고 나면 어느 경우에도 중복하여 세무조사를 하는 것이 허용되지 않는다고 하면 조세공평에 반하는 결과가 초래될 수 있으므로 일정한 경우에는 예외적으로 중복세무조사가 허용되어야 할 것이다(대법 2007두16547).

한편, 조사공무원은 조사시작 후에도 중복조사 사실이 확인되는 경우에는 즉시 조사철회 및 조사반(팀) 철수 등 필요한 조치를 하여야 한다(조사규 12 ①).

(2) 중복조사 금지 예외

세무공무원은 다음 중 어느 하나에 해당하는 경우가 아니면 같은 세목 및 같은 과세기간에 대하여 재조사를 할 수 없다(국기법 81의 4 ②, 국기령 63의 2 ③).

① 조세탈루의 혐의를 인정할 만한 명백한 자료가 있는 경우. 여기서 조세탈루의 혐의를 인정할 만한 명백한 자료가 있는 경우라 함은 조세의 탈루사실이 확인될 상당한 정도의 개연성이 객관성과 합리성이 뒷받침되는 자료에 의하여 인정되는 경우로 엄격히 제한되어야 한다. 따라서 객관성과 합리성이 뒷받침되지 않는 한 탈세제보가 구체적이라는 사정만으로는 여기에 해당한다고 보기 어렵다(대법 2008두10461).

② 거래상대방에 대한 조사가 필요한 경우

③ 2개 이상의 과세기간과 관련하여 잘못이 있는 경우. 2 이상의 사업연도와 관련하여 잘못이 있는 경우에 관하여 같은 사안에 대하여 같은 잘못이 매 사업연도에 반복하여 발생하는 경우도 포함된다고 해석한다면 과세관청에 의한 자의적인 남용을 방지하고 법적 안정성을 도모하고자 하는 중복세무조사금지원칙이 형해화될 수 있으므로, 매 사업연도에 계속 반복하여 발생하는 잘못에 대하여 제1차 세무조사를 하여 그 결과 과세표준 및 세액의 신고가 적정하였다는 결정을 받았다면 그 후 실시된 제2차 세무조사 결과 잘못이 발견되었다고 하더라도 더 이상 그 부분에 대한 세액 결정 또는 경정을 하여서는 아니 된다고 엄격하게 해석하는 것이 그 입법취지에 부합한다고 할 것이고, 나아가 '2 이상의 사업연도와 관련 하여 잘못이 있는 경우'라 함은 2 이상의 사업연도와 관련하여 발생한 잘못이 불가분의 일체를 이루고 있어 한 사업연도에 대한 세무조정이 다른 사업연도에 대한 세무조정에 영향을 미치는 경우를 의미한다고 제한적으로 해석하는 것이 타당하다(대법 2010두19294).

④ 불복청구 또는 과세전 적부심사청구의 재조사 결정에 따라 조사를 하는 경우(결정서 주문에 기재된 범위의 조사에 한정한다)

⑤ 납세자가 세무공무원에게 직무와 관련하여 금품을 제공하거나 금품제공을 알선한 경우

⑥ 부동산투기 · 매점매석 · 무자료거래 등 경제질서교란 등을 통한 탈세혐의가 있는 자에 대하여 일제조사를 하는 경우

⑦ 과세관청 외의 기관이 직무상 목적을 위하여 작성하거나 취득해 과세관청에 제공한 자료의 처리를 위해 조사하는 경우. '과세관청에 제공한 자료'란 세무조사권을 남용하거나 자의적으로 행사할 우려가 없는 과세관청 외의 기관이 그 직무상 목적을 위하여 작성하거나 취득하여 과세관청에 제공한 자료로서 국세의 부과 · 징수와 납세의 관리에 필요한 자료를 의미하고, 이러한 자료에는 과세관청이 종전 세무조사에서 작

성하거나 취득한 과세자료는 포함되지 아니한다고 해석함이 타당하다(대법 2014두43257).

⑧ 국세환급금의 결정을 위한 확인조사를 하는 경우

⑨ 「조세범 처벌절차법」에 따른 조세범칙행위의 혐의를 인정할 만한 명백한 자료가 있는 경우(다만, 해당 자료에 대해 조세범칙조사심의위원회가 조세범칙혐의가 없다고 심의한 경우는 제외한다)

⑩ 부분조사를 실시한 후 해당 조사에 포함되지 아니한 부분에 대하여 조사하는 경우

실무포인트

① 자료상혐의자료, 위장가공자료, 범칙조사 파생자료 중 세무조사에 의하지 아니하고 단순 사실 확인만으로 처리할 수 있는 업무, 세무조사 과정에서 실시하는 납세자의 거래처 또는 거래상대방에 대한 사실여부 확인, 민원 처리 등을 위한 현지출장 · 확인이나 탈세제보자료, 과세자료 등의 처리를 위한 일회성 확인업무 등의 현지확인은 중복세무조사금지원칙에 따라 금지되어야 하는 조사에 해당되지는 않는다(대법 2010두19294).

② 세무조사의 대상 세목 중에 종전 세무조사의 대상 세목인 부가가치세 외에 다른 세목도 포함되어 있다는 사정만으로 이 사건 부가가치세에 대한 이 사건 세무조사가 중복조사에 해당되지 않는다고 볼 수 없다(대법 2013두15668).

③ 원고로부터 제출받은 계정별 원장에 대한 분석 등 제2차 조사를 실시한 결과 원고와 관련하여 총 18억1,400만원의 신고누락 또는 허위계상 사실 등이 확인됨으로써 ○○지방국세청장이 실시한 제2차 조사는 ○○지방검찰청 검사장이 수사 중 확보한 과세자료의 진위 여부를 조사하여 결과를 통보하여 달라고 함에 따라 이루어진 것으로서, 각종 과세자료의 처리를 위한 재조사에 해당된다 할 것이므로, 중복조사금지 규정에 위배되지 않는다(대법 2007두16547).

④ 세무공무원이 어느 세목의 특정 과세기간에 대하여 모든 항목에 걸쳐 세무조사를 한 경우는 물론 그 과세기간의 특정 항목에 대하여만 세무조사를 한 경우에도 다시 그 세목의 같은 과세기간에 대하여 세무조사를 하는 것은 금지하는 재조사에 해당하고, 세무공무원이 당초 세무조사를 한 특정 항목을 제외한 다른 항목에 대하여만 다시 세무조사를 함으로써 세무조사의 내용이 중첩되지 아니하였다고 하여 달리 볼 것은 아니다. 다만, 당초의 세무조사가 다른 세목이나 다른 과세기간에 대한 세무조사 도중에 해당 세목이나 과세기간에도 동일한 잘못이나 세금탈루 혐의가 있다고 인정되어 관련 항목에 대하여 세무조사 범위가 확대됨에 따라 부분적으로만 이루어진 경우와 같이 당초 세무조사 당시 모든 항목에 걸쳐 세무조사를 하는 것이 무리였다는 등의 특별한 사정이 있는 경우에는 당초 세무조사를 한 항목을 제외한 나머지 항목에 대하여 향후 다시 세무조사를 하는 것은 금지하

는 재조사에 해당하지 아니한다고 볼 것이다(대법 2014두12062).

⑤ 납세자의 사업장 소재지를 관할하는 세무서장이 실시한 세무조사는 부가가치세 경정조사로서 조사목적과 조사의 대상이 부가가치세액의 탈루 여부에 한정되어 그 결과에 따라 부가가치세의 증액경정처분만이 이루어졌고, 주소지를 관할하는 세무서장이 실시한 세무조사는 개인제세 전반에 관한 특별세무조사로서 그 결과에 따라 종합소득세의 증액경정처분 등이 이루어진 경우, 종합소득세부과처분에 관한 위 각 세무조사가 같은 세목 및 같은 과세기간에 대한 중복조사에 해당하지 않는다(대법 2004두11718).

⑥ 현장확인 조사행위가 실질적으로 과세표준과 세액을 결정 또는 경정하기 위한 것으로서 납세자 등의 사무실 · 사업장 · 공장 또는 주소지 등에서 납세자 등을 직접 접촉하여 상당한 시일에 걸쳐 질문하거나 일정한 기간 동안의 장부 · 서류 · 물건 등을 검사 · 조사하는 경우에는 특별한 사정이 없는 한 재조사가 금지되는 '세무조사'로 보아야 한다(대법 2014두8360).

⑦ 「국세기본법」 제81조의 4는 조세탈루의 혐의를 인정할 만한 명백한 자료가 있는 경우 등에 해당하지 않으면 같은 세목 및 같은 과세기간에 대하여 재조사를 할 수 없다는 '중복조사 금지 원칙'을 명시하고 있는데, 중복조사 금지원칙이 적용되는 세무조사에 해당하는지 여부는 형식에 불구하고 실질적인 질문조사 행위가 이루어진 경우인지 즉 국세의 과세표준과 세액을 결정 또는 경정하기 위하여 질문을 하고 장부 · 서류 그 밖의 물건을 검사 · 조사하거나 제출을 명하는 것인지에 따라 판단하여야 한다(대법원 2015두58089, 2016.3.10. 참조).

4. 최근 세무조사 통계

국세청에서는 매년 국세통계연보를 발행하고, 통계정보를 국세통계포털(tasis.nts.go.kr)에서 공개하고 있다. 이 중 세무조사와 관련된 일부 통계를 알아보고자 한다.

(1) 법인사업자 조사통계

국세청에서 매년 발간하는 국세청 통계연보에 따르면, 최근 5년간 법인사업자에 대한 조사법인의 수가 유사한 수준임을 알 수 있다. 그러나 전체 법인수가 늘어나고 있어 전체 가동법인수 대비 조사법인의 비율은 소폭으로 줄어들어 현재는 조사비율이 0.4% 내외로 유지되고 있다. 이를 법인 규모별로 살펴보면 매출액 100억 이하 법인의 조사비율은 1% 미만으로 매우 미미한 것으로 나타나며, 법인당 부과세액도 3~5억원 정도 것으로 나타난다. 반면, 매출액 5,000억 초과 법인의 조사비율은 다른 구간에 비해 상당히 높은 것으로 나타나며, 부과세액도 높게 확인된다. 즉, 법인사업자에 대한 세무조사는 주로 매출외형이 큰 대형 법인에 조사인력이 집중됨을 알 수 있다.

| 연도별 조사통계 |

연 도	가동 법인수	조사 법인수	조사비율
2017년	726,701	5,147	0.71%
2018년	769,684	4,795	0.62%
2019년	816,370	4,602	0.56%
2020년	874,245	3,984	0.46%
2021년	950,040	4,073	0.43%

| 2021년 규모별 조사통계 |

수입금액 규모별	신고 법인수	조사 법인수	조사비율	부과세액 (백만원)	법인당 부과세액 (백만원)
5억 이하	448,621	135	0.03%	167,557	1,241
10억 이하	97,981	74	0.08%	13,734	186
20억 이하	98,559	111	0.11%	41,811	377
50억 이하	102,589	364	0.35%	142,862	392
100억 이하	45,387	368	0.81%	182,286	495
200억 이하	22,978	1,009	4.39%	150,565	149
300억 이하	7,554	447	5.92%	87,726	196
500억 이하	5,966	480	8.05%	350,177	730
1,000억 이하	4,217	328	7.78%	261,176	796
5,000억 이하	3,300	558	16.91%	891,957	1,598
5,000억 초과	856	199	23.25%	1,698,423	8,535

(2) 개인사업자 조사통계

국세청에서 매년 발간하는 국세청 통계연보에 따르면, 최근 5년간 개인사업자에 대한 조사인원의 수가 유사한 수준임을 알 수 있다. 그러나 전체 신고인원수가 늘어나고 있어 전체 신고인원수 대비 조사법인의 비율은 소폭으로 줄어들어 현재는 조사비율이 0.05% 내외로 유지되고 있다. 1인당 부과세액도 1억~4억원 내외로 50억 이하 법인과 부과수준이 유사함을 알 수 있다.

❙ 연도별 조사통계 ❙

연 도	확정신고 인원	조사인원	조사비율
2017년	5,874,671	4,911	0.08%
2018년	6,393,891	4,774	0.07%
2019년	6,911,088	4,662	0.07%
2020년	7,469,635	3,995	0.05%
2021년	7,850,913	4,077	0.05%

❙ 2021년 규모별 조사통계 ❙

수입금액 규모별	조사인원	부과세액 (백만원)	1인당 부과세액 (백만원)
1억 이하	241	54,546	226.33
5억 이하	612	70,385	115.01
10억 이하	728	85,357	117.25
50억 이하	1,687	242,061	143.49
50억 초과	809	342,018	422.77

4 세무조사 대상기간

조사대상 과세기간은 「국세기본법」 제81조의 6(세무조사 대상자 선정) 제2항부터 제4항까지의 규정에 따른 조사대상자 선정 사유를 감안하여 최소한의 범위에서 정하여야 한다. 조세범칙조사의 조사대상 과세기간은 조세탈루 수법 · 규모 등을 감안하여 국세 부과의 제척기간 범위에서 정할 수 있다(조사규 13).

1. 국세부과권의 제척기간

(1) 국세의 부과권

국세부과권이란 성립된 추상적 납세의무를 구체적으로 확정할 수 있는 국가의 결정 · 경정을 말하는데, 형성권의 일종에 해당한다. 형성권이란 권리자의 일방적 의사표시에 의하여 법률관계를 발생 · 변경 및 소멸시키는 권리를 말한다.

(2) 국세부과권 제척기간

국세를 부과할 수 있는 기간, 즉 국세 부과권의 존속기간을 "부과제척기간"이라 한다. 국세의 부과제척기간은 국세를 부과할 수 있는 날부터 법령에 규정된 기간까지로 한다(국기법 26의 2).

이러한 국세부과의 제척기간은 국세의 부과권이 존속하는 기간을 말하며, 부과권은 징수권과 달리 진행기간의 중단이나 정지가 없어 영구히 존속하는 것이 아니라 일정한 기간이 경과되면 소멸된다. 국세부과의 제척기간은 조세법률관계를 신속히 확정짓기 위한 것으로, 납세인구가 늘어나고 과세대상인 경제거래가 다양해지면서 조세체계가 고도로 전문화되고 복잡해져 조세채권 · 채무관계를 언제까지나 불확정한 상태로 둔다면 조세법률관계가 불안정하게 되어 바람직하지 않게 되므로, 이러한 점을 고려하여 납세의무자의 법적 안정성을 확보하는 동시에 일정기간의 경과로 국가가 과세권을 행사하는 데 있어서의 어려움을 해소하려는 데에 그 입법취지가 있다고 할 것이다(2002헌바27).

(3) 제척기간의 기산일

1) 원 칙

국세부과권의 제척기간은 국세를 부과할 수 있는 날부터 기산한다. 국세를 부과할 수 있는 날은 다음의 날로 한다(국기령 12의 3 ①). ① 법인세 · 소득세 · 부가가치세 · 상속세 · 증여세 등과 같이 신고절차가 있는 국세는 신고기한까지는 부과권을 행사할 수 없고, 신고기한까지 신고를 하지 않거나, 신고내용의 오류 · 탈루가 있는 경우에 부과권을 행사할 수 있으므로 법정신고기한의 다음 날부터 제척기간을 기산한다. 한편, ② 종합부동산세와 인지세는 신고절차가 없으므로 납세의무 성립과 동시에 제척기간을 기산하게 된다.

구 분	기산일
① 과세표준과 세액을 신고하는 국세 (신고납세방식의 종합부동산세 제외)	해당 국세의 과세표준과 세액에 대한 신고기한 또는 신고서 제출기한의 다음 날
② 종합부동산세 및 인지세	해당 국세의 납세의무가 성립한 날

특히, 중간예납 · 예정신고 및 수정신고기한은 과세표준신고기한에 포함되지 아니한다. 따라서 중간예납 · 예정신고 및 수정신고기한의 다음날은 국세부과제척기간의 기산일로 보지 아니하고, 당해 국세의 과세표준과 세액에 대한 정기분 확정신고기한의 다음날을 기산일로 본다.

2) 예 외

다음의 경우에는 국세를 부과할 수 있는 날을 다음과 같이 한다(국기령 12의 3 ②).

구 분	기산일
① 원천징수의무자 또는 납세조합에 대하여 부과하는 국세	해당 원천징수세액 또는 납세조합징수세액의 법정 납부기한의 다음 날
② 과세표준신고기한 또는 위 ①의 법정 납부기한이 연장되는 경우	그 연장된 기한의 다음 날
③ 공제, 면제, 비과세 또는 낮은 세율의 적용 등에 따른 공제세액 등을 의무불이행 등의 사유로 징수하는 경우	해당 공제세액 등을 징수할 수 있는 사유가 발생한 날
④ 제2차납세의무자에 대한 제척기간 (주된 납세자와 별도로 진행됨)	주된 납세자의 납부기한의 다음날

(4) 국세부과 제척기간 만료의 효과

국세부과 제척기간이 만료되면 추상적으로 성립한 납세의무는 실현되지 않은 상태로 소멸한다. 따라서 제척기간이 만료된 이후에는 국세를 부과할 수 없을 뿐만 아니라 이미 부과된 과세표준이나 세액을 변경시키는 경정결정이나 부과의 취소 등의 처분도 할 수 없다. 만약, 국세부과의 제척기간이 경과한 후에 이루어진 부과처분이 있다면 이는 무효이다(2007두24364).

2. 일반 국세의 제척기간(국기법 26의 2 ①~③)

(1) 15년간의 제척기간

① 납세자가 다음의 역외거래에서 발생한 부정행위로 국세를 포탈하거나 환급 · 공제받은 경우

㉠ 「국제조세조정에 관한 법률」에 따른 국제거래

㉡ 거래 당사자 양쪽이 거주자(내국법인과 외국법인의 국내사업장 포함)인 거래로서 국외에 있는 자산의 매매 · 임대차, 국외에서 제공하는 용역과 관련된 거래

② 역외거래에서 발생한 부정행위로 법인세를 포탈하거나 환급 · 공제받아 소득처분된 금액에 대한 소득세 또는 법인세

(2) 10년간의 제척기간

① 납세자가 사기나 그 밖의 부정한 행위로써 국세를 포탈하거나, 환급 · 공제 받은 경우

② 부정행위로 포탈하거나 환급 · 공제받은 국세가 법인세이면 이와 관련하여 「법인세법」에 따라 상여 · 배당 등으로 소득처분된 금액에 대한 소득세 또는 법인세

③ 납세자가 부정행위로 다음의 2%(3%) 가산세 부과대상이 되는 경우

㉠ 「소득세법」에 따른 계산서 미발급 · 가공발급 · 가공수수 · 위장발급 · 위장수수 관련 가산세

㉡ 「법인세법」에 따른 계산서 미발급 · 가공발급 · 가공수수 · 위장발급 · 위장수수 관련 가산세

㉢ 「부가가치세법」에 따른 세금계산서 미발급 · 가공발급 · 가공수수 · 위장발급 · 위장수수 · 과다 기재발급 · 과다기재수취 · 비사업자의 거짓 발급 관련 가산세

(3) 7년간의 제척기간(역외거래의 경우 10년간)

납세자가 법정신고기한까지 과세표준신고서를 제출하지 아니한 경우(무신고)

(4) 5년간의 제척기간(역외거래의 경우 7년간)

일반 국세의 경우로서 15년간, 10년간, 7년간의 제척기간을 적용하지 않는 경우

(5) 이월결손금 공제의 경우 공제 후 1년간

5년간 또는 7년간의 제척기간이 끝난 날이 속하는 과세기간 이후의 과세기간에 「소득세법」 및 「법인세법」에 따라 이월결손금을 공제하는 경우에는 그 결손금이 발생한 과세기간의 소득세 또는 법인세는 이월결손금을 공제한 과세기간의 법정신고기한으로부터 1년간으로 한다.

(6) 부정행위의 개념

사기나 그 밖의 부정행위란 다음 중 어느 하나에 해당하는 행위로서 조세의 부과와 징수를 불가능하게 하거나 현저히 곤란하게 하는 적극적 행위를 말한다(국기령 12의 2, 조처법 3 ⑥).

① 이중장부의 작성 등 장부의 거짓 기장

② 거짓 증빙 또는 거짓 문서의 작성 및 수취

③ 장부와 기록의 파기

④ 재산의 은닉, 소득 · 수익 · 행위 · 거래의 조작 또는 은폐

⑤ 고의적으로 장부를 작성하지 아니하거나 비치하지 아니하는 행위 또는 계산서, 세금

계산서 또는 계산서합계표, 세금계산서합계표의 조작

⑥ 전사적 기업자원관리설비의 조작 또는 전자세금계산서의 조작

⑦ 그 밖에 위계에 의한 행위 또는 부정한 행위

실무포인트

① 이 사건 조항의 규정형식, 입법취지 및 엄격해석의 원칙상 법정신고기한 내에 과세표준신고서를 제출한 납세자가 사기 기타 부정한 행위를 하였다고 하더라도 그로 인하여 국세를 포탈하거나 환급 · 공제받지 아니하는 경우에는 원칙으로 돌아가 그 부과제척기간은 5년이 된다고 할 것이고, 이는 당해 납세자가 다른 납세자의 조세포탈 등에 가담하였더라도 자신의 포탈세액 등이 없는 이상 달리 볼 것은 아니다(대법 2007두16974).

② 취득가액 내지 양도금액을 임의로 과대 내지 과소하게 기재한 허위의 이중 매매계약서를 작성하여 세무서에 제출한 경우 사기 기타 부정한 행위로써 양도소득세를 포탈한 경우에 해당하므로 10년의 부과제척기간을 적용한다(2011두13200).

③ 법인세법상 부당행위계산 부인으로 인한 세무조정금액 등 세무회계와 기업회계의 차이로 생긴 금액은 특별한 사정이 없는 한 구 국세기본법 제26조의 2 제1항 제1호 소정의 사기 기타 부정한 행위로 얻은 소득금액으로 볼 수 없으나, 법인세법상 부당행위계산에 해당하는 거래임을 은폐하여 세무조정금액이 발생하지 않게 하기 위하여 부당행위계산의 대상이 되지 않는 자의 명의로 거래를 하고 나아가 그 사실이 발각되지 않도록 허위 매매계약서의 작성과 대금의 허위지급 등과 같이 적극적으로 서류를 조작하고 장부상 허위기재를 하는 경우에는 그것이 세무회계와 기업회계의 차이로 생긴 금액이라 하더라도 이는 사기 기타 부정한 행위로써 국세를 포탈한 경우에 해당하여 그에 관한 법인세의 부과제척기간은 10년이 된다(대법원 2013두7667).

3. 상속세 및 증여세의 제척기간(국기법 26의 2 ④)

(1) 15년간의 제척기간

① 납세자가 부정행위로 상속세 · 증여세를 포탈하거나 환급 · 공제받은 경우

② 「상속세 및 증여세법」에 따른 신고서를 제출하지 아니한 경우(무신고)

③ 「상속세 및 증여세법」에 따라 신고서를 제출한 자가 거짓 신고 또는 누락신고를 한 경우(그 거짓신고 또는 누락신고를 한 부분만 해당)

(2) 10년간의 제척기간

상속세 및 증여세로서 15년간의 제척기간을 적용하지 않는 경우

(3) 부담부증여 시 양도소득세의 제척기간

부담부증여에 따라 증여세와 함께 양도소득세가 과세되는 경우 그 양도소득세는 증여세에 대 한 제척기간(15년간 또는 10년간)을 적용한다.

4. 상속세 및 증여세의 포탈 시 특례제척기간

납세자가 부정행위로 상속세 · 증여세를 포탈하는 경우로서 다음 중 어느 하나에 해당하는 경우에는 해당 재산의 상속 또는 증여가 있음을 안 날부터 1년 이내에 상속세 및 증여세를 부과할 수 있다. 다만, 상속인이나 증여자 및 수증자가 사망한 경우와 포탈세액 산출의 기준이 되는 재산가액이 50억원(다음 중 어느 하나에 해당하는 재산가액을 합친 것을 말함) 이하인 경우에는 이러한 특례제척기간을 적용하지 아니한다(국기법 26의 2 ⑤).

① 제3자의 명의로 되어 있는 피상속인 또는 증여자의 재산을 상속인이나 수증자가 취득한 경우

② 계약에 따라 피상속인이 취득할 재산이 계약이행기간에 상속이 개시됨으로써 등기 · 등록 또는 명의개서가 이루어지지 아니하고 상속인이 취득한 경우

③ 국외에 있는 상속재산이나 증여재산을 상속인이나 수증자가 취득한 경우

④ 등기 · 등록 또는 명의개서가 필요하지 아니한 유가증권, 서화, 골동품 등 상속재산 또는 증여재산을 상속인이나 수증자가 취득한 경우

⑤ 수증자의 명의로 되어 있는 증여자의 「금융실명거래 및 비밀보장에 관한 법률」 제2조 제2호에 따른 금융자산을 수증자가 보유하고 있거나 사용 · 수익한 경우

⑥ 「상속세 및 증여세법」 제3조 제2호에 따른 비거주자인 피상속인의 국내재산을 상속인이 취득한 경우

⑦ 「상속세 및 증여세법」 제45조의 2에 따른 명의신탁재산의 증여의제에 해당하는 경우

⑧ 상속재산 또는 증여재산인 「특정 금융거래정보의 보고 및 이용 등에 관한 법률」에 따른 가상자산을 같은 법에 따른 가상자산사업자(같은 법 제7조에 따라 신고가 수리된 자로 한정한다)를 통하지 아니하고 상속인이나 수증자가 취득한 경우

⑨ 「상속세 및 증여세법」에 따른 비거주자인 피상속인의 국내재산을 상속인이 취득한 경우

5. 조세쟁송 등으로 인한 특례제척기간

원칙적인 국세부과 제척기간에도 불구하고 다음의 각 사유에 따른 기간이 지나기 전까지는 해 당 결정 · 판결, 상호합의, 경정청구 또는 조정권고에 따라 경정결정이나 그 밖에 필요한

처분을 할 수 있다(국기법 26의 2 ②·⑥).

(1) 경정 등 필요한 처분을 위한 특례제척기간

① 「국세기본법」에 따른 이의신청, 심사청구, 심판청구, 「감사원법」에 따른 심사청구 또는 「행정소송법」에 따른 소송에 대한 결정이나 판결이 확정된 경우 : 결정 또는 판결이 확정된 날부터 1년

② ①의 결정이나 판결이 확정됨에 따라 그 결정 또는 판결의 대상이 된 과세표준 또는 세액과 연동된 다른 세목(같은 과세기간으로 한정한다)이나 연동된 다른 과세기간(같은 세목으로 한정한다)의 과세표준 또는 세액의 조정이 필요한 경우 : ①의 결정 또는 판결이 확정된 날부터 1년

③ 「형사소송법」에 따른 소송에 대한 판결이 확정되어 「소득세법」 제21조 제1항 제23호(뇌물) 또는 제24호(알선수재 및 배임수재에 의하여 받는 금품)의 소득이 발생한 것으로 확인된 경우 : 판결이 확정된 날부터 1년

④ 조세조약에 부합하지 아니하는 과세의 원인이 되는 조치가 있는 경우 그 조치가 있음을 안 날부터 3년 이내(조세조약에서 따로 규정하는 경우에는 그에 따른다)에 그 조세조약의 규정에 따른 상호합의가 신청된 것으로서 그에 대하여 상호합의가 이루어진 경우 : 상호합의 절차의 종료일부터 1년

⑤ 「국세기본법」 제45조의 2 제1항 · 제2항 · 제5항 및 제6항 또는 「국제조세조정에 관한 법률」 제19조 제1항 및 제33조 제2항에 따른 경정청구 또는 같은 같은 법 제20조 제2항에 따른 조정권고가 있는 경우 : 경정청구일 또는 조정권고일부터 2개월

⑥ ⑤에 따른 경정청구 또는 조정권고가 있는 경우 그 경정청구 또는 조정권고의 대상이 된 과세표준 또는 세액과 연동된 다른 과세기간의 과세표준 또는 세액의 조정이 필요한 경우 : 제3호에 따른 경정청구일 또는 조정권고일부터 2개월

⑦ 최초의 신고 · 결정 또는 경정에서 과세표준 및 세액의 계산 근거가 된 거래 또는 행위 등이 그 거래 · 행위 등과 관련된 소송에 대한 판결(판결과 같은 효력을 가지는 화해나 그 밖의 행위를 포함한다. 이하 이 호에서 같다)에 의하여 다른 것으로 확정된 경우 : 판결이 확정된 날부터 1년

⑧ 역외거래와 관련하여 제1항에 따른 기간이 지나기 전에 「국제조세조정에 관한 법률」 제36조 제1항에 따라 조세의 부과와 징수에 필요한 조세정보(이하 이 호에서 "조세정보"라 한다)를 외국의 권한 있는 당국에 요청하여 조세정보를 요청한 날부터 2년이 지나기 전까지 조세정보를 받은 경우 : 조세정보를 받은 날부터 1년

(2) 명의대여에 대한 결정 또는 판결 시 특례제척기간

(1) ①의 결정 또는 판결에 의하여 다음 각 호의 어느 하나에 해당하게 된 경우에는 당초의 부과처분을 취소하고 그 결정 또는 판결이 확정된 날부터 1년 이내에 다음 각 호의 구분에 따른 자에게 경정이나 그 밖에 필요한 처분을 할 수 있다(국기법 26의 2 ⑥).

① 명의대여 사실이 확인된 경우 : 실제로 사업을 경영한 자

② 과세의 대상이 되는 재산의 귀속이 명의일 뿐이고 사실상 귀속되는 자가 따로 있다는 사실이 확인된 경우 : 재산의 사실상 귀속자

③ 「소득세법」 제119조 및 「법인세법」 제93조에 따른 국내원천소득의 실질귀속자가 확인된 경우 : 국내원천소득의 실질귀속자 또는 「소득세법」 제156조 및 「법인세법」 제98조에 따른 원천징수의무자

실무포인트

① 판결이란 그 판결에 따라 경정결정 기타 필요한 처분을 행하지 않으면 안 되는 판결, 즉 조세부과처분이나 경정거부처분에 대한 취소판결 등을 의미하는 것이고, 납세의무자의 청구를 기각하는 판결이나 소를 각하하는 판결은 여기에 해당하지 않는다(대법 2004두11459).

② 과세권자로서는 당해 판결 등에 따른 경정결정이나 그에 부수되는 처분만을 할 수 있을 뿐, 판결 등이 확정된 날로부터 1년 이내라 하여 당해 판결 등에 따르지 아니하는 새로운 결정이나 증액경정결정까지도 할 수 있는 것은 아니라 할 것이다(대법 2003두1752). 예를 들어, 과세대상 소득이 사업소득(부동산임대소득)이 아니라 이자소득이라는 이유로 종합소득세 등 부과처분이 확정판결에 의하여 전부 취소된 경우, 과세관청이 그 소득을 이자소득으로 보고 종전처분의 부과세액을 한도로 하여 다시 종합소득세 등 부과처분을 한 것은 확정판결의 기속력 내지 기판력에 반하지 아니하여 타당하다(대법 2000두6237).

③ 납세의무가 승계되는 등의 특별한 사정이 없는 한, 당해 판결 등을 받은 자로서 그 판결 등이 취소하거나 변경하고 있는 과세처분의 효력이 미치는 납세의무자에 대하여서만 그 판결 등에 따른 경정처분 등을 할 수 있을 뿐 그 취소나 변경 대상이 되고 있는 과세처분의 효력이 미치지 아니하는 제3자까지 위 규정을 적용할 수 있는 것은 아니다(대법 2003두1752).

5 조사기간과 조사방법

1. 조사기간

세무공무원은 조사대상 세목 · 업종 · 규모, 조사 난이도 등을 고려하여 세무조사 기간이 최소한이 되도록 하여야 한다(국기법 81의 8 ①).

(1) 중소규모 납세자

조사관서장은 조사대상 과세기간 중 연간 수입금액 또는 양도가액이 가장 큰 과세기간의 연간 수입금액 또는 양도가액이 100억원 미만(부가가치세에 대한 세무조사의 경우 1과세기간 공급가액의 합계액이 50억원 미만)인 납세자(이하 "중소규모 납세자")에 대한 세무조사 기간은 20일 이내로 하여야 한다. 다만, 「국세기본법」 제81조의 8 제3항 각 호의 어느 하나에 해당하여 세무조사 기간의 제한 및 연장기간의 제한을 받지 않는 경우에는 그러하지 아니하다(국기법 81의 8 ① · ②, 조사규 15).

(2) 조사기간 단축

세무공무원은 세무조사 기간을 단축하기 위하여 노력하여야 하며, 장부기록 및 회계처리의 투명성 등 납세성실도를 검토하여 더 이상 조사할 사항이 없다고 판단될 때에는 조사기간 종료 전이라도 조사를 조기에 종결할 수 있다(국기법 81의 8 ⑧).

(3) 조사기간의 계산

조사기간의 계산은 조사시작일부터 조사종결일까지의 기간으로 하며, 조사기간 중의 토요일 · 공휴일을 포함하여 계산한다. 세무조사가 중지된 기간은 조사기간 계산에 포함하지 아니한다(조사규 16).

2. 조사방법

세무조사 방법은 조사대상자의 납세성실도수준, 사업규모, 업종, 과세자료 분석내용, 탈루혐의사항 및 탈세정보내용 등을 고려하여 다음의 방법으로 실시할 수 있다(조사규 17).

(1) 전부조사

전부조사를 하는 때에는 그 납세자가 비치, 기장하고 있는 장부 및 그와 관련된 증빙서류(전산조직에 의해 장부와 증빙서류를 작성하였을 때에는 전자기록을 포함한다. 이하 같다) 조사와 그 장부의 진실성 여부를 검증하기 위한 실물조사, 생산수율 검토, 각종 현황조사, 거래처 조사 또는 거래처 현장확인 및 금융거래 현장확인

(2) 부분조사

부분조사를 하는 때에는 세금탈루혐의가 있는 특정 항목 · 부분 또는 거래의 일부에 대해 (1)의 조사방법을 준용하여 조사

(3) 간편조사

간편조사를 하는 때에는 서면심리 및 준비조사 결과 나타난 문제점을 중심으로 우편질문에 의한 해명자료의 검증 또는 단기간의 현장조사

3. 통합조사의 원칙

(1) 통합조사의 원칙

세무조사는 납세자의 사업과 관련하여 세법에 따라 신고 · 납부의무가 있는 세목을 통합하여 실시하는 것을 원칙으로 한다(국기법 81의 11 ①).

(2) 특정세목 조사

통합조사의 원칙에도 불구하고 다음 중 어느 하나에 해당하는 경우에는 특정한 세목만을 조사할 수 있다(국기법 81의 11 ②).

① 세목의 특성, 납세자의 신고유형, 사업규모, 세금탈루 혐의 등을 고려하여 특정 세목만을 조사할 필요가 있는 경우

② 조세채권의 확보 등을 위하여 특정 세목만을 긴급히 조사할 필요가 있는 경우

③ 그 밖에 세무조사의 효율성 및 납세자의 편의 등을 고려하여 특정 세목만을 조사할 필요가 있는 경우

(3) 부분 조사

통합조사의 원칙 및 특정세목조사 규정에도 불구하고 다음 중 어느 하나에 해당하는 경우에는 다음의 사항에 대한 확인을 위하여 필요한 부분에 한정한 조사("부분조사")를 실시할 수 있다(국기법 81의 11 ③). 다만, ③부터 ⑥까지에 해당하는 사유로 인한 부분조사는 같은 세목 및 같은 과세기간에 대하여 2회를 초과하여 실시할 수 없다(국기법 81의 11 ④).

(①, ②만 2회 초과 부분조사 실시가능)

① 경정 등의 청구에 대한 처리 또는 국세환급금의 결정을 위하여 확인이 필요한 경우

② 불복청구 또는 과세전 적부심사 청구에 따른 재조사 결정에 따라 사실관계의 확인 등이 필요한 경우

③ 거래상대방에 대한 세무조사 중에 거래 일부의 확인이 필요한 경우

④ 납세자에 대한 구체적인 탈세 제보가 있는 경우로서 해당 탈세 혐의에 대한 확인이 필요한 경우

⑤ 명의위장, 차명계좌의 이용을 통하여 세금을 탈루한 혐의에 대한 확인이 필요한 경우

⑥ 그 밖에 세무조사의 효율성 및 납세자의 편의 등을 고려하여 특정 사업장, 특정 항목 또는 특정 거래에 대한 확인이 필요한 경우로서 다음 중 어느 하나에 해당하는 경우 (국기령 63의 12)

㉠ 법인이 주식 또는 출자지분을 시가보다 높거나 낮은 가액으로 거래하거나 자본거래로 인하여 해당 법인의 특수관계인인 다른 주주 등에게 이익을 분여하거나 분여받은 구체적인 혐의가 있는 경우로서 해당 혐의에 대한 확인이 필요한 경우

㉡ 무자료거래, 위장 · 가공거래 등 특정 거래 내용이 사실과 다른 구체적인 혐의가 있는 경우로서 조세채권의 확보 등을 위하여 긴급한 조사가 필요한 경우

㉢ 과세관청 외의 기관이 직무상 목적을 위해 작성하거나 취득하여 과세관청에 제공한 자료의 처리를 위해 조사하는 경우

㉣ 「소득세법」에 따른 비거주자에 대한 조세조약상 비과세 또는 면제 적용 신청 및 「법인세법」에 따른 외국법인에 대한 조세조약상 비과세 또는 면제 적용 신청에 대한 내용을 확인할 필요가 있는 경우

4. 관련인에 대한 동시조사의 실시

조사의 효율성, 납세자 편의 등을 감안하여 조사대상 납세자와 출자관계에 있는 자, 거래가 있는 자 또는 납세자와 특수관계에 있는 자 등 관련인(법인을 포함한다. 이하 "관련인"이라 한다)이 조사대상자로 선정되었거나 조세 탈루혐의가 있는 경우에는 그 관련인을 동시에 조사할 수 있다. 관련인에 대하여 동시조사를 실시하고자 하는 경우에는 지방국세청장(관련인의 납세지가 다른 지방국세청 관할인 경우에는 국세청장)의 승인을 받아야 한다. 다만, 관련인에 대한 동시조사가 부분조사인 경우에는 지방청장의 승인 없이 동시조사를 실시할 수 있다. 동시조사를 실시하는 경우로서 조사관할 조정이 필요한 때에는 관할조정을 하여야 하며, 세무조사 사전통지 등 일반 조사절차를 준수하여야 한다(조사규 20).

CHAPTER

02 세무조사의 진행절차

1 세무조사의 시작

1. 세무조사의 통지

(1) 원 칙 – 사전통지

세무공무원은 세무조사를 하는 경우에는 조사를 받을 납세자 또는 납세관리인에게 조사를 시작하기 15일 전에 조사대상 세목, 조사기간 및 조사 사유 등의 사항을 통지하여야 한다(국기법 81의 7 ①). 세무조사 사전통지 또는 세무조사 통지를 하는 경우에는 '조사사유' 란에 「국세기본법」 제81조의 6(세무조사 대상자 선정)에서 규정한 조사사유와 법적근거를 기재하여야 하며, 조사대상 과세기간에 대하여 이미 세목별 조사 또는 부분조사를 실시한 경우에는 '조사제외 대상' 란에 조사제외 대상 세목, 과세기간 및 범위 등을 명확히 기재하여 중복조사를 방지하여야 한다(조사규 21 ③).

(2) 예 외 – 세무조사 사전통지의 생략

사전에 통지하면 증거인멸 등으로 조사 목적을 달성할 수 없다고 인정되는 경우에는 세무조사의 사전통지를 생략 할 수 있다(국기법 81의 7 ①).

1) 사전통지 생략 사유

조세범칙조사 또는 「국세기본법」 제81조의 7(세무조사의 통지와 연기신청) 제1항 단서에 따라 사전통지를 하면 증거인멸 등의 우려가 있어 조사목적을 달성할 수 없다고 인정되는 경우로써 다음 각 호의 어느 하나에 해당하는 경우에는 조사관서장의 승인을 받아 사전통지를 생략하고 조사를 시작할 수 있다(조사규 21 ①).

① 거짓 세금계산서 · 계산서 수수 또는 무자료거래 등 유통질서 문란행위 및 신용카드 변칙거래로 세금을 탈루하거나 탈루하게 한 혐의가 있는 경우

② 이중장부 · 허위계약 · 증빙서류 허위작성 및 변조 · 차명계좌 이용, 명의위장 등 부정

한 방법으로 세금을 탈루한 혐의가 있는 경우

③ 현금거래를 누락하는 방법 등을 통해 세금을 탈루한 혐의가 있는 경우

④ 기업자금을 빼돌려 이를 기업주 등 개인이 착복하였거나 개인 재산증식에 이용한 혐의가 있는 경우

⑤ 국제거래 및 역외거래를 이용하여 세금을 탈루하였거나 기업자금을 불법으로 해외에 빼돌린 혐의가 있는 경우

⑥ 사전통지 시 거래상대방 또는 제3자와 담합의 우려가 있는 경우

⑦ ①부터 ⑥까지의 규정에 준하는 사유로 조사목적을 달성하기 어렵다고 인정되는 경우

2) 세무조사 통지서의 교부

사전통지를 하지 아니하고 조사를 개시하거나 조세채권 확보를 위하여 조사를 긴급히 개시할 때 다음의 구분에 따른 사항이 포함된 세무조사통지서를 세무조사를 받을 납세자에게 교부하여야 한다(국기법 81의 7 ⑥).

① 증거인멸을 방지하기 위하여 사전통지를 하지 아니하고 조사를 개시하는 경우

㉠ 사전통지 사항

㉡ 사전통지를 하지 아니한 사유

㉢ 그 밖에 세무조사의 개시와 관련된 사항으로서 대통령령으로 정하는 사항

② 조세채권 확보를 위하여 조사를 긴급히 개시하는 경우 : 조사를 긴급히 개시하여야 하는 사유

3) 세무조사통지서 교부의 배제

사전통지를 하지 아니하고 세무조사를 하는 경우라도 다음의 어느 하나에 해당하는 경우에는 세무조사통지서를 납세자에게 교부하지 아니하여도 된다(국기령 63의 6 ②).

① 납세자가 세무조사 대상이 된 사업을 폐업한 경우

② 납세관리인을 정하지 아니하고 국내에 주소 또는 거소를 두지 아니한 경우

③ 납세자 또는 납세관리인이 세무조사통지서 수령을 회피하거나 거부하는 경우

■ 조사사무처리규정 [별지 제1호 서식] (국세기본법 시행규칙 서식)

행 정 기 관 명

수신자

(경유)

제 목 **세무조사 사전 통지**

귀하(귀사)에 대한 세무조사를 실시하기에 앞서 아래와 같이 알려드립니다.
(근거 :「국세기본법」 제81조의 7 제1항 및 같은 법 시행령 제63조의 6)

납 세 자	상 호 (성 명)		사업자등록번호 (생 년 월 일)	
	사업장 (주 소)			
조 사 대 상 세 목				
조사대상 과세기간 (자료요청 대상기간)		년 월 일 ~ 년 월 일		
조 사 기 간		년 월 일 ~ 년 월 일		
조 사 사 유				
조 사 제 외 대 상		세목 : 과세기간 : 범위 :		
부 분 조 사 범 위				

만약 귀하(귀사)에게 「국세기본법 시행령」 제63조의 7 제1항에 해당하는 사유가 있으면 세무조사의 연기를 신청할 수 있습니다.

※「국세기본법 시행령」 제63조의 7 제1항에 해당하는 사유

1. 화재, 그 밖의 재해로 사업상 심각한 어려움이 있을 때
2. 납세자 또는 납세관리인의 질병, 장기출장 등으로 세무조사가 곤란하다고 판단될 때
3. 권한 있는 기관에 장부, 증거서류가 압수되거나 영치되었을 때
4. 제1호부터 제3호까지의 규정에 준하는 사유가 있을 때. 끝.

발 신 명 의 직인

이 통지에 대한 문의 사항 또는 조사 시작 전 세무조사 연기신청 등에 관한 궁금한 사항은 ○○○과 담당자 ○○○(전화 :)에게 연락하시기 바라며 조사 시작 이후 세무조사와 관련하여 불편·애로 사항이 있을 때에는 납세자보호담당관 ○○○(전화 :)에게 연락하시면 친절하게 상담해 드리겠습니다.

기안자 직위(직급) 서명 검토자 직위(직급)서명 결재권자 직위 (직급)서명
협조자
시행 처리과－일련번호(시행일자) 접수 처리과명－일련번호(접수일자)
우 주소 / 홈페이지 주소
전화( ) 전송( ) / 기안자의 공식전자우편주소 / 공개구분

210㎜×297㎜[일반용지 70g/㎡(재활용품)]

■ 조사사무처리규정 [별지 제2호 서식] (국세기본법 시행규칙 서식)

행 정 기 관 명

수신자

(경유)

제 목 **세무조사 통지**

귀하(귀사)에 대한 세무조사를 아래와 같이 실시하게 되었음을 알려드립니다.

(근거 :「국세기본법」 제81조의 7 제6항)

<table>
<tr><td rowspan="2">납 세 자</td><td>상 호
(성 명)</td><td></td><td>사업자등록번호
(생 년 월 일)</td><td></td></tr>
<tr><td>사업장
(주 소)</td><td colspan="3"></td></tr>
<tr><td colspan="2">조 사 대 상 세 목</td><td colspan="3"></td></tr>
<tr><td colspan="2">조 사 대 상 과 세 기 간</td><td colspan="3">년 월 일 ~ 년 월 일</td></tr>
<tr><td colspan="2">조 사 기 간</td><td colspan="3">년 월 일 ~ 년 월 일</td></tr>
<tr><td colspan="2">조 사 사 유</td><td colspan="3"></td></tr>
<tr><td colspan="2">조 사 제 외 대 상</td><td colspan="3">세목 : 과세기간 : 범위 :</td></tr>
<tr><td colspan="2">부 분 조 사 범 위</td><td colspan="3"></td></tr>
</table>

세무조사를 하기 앞서 사전통지를 하고 있으나 귀하(귀사)에 대해서는「국세기본법」 제81조의 7 제1항 단서에 따라 세무조사 사전통지를 하지 아니하였습니다. 끝.

발 신 명 의 [직인]

이 통지에 대한 문의사항이 있으면 ○○○과 담당자 ○○○(전화 :)에게 연락하시기 바라며 세무조사와 관련하여 불편 · 애로 사항이 있을 때에는 납세자보호담당관 ○○○(전화 :)에게 연락하시면 친절하게 상담해 드리겠습니다.

기안자 직위(직급) 서명 검토자 직위(직급)서명 결재권자 직위 (직급)서명

협조자

시행 처리과 - 일련번호(시행일자) 접수 처리과명 - 일련번호(접수일자)

우 주소 / 홈페이지 주소

전화( ) 전송( ) / 기안자의 공식전자우편주소 / 공개구분

210㎜ × 297㎜[일반용지 70g/㎡(재활용품)]

2. 세무조사의 연기

(1) 세무조사의 연기사유

세무조사의 사전통지를 받은 납세자가 다음의 사유로 조사를 받기 곤란한 경우에는 문서로 관할 세무관서의 장에게 조사를 연기해 줄 것을 신청할 수 있다(국기법 81의 7 ②, 국기령 63의 7).

① 화재, 그 밖의 재해로 사업상 심각한 어려움이 있을 때
② 납세자 또는 납세관리인의 질병 · 장기출장 등으로 세무조사가 곤란하다고 판단될 때
③ 권한 있는 기관에 장부, 증거서류가 압수되거나 영치되었을 때
④ ①부터 ③까지의 규정에 준하는 사유가 있을 때

(2) 조사사무처리 규정상 연기사유

조사관서장은 다음 중 어느 하나에 해당하는 사유가 있는 경우에는 조사시작을 연기할 수 있다(조사규 22 ①).

① 「국세기본법」 제81조의 7(세무조사의 사전통지와 연기신청) 제2항 및 같은 법 시행령 제63조의 7 제1항에서 정하는 바에 따라 납세자가 조사를 받기 곤란한 경우
② 「납세자보호사무처리규정」 제67조 제1항 및 제81조 제1항에 따라 납세자보호담당관이 세무조사의 일시중지를 요청하는 경우
③ 그 밖에 부득이한 사유가 있어 조사의 시작을 연기할 필요가 있다고 판단되는 경우

(3) 연기신청

세무조사의 연기신청을 하려는 자는 세무조사 연기신청서(국기칙 별지서식 제55호의 2)를 해당 행정기관의 장에게 제출하여야 한다(국기령 63의 7 ②).

(4) 승인 여부 통지

연기신청을 받은 관할 세무관서의 장은 연기신청 승인 여부를 결정하고 그 결과를 조사개시 전까지 통지하여야 한다(국기법 81의 7 ③).

(5) 세무조사의 연기기간 만료 전 개시

관할 세무관서의 장은 다음의 어느 하나에 해당하는 사유가 있는 경우에는 세무조사의 연기한 기간이 만료되기 전에 조사를 개시할 수 있다(국기법 81의 7 ④). ①의 사유로 조사를 개시하려는 경우에는 조사를 개시하기 5일 전까지 조사를 받을 납세자에게 연기 사유가

소멸한 사실과 조사기간을 통지하여야 한다(국기법 81의 7 ⑤).

① 다음의 연기 사유가 소멸한 경우

㉠ 화재, 그 밖의 재해로 사업상 심각한 어려움이 있을 때

㉡ 납세자 또는 납세관리인의 질병 · 장기출장 등으로 세무조사가 곤란하다고 판단될 때

㉢ 권한 있는 기관에 장부, 증거서류가 압수되거나 영치되었을 때

㉣ ㉠부터 ㉢까지의 규정에 준하는 사유가 있을 때

② 조세채권을 확보하기 위하여 조사를 긴급히 개시할 필요가 있다고 인정되는 경우

국세징수법 시행규칙 [별지 제55호 서식] (2019.3.20. 개정) (앞 면)

세무조사연기신청서

접수번호	접수일	처리기간

신청인	① 성명		② 주민등록번호	
	③ 상호		④ 사업자등록번호	
	⑤ 주소(거소) 또는 영업소			

신청내용	
⑥ 당초 조사기간	년 월 일 ~ 년 월 일
⑦ 연기받으려는 사유	「국세기본법 시행령」 제63조의 7 제1항 제 호
⑧ 연기를 원하는 기간	년 월 일 ~ 년 월 일

「국세기본법」 제81조의 7 제2항 및 같은 법 시행령 제63조의 7 제2항에 따라 위와 같이 신청합니다.

년 월 일

세무서장
지방국세청장 귀하 신청인 (서명 또는 인)

첨부서류	사유를 증명하는 자료	수수료 없음

3. 세무조사의 시작

(1) 납세자권리헌장의 교부 및 낭독

조사공무원이 세무조사를 시작하는 때에는 「국세기본법」 제81조의 2(납세자권리헌장의 제정 및 교부)에 따라 국세청장이 제정 · 고시한 납세자권리헌장을 납세자에게 교부하고 그 요지를 직접 낭독해 주는 등 납세자가 보장받을 수 있는 권리를 설명해 주어야 하며, 납세자권리헌장 등 수령 및 낭독 확인서(별지 제1－1호 서식)를 제출받아 조사서류와 함께 보관하여야 한다(조사규 24).

(2) 청렴서약서 및 사적관계 신고서의 작성 및 관리

조사공무원이 세무조사를 시작하는 때에는 조사대상자 및 세무대리인(변호사, 공인회계사 또는 세무사)과 함께 청렴서약서를 작성하여 조사관서장에게 제출하여야 한다. 조사대상자 또는 세무대리인이 청렴서약서 작성에 동의하지 않는 경우에는 조사공무원이 조사대상자 또는 세무대리인의 성명을 기재하고 서명란에 "날인거부"라고 표기하여 조사관서장에게 제출하여야 한다.

한편, 조사공무원은 조사대상자 또는 세무대리인 등 직무관련자와 「국세청 공무원 행동강령」 제6조 제1항에 따른 사적 이해관계가 있는 경우 사적관계 등을 기재한 「사적 이해관계 신고서」 등을 작성하여 소속기관의 장(지방국세청은 조사국장, 세무서는 서장)에게 제출하여야 하며, 조사국장, 세무서장은 「국세청 공무원 행동강령」 제6조 제5항부터 제7항까지의 규정 등에 따라 적절한 조치를 취하여야 한다(조사규 25).

4. 세무조사의 조력을 받을 권리

납세자는 세무조사를 받는 경우에 변호사, 공인회계사, 세무사로 하여금 조사에 참여하게 하거나 의견을 진술하게 할 수 있다(국기법 81의 5).

(1) 세무대리인 위임

조사공무원은 제1항에 따라 세무대리인이 조사에 참여하거나 의견을 진술하게 하고자 하는 경우에는 해당 세무대리인으로부터 그 권한이 있음을 증명하는 위임장을 제출받아 조사관서장에게 보고하여야 한다. 조사공무원은 위임장을 제출하지 아니한 세무대리인에 대해서는 세무조사 과정에서의 참여 · 의견진술을 거부하여야 한다(조사규 28 ② · ③).

(2) 직접 진술요구

세무대리인이 조력의 범위를 넘어 조사를 방해하거나 늦추려는 경우, 거짓으로 진술하는 경우 또는 납세자가 직접 진술할 필요가 있는 경우 등에는 납세자가 직접 의견을 진술하도록 요구할 수 있다(조사규 28 ④).

납세자권리헌장

납세자의 권리는 헌법과 법률에 따라 존중되고 보장됩니다.

납세자는 신고 등의 협력의무를 이행하지 않았거나 구체적인 조세탈루 혐의가 없는 한 성실하다고 추정되고 법령에 의해서만 세무조사 대상으로 선정되며, 공정한 과세에 필요한 최소한의 기간과 범위에서 조사받을 권리가 있습니다.

납세자는 증거인멸의 우려 등이 없는 한 세무조사 기간과 사유를 사전에 통지받으며, 사업의 어려움으로 불가피한 때에는 조사의 연기를 요구하여 그 결과를 통지받을 권리가 있습니다.

납세자는 세무대리인의 조력을 받을 수 있고 명백한 조세탈루혐의 등이 없는 한 중복조사를 받지 아니하며, 장부 · 서류는 탈루혐의가 있는 경우로서 납세자의 동의가 있어야 세무관서에 일시 보관될 수 있습니다.

납세자는 세무조사 기간이 연장 또는 중지되거나 조사범위가 확대될 때, 그리고 조사가 끝났을 때 그 사유와 결과를 서면으로 통지받을 권리가 있습니다.

납세자는 위법 · 부당한 처분 또는 절차로 권익을 침해당하거나 침해당할 우려가 있을 때 그 처분의 적법성에 대하여 불복을 제기하여 구제받을 수 있으며, 납세자보호담당관과 보호위원회를 통하여 정당한 권익을 보호받을 수 있습니다.

납세자는 자신의 과세정보에 대해 비밀을 보호받고 권리행사에 필요한 정보를 신속하게 제공받을 수 있으며, 국세공무원으로부터 언제나 공정한 대우를 받을 권리가 있습니다.

국세청장

■ 조사사무처리규정【별지 제3호 서식】

세무조사에 따른 안내

이번에 우리 ㅇㅇ지방국세청(ㅇㅇ세무서)에서는 귀하(귀사)에 대한 세무조사를 실시하고자 합니다. 이와 관련하여 안내 말씀을 보내드리니 참고하셔서 세무조사가 원활히 진행될 수 있도록 협조 부탁드립니다.

1. 세무조사는 주된 사무소(주된 사업장) 또는 주소지에서 실시하는 것이 원칙이지만, 귀하(귀사)가 조사받기에 적합한 다른 장소를 선택하여 서면 또는 구두로 신청하시면 그곳에서 세무조사를 받을 수 있습니다.
2. 세무조사 진행 중 귀하(귀사)의 위임을 받은 세무대리인이 참여하거나 의견을 진술할 수 있습니다. 이 경우에 세무대리인은 귀하(귀사)를 대리한다는 내용의 위임장을 갖추어야 합니다.
3. 세무조사와 관련하여 금품이나 향응 또는 조사 목적 외 개인적인 편의 등을 조사공무원에게 제공하시면 안 됩니다.
4. 조사공무원이 장부 또는 증빙 서류 등을 요구하는 경우에는 성실히 협조하여 주시면 세무조사가 신속하고 원활하게 진행될 수 있습니다.
5. 조사공무원의 태도가 권위적 또는 위압적이라고 생각하시거나, 조사공무원이 조사 목적의 범위를 벗어나서 무리하게 자료를 요구할 때는 납세자보호담당관(☎ 국번없이 126-⑤)에게 알려 주십시오.

마지막으로 아래 사항을 준비해 주시고 원활한 세무조사가 될 수 있도록 다시 한 번 귀하(귀사)의 협조를 부탁드립니다.

• 준비할 사항 기재(별지 작성 가능)

년　월　일

ㅇㅇ지방국세청장(ㅇㅇ세무서장)

세무조사 관련 협조사항 안내

주식회사 OOO (대표자 : OOO) 귀하

안녕하십니까?
항상 국세 행정에 깊은 관심을 가져 주셔서 감사합니다.

이번 세무조사와 관련하여 납세자의 부담 완화와 조사공무원의 공정한 직무수행을 위해 다음 사항에 대해 반드시 협조하여 주시기 바랍니다.

○ 조사사무실 설치 간소화 · 별도 휴게공간, 응접용 소파, TV, 냉장고(정수기 제외) 등 설치 금지 ○ 간식 · 사무용품 등 제공 금지 간식, 차 · 음료, 슬리퍼, 치약 · 치솔, 화장품 등 제공 금지 필기도구, 메모지, 계산기, 세법전 등 사무용품 제공 금지 ○ 조사와 직접 관련 없는 편의제공 금지 회사 구내식당 식권 무료 또는 할인 제공, 공장 등 방문 시 회사차량 제공, 유료주차장을 조사팀 출 · 퇴근용으로 무료 제공 등 금지 ○ 조사공무원과의 식사 · 음주 등 금지

* 조사공무원에게 사적 편의 등을 제공하는 경우 「청탁금지법」에 위반될 수 있으며, 조사공무원이 사적 편의제고 등 부당한 요구를 하는 경우 조사과장에게 직접면담을 요청하거나 지방청 감사관실에 신고하여 주시기 바랍니다.

OO 세무서장

■ 조사사무처리규정【별지 제4호 서식】

청 렴 서 약 서

ㅁ 조사받는 납세자 인적사항

대 표 자 성 명		생 년 월 일	
상 호(법 인 명)		사업자등록번호	
주소 또는 영업소			

위 조사받는 납세자와 그 세무대리인은 201 . . 부터 201 . . 까지 실시하는 ( ) 세무조사와 관련하여 조사시작에서부터 종결까지는 물론 조사종결 후에도 금품 · 향응 또는 공무수행 목적 외의 사적편의를 제공 · 알선하지 않을 것이며, 조사공무원으로부터 부당한 요구가 있을 경우에는 단호히 거절할 것입니다.

이를 위반한 경우에는 관계 법령 또는 규정에 따라 형사처벌, 세무조사 실시 및 세정상 각종 혜택배제, 징계 등 어떠한 처벌이나 불이익도 감수할 것임을 서약하고 이를 ( )지방국세청장(세무서장)에게 제출합니다.

201 년 월 일

위 서약자 납 세 자 성명 (인)

세무대리인 성명 (인)

아래 본인은 조사기간 중 국세청이 발송하는 「준법 · 청렴 메시지」 수신에 (동의함 ㅁ, 동의하지 않음 ㅁ) (성명) (직위) (메시지 수신할 번호)

우리 조사공무원은 위 납세자에 대한 세무조사와 관련하여 청탁이나 부정 · 불의와 타협하지 않고 금품 및 향응 등 부당한 편의를 제공받지 않을 것이며,

이를 위반한 경우에는 관계 법령 또는 규정에 따라 인사처분 및 형사처벌 등 응분의 책임을 감수할 것임을 서약하고, 이를 ( )지방국세청장(세무서장)에게 제출합니다.

201 년 월 일

위 서약자 소속 직급 성명 (인)

직급 성명 (인)

직급 성명 (인)

직급 성명 (인)

직급 성명 (인)

직급 성명 (인)

지방국세청장(세무서장) 귀하

■ 조사사무처리규정 [별지 제13호 서식]

위 임 장 (2-1)

ㅇ 성 명 : ㅇ 전화번호 :

ㅇ 생년월일 : ㅇ 사업자등록번호 :

ㅇ 사업장소재지(주소) :

ㅇ 자 격 : ㅇ 관 계 :

(기장대행, 세무조정, 고문, 사외이사 등)

상기 세무대리인에게 지방국세청(세무서)에서 202 . . .부터 202 . . .까지 실시하는 조사와 관련하여 「국세기본법」 제81조의 5에 따른 "조사에 참여하거나 의견을 진술할 수 있는 권한"을 위임합니다.

년 월 일

위 임 자

사업장소재지(주소) :

법인명(상 호) :

사업자(주민)등록번호 :

대표자(성 명) : ㊞

지방국세청장(세무서장) 귀하

첨부 : 자격증 사본 각 1부.

※ 세무조사에 참여하거나 의견을 진술할 세무대리인은 이 위임장을 조사과 (전화 :)로 제출하여 주시기 바랍니다.

위 임 장 (2-2)

○ 조사참여 · 의견진술 세무대리인 명단

순번	소 속	직위/직책	성 명	생년월일	자 격
1					
2					
3					
4					
5					
6					
7					
8					
9					
10					

※ 상기 명단에 기재된 세무대리인 이외에는 세무조사에 참여하거나 의견을 진술할 수 없습니다.

2 세무조사의 진행

1. 조사장소 및 조사시간

(1) 조사장소의 한정

세무조사는 주사무소, 주된 사업장, 주소지 또는 조사관서 등에서 실시할 수 있다. 다만, 납세자가 사업장 이외의 세무조사 장소 신청서(별지 제15호 서식)에 의하여 조사장소의 변경을 신청하는 경우 및 그 납세자의 편의를 위하여 부득이한 경우에는 조사관서장의 승인을 받아 세무조사에 적합한 기타 장소에서 실시할 수 있다(조사규 33).

(2) 조사시간의 제한

① 원칙 : 납세자를 직접 상대로 하는 세무조사는 그 납세자의 일과시간 내에 실시하여야 한다. 다만, 납세자의 요구가 있거나 납세자의 동의를 받은 경우에는 일과시간 외에도 세무조사를 실시할 수 있다.

② 예외 : 야간업소 또는 주로 공휴일과 토요일에 영업을 하는 납세자의 경우에는 야간, 공휴일 또는 토요일에 세무조사를 실시할 수 있다.

③ 예외 : ② 이외의 경우로서 조사받는 납세자가 공휴일 또는 토요일에 조사를 실시하여 줄 것을 요청하는 경우에는 조사관서장의 승인을 받아 해당 공휴일 또는 토요일에도 조사를 실시할 수 있다(조사규 34).

(3) 조사기간의 단축

조사공무원은 세무조사 기간을 단축하기 위하여 최대한 노력하여야 하며, 기장 및 회계처리의 투명성 등 납세성실도를 검토하여 더 이상 조사할 필요가 없다고 판단될 때에는 조사기간 종료 전이라도 조사를 조기에 종결할 수 있다(조사규 35).

2. 장부 · 서류 보관 금지

(1) 원 칙 : 장부 등의 보관 금지

세무공무원은 세무조사(조세범칙조사 포함)의 목적으로 납세자의 장부 등을 세무관서에 임의로 보관할 수 없다(국기법 81의 10 ①).

(2) 예 외 : 장부 등의 일시 보관

세무공무원은 다음의 어느 하나의 사유(수시세무조사 사유)에 해당하는 경우에는 조사목적에 필요한 최소한의 범위에서 납세자, 소지자 또는 보관자 등 정당한 권한이 있는 자가 임의로 제출한 장부 등을 납세자의 동의를 얻어 세무관서에 일시 보관할 수 있다(국기법 81의 10 ②). 납세자의 장부 등을 세무관서에 일시 보관하려는 경우 납세자로부터 일시 보관 동의서를 받아야 하며, 일시 보관증을 교부하여야 한다(국기법 81의 10 ③). 납세자 등은 조사목적이나 조사범위와 관련이 없는 등의 사유로 일시 보관에 동의하지 않는 장부 등에 대하여는 세무공무원에게 일시 보관할 장부 등에서 제외할 것을 요청할 수 있다. 이 경우 세무공무원은 정당한 사유 없이 해당 장부 등을 일시 보관할 수 없다(국기령 63의 11 ②).

① 납세자가 세법에서 정하는 신고, 성실신고확인서의 제출, 세금계산서 또는 계산서의 작성 · 교부 · 제출, 지급명세서의 작성 · 제출 등의 납세협력의무를 이행하지 아니한 경우

② 무자료거래, 위장 · 가공거래 등 거래 내용이 사실과 다른 혐의가 있는 경우

③ 납세자에 대한 구체적인 탈세 제보가 있는 경우

④ 신고 내용에 탈루나 오류의 혐의를 인정할 만한 명백한 자료가 있는 경우

⑤ 납세자가 세무공무원에게 직무와 관련하여 금품을 제공하거나 금품제공을 알선한 경우

(3) 장부 등의 반환

세무공무원은 일시 보관하고 있는 장부 등에 대하여 납세자가 반환을 요청한 경우에는 그 반환을 요청한 날부터 14일 이내에 장부 등을 반환하여야 한다. 다만, 조사목적을 달성하기 위하여 필요한 경우에는 1회에 한하여 납세자보호위원회의 심의를 거쳐 14일 이내의 범위에서 보관 기간을 연장할 수 있다. 만약 세무공무원은 납세자가 일시 보관하고 있는 장부 등의 반환을 요청한 경우로서 세무조사에 지장이 없다고 판단될 때에는 요청한 장부 등을 즉시 반환하여야 한다(국기법 81의 10 ④ · ⑤). 이에 따라 장부 등을 반환한 경우를 제외하고 세무공무원은 해당 세무조사를 종결할 때까지 일시 보관한 장부 등을 모두 반환하여야 한다(국기령 63의 11 ③). 납세자에게 장부 등을 반환하는 경우 세무공무원은 장부 등의 사본을 보관할 수 있고, 그 사본이 원본과 다름없다는 사실을 확인하는 납세자의 서명 또는 날인을 요구할 수 있다(국기법 81의 10 ⑥).

3. 조사권 남용 금지

(1) 조사권 남용 금지

세무공무원은 적정하고 공평한 과세를 실현하기 위하여 필요한 최소한의 범위에서 세무조사(「조세범 처벌절차법」에 따른 조세범칙조사 포함)를 하여야 하며, 다른 목적 등을 위하여 조사권을 남용해서는 아니 된다(국기법 81의 4 ①).

(2) 조사공무원에게 금지되는 사항

조사공무원은 조사편의 등의 목적으로 다음 각 호의 어느 하나에 해당하는 행위를 해서는 아니 된다(조사규 30 ②).

① 세무조사를 실시하면서 관련 법령 및 규정에서 정한 절차에 의하지 아니하고 임의로 관련 장부 · 서류 등을 압수 · 수색하거나 일시 보관하는 행위

② 조사대상 세목 및 과세기간의 과세표준과 세액의 계산과 관련 없는 장부 등의 제출을 요구하는 행위

③ 「국세기본법」 제81조의 8 제4항에 따른 세무조사의 중지기간 중에 납세자에 대하여 국세의 과세표준과 세액을 결정 또는 경정하기 위한 질문을 하거나 장부 등의 검사 · 조사 또는 그 제출을 요구하는 행위

④ 관련 법령 및 규정에서 정한 승인절차에 의하지 아니하고 임의로 조사기간의 연장, 조사범위의 확대 또는 거래처 현장확인을 하는 행위

⑤ 거래처, 관련인 등에 대한 조사를 실시하면서 조사대상자 선정, 전산입력, 조사 통지 등 관련 법령 및 규정에서 정한 조사절차를 준수하지 아니하고 조사를 실시하는 행위

⑥ 세무조사와 관련 없이 납세자와 그 관련인의 사생활 등에 관한 질문을 하는 행위

⑦ 그 밖에 세무조사를 실시하면서 납세자의 권리를 부당하게 침해하는 행위

4. 납세자의 성실성 추정

세무공무원은 납세자가 다음 중 어느 하나에 해당하는 경우(수시조사 대상)를 제외하고는 납세자가 성실하며 납세자가 제출한 신고서 등이 진실한 것으로 추정하여야 한다(국기법 81의 3).

① 납세자가 세법에서 정하는 신고, 성실신고확인서의 제출, 세금계산서 또는 계산서의 작성 · 교부 · 제출, 지급명세서의 작성 · 제출 등의 납세협력의무를 이행하지 아니한 경우

② 무자료거래, 위장 · 가공거래 등 거래내용이 사실과 다른 혐의가 있는 경우

③ 납세자에 대한 구체적인 탈세제보가 있는 경우

④ 신고내용에 탈루나 오류의 혐의를 인정할 만한 명백한 자료가 있는 경우

⑤ 납세자가 세무공무원에게 직무와 관련하여 금품을 제공하거나 금품제공을 알선한 경우

5. 해명기회의 부여

(1) 자료제출요구

조사공무원은 세무조사 진행 과정에서 세금탈루 혐의 등에 대하여 납세자에게 해명할 수 있는 기회를 주어야 한다. 조사공무원은 세무조사 과정에서 조사받는 납세자에게 과세요건 및 사실관계 규명 등에 필요한 서류 · 증빙 · 물건 등의 제출 · 열람 및 해명을 요구할 경우에는 장부 · 서류 등 자료 제출 요구(별지 제18호 서식)에 의해 요구하고, 요구사항 목록을 작성하여 보관하여야 한다. 다만, 법령 등에 의해 비치 · 기장 의무가 있는 회계장부 및 관련 증빙은 구두로 요구하되 요구사항 목록을 작성 · 보관하여야 한다.

(2) 확인서 및 진술서

조사공무원은 과세의 근거자료를 확보하여 향후 불복청구 등에 대비하여야 하며, 납세자 또는 관련인 등의 확인이 필요한 사항에 대해서는 확인서(별지 제40호 서식) 또는 진술서(서술형, 문답형)(별지 제41호, 제38호 서식)를 받아야 한다(조사규 41).

구 분	내 용(조사규 3)
① 확인서	"확인서"란 특정의 사실 또는 법률관계의 존재 여부를 인정하는 내용을 담은 문서를 말한다.
② 진술서	"진술서"란 특정의 사실 또는 법률관계의 단순한 확인 이외에 쟁점이 되는 사실에 대하여 그 발생의 원인, 경위 및 결과에 대한 내용과 진술인의 의견이 덧붙여져 자필(다만, 부득이한 사정으로 진술인이 작성하지 못함에 따라 서명 또는 날인만을 진술인이 직접 한 경우 포함)로 작성된 문서로 서술형과 문답형으로 구분된다.

(3) 보 고

조사공무원은 조사한 사항을 매주 조사관리자에게 보고하여야 한다. 다만, 조사기간이 짧거나 원거리 출장조사 등 업무형편상 부득이한 경우에는 조사관리자의 지시에 따라 보고할 수 있다. 조사공무원은 과세의 근거자료를 확보하여 향후 불복청구 등에 대비하여야 하며, 납세자 또는 관련인 등의 확인이 필요한 사항에 대해서는 확인서 또는 진술서를 받아야 한다(조사규 41).

(4) 확인서의 효력

과세처분의 위법을 이유로 취소를 구하는 행정소송에서 과세요건사실의 존재 및 과세처분의 적법성에 대한 증명책임은 원칙적으로 과세관청에게 있다고 할 것이나, 과세관청에 의하여 과세처분의 적법성이 상당한 정도로 증명된 경우에는 이를 번복하기 위한 사정은 납세의무자가 주장 · 증명할 필요가 있다(대법원 2012두23341, 2014.8.20.).

한편, 과세관청이 세무조사를 하는 과정에서 납세의무자로부터 일정한 부분의 거래가 가공거래임을 자인하는 내용의 확인서를 작성 받았다면 그 확인서가 작성자의 의사에 반하여 강제로 작성되었거나 혹은 그 내용의 미비 등으로 인하여 구체적인 사실에 대한 증명자료로 삼기 어렵다는 등의 특별한 사정이 없는 한 그 확인서의 증거가치는 쉽게 부인할 수 없다(대법원 2001두2560, 2002.12.6.). 따라서 세무조사 과정에서 확인서를 작성하는 경우에는 향후 조세불복과정에서 그 내용을 번복하기 매우 어려우므로 그 내용에 대하여 신중히 검토하여야 한다.

세무조사 준비 사항 안내조사

법인명(대표자) : 주식회사 OOOO(대표자 : OOO) 귀하

아래의 준비할 사항은 일반적으로 세무조사를 실시함에 있어 요구되는 자료들로서 세무조사 준비에 참고해 주시기 바랍니다.
아울러 세무조사가 신속하고 원활하게 진행되어 정해진 기간 내에 종결될수 있도록 조사공무원의 장부 또는 증빙서류 등의 제출요구와 질문 · 조사에 적극적으로 협조해 주시기를 부탁드립니다.

▣ 준비할 사항

1. 법인세 결산서 및 회계장부
   ① 세무신고 프로그램 폴더 및 백업전산파일
   ② 엑셀파일 : 계정별원장, 거래처 원장, 매입매출장, 분개장, 현금출납장, 총계정원장
   ③ 회계장부, 전표철(수동자료), 각종 비용 증빙철
   ④ 20xx년, 귀속 결산서 및 세무조정계산서, 감사보고서 수동서류 제출

2. 기타 조사관련 서류
   ① 회사조직도(조사대상기간 연도말기준)
   ② 사무실 배치도 및 부서별 업무분장표(전화번호 포함)
   ③ 직원 명단(조사대상기간 연도말기준) 직원 명단, 담당업무 급여이체내역
   ④ 직원 근로계약서 및 급여지급시/인별 정리내역
   ⑤ 이사회 회의록, 주주총회 의사록
   ⑥ 업무용차량 보험증권
   ⑦ 금융거래내역 (사업관련 계좌 일체) – 계좌거래내역 명세서(출력 및 엑셀)
   ⑧ 매출 관련 서류(매매 및 임가공 계약서, 영세율(수출)등 관련 서류, 거래명세표 사본, 세금계산서 사본 등 각종 매출 관련서류 등)
   ⑨ 매입 관련 서류(매매 계약서, 관세청 수입 관련 서류, 거래명세표 사본, 세금계산서 사본, 각종 경비관련 증빙철 등)
   ⑩ 해외 자법인 관련 해외송금 내역

※ 자료 제출은 20xx.03.10.(수) 정기 세무조사 착수 시 제출하여 주시기 바라며 자료제출과 관련한 궁금한 사항은 이OO 팀장에게 문의하여 주시기 바랍니다.
【이메일 주소】 xxxxxx.nts.go.kr

■ 조사사무처리규정 [별지 제40호 서식]

확 인 서

확인자	성 명		주민등록번호	
	주 소			
	관 계			
소속회사	법인명(상호)		사업자등록번호	
	소재지		대표자 성명(주민등록번호)	

〈 확 인 사 실 〉 (작성예시)

1. 본인은 건축자재를 수입하여 판매하는 ㈜○○상사의 대표이사로서 '00. 0. 0.부터 현재까지 회사를 운영하고 있습니다.
2. 본인은 '00.0월 초순경 △△상사 대표 ○○○로부터 세금계산서 없이 대리석을 구입하고 싶다는 전화를 받고 ㈜○○상사 명의로 '00. 0. 00. 수입한 건축자재 중 일부인 대리석 100개(개당 단가 50만원)를 '00. 0. 00. 서울시 ○○구 ○○동 00-0에 있는 △△상사(대표 ○○○)에게 5천만원(부가가치세 제외금액)에 판매하였습니다.
3. 당초 거래를 할 때부터 세금계산서를 교부하지 않기로 했기 때문에 세금계산서를 발행하지 않고 매출로도 계상하지 못했으며, '00. 1기분 부가세 확정신고시에도 동 금액을 신고누락 하였습니다.
4. 매출누락한 대리석 100개는 당 법인의 상품수불부에 현재까지도 재고상품으로 계상되어 있고, 그 가액은 취득가액인 45백만원입니다.
5. 본인은 '00. 0. 00. ○○○로부터 위 대리석 매출대금 5천만원을 ○○은행 ○○지점에서 발행한 1천만원권 자기앞수표 5매(바가 12345671~12345675)를 수령한 후 '00. 0. 00. 본인 명의로 ○○은행 ○○지점에서 개설된 보통예금(000-000-000)에 입금하여 관리하고 있으며, 개인 생활비 등으로 사용하고 있습니다.

붙 임 : 1. 상품수불부(상품계정)
2. 보통예금 거래내역

202 . . .

위 확인자

성 명 : ㉵

세무공무원 귀하

■ 조사사무처리규정 [별지 제41호 서식]

진 술 서 (서술형)

<table>
<tr><td rowspan="3">진
술
자</td><td>성 명 :</td><td></td><td>주민등록번호 :</td><td></td></tr>
<tr><td>주 소 :</td><td colspan="3"></td></tr>
<tr><td>관 계 :</td><td colspan="3"></td></tr>
<tr><td rowspan="2">소속
회사</td><td>법인명 :
(상호)</td><td></td><td>사업자등록번호 :</td><td></td></tr>
<tr><td>소재지 :</td><td></td><td>대표자 성명 :
(주민등록번호)</td><td></td></tr>
</table>

1.

2.

3.

20 . . .

진술자

성명 ㉑

세무공무원 귀하

■ 조사사무처리규정 [별지 제42호 서식]

진 술 서 (문답형)

<table>
<tr><td rowspan="3">진
술
자</td><td>성 명</td><td></td><td>주민등록번호</td><td></td></tr>
<tr><td>주 소</td><td colspan="3"></td></tr>
<tr><td>관 계</td><td colspan="3"></td></tr>
<tr><td rowspan="2">소속
회사</td><td>법인명
(상호)</td><td></td><td>사업자등록번호</td><td></td></tr>
<tr><td>소재지</td><td></td><td>대표자 성명
(주민등록번호)</td><td></td></tr>
<tr><td colspan="5">위 진술자는 홍길동 주식회사에 대한 세무조사와 관련하여 ○○○ 주식회사의 거래상대방으로써 사실관계를 명료히 하기 위하여 2000. 00. 00. 00 : 00에 임의로 ○○지방국세청 조사○국 조사○과 5층 사무실에 출석하여 다음과 같이 진술하다.</td></tr>
</table>

문 귀하의 주소, 성명, 직업과 학력 및 경력을 간략히 말씀하여 주십시오.

답

문

답

문

답

문

답

2 – 1

문　　이상의 진술 내용에 대해 이의나 의견이 있습니까?

답　　없습니다.

문　　질문조사 협조해 주셔서 감사합니다. 조사가 끝난 지금은 언제인가요

답　　00:00경 입니다. (무인)

(본인은 . . . 00:00부터 00:005까지 위 진술서를 열람한 바, 본인이 진술한 내용대로 작성되었습니다)

20 . . .

진술인 (인)

세무대리인 세무사 (인)

조사자 세무공무원 (인)

참관인 세무공무원 (인)

2 - 2

6. 현장확인

(1) 거래처 현장확인

세무조사 과정에서 조사대상 납세자의 거래처 또는 거래상대방에 대한 조사가 필요한 경우에는 해당 거래처를 조사대상자로 선정하여야 한다. 이 경우 조사대상자 선정, 조사관할 조정, 세무조사 통지 등 일반적인 세무조사 절차를 준수하여야 한다. 세무조사 과정에서 조사대상 납세자의 거래처 또는 거래상대방에 대하여 제3조 제2호에서 규정한 현장확인이 필요한 경우에는 그 사유와 범위를 표시하여 소관 조사과장의 승인을 받아 실시하고 현장확인출장증(별지 제24호 서식)에 그 사유 등을 기재하여 현장확인 대상 거래처 또는 거래상대방에 제시하여야 한다(조사규 44).

(2) 금융거래 현장확인

세무조사 목적으로 금융거래 현장확인이 필요한 경우에는 다음 각 호의 절차에 따라 실시하여야 하며, 「금융실명거래 및 비밀보장에 관한 법률」과 「상속세 및 증여세법」 등 관련 법령에서 정한 범위와 절차를 준수하여야 한다(조사규 43 ①).

① 금융거래 현장확인 대상자(또는 계좌)를 선정하거나, 연결계좌(또는 연결수표 입출금계좌) 중 승인받지 않은 자 명의의 계좌에 대한 금융거래정보를 조회하고자 하는 때에는 조회대상 기간 등 조회범위를 특정하여 조사관할 지방국세청장의 승인을 받아야 한다. 이 경우 조회대상 기간은 조사대상 과세기간으로 한정하되, 조사대상 과세기간 내의 탈루혐의 확인 등과 관련하여 필요한 경우에는 조사대상 과세기간 외의 기간으로 확대할 수 있다.

② 지방국세청장의 승인을 받은 자(또는 계좌)에 대해 승인대상기간 외의 기간에 대한 금융거래정보 제공을 요구하고자 하는 때에는 조사관서장(조사국장, 세무서장)의 승인을 받아야 한다.

③ 조사기간 종료 후에는 금융기관에 대해 금융거래정보 제공을 요구할 수 없다.

세무조사 과정에서 신용카드 변칙거래, 거짓 (세금)계산서 수수 혐의 등에 대한 금융거래 현장확인이 긴급히 필요한 경우에는 제1항에 관계없이 조사관서장(조사국장, 세무서장)의 승인을 받아 시작할 수 있으며, 이 경우 시작한 날의 다음 날까지 금융거래 현장확인 대상자와 긴급한 사유 등을 지방국세청장에게 보고하여야 한다(조사규 43 ②).

7. 조사범위의 준수와 확대의 제한

(1) 조사범위 등의 준수

조사공무원은 세무조사를 실시하는 동안 조사대상 과세기간 및 조사대상 세목, 조사기간 등에 대해 사전에 정한 범위와 한계를 준수하여야 한다(조사규 38).

(2) 세무조사 범위 확대의 제한

세무공무원은 구체적인 세금탈루 혐의가 여러 과세기간 또는 다른 세목까지 관련되는 것으로 확인되는 경우 등 다음 중 어느 하나에 해당하는 경우를 제외하고는 조사진행 중 세무조사의 범위를 확대할 수 없다. 세무공무원이 세무조사의 범위를 확대하는 경우에는 그 사유와 범위를 납세자에게 문서로 통지하여야 한다(국기법 81의 9).

① 구체적인 세금탈루 혐의가 다른 과세기간·세목 또는 항목에도 있어 다른 과세기간·세목 또는 항목에 대한 조사가 필요한 경우
② 조사 과정에서 조세범칙조사로 전환하는 경우
③ 특정 항목의 명백한 세금탈루 혐의 또는 세법 적용 착오 등이 다른 과세기간으로 연결되어 그 항목에 대한 다른 과세기간의 조사가 필요한 경우
④ 그 밖에 구체적인 세금탈루 혐의가 있어 세무조사의 범위를 확대할 필요가 있는 경우

(3) 세무조사 범위 확대의 절차

① 중소규모 납세자에 대하여 조사범위를 확대하는 경우에는 최초 조사범위 확대는 조사관할 관서의 납세자보호담당관의 승인을 받아야 하고, 2회 이후 확대는 상급 관서의 납세자보호(담당)관의 승인을 받아야 한다. 다만, 부분조사로 조사범위를 확대하는 경우에는 조사관서장의 승인을 받아야 한다(조사규 39).
② 중소규모 납세자 이외의 납세자에 대한 조사에서 조사범위를 확대하는 경우에는 납세자보호위원회의 승인을 받아야 한다.
③ 조세범칙조사에서 조사범위를 확대하는 경우에는 조세범칙조사심의위원회의 승인을 받아야 한다.

8. 세무조사기간의 연장

(1) 연장사유

위의 세무조사 기간 최소화 원칙에도 불구하고 다음 중 어느 하나에 해당하는 경우에는

세무조사 기간을 연장할 수 있다(국기법 81의 8 ①).

① 납세자가 장부 · 서류 등을 은닉하거나 제출을 지연하거나 거부하는 등 조사를 기피하는 행위가 명백한 경우

② 거래처 조사, 거래처 현지확인 또는 금융거래 현지확인이 필요한 경우

③ 세금탈루 혐의가 포착되거나 조사 과정에서 「조세범 처벌절차법」에 따른 조세범칙조사를 개시하는 경우

④ 천재지변이나 노동쟁의로 조사가 중단되는 경우

⑤ 납세자보호관 또는 담당관이 세금탈루혐의와 관련하여 추가적인 사실 확인이 필요하다고 인정하는 경우

⑥ 조사대상자가 세금탈루혐의에 대한 해명 등을 위하여 세무조사 기간의 연장을 신청한 경우로서 납세자보호관 등이 이를 인정하는 경우

(2) 연장절차

세무조사 기간을 최초로 연장하는 경우에는 관할 세무관서의 장의 승인을 받아야 하고, 2회 이후 연장의 경우에는 관할 상급 세무관서의 장의 승인을 받아 각각 20일 이내에서 연장할 수 있다. 다만, 다음 중 어느 하나에 해당하는 경우에는 세무조사 기간의 제한 및 세무조사 연장기간의 제한을 받지 아니한다(국기법 81의 8 ③).

① 무자료거래, 위장 · 가공거래 등 거래 내용이 사실과 다른 혐의가 있어 실제 거래 내용에 대한 조사가 필요한 경우

② 국제거래를 이용하여 세금을 탈루하거나 국내 탈루소득을 해외로 변칙유출한 혐의로 조사하는 경우

③ 명의위장, 이중장부의 작성, 차명계좌의 이용, 현금거래의 누락 등의 방법을 통하여 세금을 탈루한 혐의로 조사하는 경우

④ 거짓계약서 작성, 미등기양도 등을 이용한 부동산 투기 등을 통하여 세금을 탈루한 혐의로 조사하는 경우

⑤ 상속세 · 증여세 조사, 주식변동 조사, 범칙사건 조사 및 출자 · 거래관계에 있는 관련자에 대하여 동시조사를 하는 경우

9. 세무조사의 중지

(1) 개 요

세무공무원은 납세자가 자료의 제출을 지연하는 등 다음 중 어느 하나에 해당하는 사유

로 세무조사를 진행하기 어려운 경우에는 세무조사를 중지할 수 있다. 이 경우 그 중지기간은 세무조사 기간 및 세무조사 연장기간에 산입하지 아니한다(국기법 81의 8 ④, 국기령 63의 10).

(2) 사 유

① 세무조사 연기신청 사유에 해당하는 사유가 있어 납세자가 조사중지를 신청한 경우

② 국외자료의 수집 · 제출 또는 상호합의절차 개시에 따라 외국 과세기관과의 협의가 필요한 경우

③ 다음 중 어느 하나에 해당하여 세무조사를 정상적으로 진행하기 어려운 경우

㉠ 납세자의 소재가 불명한 경우

㉡ 납세자가 해외로 출국한 경우

㉢ 납세자가 장부 · 서류 등을 은닉하거나 그 제출을 지연 또는 거부한 경우

㉣ 노동쟁의가 발생한 경우

㉤ 그 밖에 이와 유사한 사유가 있는 경우

④ 납세자보호관 등이 세무조사의 일시중지를 요청하는 경우

(3) 자료제출요구 금지

세무공무원은 세무조사의 중지기간 중에는 납세자에 대하여 국세의 과세표준과 세액을 결정 또는 경정하기 위한 질문을 하거나 장부 등의 검사 · 조사 또는 그 제출을 요구할 수 없다(국기법 81의 8 ⑤).

(4) 재 개

세무공무원이 세무조사를 중지한 경우로서 그 중지사유가 소멸하게 되면 즉시 조사를 재개하여야 한다. 다만, 조세채권의 확보 등 긴급히 조사를 재개하여야 할 필요가 있는 경우에는 세무조사를 재개할 수 있다(국기법 81의 8 ⑥).

(5) 통 지

세무공무원이 세무조사 기간을 연장하는 경우에는 그 사유와 기간을 납세자에게 문서로 통지하여야 하고, 세무조사를 중지 또는 재개하는 경우에는 그 사유를 문서로 통지하여야 한다(국기법 81의 8 ⑦).

■ 조사사무처리규정 【별지 제9호 서식】

<table>
<tr><td colspan="5">세무조사 (중지 · 연장) 신청서</td></tr>
<tr><td rowspan="3">신
청
인</td><td>① 상 호
(법 인 명)</td><td></td><td>② 사업자등록번호</td><td></td></tr>
<tr><td>③ 성 명
(대 표 자)</td><td></td><td>④ 주민(법인) 등록번호</td><td></td></tr>
<tr><td>⑤ 주 소(사업장)</td><td colspan="3"></td></tr>
<tr><td colspan="5">신 청 내 용</td></tr>
<tr><td colspan="2">⑥ 조 사 대 상 세 목</td><td colspan="3"></td></tr>
<tr><td colspan="2">⑦ 조사대상과세기간</td><td colspan="3"></td></tr>
<tr><td colspan="2">⑧ 당 초 조 사 기 간</td><td colspan="3">년 월 일 ~ 년 월 일</td></tr>
<tr><td colspan="2">⑨ 신 청 기 간</td><td colspan="3">· 세무조사 중지 : 년 월 일 ~ 년 월 일
· 조사기간 연장 : 년 월 일 ~ 년 월 일</td></tr>
<tr><td colspan="2">⑩ 신 청 사 유</td><td colspan="3"></td></tr>
<tr><td colspan="5">위와 같은 사유로 「국세기본법 시행령」 제63조의 10, 「조사사무처리규정」 제36조 및 같은 규정 37조의 규정에 따라 세무조사 연장(조사기간 중지)를 신청합니다.

년 월 일

신청인 (서명 또는 인)

귀하</td></tr>
<tr><td colspan="5">구비서류 : 사유를 증명하는 자료</td></tr>
</table>

10. 과세품질의 제고

조사공무원은 세무조사를 수행함에 있어 객관적인 사실에 근거하여 적법 · 공정하게 과세하여야 한다(조사규 32 ①).

(1) 적법하지 않은 과세 방지

조사공무원이 조사하여 고지한 처분이 불복청구 등의 과정에서 인용 또는 취소된 경우로서 국세청장이 정하는 기준에 해당하는 사안에 대해서는 본 · 지방청 감사관은 적법하지 않은 과세 여부에 대한 심사 또는 조사를 실시할 수 있고, 조사관서장은 그 결과 법령 적용 또는 사실 조사 등에 있어 중대한 귀책사유가 있는 것으로 판정된 경우에는 인사상 불이익 등 필요한 조치를 취하여야 한다(조사규 32 ⑤ · ⑥).

(2) 과세기준자문 및 과세사실판단자문

조사공무원은 조사과정에서 납세자와 이견이 있거나 단독적으로 판단하기 곤란한 법령해석 사항이 있는 경우에는 과세기준자문 신청서(별지 제25호 서식)에 의해 국세청 징세법무국장에게 과세기준자문을 신청할 수 있다. 조사공무원은 조사과정에서 발생한 과세쟁점이 국세청장이 정하는 사유에 해당하는 경우 조사지원팀에 조사종결 전까지 사전지원을 신청할 수 있다(조사규 32 ② · ④).

조사공무원은 조사과정에서 납세자와 이견이 있거나 단독적으로 판단하기 곤란한 사실판단 사항에 대해서는 과세사실판단자문 신청서(별지 제26호 서식)에 의해 지방국세청 또는 세무서 납세자보호담당관에게 과세사실판단자문을 신청할 수 있다(조사규 32 ③).

(3) 과세사실판단자문사무처리규정

"과세사실판단자문신청"이란 과세쟁점사실에 대하여 과세사실판단자문위원회에서 심의하여 과세여부 등을 판단해 줄 것을 신청하는 것을 말한다. "과세쟁점사실"이란 국세의 부과, 징수, 환급 등과 관련된 일정한 사실관계를 확정하거나 확정된 사실관계를 해석된 법령에 적용함에 있어서 국세공무원과 납세자 간에 다른 의견이 있거나 있을 소지가 있는 경우(본청 · 지방국세청 감사 또는 과세자료 통 · 수보와 관련하여 감사공무원과 피감사공무원 간에 또는 과세자료 통 · 수보 공무원 간에 다른 의견이 있는 경우를 포함한다) 그 사실관계 전부를 말한다.

1) 과세사실판단자문신청 대상

국세공무원은 다음 각 호의 업무처리 중 과세쟁점사실이 발생한 경우에는 이에 대하여 과세사실판단자문신청을 할 수 있다.

① 세무조사
② 과세자료 처리(자료상 조사에 따른 파생자료를 포함한다)
③ 환급 등 현장확인
④ 압류, 제2차 납세의무자 지정 등 체납처분
⑤ 경정청구, 수정신고, 무신고 등에 따른 결정
⑥ 본청 · 지방국세청 감사
⑦ 중소기업세무컨설팅 협약기업에 대한 사후관리
⑧ 기타 과세쟁점사실에 대한 판단이 필요한 업무

2) 과세사실판단자문신청 제외 대상

다음 각 호의 어느 하나에 해당하는 것은 자문신청 대상에서 제외한다.

① 법령해석사안(사전답변을 거친 경우를 포함한다)인 경우
② 이전가격심의위원회, 평가심의위원회, 조세범칙심의위원회 등 각종 위원회의 심의대상인 경우
③ 「과세전적부심사사무처리규정」 제3조에 의하여 세무조사결과 등 통지를 한 경우
④ 불복청구 중인 사항인 경우(재조사 또는 필요한 처분을 위한 경우는 제외)
⑤ 세법령, 기본통칙 및 세법집행기준을 통해 판단이 가능한 경우
⑥ 업무의 진행 및 절차에 관한 사항인 경우
⑦ 부과제척기간의 만료가 임박(신청일로부터 제척기간의 만료일까지의 기간이 3개월 이하)한 경우

3) 신청절차

과세사실판단자문신청을 하는 신청인은 객관적이고 공정한 사실판단이 이루어질 수 있도록 자문신청을 하기 전에 쟁점사실에 대한 신청인 의견을 서면으로 납세자(「국세기본법」 제59조에 의한 대리인 포함)에게 제공하여 납세자 등과 의견 교환을 하고, 수령한 납세자 의견을 신청서에 충분히 반영하여 관련 증빙서류 등을 함께 제출하여야 한다.

「국세기본법」 제81조의 8 제4항에 따른 세무조사의 중지기간 중에는 과세사실판단자문을 신청할 수 없다. 다만, 납세자가 세무조사 중지 전 「과세사실판단자문 납세자 동의서」(별지 제14호 서식)을 작성하여 신청인에게 제출하고, 신청인이 납세자 의견을 충분히 포함한 자문 신청서를 제출한 경우에는 신청 가능하다.

4) 과세사실판단자문의 결정

과세사실판단자문신청의 자문결정은 다음 각 호의 구분에 따르되, 출석위원 과반수 찬성으로 의결한다.

① 과세불가 : 자문대상을 과세하지 않기로 하는 결정

② 일부과세 : 자문대상 중 일부만 과세하기로 하는 결정

③ 과세 : 자문대상을 과세하기로 하는 결정

④ 기타 : 자문대상 또는 유사한 사건에 대한 불복청구 또는 소송이 진행 중이거나, 국세행정의 파급효과 등을 고려하여 판단을 유보할 필요가 있는 경우에 내리는 결정

11. 권리보호요청

권리보호요청이란 처분이나 집행 과정에서 또는 집행이 예정된 때에 세무공무원의 부당한 행위로 납세자의 권리가 침해되고 있거나 침해가 현저히 예상되는 경우에 제출되는 민원을 말한다(납보규 63).

(1) 요청대상 – 세무조사 분야

세무조사와 관련한 권리보호요청은 납세자의 권리가 부당하게 침해되고 있거나 침해가 예상되는 경우로서 다음 각 호의 어느 하나에 해당하는 세무조사 또는 세무조사 중인 세무공무원의 행위 등을 대상으로 한다(납보규 64 ①).

① 세법 · 같은 법 시행령 · 같은 법 시행규칙에 명백히 위반되는 조사(「국세기본법」 제81조의 18 제2항 제4호에 따른 위법한 세무조사를 포함하며, 이하 '세법 등에 위반된 조사'라 한다)

② 조세탈루의 혐의를 인정할 만한 명백한 자료가 없는 등 법령이 정하는 구체적 사유 없이 같은 세목 및 같은 과세기간에 대한 재조사(「국세기본법」 제81조의 18 제2항 제4호에 따른 부당한 세무조사를 포함하며, 이하 '중복조사'라 한다)

③ 「국세기본법」 제81조의 18 제2항 제3호에 따라 중소규모 납세자가 세무조사 기간연장 및 범위확대에 대해 세무조사 일시중지 및 중지를 요청하는 경우

④ 다음 각 목에 해당하는 세무조사 중인 세무공무원의 위법 · 부당한 행위

㉠ 조사 대상 세목 및 과세기간의 과세표준 · 세액 계산과 관련 없는 장부 등의 제출을 요구하는 행위

㉡ 적법한 절차를 거치지 아니하고 조사대상 과세기간 · 세목 등 조사범위를 벗어나 조사하거나 조사기간을 임의로 연장 또는 중지하는 행위

㉢ 납세자 또는 권한 있는 자로부터 동의를 받지 않거나 적법한 절차를 거치지 아니

하고 임의로 장부 · 서류 · 증빙 등을 열람 · 복사하거나 일시 보관하는 행위

㉣ 납세자 또는 세무대리인에게 금품 · 향응 또는 업무집행과 직접 관련 없는 사적편의 제공을 요구하는 행위

㉤ 납세자가 제출한 자료나 업무상 취득한 자료를 관련 법령에 의하지 않고 타인에게 제공 또는 누설하거나, 사적인 용도로 사용하는 행위

㉥ 조사중지 기간 중 납세자에 대하여 과세표준 및 세액의 결정 또는 경정을 위한 질문을 하거나 장부 등의 검사 · 조사 또는 제출을 요구하는 행위

⑤ 기타 ①부터 ④까지의 규정에 준하는 사유로서 납세자의 권리가 부당하게 침해되고 있거나 침해가 현저히 예상되는 경우

(2) 요청대상 – 일반 국세행정 분야

일반 국세행정 분야에서 권리보호요청은 세원관리, 강제징수 등 국세행정 집행과정에서 납세자의 권리가 부당하게 침해되고 있거나 침해가 예상되는 경우로서 다음 각 호의 어느 하나에 해당하는 세무공무원의 행위를 대상으로 한다(납보규 64 ③).

① 소명자료 제출 · 고충민원 · 불복청구 · 체납세액 완납 등의 절차가 완료되었으나 그에 필요한 결정취소 · 환급 · 압류해제 등 후속처분을 지연하는 행위

② 사전예고(독촉) 없이 재산을 압류하거나 소명안내 없이 과세자료에 의한 고지처분을 진행하는 행위(관련 법령 또는 규정에 의한 경우 제외)

③ 납세자가 권리구제 등의 필요에 의해 본인의 과세정보에 대해 열람 또는 제공 요구를 한 경우, 특별한 사유 없이 이를 거부하거나 제공을 지연하는 행위

④ 납세자 또는 세무대리인에게 금품 · 향응 또는 업무집행과 직접 관련 없는 사적편의 제공을 요구하는 행위

⑤ 납세자가 제출한 자료나 업무상 취득한 자료를 관련 법령에 의하지 않고 타인에게 제공 또는 누설하거나 사적인 용도로 사용하는 행위

⑥ 과세자료 처리 등에 있어 세금의 부과 · 징수와 관련 없는 자료 또는 소명을 과도하게 요구하거나 납세자가 이미 제출 또는 소명한 자료 등을 반복적으로 요구하는 행위

⑦ 과세자료 처리 시 납세자가 해명자료를 제출하였음에도 정당한 사유 없이 처리를 지연하는 행위

⑧ 신고내용 확인에 대한 적법 절차를 미준수하여 납세자의 권리를 부당하게 침해하는 행위

⑨ 현장확인 시 출장 목적과 관련 없이 무리하게 장부 · 서류 등 제출을 요구하거나 사실

관계를 확인하는 행위

⑩ ①부터 ⑨까지의 규정에 준하는 사유로 납세자 권리가 부당하게 침해되고 있거나 침해가 현저히 예상되는 경우

(3) 신 청

권리보호요청은 권리를 부당하게 침해당하거나 침해가 예상되는 경우의 해당 납세자 또는 그 대리인(「국세기본법」 제59조 제1항을 준용하며, 이하 납세자 또는 대리인을 '권리보호 요청인'이라 한다)이 할 수 있으며, '권리보호 심의 요청서(「국세기본법 시행규칙」 별지 제56호의 5 서식)'에 의하여 요청한다(납보규 65).

(4) 심의 및 결정

권리보호 심의 요청을 받은 세무관서장은 「국세기본법」 제81조의 19 제2항에 따라 납세자보호위원회의 심의를 거쳐 결정하고 '권리보호심의 요청결과 통지서(「국세기본법 시행규칙」 별지 제56의 6 서식)'에 의하여 그 결과를 권리보호 요청인에게 통지하여야 한다. 납세자보호위원회는 권리보호요청내용을 심의한 후 다음과 같이 결정한다(납보규 82).

① 시정결정 또는 일부시정결정

② 시정불가결정

③ 심의제외결정

한편, 납세자보호담당관은 납세자보호위원회 심의 결과 세무공무원의 위법 · 부당한 행위가 사실로 확정되고 납세자 권익이 심각하게 침해될 우려가 있는 경우 납세자의 의사를 확인하여 납세자보호관에게 '조사팀 교체' 명령을 요청하여야 한다(납보규 86).

3 세무조사의 종결

1. 세무조사의 종결

(1) 개 요

조사공무원이 세무조사를 종결하고자 할 때에는 조사한 내용을 정리하여 조사관서장에게 보고하여야 한다. 조사종결 보고를 받은 조사관서장은 그 내용을 검토하여 조사의 종결 여부를 결정하여야 한다. 조사공무원은 납세자 또는 납세관리인에게 조사결과에 대하여

구체적으로 설명하여야 하며, 조사결과에 대한 이의가 있을 경우 납세자의 권리구제 방법을 상세히 알려 주어야 한다(조사규 45).

(2) 조기종결

조사공무원은 세무조사 기간을 단축하기 위하여 최대한 노력하여야 하며, 기장 및 회계처리의 투명성 등 납세성실도를 검토하여 더 이상 조사할 필요가 없다고 판단될 때에는 조사기간 종료 전이라도 조사를 조기에 종결할 수 있다(조사규 35).

(3) 부분종결

조사를 종결하는 데 장기간이 소요될 것으로 판단되는 경우 미완료된 부분을 제외한 나머지 부분에 대한 조사결과를 조사종결 전에 우선 통지할 수 있다. 이 경우 미완료된 부분은 조사 종결일까지 조사를 종결한 후 제1항에 따라 그 결과를 통지하여야 한다. 조사공무원은 「국세기본법」 제81조의 12 제2항 각 호의 사유로 제1항에 따른 기간 이내에 조사결과를 통지할 수 없는 부분이 있는 경우에는 납세자가 동의서[「세무조사 부분 결과통지 동의서」(별지 제27호 서식)]를 제출한 경우 조사결과를 통지할 수 없는 부분을 제외한 조사결과를 납세자에게 구체적으로 설명하고, 이를 세무조사결과통지서(「국세기본법 시행규칙」 별지 제56호 서식)에 상세히 기재하여 납세자에게 통지할 수 있다(조사규 46 ③ · ④).

2. 세무조사의 결과통지

(1) 세무조사 결과 통지서

세무공무원은 세무조사를 마쳤을 때에는 그 조사 결과를 그 조사를 마친 날부터 20일(공시송달의 사유에 해당하는 경우에는 40일) 이내에 다음의 사항이 포함된 조사결과를 납세자에게 설명하고, 이를 서면으로 통지하여야 한다(국기법 81의 12, 국기령 63의 13, 조사규 46).

① 세무조사의 내용
② 결정 또는 경정할 과세표준, 세액 및 산출근거
③ 세무조사 대상 세목 및 과세기간
④ 과세표준 및 세액을 결정 또는 경정하는 경우 그 사유(근거 법령 및 조항, 과세표준 및 세액 계산의 기초가 되는 구체적 사실관계 등을 포함)
⑤ 가산세의 종류, 금액 및 그 산출근거
⑥ 관할세무서장이 해당 국세의 과세표준과 세액을 결정 또는 경정하여 통지하기 전까지 법에 따른 수정신고 납부가 가능한 사실

⑦ 과세전 적부심사를 청구할 수 있다는 사실

(2) 세무조사 결과 통지 배제

납세관리인을 정하지 아니하고 국내에 주소 또는 거소를 두지 아니한 경우 등 다음 중 어느 하나에 해당하는 경우에는 세무조사 결과통지를 하지 아니할 수 있다(국기법 81의 12, 국기령 63의 13).

① 납세관리인을 정하지 아니하고 국내에 주소 또는 거소를 두지 아니한 경우

② 불복청구 및 과세전 적부심사 청구에 대한 재조사결정에 따른 세무조사인 경우

③ 세무조사결과통지서 수령을 회피하거나 거부하는 경우

(3) 세무조사 결과 통지서 수령 후 절차

1) 조기결정신청 또는 과세전 적부심사 청구

세무조사 결과통지 내용에 이의가 있으면 이 통지서를 받은 날부터 30일 이내에 과세전 적부심사 청구를 할 수 있으며, 과세전 적부심사 청구를 하지 않을 때에는 조기결정신청서(「국세기본법 시행규칙」 별지 제56호의 4 서식)를 제출하면 즉시 결정 · 고지를 받게 되어 가산세 부담을 줄일 수 있다. 만약, 「조세범 처벌법」 위반으로 고발 또는 통고처분하거나 세무조사 결과 통지일부터 국세부과제척기간의 만료일까지의 기간이 3개월 이하인 경우 등에 해당되면 과세전 적부심사 청구대상에서 제외된다.

2) 결정서 열람

세무조사 조사에 따라 향후 과세표준과 세액이 결정 또는 경정이 된 경우 조사한 사실과 결정의 근거가 적힌 결정서의 열람 또는 복사를 구술(口述)로 요구할 수 있다(국기법 16 ③ · ④).

3) 수정신고 가능

한편, 국세의 과세표준과 세액을 결정 또는 경정해 통지하기 전까지는 「국세기본법」 제45조에 따른 수정신고와 납부가 가능하다(국기법 45 ①). 여기서 '국세의 과세표준과 세액을 결정 또는 경정하여 통지를 하기 전까지 과세표준수정신고서를 제출할 수 있다' 함은 당해 국세의 납세고지서가 납세자에게 도달되기 전까지 과세표준수정신고서를 제출할 수 있다는 것을 말하는 것이다(징세 46101-1651, 2000.11.28.).

따라서 세무조사 결과 통지서를 수령한 이후라도 최종 결정세액에 대한 납세고지서를 수령하기 전까지는 수정신고서를 제출 할 수 있다. 다만, 과소신고가산세 또는 무신고가산세의 감면은 적용되지 않는다(국기법 48 ②).

3. 조기결정신청

세무조사 결과에 대한 서면통지 또는 과세예고통지를 받은 자는 과세전 적부심사를 청구하지 아니하고 통지를 한 세무서장이나 지방국세청장에게 통지받은 내용의 전부 또는 일부에 대하여 과세표준 및 세액을 조기에 결정하거나 경정결정해 줄 것을 신청할 수 있다. 이 경우 해당 세무서장이나 지방국세청장은 신청받은 내용대로 즉시 결정이나 경정결정을 하여야 한다(국기법 81의 15 ⑧). 과세전 적부심사는 납세자의 권리보호를 위한 제도임에도 불구하고 모든 세무조사 건 등에 대하여 과세전 적부심사의 절차를 밟게 되면 과세예고통지 후 실제 고지까지 30일간의 납부지연가산세가 부과되므로 납세자가 조기결정신청서를 제출하면 30일의 경과를 기다리지 않고 즉시 결정 · 경정하는 것이다.

조기결정신청은 조기결정신청서(「국세기본법 시행규칙」 별지 제56호의 5 서식)에 따라 신청하며, 조기결정 신청한 내용에 대하여는 과세전 적부심사 청구를 할 수 없다. 세무공무원은 조기결정신청서의 제출을 강요해서는 아니 된다(과적규 6 ② · ③).

4. 비밀유지

(1) 원 칙 : 비밀유지

세무공무원은 납세자가 세법에서 정한 납세의무를 이행하기 위하여 제출한 자료나 국세의 부과 · 징수를 위하여 업무상 취득한 자료 등 과세정보를 타인에게 제공 또는 누설하거나 목적 외의 용도로 사용해서는 아니 된다. 세무공무원은 비밀유지 및 과세정보의 제공 규정을 위반하여 과세정보의 제공을 요구받으면 그 요구를 거부하여야 한다. 과세정보를 알게 된 사람은 이를 타인에게 제공 또는 누설하거나 그 목적 외의 용도로 사용해서는 아니 된다. 또한 과세정보의 제공 규정에 따라 과세정보를 제공받아 알게 된 사람 중 공무원이 아닌 사람은 「형법」이나 그 밖의 법률에 따른 벌칙을 적용할 때에는 공무원으로 본다(국기법 81의 13).

조사공무원은 조사와 관련하여 알게 된 사실 중 일반적으로 공표되지 아니한 사항에 대해서는 재직 중은 물론 퇴직 후에도 누설해서는 아니 된다(조사규 31 ②).

(2) 예 외 : 과세정보의 제공

다음 중 어느 하나에 해당하는 경우에는 그 사용 목적에 맞는 범위에서 납세자의 과세정보를 제공할 수 있다(국기법 81의 13 ①). 다음의 사유 중 ①, ② 및 ⑤부터 ⑨까지의 규정에 따라 과세정보의 제공을 요구하는 자는 문서로 해당 세무관서의 장에게 요구하여야 한다

(국기법 81의 13 ②).

① 국가행정기관, 지방자치단체 등이 법률에서 정하는 조세, 과징금의 부과 · 징수 등을 위하여 사용할 목적으로 과세정보를 요구하는 경우
② 국가기관이 조세쟁송이나 조세범 소추를 위하여 과세정보를 요구하는 경우
③ 법원의 제출명령 또는 법관이 발부한 영장에 의하여 과세정보를 요구하는 경우
④ 세무공무원간에 국세의 부과 · 징수 또는 질문 · 검사에 필요한 과세정보를 요구하는 경우
⑤ 통계청장이 국가통계작성 목적으로 과세정보를 요구하는 경우
⑥ 「사회보장기본법」에 따른 사회보험의 운영을 목적으로 설립된 기관이 관계 법률에 따른 소관 업무를 수행하기 위하여 과세정보를 요구하는 경우
⑦ 국가행정기관, 지방자치단체 또는 「공공기관의 운영에 관한 법률」에 따른 공공기관이 급부 · 지원 등을 위한 자격의 조사 · 심사 등에 필요한 과세정보를 당사자의 동의를 받아 요구하는 경우
⑧ 「국정감사 및 조사에 관한 법률」에 따른 조사위원회가 국정조사의 목적을 달성하기 위하여 조사위원회의 의결로 비공개회의에 과세정보의 제공을 요청하는 경우
⑨ 다른 법률의 규정에 따라 과세정보를 요구하는 경우

(3) 비밀유지 규정 위반 시 처벌

국세청장은 세무공무원이 알게 된 과세정보를 타인에게 제공 또는 누설하거나 그 목적 외의 용도로 사용한 자에게 2천만원 이하의 과태료를 부과 · 징수한다. 다만, 「형법」 등 다른 법률에 따라 형사처벌을 받은 경우에는 과태료를 부과하지 아니하고, 과태료를 부과한 후 형사처벌을 받은 경우에는 과태료 부과를 취소한다(국기법 90).

국세기본법 시행규칙 [별지 제56호 서식] (2019.3.20. 개정)

행 정 기 관 명

수신자

제 목 **세무조사 결과 통지**

「국세기본법」 제81조의 12 및 같은 법 시행령 제63조의 13에 따라 귀하(귀사)에 대한 세무조사 결과 등을 아래와 같이 알려드립니다.

1. 조사대상자

상 호 (성 명)		사업자등록번호 (생 년 월 일)	
사업장 (주 소)			

2. 세무조사 결과

① 조사대상 (세목 : 연도 : 기분 :)

조사한 내용	

② 예정 고지일 및 납부기한

예정 고지일		예정 납부기한	

③ 결정 또는 경정할 내용(예상 총 고지세액 : 원)

※ 지방소득세 및 소득금액 변동 관련 세액 별도 (단위 : 원)

세 목	연도	과세표준		산출세액		가산세액	예상 고지세액
		신고(당초)	결정(경정)	신고(당초)	결정(경정)		

④ 과세표준 · 세액의 결정 또는 경정 사유 및 산출근거 (단위 : 원)

세목	연도	항목 (과목)	결정 · 경정 대상금액	결정 · 경정 사유	소득처분	가산세	
						일반	부당

2. 세무조사 결과						
⑤ **소득금액 변동 명세**(「법인세법」에 따른 소득처분)						(단위 : 원)
소득종류	귀속자		귀속연도	소득금액	원천징수 예상세액	수정신고·납부기한
	성명	생년월일				
						소득금액변동통지를 받은 날의 다음 달 10일

3. 세무조사 결과통지에 대한 권리구제 절차 등

① 이 통지 내용에 이의가 있으면 이 통지서를 받은 날부터 **30일 이내에 과세전적부심사청구**를 할 수 있으며, 과세전적부심사청구를 하지 않을 때에는 조기결정신청서(「국세기본법 시행규칙」 별지 제56호의 4 서식)를 제출하면 **즉시 결정 · 고지를 받게 되어 가산세 부담**을 줄일 수 있습니다.

② **「조세범 처벌법」 위반으로 고발 또는 통고처분**하거나 세무조사 결과 통지일부터 국세부과제척기간의 만료일까지의 기간이 **3개월 이하**인 경우 등에 해당되면 과세전적부심사 청구대상에서 제외됩니다(근거 : 「국세기본법」 제81조의 15 제3항).

③ 과세전적부심사 결정이나 조기결정신청서 제출에 따른 고지에 대해 다시 이의가 있으면 납세고지서를 받은 날부터 90일 이내에「국세기본법」에 따른 불복청구 등을 할 수 있습니다.

④ 국세의 과세표준과 세액을 결정 또는 경정해 통지하기 전까지는 「국세기본법」 제45조에 따른 **수정신고와 납부가 가능**합니다.

⑤ 이 조사에 따라 향후 과세표준과 세액이 결정 또는 경정이 된 경우「국세기본법」 제16조 제4항에 따라 조사한 사실과 결정의 근거가 적힌 결정서의 열람 또는 복사를 구술(口述)로 요구할 수 있음을 알려드립니다.

붙임 1. 수입금액, 과세표준 및 세액의 산출명세
2. 조사 항목별 조사 결과 및 세무조사 결과 사후 관리할 사항. 끝.

발신명의 직인

이 통지에 대한 문의 사항이 있을 때에는 ○○○과 담당자 ○○○(전화 :)에게 연락하시면 친절하게 상담해 드리겠습니다.

기안자 직위(직급) 서명 검토자 직위(직급)서명 결재권자 직위 (직급)서명

협조자

시행 처리과－일련번호(시행일) 접수 처리과명－일련번호(접수일)

우 주소 / 홈페이지 주소

전화( ) 전송( ) / 기안자의 공식전자우편주소 / 공개구분

국세기본법 시행규칙 [별지 제56호의 5 서식] (2022.3.18. 개정)

조기결정 신청서

접수번호	접수일	처리기간

신청인	상호(법인명)		주민(법인)등록번호 (사업자등록번호)	
	성명(대표자)		전 화 번 호	
	주소(사업장)			
통 지 번 호			통지연월일	20 . .
세무조사결과(과세예고) 통지관서			통지받은날	20 . .

통지받은 내용 (단위 : 원)

구 분	신고 과세표준	결정 과세표준	산출세액	예상 고지액	신청세액	비 고
법인세 · 소득세						
부가가치세						
상속세 · 증여세						
양도소득세						
그 밖의 세목 (원천세 · 개별소 비세 · 주세 등)						

위 통지 내용 중 조기결정 신청세액에 대하여 「국세기본법」 제81조의 15 제8항 및 같은 법 시행령 제63조의 14 제4항 단서에 따라 과세전적부심사를 청구하지 않을 것이므로 즉시 결정 · 고지해 줄 것을 신청합니다.

20 년 월 일

제출자 성명 : (서명 또는 인)

지방국세청장 · 세무서장 귀하

첨부서류	없 음	수수료 없 음

4 과세전 적부심사

과세전 적부심사란 세무조사 등에 따른 과세처분을 하기 전에 그 과세내용을 납세자에게 미리 통지하여 이의가 있는 경우 적법과세에 대한 청구를 가능하게 함으로서 사전적인 납세자권리 구제의 실효성을 제고하고자 하는 취지에서 마련된 제도이다.

1. 청구사유

(1) 세무서장 및 지방국세청장에게 청구

다음 중 어느 하나에 해당하는 통지를 받은 자는 통지를 받은 날부터 30일 이내에 통지를 한 세무서장이나 지방국세청장에게 통지 내용의 적법성에 관한 과세전 적부심사를 청구할 수 있다(국기법 81의 15 ①·②, 국기령 63의 14 ②).

① 세무조사 결과에 대한 서면통지

② 다음의 과세예고 통지

㉠ 세무서 또는 지방국세청에 대한 지방국세청장 또는 국세청장의 업무감사 결과(현지에서 시정조치하는 경우를 포함한다)에 따라 세무서장 또는 지방국세청장이 과세하는 경우

㉡ 세무조사에서 확인된 것으로 조사대상자 외의 자에 대한 과세자료 및 현지 확인조사에 따라 세무서장 또는 지방국세청장이 과세하는 경우

㉢ 납세고지하려는 세액이 1백만원 이상인 경우. 다만, 「감사원법」 제33조에 따른 시정요구에 따라 세무서장 또는 지방국세청장이 과세처분하는 경우로서 시정요구 전에 과세처분 대상자가 감사원의 지적사항에 대한 소명안내를 받은 경우는 제외한다.

(2) 국세청장에게 청구

과세전 적부심사를 청구함에 있어 법령과 관련하여 국세청장의 유권해석을 변경하여야 하거나 새로운 해석이 필요한 경우 등 다음 중 어느 하나에 해당하는 사항에 대해서는 국세청장에게 청구 할 수 있다(국기법 81의 15 ②, 국기령 63의 14 ①).

① 법령과 관련하여 국세청장의 유권해석을 변경하여야 하거나 새로운 해석이 필요한 것

② 국세청장의 훈령·예규·고시 등과 관련하여 새로운 해석이 필요한 것

③ 세무서 또는 지방국세청에 대한 국세청장의 업무감사 결과(현지에서 시정조치하는 경우

포함)에 따라 세무서장 또는 지방국세청장이 하는 과세예고통지에 관한 것

④ ①부터 ③까지의 규정에 해당하지 아니하는 사항 중 과세전 적부심사 청구금액이 10억원 이상인 것

⑤ 「감사원법」에 따른 시정요구에 따라 세무서장 또는 지방국세청장이 과세처분하는 경우로서 시정 요구 전에 과세처분 대상자가 감사원의 지적사항에 대한 소명안내를 받지 못한 것

2. 청구배제

다음 중 어느 하나에 해당하는 경우에는 과세전 적부심사에 관한 규정을 적용하지 아니한다(국기법 81의 15 ③, 국기령 63의 14 ③).

① 납기전 징수의 사유가 있거나 세법에서 규정하는 수시부과의 사유가 있는 경우

② 「조세범 처벌법」 위반으로 고발 또는 통고처분하는 경우

③ 세무조사 결과통지 및 과세예고통지를 하는 날부터 국세부과 제척기간의 만료일까지의 기간이 3개월 이하인 경우

④ 조세조약을 체결한 상대국이 상호합의 절차의 개시를 요청한 경우

⑤ 불복청구 및 과세전 적부심사 청구에 대한 재조사결정에 따른 세무조사인 경우

3. 청구포기(조기결정 신청)

세무조사 또는 과세예고의 통지를 받은 자는 과세전 적부심사를 청구하지 아니하고 통지를 한 세무서장이나 지방국세청장에게 통지받은 내용의 전부 또는 일부에 대하여 과세표준 및 세액을 조기에 결정하거나 경정결정해 줄 것을 신청할 수 있다. 이 경우 해당 세무서장이나 지방국세청장은 신청받은 내용대로 즉시 결정이나 경정결정을 하여야 한다(국기법 81의 15 ⑦).

4. 절 차

(1) 청구절차

세무조사 또는 과세예고의 통지를 받은 자는 과세전 적부심사청구를 할 때 해당 통지를 한 세무서장 · 지방국세청장 · 국세청장에게 과세전 적부심사청구서를 제출하여야 한다. 이 경우 증거서류나 증거물이 있으면 첨부하여야 한다. 과세전 적부심사청구서가 세무조사 등의 통지를 한 세무서장 · 지방국세청장 외의 세무서장 · 지방국세청장 또는 국세청장에게 제출된 경우에는 해당 과세전 적부심사청구서를 소관 세무서장 · 지방국세청장 또는 국세

청장에게 지체 없이 송부하고, 그 뜻을 해당 청구인에게 통지하여야 한다(국기령 63의 10 ⑤·⑥).

(2) 결정 · 경정의 유보

과세전 적부심사청구를 받은 세무서장 · 지방국세청장 또는 국세청장은 그 청구부분에 대한 결정이 있을 때까지 과세표준 및 세액의 결정이나 경정결정을 유보하여야 한다. 다만, 과세전 적부심사의 청구배제 사유 및 조기결정신청이 있는 경우에는 그러하지 아니하다(국기령 63의 10 ④).

(3) 과세전 적부심사의 진행 절차

「과세전적부심사사무처리규정」 제16조~제38조에 규정된 과세전적부심사 진행절차를 요약하면 다음과 같다.

① 과세전 적부심사 신청 : 청구인(납세자 또는 세무대리인)
② 청구에 대한 의견서 작성 : 조사담당 공무원 / 청구인에게 발송
③ 의견서에 대한 항변서 제출 : 청구인
④ 조사담당자 및 청구인의 의견청취 : 납세자 보호 담당관
⑤ 사건파악 및 처리방향 결정 : 납세자 보호 담당관
⑥ 증거서류 수집 등 사실관계 파악 : 납세자 보호 담당관
⑦ 사건조사서 작성 : 납세자 보호 담당관 / 청구인에게 발송
⑧ 의견진술 신청 : 청구인
⑨ 국세심사위원회 : 납세자 보호 담당관, 외부위원 및 내부위원 / 청구인 의견진술
⑩ 결정

(4) 과세전 적부심사의 결정방법

과세전 적부심사청구를 받은 세무서장 · 지방국세청장 또는 국세청장은 각각 국세심사위원회의 심사를 거쳐 결정을 하고 그 결과를 청구를 받은 날부터 30일 이내에 청구인에게 통지하여야 한다(국기법 81의 15 ③).

(5) 결정의 유형

과세전 적부심사청구에 대한 결정은 다음의 구분에 따른다(국기법 81의 15 ④).

① 청구가 이유없다고 인정되는 경우 : 채택하지 아니한다는 결정

② 청구가 이유있다고 인정되는 경우 : 채택하거나 일부 채택하는 결정. 다만, 구체적인 채택의 범위를 정하기 위하여 사실관계 확인 등 추가적으로 조사가 필요한 경우에는 과세예고 통지를 한 세무서장이나 지방국세청장으로 하여금 이를 재조사하여 그 결과에 따라 당초 통지 내용을 수정하여 통지하도록 하는 재조사 결정을 할 수 있다.

③ 청구기간이 지났거나 보정기간에 보정하지 아니한 경우 : 심사하지 아니한다는 결정

5. 준용규정

과세전 적부심사에 관하여서는 다음의 규정을 준용한다(국기법 81의 15 ⑤ · ⑥).

① 관계서류의 열람 및 의견진술권(국기법 58)

② 대리인에 의한 청구(국기법 59)

③ 우편제출 시 청구기간(국기법 61 ③)

④ 청구기간의 기산(국기법 62 ②)

⑤ 보정요구(국기법 63 · 65 ④)

⑥ 결정절차(국기법 64 ①)

⑦ 회의의 비공개(국기법 64 ②)

⑧ 벌칙 적용 시의 공무원 의제(행심법 11)

⑨ 위원회의 권한 승계(행심법 12)

⑩ 청구인의 지위 승계(행심법 16)

⑪ 심판참가(행심법 20)

⑫ 위원회의 심판청구서 등의 접수 · 처리(행심법 26)

CHAPTER

03 세무조사 종결 후 진행절차

세무조사가 종결되면 세무조사 결과통지서를 수령하게 되며, 법인의 경우 결과통지서 2페이지에 소득처분 예정에 관한 사항이 기재되어 있다. 이후 조사관서로부터 고지서를 수령하여 세금을 납부하게 되며, 법인의 경우 소득처분에 따른 소득금액변동통지서를 수령하여 원천징수와 종합소득세 수정신고를 납세자가 직접 수행하여야 한다. 또한, 고지서상의 세액을 기한 내에 납부하기 어렵다면 납부 기한 연장을 신청 할 수 있다.

한편, 세무조사 과정에서 조사내용이 다른 과세기간과 연동되는 항목이 적출되는 경우(예 : 감가상각) 조사범위 확대 없이 조사대상 과세기간 외 과세기간에 대하여는 수정신고를 안내함으로 종결하는 경우가 있다. 이 경우 조사내용이 다른 과세기간과 연동되는 항목이 적출되는 과정에서 경정청구가 필요한 경우도 있다.

1 수정신고와 경정청구

1. 수정신고

과세표준신고서를 법정신고기한까지 제출한 자(연말정산되는 근로소득자 등 포함) 및 기한후과세표준신고서를 제출한 자는 관할 세무서장이 각 세법에 따라 해당 국세의 과세표준과 세액을 결정 또는 경정하여 통지하기 전으로서 국세부과의 제척기간이 끝나기 전까지 과세표준수정신고서를 제출할 수 있다(국기법 45).

(1) 수정신고 요건(국기령 45 ①)

① 과세표준신고서 또는 기한후과세표준신고서에 기재된 과세표준 및 세액이 세법에 따라 신고하여야 할 과세표준 및 세액에 미치지 못할 때

② 과세표준신고서 또는 기한후과세표준신고서에 기재된 결손금액 또는 환급세액이 세

법에 따라 신고하여야 할 결손금액이나 환급세액을 초과할 때

③ ① 및 ② 외에 원천징수의무자의 정산 과정에서의 누락, 세무조정 과정에서의 누락 등 불완전한 신고를 하였을 때. 단, 경정 등의 청구를 할 수 있는 경우는 제외한다. 여기서 불완전 신고란 다음 중 어느 하나에 해당하는 것을 말한다(국기령 25 ②).

㉠ 원천징수의무자가 근로소득만 있는 자 등 「소득세법」상 과세표준확정신고를 하지 아니할 수 있는 자의 소득 등을 누락한 경우

㉡ 세무조정 과정에서 「법인세법」에 따른 국고보조금 및 공사부담금에 상당하는 금액을 익금과 손금에 동시에 산입하지 아니한 경우

㉢ ㉡과 유사한 경우로서 「법인세법」에 따라 합병, 분할, 물적분할 및 현물출자에 따른 양도차익(「법인세법」에 따른 합병평가차익 또는 분할평가차익을 포함)에 대하여 과세를 이연(移延)받는 경우로서 세무조정 과정에서 양도차익의 전부 또는 일부에 상당하는 금액을 익금과 손금에 동시에 산입하지 아니하는 경우. 다만, 다음의 모두에 해당하는 경우는 제외한다(국기칙 12).

ⓐ 정당한 사유 없이 「법인세법 시행령」에 따라 과세특례를 신청하지 아니한 경우

ⓑ 가산세 감면 제외 사유로서 경정할 것을 미리 알고 제출한 경우

(2) 수정신고 기한

수정신고는 해당 국세의 과세표준과 세액을 결정 또는 경정하여 통지하기 전으로서 국세부과의 제척기간이 끝나기 전까지 할 수 있다. 여기서 '국세의 과세표준과 세액을 결정 또는 경정하여 통지를 하기 전까지 과세표준수정신고서를 제출할 수 있다' 함은 당해 국세의 납세고지서가 납세자에게 도달되기 전까지 과세표준수정신고서를 제출할 수 있다는 것을 말하는 것이다(징세 46101-1651, 2000.11.28.).

(3) 절 차

수정신고는 해당 국세의 과세표준과 세액을 결정 또는 경정하여 통지하기 전으로서 국세부과의 제척기간이 끝나기 전까지 할 수 있다. 과세표준수정신고서에는 당초 신고한 과세표준과 세액 및 수정신고하는 과세표준과 세액을 적어야 하며, 수정한 부분에 관하여 당초의 과세표준신고서에 첨부하여야 할 서류가 있는 경우에는 이를 수정한 서류를 첨부하여 납세지 관할세무서장에게 제출하여야 한다(국기령 25 ①). 세법에 따라 과세표준신고액에 상당하는 세액을 자진납부하는 국세에 관하여 과세표준수정신고서를 제출하는 납세자는 이미 납부한 세액이 과세표준수정신고액에 상당하는 세액에 미치지 못할 때에는 그 부족한 금액과

「국세기본법」 또는 세법에서 정하는 가산세를 추가하여 납부하여야 한다(국기법 46 ①).

(4) 효 과

신고납세제도에서는 당초 신고가 납세의무를 확정하는 효력을 가지므로 수정신고도 납세의무를 확정하는 효력이 있다. 그러나 정부부과제도에서는 당초의 신고가 확정력이 없으므로 수정신고도 확정력이 없다.

2. 경정청구

과세표준신고서를 법정신고기한까지 제출한 자 및 기한후과세표준신고서를 제출한 자는 통상적 경정청구 사유가 발생하였을 때에는 최초신고 및 수정신고한 국세의 과세표준 및 세액의 결정 또는 경정을 법정신고기한이 지난 후 5년 이내에 관할 세무서장에게 청구할 수 있다(국기법 45의 2 ①).

(1) 경정청구 사유

① 과세표준신고서 또는 기한후과세표준신고서에 기재된 과세표준 및 세액이 세법에 따라 신고하여야 할 과세표준 및 세액을 초과할 때(과세표준 및 세액은 각 세법에 따라 결정 또는 경정이 있는 경우에 해당 결정 또는 경정 후의 과세표준 및 세액을 말한다)

② 과세표준신고서 또는 기한후과세표준신고서에 기재된 결손금액 또는 환급세액이 세법에 따라 신고하여야 할 결손금액 또는 환급세액에 미치지 못할 때(결손금액 또는 환급세액은 각 세법에 따라 결정 또는 경정이 있는 경우에는 해당 결정 또는 경정 후의 결손금액 또는 환급세액을 말한다)

(2) 경정청구 기한

통상적 사유로 인한 경정청구는 법정신고기한이 지난 후 5년 이내에 관할 세무서장에게 청구할 수 있다. 다만, 결정 또는 경정으로 인하여 증가된 과세표준 및 세액에 대하여는 해당 처분이 있음을 안 날(처분의 통지를 받은 때에는 그 받은 날)부터 90일 이내(법정신고기한이 지난 후 5년 이내에 한정한다)에 경정을 청구할 수 있다(국기법 45의 2 ①). 조세불복은 결정 · 경정 처분이 있음을 안 날로부터 90일 이내에 제기하여 권리를 구제받을 수 있다. 그런데, 이러한 불복청구기한이 경과된 후 일반적인 경정청구기한인 5년 내에 경정청구를 허용하게 되면 해당 경정청구의 거부 통지에 따라 조세불복을 다시 청구하게 되는 문제점이 있다. 따라서 결정 · 경정된 경우에는 불복청구기한 내에서만 경정청구를 할 수 있도록 규정한 것이다.

(3) 절 차

결정 또는 경정의 청구를 하려는 자는 청구인의 성명과 주소 또는 거소, 결정 또는 경정 전의 과세표준 및 세액, 결정 또는 경정 후의 과세표준 및 세액, 결정 또는 경정의 청구를 하는 이유 등을 적은 결정 또는 경정청구서(「국세기본법 시행규칙」 별지 제16호의 2 서식)를 제출하여야 한다(국기령 25의 3).

(4) 효 과

경청청구는 신고납세제도나 정부부과제도 모두에서 납세의무를 확정하는 효력이 없다. 다만, 결정 또는 경정의 청구를 받은 세무서장은 그 청구를 받은 날부터 2개월 이내에 과세표준 및 세액을 결정 또는 경정하거나 결정 또는 경정하여야 할 이유가 없다는 뜻을 그 청구를 한 자에게 통지하여야 한다. 다만, 청구를 한 자가 2개월 이내에 아무런 통지를 받지 못한 경우에는 통지를 받기 전이라도 그 2개월이 되는 날의 다음 날부터 이의신청, 심사청구, 심판청구, 또는 「감사원법」에 따른 심사청구를 할 수 있다(국기법 45의 2 ③).

3. 후발적 사유로 인한 경정청구

과세표준신고서를 법정신고기한까지 제출한 자 또는 국세의 과세표준 및 세액의 결정을 받은 자는 후발적 경정청구 사유가 발생하였을 때에는 그 사유가 발생한 것을 안 날부터 3개월 이내에 결정 또는 경정을 청구할 수 있다(국기법 45의 2 ②, 국기령 25의 2). 이는 납세의무 성립 후 일정한 후발적 사유의 발생으로 말미암아 과세표준 및 세액의 산정기초에 변동이 생긴 경우 납세자로 하여금 그 사실을 증명하여 감액을 청구할 수 있도록 함으로써 납세자의 권리구제를 확대하려는 데 그 취지가 있다(대법 2009두22379).

(1) 후발적 사유로 인한 경정청구 사유

① 최초의 신고 · 결정 또는 경정에서 과세표준 및 세액의 계산 근거가 된 거래 또는 행위 등이 그에 관한 소송에 대한 판결에 의하여 다른 것으로 확정되었을 때(판결에는 판결과 같은 효력을 가지는 화해나 그 밖의 행위를 포함한다)

② 소득이나 그 밖의 과세물건의 귀속을 제3자에게로 변경시키는 결정 또는 경정이 있을 때

③ 조세조약에 따른 상호합의가 최초의 신고 · 결정 또는 경정의 내용과 다르게 이루어

졌을 때

④ 결정 또는 경정으로 인하여 그 결정 또는 경정의 대상이 되는 과세기간 외의 과세기간에 대하여 최초에 신고한 국세의 과세표준 및 세액이 세법에 따라 신고하여야 할 과세표준 및 세액을 초과할 때

⑤ ①부터 ④까지와 유사한 사유로서 다음의 사유가 해당 국세의 법정신고기한이 지난 후에 발생하였을 때(국기령 25의 2)

㉠ 최초의 신고 · 결정 또는 경정을 할 때 과세표준 및 세액의 계산 근거가 된 거래 또는 행위 등의 효력과 관계되는 관청의 허가나 그 밖의 처분이 취소된 경우

㉡ 최초의 신고 · 결정 또는 경정을 할 때 과세표준 및 세액의 계산 근거가 된 거래 또는 행위 등의 효력과 관계되는 계약이 해제권의 행사에 의하여 해제되거나 해당 계약의 성립 후 발생한 부득이한 사유로 해제되거나 취소된 경우

㉢ 최초의 신고 · 결정 또는 경정을 할 때 장부 및 증거서류의 압수, 그 밖의 부득이한 사유로 과세표준 및 세액을 계산할 수 없었으나 그 후 해당 사유가 소멸한 경우

㉣ 위의 ㉠부터 ㉢까지의 규정과 유사한 사유에 해당하는 경우

(2) 후발적 사유로 인한 경정청구 기한

후발적 사유로 인한 경정청구는 그 사유가 발생한 것을 안 날부터 3개월 이내에 결정 또는 경정을 청구할 수 있다. 만약 후발적 사유가 통상적 경정청구기간 이내에 발생한 경우에는 통상적 경정청구를 한다.

(3) 절 차

결정 또는 경정의 청구를 하려는 자는 청구인의 성명과 주소 또는 거소, 결정 또는 경정 전의 과세표준 및 세액, 결정 또는 경정 후의 과세표준 및 세액, 결정 또는 경정의 청구를 하는 이유 등을 적은 결정 또는 경정청구서(「국세기본법 시행규칙」 별지 제16호의 2 서식)를 제출하여야 한다(국기령 25의 3).

4. 연말정산소득 등의 경정 등의 청구

연말정산되는 근로소득 등이 있어 종합소득 과세표준신고의무가 면제되는 자 및 분리과세되는 국내원천소득이 있는 비거주자 · 외국법인의 원천징수의무자가 소득세 또는 법인세를 납부하고 지급명세서를 제출기한까지 제출한 경우에는 경정 등을 관할 세무서장에게 청구할 수 있다(국기법 45의 2 ⑤).

5. 기한후 신고

법정신고기한까지 과세표준신고서를 제출하지 아니한 자는 관할 세무서장이 세법에 따라 해당 국세의 과세표준과 세액(가산세 포함)을 결정하여 통지하기 전까지 기한후과세표준신고서를 제출할 수 있다(국기법 45의 3 ①). 기한후과세표준신고를 하려는 자는 기한후과세표준신고서를 관할 세무서장에게 제출하여야 한다. 기한후과세표준신고서를 제출한 자로서 세법에 따라 납부하여야 할 세액이 있는 자는 그 세액을 납부하여야 한다(국기법 45의 3 ②, 국기령 25의 4 ①).

기한후신고도 경정청구와 마찬가지로 신고납세제도나 정부부과제도 모두 납세의무를 확정하는 효력이 없다. 다만, 기한후과세표준신고서를 제출한 자가 과세표준수정신고서를 제출한 경우 관할 세무서장은 세법에 따라 신고일부터 3개월 이내에 해당 국세의 과세표준과 세액을 결정 또는 경정하여 신고인에게 통지하여야 한다. 만약 그 과세표준과 세액을 조사할 때 조사 등에 장기간이 걸리는 등 부득이한 사유로 신고일부터 3개월 이내에 결정 또는 경정할 수 없는 경우에는 그 사유를 신고인에게 통지하여야 한다(국기법 45의 3 ③).

[별지 제16호 서식] (97.4.4. 개정)

<table>
<tr><td colspan="5">과세표준수정신고서 및 추가자진납부계산서</td><td>처리기간
즉 시</td></tr>
<tr><td rowspan="3">신고인</td><td>① 성 명</td><td></td><td>② 주민등록번호
–</td><td colspan="2">③ 사업자등록번호</td></tr>
<tr><td>④ 주소(거소) 또는 영업소</td><td colspan="2"></td><td>⑤ 전화번호</td><td></td></tr>
<tr><td>⑥ 상 호</td><td colspan="4"></td></tr>
<tr><td colspan="6">신 고 내 용</td></tr>
<tr><td colspan="2">⑦ 법 정 신 고 일</td><td colspan="2"></td><td>⑧ 최초신고일</td><td></td></tr>
<tr><td colspan="2">⑨ 수 정 신 고 사 유</td><td colspan="4"></td></tr>
<tr><td colspan="2">구 분</td><td colspan="2">최 초 신 고</td><td colspan="2">수 정 신 고</td></tr>
<tr><td colspan="2">⑩ 세 목</td><td colspan="2"></td><td colspan="2"></td></tr>
<tr><td colspan="2">⑪ 과 세 표 준</td><td colspan="2"></td><td colspan="2"></td></tr>
<tr><td colspan="2">⑫ 산 출 세 액</td><td colspan="2"></td><td colspan="2"></td></tr>
<tr><td colspan="2">⑬ 가 산 세 액</td><td colspan="2"></td><td colspan="2"></td></tr>
<tr><td colspan="2">⑭ 공제 및 감면세액</td><td colspan="2"></td><td colspan="2"></td></tr>
<tr><td colspan="2">⑮ 납 부 할 세 액</td><td colspan="2"></td><td colspan="2"></td></tr>
<tr><td colspan="2">⑯ 기 납 부 세 액</td><td colspan="2"></td><td colspan="2"></td></tr>
<tr><td colspan="2">⑰ 자 진 납 부 세 액</td><td colspan="2"></td><td colspan="2"></td></tr>
<tr><td colspan="2">⑱ 추가 자진납부세액</td><td colspan="2"></td><td colspan="2"></td></tr>
<tr><td colspan="6">국세기본법시행령 제25조 및 제26조의 규정에 의하여 위와 같이 신고하고 이에 따라 원을 자진납부합니다.
년 월 일
신고인 (서명 또는 인)
세무서장 귀하</td></tr>
<tr><td colspan="5">구비서류 : 최초신고서사본 및 자진납부계산서(수정된 내용을 함께 기입합니다)
※ 이 용지는 무료로 배부합니다.</td><td>수 수 료
없 음</td></tr>
</table>

<table>
<tr><td colspan="4">접 수 증(과세표준수정신고 및 추가자진납부계산서)</td></tr>
<tr><td>성 명</td><td></td><td>주 소</td><td></td></tr>
<tr><td colspan="3" rowspan="4">첨 부 서 류
1. 최초신고서사본 ( )
2. 자진납부계산서 ( )</td><td>접 수 자</td></tr>
<tr><td></td></tr>
<tr><td>접수일자인</td></tr>
<tr><td></td></tr>
</table>

과세표준수정신고 및 추가자진납부계산서 작성요령

1. 신고인란의 인적사항(성명 · 상호 등.....)은 신고일 현재의 현황을 기준으로 작성합니다. 다만, 합병 등으로 인하여 상호 등이 변경된 경우에는 종전의 상호 등을 (　　)안에 함께 기입하여 주시기 바랍니다.

2. 산출세액(⑫) : 각 세법에 의하여 계산된 과세표준금액에 해당세율을 곱하여 산출된 세액을 말합니다.

3. 가산세액(⑬) : 각 세법에 규정하는 의무의 성실한 이행을 확보하기 위하여 그 세법에 의하여 산출한 세액에 가산하여 징수하는 금액을 말하며, 가산금은 여기에 해당되지 아니합니다.

4. 공제 및 감면세액(⑭) : 특정한 정책목적을 달성하기 위하여 각 세법의 규정에 따라 부여하는 세액공제 및 감면세액을 말합니다.

5. 납부할 세액(⑮) : 산출세액(⑫)에 가산세액(⑬)을 더하고 공제 및 감면세액(⑭)을 차감한 세액을 말합니다.

6. 기납부세액(⑯) : 각 세법의 규정에 의한 중간예납(중간예납을 고지한 경우 포함) · 수시부과 · 원천납부세액 등을 기입하되, 가산세를 제외한 금액을 기입합니다.

7. 자진납부세액(⑰) : 각 세법의 규정에 의하여 수정신고 전에 계산된 자진납부할 세액(⑮－⑯)을 말합니다.

8. 추가자진납부세액(⑱) : 과세표준수정신고에 따라 추가로 납부할 세액을 말합니다.

국세기본법 시행규칙 [별지 제16호의 2 서식] (2023.3.20. 개정) (앞쪽)

과세표준 및 세액의 결정(경정)청구서

처리기간	2개월			

청구인	① 성 명		② 주 민 등 록 번 호	③ 사 업 자 등 록 번 호
			–	
	④ 주소(거소) 또는 영업소		⑤ 전화번호	
	⑥ 상 호			

신 고 내 용			
⑦ 법 정 신 고 일		⑧ 최 초 신 고 일	
⑨ 결정(경정)청구이유			
구 분	최 초 신 고	결 정(경 정) 청 구	
⑩ 세 목			
⑪ 과 세 표 준 금 액			
⑫ 산 출 세 액			
⑬ 가 산 세 액			
⑭ 공제 및 감면세액			
⑮ 납 부 할 세 액			
⑯ 국세환급금 계좌신고	거래은행 은행 지점	계좌번호	
⑰ 환 급 받 을 세 액			

「국세기본법」 제45조의 2, 같은 법 시행령 제25조의 3, 「소득세법」 제118조의 15 및 같은 법 시행령 제178조의 11에 따라 위와 같이 신고합니다.

년 월 일

청구인 (서명 또는 인)

세무서장 귀하

첨부서류	결정(경정)청구 사유 증명자료	수 수 료 없 음

위임장	청구인의 위임을 받아 대리인이 경정청구를 하는 경우 아래 사항을 적어 주시기 바랍니다.				
	위임자 (청구인)		(서명 또는 인)		
	대리인	사업장	상호	사업자등록번호	사업장 소재지	전자우편
			(서명 또는 인)		(우)	
		수행자	구분	성명	생년월일	(휴대)전화번호
			[ ]세 무 사 [ ]공인회계사 [ ]변 호 사			

접수증(과세표준 및 세액의 결정(경정)청구서)

성 명		주 소	
첨부서류	결정(경정)청구사유 증명자료 [ ]		접 수 자
			접 수 일 인

(뒤쪽)

작 성 방 법

1. 청구인란의 인적사항(① ~ ⑥)은 청구일 현재의 현황을 기준으로 작성합니다. 다만, 합병 등으로 인해 상호 등이 변경된 경우에는 종전의 상호 등을(　)안에 함께 기입해 주시기 바랍니다.

2. ⑫ 산출세액 : 각 세법에 따라 계산된 과세표준금액에 해당 세율을 곱하여 산출된 세액을 말합니다.

3. ⑬ 가산세액 : 각 세법에 규정된 의무의 성실한 이행을 확보하기 위해 그 세법에 따라 산출한 세액에 가산하여 징수하는
금액을 말하며, 가산금은 해당되지 않습니다.

   ※ 가산금은 구 국세기본법(법률 제16097호로 일부개정되기 전의 것을 말합니다) 제2조 제5호에 따른 가산금으로 2020년
   1월 1일 전 납세의무 분에 적용됩니다.

4. ⑭ 공제 및 감면세액 : 특정한 정책목적을 달성하기 위해 각 세법에 따라 부여하는 세액공제 및 감면세액을 말합니다.

5. ⑮ 납부할 세액 : ⑫ 산출세액에 ⑬ 가산세액을 더하고, ⑭ 공제 및 감면세액을 차감한 세액을 말합니다.

6. ⑯ 국세환급금 계좌신고 : 환급받을 세액이 있는 경우 적으시면 됩니다.

7. 「국세기본법」 제45조의 2 제5항에 따라 원천징수세액을 경정청구하는 경우 첨부서류(경정청구 사유 증명자료)의 예는 다음과 같습니다.

   가. 원천징수의무자가 경정청구하는 경우 :
   수정 원천징수이행상황신고서, 수정 지급조서, 당초분 · 정정분 소득공제신고서(연말정산 대상이 되는 소득만 해당합니다), 그 밖의 관련 증명서류

   나. 거주자인 원천징수대상자가 경정청구하는 경우 :
   당초분 · 정정분 원천징수영수증, 당초분 · 정정분 소득공제신고서(연말정산 대상이 되는 소득만 해당합니다), 그 밖의 관련 증명서류

   다. 비거주자 또는 외국법인인 원천징수대상자가 경정청구하는 경우 :
   당초분 · 정정분 원천징수영수증, 원천징수대상자의 거주지국에서 발급하는 거주자증명서, 그 밖의 관련 증명서류

2 소득처분

1. 소득처분의 기본개념

(1) 소득처분의 정의

소득처분이란 법인이 각 사업연도의 법인세 과세표준 및 세액신고를 위하여 기업회계와 세무회계와의 차이에 따른 세무조정을 하거나, 과세관청이 법인에 대하여 탈루소득을 적발하여 법인세 과세표준을 결정·경정함에 있어 익금 또는 손금에 산입한 금액에 대하여 그 사외유출 여부를 확인하고, 만약 사외유출되었다면 귀속자에 따라 소득의 종류를 결정, 확정하는 행위를 말한다. 또한 사외유출되지 않았다면 익금 또는 손금에 산입한 금액이 세무상 자산·부채에 차이를 유발하였는지를 확인하고 필요한 항목에 대하여는 사후관리를 수행하는 행위를 말한다.

(2) 소득처분의 유형

소득처분은 세무조정의 효과가 기업 내부의 재무제표에 영향을 주어 자산·부채의 변동이 있는 경우와 기업 외부의 자에게 소득으로 귀속되는 경우로 나누어볼 수 있는데 전자를 사내유보라 하며 후자를 사외유출이라 한다. 또한 세무조정의 효과가 사내에 남아 있으나 자산·부채에는 영향이 없는 경우를 기타라 한다.

① 사내유보 : 세무조정금액이 사외로 유출되지 않고 법인 내부에 남아 있는 것으로서 당해 법인의 세무상 자산·부채를 증가·감소시키는 것으로 인정하는 소득처분

② 사외유출 : 익금산입·손금불산입으로 생긴 세법상의 각 사업연도소득이 법인 내부에 남아 있지 아니하고 법인의 외부로 유출되어 법인 외부의 자에게 귀속된 것으로 인정하는 소득처분

③ 기타 : 세무조정으로 인해 세무상 자산·부채에 영향을 주지 않았고, 세무조정금액이 사외로 유출되지도 않은 것으로 인정하는 소득처분

(3) 소득처분 요약

세무조정	소득처분		내 용
(1) 익금산입 · 손금불산입 〈가산조정〉	1) 유보(400)		자산의 증가 또는 부채의 감소
	2) 사외유출	배당(200)	귀속자가 주주, 법인은 귀속자에 대한 원천징수, 귀속자는 배당소득 과세
		상여(100)	귀속자가 임원 사용인, 법인은 귀속자에 대한 원천징수, 귀속자는 근로소득 과세
		기타소득(300)	귀속자가 그 외의 자, 법인은 귀속자에 대한 원천징수, 귀속자는 기타소득 과세
		기타 사외유출(500)	귀속자가 타 법인 또는 사업소득을 구성, 원천징수 하지 않음
	3) 기타(600)		사외유출되지 않았으나, 자산 · 부채차이 없음
(2) 손금산입 · 익금불산입 〈차감조정〉	1) △유보(100)		자산의 감소 또는 부채의 증가
	2) 기타(200)		사외유출되지 않았으나, 자산 · 부채차이 없음

2. 유 보

사내유보란 세무조정금액이 사외로 유출되지 않고 법인 내부에 남아 있는 것으로서 당해 법인의 세무상 자산 · 부채를 증가 또는 감소시키는 것을 말한다. 세무조정 시 유보나 △유보로 처분되는 경우 재무상태표상 자산 또는 부채의 금액에 영향을 준다. 모든 자산과 부채는 소멸시점이 있으므로 유보로 인하여 발생하는 회계상 재무제표와 세법상 재무제표의 차이는 추후 해당 자산 · 부채가 소멸되는 시점에 다시 법인의 소득금액에 영향을 주게 되어 있다. 즉, 유보(또는 △유보)로 소득처분된 항목은 추후 반드시 반대의 세무조정과 소득처분이 발생하여 당초 유보(또는 △유보) 처분 금액을 소멸시킨다. 따라서 사내유보로 처분된 소득처분 사항은 향후 반대 조정을 통해 소멸될 때까지 자본금과 적립금조정명세서(을)에서 관리해야 한다.

유보(△유보) 항목은 발생 시점에 기업회계와 세무회계의 자산 · 부채의 차이를 가져오고, 추후 해당 자산 · 부채가 소멸되는 시점에 반대 세무조정을 통해 그 자산 · 부채의 차이가 소멸되는데, 이는 동시에 세무조정을 통해 발생한 손익의 차이가 추후 반대 세무조정을 통해 상쇄되는 효과가 발생한다. 따라서 유보(△유보)로 소득처분된 항목을 기업회계와 세무회계의 일시적 차이라 하며, 이는 법인세 관련 회계처리 시 이연법인세자산과 이연법인세부채로 인식하게 된다.

세무조정 및 소득처분	효 과	
〈익금산입, 손금불산입〉 유보	세법상 소득금액 증가	자산의 증가 또는 부채의 감소
〈손금산입, 익금불산입〉 △유보	세법상 소득금액 감소	자산의 감소 또는 부채의 증가

3. 사외유출

사외유출이란 익금산입 세무조정을 하는 경우로서 과세소득 증가에 상응하는 자산의 증가나 부채의 감소 없이 법인의 소득이 법인 이외의 자에게 유출된 것을 말한다.

(1) 귀속자에게 과세하는 경우

사외유출된 금액은 귀속자에 따라 다음과 같이 처분하며, 귀속자는 소득처분된 금액에 대하여 소득세의 납세의무가 발생한다(법령 106 ①).

귀속자	소득처분	귀속자에 대한 과세
① 주주*	배 당	배당소득으로 과세
② 임원 또는 직원	상 여	근로소득으로 과세
③ 그 외의 자	기타소득	기타소득으로 과세

* 임원 또는 직원인 주주 등을 제외한다.

(2) 귀속자에게 과세하지 않는 경우

귀속자가 법인이거나 사업을 영위하는 개인인 경우에는 기타사외유출로 처분하고 귀속자에게 대하여 소득처분으로 인한 추가적인 과세는 하지 않는다. 다만, 그 분여된 이익이 내국법인 또는 외국법인의 국내사업장의 각 사업연도의 소득이나 거주자 또는 비거주자의 국내사업장의 사업소득을 구성하는 경우에 한한다(법령 106 ①). 한편, 다음의 금액은 무조건 기타사외유출로 처분한다(법령 106 ①).

① 기부금의 손금산입 한도초과액
② 적격증빙 미수취 접대비 및 접대비 한도초과액
③ 업무용승용차별 임차료 중 감가상각비 상당액 한도초과액 및 업무용승용차의 처분손실 한도초과액
④ 채권자불분명 사채이자 및 비실명채권증권 이자에 대한 원천징수세액에 상당하는 금액
⑤ 업무무관자산 등에 대한 지급이자 손금불산입액
⑥ 임대보증금의 간주임대료

⑦ 익금에 산입한 금액으로서 사외유출된 것이 분명하나 귀속이 불분명하여 대표자에게 귀속된 것으로 보아 처분한 경우 당해 법인이 그 처분에 따른 소득세 등을 대납하고 이를 손비로 계상하거나 그 대표자와의 특수관계가 소멸될 때까지 회수하지 아니함에 따라 익금에 산입한 금액
⑧ 부당행위계산 부인 규정에 따라 익금에 산입한 금액으로서 귀속자에게 증여세가 과세되는 금액
⑨ 외국법인의 국내 사업장의 각 사업연도의 소득에 대한 법인세의 과세표준을 신고하거나 결정 또는 경정함에 있어서 익금에 산입한 금액이 그 외국법인 등에 귀속되는 소득과 「국제조세조정에 관한 법률」에 따른 과세조정으로 익금에 산입한 금액이 국외특수관계인으로부터 반환되지 않은 소득

(3) 사외유출된 것이 분명하나 귀속이 불분명한 경우

1) 대표자 상여처분

익금에 산입한 금액이 사외에 유출된 것이 분명하나 귀속이 불분명한 경우에는 대표자에게 귀속된 것으로 보아 대표자에 대한 상여로 처분한다(법령 106 ① 1호). 법인이 그 매출액을 장부에 기재하지 아니하거나 가공의 비용을 장부에 계상한 경우 특별한 사정이 없는 한 그 매출누락액 또는 가공비용 전액 상당의 법인의 수익이 사외로 유출된 것으로 보아야 하고, 이 경우 그 매출누락액 또는 가공비용이 사외로 유출된 것이 아니라고 볼 특별한 사정은 이를 주장하는 법인이 증명하여야 한다(대법원 2019두43313, 2019.9.26.).

2) 대표자의 판정

사외로 유출된 금액의 귀속이 불분명하여 대표자에게 상여처분함에 있어서 대표자는 다음과 같이 판정한다(법집 67-106-3).

① 소액주주등이 아닌 주주등인 임원 및 그와 특수관계에 있는 자가 소유하는 주식 등을 합하여 해당 법인의 발행주식총수 또는 출자총액의 30% 이상을 소유하고 있는 경우의 그 임원이 법인의 경영을 사실상 지배하고 있는 경우에는 그 자를 대표자로 하고, 대표자가 2명 이상인 경우에는 사실상의 대표자로 한다(법령 106 ① 1호).
② 사실상의 대표자란 대외적으로 회사를 대표할 뿐만 아니라 업무집행에 있어서 이사회의 일원으로 의사결정에 참여하고 집행 및 대표권을 가지며 회사에 대하여 책임을 지는 자를 말한다.
③ 사업연도 중에 대표자가 변경된 경우 대표자 각인에게 귀속된 것이 분명한 금액은 이를 대표자 각인에게 구분하여 처분하고, 귀속이 분명하지 아니한 경우에는 재직기간의 일수에 따라 구분계산하여 이를 대표자 각인에게 상여로 처분한다.

④ 해당 법인의 대표자가 아니라는 사실이 객관적인 증빙이나 법원의 판결에 따라 입증되는 경우를 제외하고는 등기상의 대표자를 그 법인의 대표자로 본다.
⑤ 법원의 가처분결정에 따라 직무집행이 정지된 법인의 대표자는 그 정지된 기간 중에는 대표자로서의 직무집행에서 배제되는 것이므로 법인등기부상에 계속 대표자로 등재되어 있는 경우에도 법인의 영업에 관한 장부 또는 증빙서류를 성실히 비치 기장하지 아니하여 발생되는 그 귀속이 불분명한 소득 등은 이를 그 직무집행이 배제된 명목상의 대표자에게 처분할 수 없는 것으로 한다. 따라서 이 경우에는 사실상의 대표자로 직무를 행사한 자를 대표자로 한다.

4. 기 타

기타 처분이란 세무조정금액이 사외로 유출되지 않고 법인 내부에 남아 있으나 회계상 자산 · 부채와 세법상 자산 · 부채와의 차이가 발생하지 않는다. 따라서 유보(△유보)와는 달리 차기 이후에 반대의 세무조정이 발생되지 아니하므로 별도의 사후관리가 필요하지 않다.

[별지 제22호 서식(1)] (2014.3.14. 개정)

소득금액변동통지서(1)

(법 인 통 지 용)

※ 아래의 유의사항을 읽고 작성하여 주시기 바라며, [ ]에는 해당되는 곳에 √표를 합니다. (앞쪽)

수령자	① 법 인 명	② 사업자등록번호
	③ 주 소	
	④ 대표자 성명	

소득자별 ┌ [ ]배 당 ┐ │ [ ]상 여 │ └ [ ]기타소득 ┘ 소득금액 변동내용

⑤ 소득종류 (배당 · 상여 · 기타)	⑥ 사업 연도	⑦ 귀속 연도	⑧ 소득금액	소 득 자		
				⑨ 성명	⑩ 주 민 등 록 번 호	⑪ 주 소
					–	
					–	
					–	
					–	

「소득세법 시행령」 제192조 제1항에 따라 위와 같이 소득금액 변동사항을 통지합니다.

년 월 일

세 무 서 장 직인

유의사항

1. 소득금액변동통지서를 받은 법인은 통지받은 소득에 대한 소득세를 원천징수하여 통지서를 받은 달의 다음 달 10일까지 납부해야 합니다.
2. 「소득세법」 제155의 4 제1항에 따라 법인이 「채무자 회생 및 파산에 관한 법률」에 따른 회생절차에 따라 특수관계인이 아닌 다른 법인에 합병되는 등 지배주주가 변경된 이후 회생절차 개시 전에 발생한 사유로 인수된 법인의 대표자 등에 대하여 「법인세법」 제67조에 따라 상여로 처분되는 경우에는 해당 법인에 소득금액변동통지서를 통지하는 것이 아니라, 해당 소득자에게 직접 「소득세법 시행규칙」 별지 제22호 서식(2)의 소득금액변동통지서(2)(소득자통지용)를 통지합니다.
3. 소득금액변동통지서를 받은 법인은 종합소득과세표준확정신고 대상 소득자의 소득금액이 변동됨으로써 소득세를 추가로 납부해야 하는 경우에는 즉시 해당 소득자에게 이 통지서를 받은 날이 속하는 달의 다음 다음 달 말일까지 주소지 관할 세무서에 추가신고 · 자진납부해야 한다는 것을 알려주시기 바랍니다.

[별지 제22호 서식(2)] (2014.3.14. 개정)

소득금액변동통지서(2)

(소 득 자 통 지 용)

수령자	① 성 명	② 주민등록번호
	③ 주 소	

❶ 소득발생법인

④ 법 인 명	⑤ 사업자등록번호
⑥ 소 재 지	
⑦ 대 표 자	

❷ 소득금액 변동내용

⑧ 소 득 종 류	⑨ 사 업 연 도	⑩ 소득귀속연도	⑪ 소 득 금 액	비 고

「소득세법」 제155의 4 제1항 및 같은 법 시행령 제192조 제1항 단서에 따라 소득금액 변동사항을 통지합니다.

년 월 일

세 무 서 장 직인

유의사항

※ 종합소득과세표준확정신고 대상 소득자의 소득금액이 변동됨으로써 소득세를 추가납부해야 하는 경우에는 이 통지서를 받은 날이 속하는 달의 다음 다음 달 말일까지 주소지 관할 세무서에 추가신고 · 자진납부해야 합니다.

210mm×297mm[백상지 80g/㎡(재활용품)]

3 소득금액변동통지 수령 시 진행절차

세무조사 결과에 따라 처분되는 배당, 상여 및 기타소득은 법인소득금액을 결정·경정하는 납세지 관할 세무서장 또는 지방국세청장이 소득금액변동통지서(1)[「소득세법 시행규칙」 별지 제22호 서식(1)]를 작성하여 그 결정일 또는 경정일부터 15일 내에 법인에게 통지하여야 한다. 다만, 법인의 소재지가 분명하지 아니하거나 그 통지서를 송달할 수 없는 경우에는 그 주주 및 상여나 기타소득의 처분을 받은 거주자에게 소득금액변동통지서(2)[「소득세법 시행규칙」 별지 제22호 서식(2)]에 의하여 통지하고 해당 거주자의 주소지 관할세무서장에게 전산출력된 소득금액변동통지서를 통보하여야 한다(조사규 53).

1. 원천징수

(1) 원천징수시기

정부가 법인소득금액을 결정 또는 경정함에 있어서 처분되는 배당·상여 및 기타소득은 소득금액변동통지서를 받은 날에 지급한 것으로 본다(소법 131 ②). 원천징수시기는 지급일이 속하는 날의 다음 달 10일이므로 소득금액변동통지서를 받은 날의 다음 달 10일까지 원천징수를 하여야 한다. 예를 들어 2023년 9월 중에 2019년 귀속 법인세에 대한 세무조사를 받고 2023.10.20.에 소득금액변동통지서를 받은 경우 원천징수는 2023.11.10.까지 하여야 한다.

(2) 소득의 귀속시기

소득처분으로 인한 배당·기타소득의 수입시기는 당해 법인의 당해 사업연도의 결산확정일이며, 소득처분으로 인한 상여의 수입시기는 신고하거나 결정·경정하는 사업연도 중의 근로를 제공한 날이다(소령 46·49 ①·50 ①). 예를 들어 2023년 9월 중에 2019 귀속 법인세에 대한 세무조사를 받고 2023.11.20.에 소득금액변동통지서를 받은 경우 귀속시기는 다음과 같다.

구 분	귀속시기	귀속시기 사례	원천징수 세율
인정상여	근로제공일	2019년 귀속 근로소득	기본세율
인정배당	결산확정일	2020년 귀속 배당소득	14%
인정기타	결산확정일	2020년 귀속 기타소득	20%

(3) 지급명세서의 제출

소득세 납세의무가 있는 개인에게 원천징수대상 소득을 국내에서 지급하는 자는 지급명세서를 그 지급일이 속하는 과세기간의 다음 연도 2월 말일(사업소득과 근로소득 또는 퇴직소득 및 봉사료의 경우에는 다음 연도 3월 10일)까지 원천징수 관할 세무서장, 지방국세청장 또는 국세청장에게 제출하여야 한다. 다만, 제131조, 제135조, 제144조의 5 또는 제147조를 적용받는 소득(지급시기 특례)에 대해서는 해당 소득에 대한 과세기간 종료일의 다음 연도 2월 말일 또는 3월 10일까지 제출하여야 한다(소법 164 ①).

따라서 소득금액변동통지서를 받은 인정상여 · 배당 · 기타소득에 대하여는 지급시기 특례일(소득금액변동통지서를 받은 날)의 다음 연도 2월 말일 또는 3월 10일까지 제출할 수 있을 것으로 판단된다. 그러나 과세관청의 전산자료에서 원천징수이행상황신고서와 지급명세서를 상호대사하는 점, 과세관청에서 원천징수이행상황신고 시 지급명세서도 함께 요구하는 실정 등을 감안할 때 원천징수이행상황신고서와 함께 제출하는 것이 바람직할 것으로 보인다.

(4) 원천징수이행상황신고서 및 지급명세서의 작성방법

「법인세법」에 의한 소득처분이 있는 경우 반기별납부자도 매월 납부자와 동일하게 소득처분의 원천징수시기(소득금액변동통지를 받은 날, 법인세 신고일, 수정신고일)가 속하는 달의 다음 날 10일까지 신고 · 납부하여야 한다. 소득처분으로 인하여 증가되는 금액은 당초 신고서를 수정하는 것이 아니고 소득처분이 있는 때에 소득처분의 귀속연월의 소득을 지급한 것으로 보아 소득처분금액과 추가 정산세액만 원천징수이행상황신고서에 기재하여 신고 · 납부한다. 다만, 지급명세서(원천징수영수증)는 당초분의 지급명세서에 소득처분금액을 반영하여 재작성된 지급명세서를 제출한다.

구 분	소득금액변동 통지받은 경우	법인세 과세표준 신고(수정신고) 시
원천징수시기	소득금액변동통지서를 받은 날	법인세 과세표준 신고일(수정신고일)
귀속연월	당초 연말정산 등의 귀속연월	당초 연말정산 등의 귀속연월
지급연월	소득금액변동통지서를 받은 날 연월	법인세 과세표준 신고일(수정신고일) 연월
원천세 신고서상 기재대상	• 인정상여 : A04(연말정산) – 인원 : 소득처분 인원 – 지급액 : 소득처분 금액 – 소득세 등 : 총급여액(해당 귀속분)에 소득처분 금액을 가산하여 재정산 시 추가 납부세액 • 인정배당 : A60(배당소득) 인원, 지급액, 소득세 등 • 인정기타소득 : A42(그 외) 인원, 지급액, 소득세 등	

2. 종합소득세 수정신고

종합소득 과세표준확정신고기한이 지난 후에 세무서장이 법인세 과세표준을 결정 또는 경정하여 익금에 산입한 금액이 배당 · 상여 또는 기타소득으로 처분됨으로써 소득금액에 변동이 발생함에 따라 종합소득 과세표준확정신고 의무가 없었던 자, 세법에 따라 과세표준확정신고를 하지 아니하여도 되는 자 및 과세표준확정신고를 한 자가 소득세를 추가 납부하여야 하는 경우 해당 법인이 소득금액변동통지서를 받은 날이 속하는 달의 다음다음 달 말일까지 추가신고한 때에는 법성신고기한까지 신고한 것으로 본다(소령 134 ①). 예를 들어 2023년 9월 중에 2019 귀속 법인세에 대한 세무조사를 받고 2023.10.20.에 소득금액변동통지서를 받은 경우 2023.10.10.까지 법인이 원천징수를 수행하고, 소득처분의 귀속자는 11월 30일까지 원천징수된 소득을 종합소득에 합산하여 수정신고를 하여야 한다.

이때 소득금액변동통지에 따른 추가신고납부기한 내에 신고만 하면 세액이 납부되지 않은 경우라도 신고불성실가산세의 부과대상이 아니며(조심 2019서1547, 2019.8.8.), 납부불성실가산세는 그 법정 추가 납부기한인 소득금액변동통지서를 받은 날이 속하는 달의 다음 달 말일의 다음 날부터 기산한다(대법원 2004두9944, 2006.7.27.).

3. 지방소득세 수정신고

개인지방소득세 확정신고를 한 거주자가 「국세기본법」 제45조 및 제45조의 2에 따라 「소득세법」에 따른 신고내용에 대하여 수정신고 또는 경정 등의 청구를 할 때에는 납세지를 관할하는 지방자치단체의 장에게 「지방세기본법」 제49조 및 제50조에 따른 수정신고 또는 경정 등의 청구를 하여야 한다(지법 96 ①). 따라서 소득금액변동통지서를 수령한 후 인정상여 등에 대하여 종합소득세를 수정신고 하는 경우 지방소득세 수정신고서 관할 지자체에 제출하여야 한다.

4 수정신고 시 진행절차

법인세신고서 및 수정신고서를 제출하면서 인정상여, 인정배당, 인정기타소득이 발생하는 경우에는 소득금액변동통지서의 수령 없이 법인에서 스스로 원천징수 절차를 수행하여야 한다. 세무조사 과정에서 조사내용이 다른 과세기간과 연동되는 항목이 적출되는 경우(예 : 감가상각) 조사범위 확대 없이 조사대상 과세기간 외 과세기간에 대하여는 수정신고를 안내함으로 종결하는 경우가 있다. 또한, 과세자료 해명안내를 받고 수정신고를 하는 경우 등 수정신고 시에도 인정상여 등에 대한 소득세 원천징수 및 종합소득세 수정신고 절차를 진행하여야 한다.

1. 원천징수

(1) 원천징수시기

법인이 법인세 과세표준을 신고하는 경우에 처분되는 배당 · 상여 및 기타소득은 그 신고일 또는 수정신고일에 지급한 것으로 본다(소법 131 ②). 원천징수시기는 지급일이 속하는 날의 다음 달 10일이므로 법인세를 신고 또는 수정신고한 날의 다음 달 10일까지 원천징수를 하면 된다. 예를 들어 2023.5.31.에 2020년 귀속 법인세에 대한 수정신고서를 제출한 경우 원천징수는 2023.6.10.까지 하여야 한다.

(2) 귀속시기

소득처분으로 인한 배당 · 기타소득의 수입시기는 당해 법인의 당해 사업연도의 결산확정일이며, 소득처분으로 인한 상여의 수입시기는 신고하거나 결정 · 경정하는 사업연도 중의 근로를 제공한 날이다(소령 46 · 49 ① · 50 ①). 예를 들어 2023.5.31.에 2020년 귀속 법인세 수정신고를 하고 상여, 배당, 기타소득으로 소득처분한 경우 귀속시기는 다음과 같다.

구 분	귀속시기	귀속시기 사례	원천징수 세율
인정상여	근로제공일	2020년 귀속 근로소득	기본세율
인정배당	결산확정일	2021년 귀속 배당소득	14%
인정기타	결산확정일	2021년 귀속 기타소득	20%

(3) 지급명세서의 제출

소득세 납세의무가 있는 개인에게 원천징수대상 소득을 국내에서 지급하는 자는 지급명세서를 그 지급일이 속하는 과세기간의 다음 연도 2월 말일(사업소득과 근로소득 또는 퇴직소득 및 봉사료의 경우에는 다음 연도 3월 10일)까지 원천징수 관할 세무서장, 지방국세청장 또는 국세청장에게 제출하여야 한다. 다만, 제131조, 제135조, 제144조의 5 또는 제147조를 적용받는 소득(지급시기 특례)에 대해서는 해당 소득에 대한 과세기간 종료일의 다음 연도 2월 말일 또는 3월 10일까지 제출하여야 한다(소법 164 ①).

따라서 수정신고 과정에서 발생한 인정상여 · 배당 · 기타소득에 대하여는 지급시기 특례일(소득금액변동통지서를 받은 날)의 다음 연도 2월 말일 또는 3월 10일까지 제출할 수 있을 것으로 판단된다. 그러나 과세관청의 전산자료에서 원천징수이행상황신고서와 지급명세서를 상호대사하는 점, 과세관청에서 원천징수이행상황신고 시 지급명세서도 함께 요구하는 실정 등을 감안할 때 원천징수이행상황신고서와 함께 제출하는 것이 바람직할 것으로 보인다.

(4) 원천징수이행상황신고서 및 지급명세서의 작성방법

「법인세법」에 의한 소득처분이 있는 경우 반기별납부자도 매월 납부자와 동일하게 소득처분의 원천징수시기(소득금액변동통지를 받은 날, 법인세 신고일, 수정신고일)가 속하는 달의 다음 날 10일까지 신고 · 납부 하여야 한다. 소득처분으로 인하여 증가되는 금액은 당초 신고서를 수정하는 것이 아니고 소득처분이 있는 때에 소득처분의 귀속연월의 소득을 지급한 것으로 보아 소득처분금액과 추가 정산세액만 원천징수이행상황신고서에 기재하여 신고 · 납부한다. 다만, 지급명세서(원천징수영수증)는 당초분의 지급명세서에 소득처분금액을 반영하여 재작성된 지급명세서를 제출한다.

구 분	소득금액변동 통지받은 경우	법인세 과세표준 신고(수정신고) 시
원천징수시기	소득금액변동통지서를 받은 날	법인세 과세표준 신고일(수정신고일)
귀속연월	당초 연말정산 등의 귀속연월	당초 연말정산 등의 귀속연월
지급연월	소득금액변동통지서를 받은 날 연월	법인세 과세표준 신고일(수정신고일) 연월
원천세 신고서상 기재대상	• 인정상여 : A04(연말정산) – 인원 : 소득처분 인원 – 지급액 : 소득처분 금액 – 소득세 등 : 총급여액(해당 귀속분)에 소득처분 금액을 가산하여 재정산시 추가 납부세액 • 인정배당 : A60(배당소득) 인원, 지급액, 소득세 등 • 인정기타소득 : A42(그 외) 인원, 지급액, 소득세 등	

2. 종합소득세 수정신고

종합소득 과세표준확정신고기한이 지난 후에 「법인세법」에 따라 법인이 법인세 과세표준을 신고하여 익금에 산입한 금액이 배당 · 상여 또는 기타소득으로 처분됨으로써 소득금액에 변동이 발생함에 따라 종합소득 과세표준확정신고 의무가 없었던 자, 세법에 따라 과세표준확정신고를 하지 아니하여도 되는 자 및 과세표준확정신고를 한 자가 소득세를 추가 납부하여야 하는 경우 해당 법인의 법인세 신고기일이 속하는 달의 다음다음 달 말일까지 추가신고한 때에는 법정신고기한까지 신고한 것으로 본다(소령 134 ①). 예를 들어 2023.5.31.에

2020 귀속 법인세에 대한 수정신고를 한 경우 2023.6.10.까지 법인이 원천징수를 수행하고, 소득처분의 귀속자는 7월 31일까지 원천징수된 소득을 종합소득에 합산하여 수정신고를 하여야 한다.

3. 지방소득세 수정신고

개인지방소득세 확정신고를 한 거주자가 「국세기본법」 제45조 및 제45조의 2에 따라 「소득세법」에 따른 신고내용에 대하여 수정신고 또는 경정 등의 청구를 할 때에는 납세지를 관할하는 지방자치단체의 장에게 「지방세기본법」 제49조 및 제50조에 따른 수정신고 또는 경정 등의 청구를 하여야 한다(지법 96 ①). 따라서 법인세를 수정신고 한 후 인정상여 등에 대하여 종합소득세를 수정신고 하는 경우 지방소득세 수정신고서 관할 지자체에 제출하여야 한다.

5 납부기한 연장

1. 납부기한의 연장 신청

납세자는 「국세징수법」 제13조에 따른 납부기한 연장 사유로 납부기한등의 연장(세액을 분할하여 납부하도록 하는 것을 포함)을 받으려는 경우 관할 세무서장에게 신청할 수 있다(국징법 13 ②).

(1) 연장사유(국징법 13 ①)

① 납세자가 재난 또는 도난으로 재산에 심한 손실을 입은 경우

② 납세자가 경영하는 사업에 현저한 손실이 발생하거나 부도 또는 도산의 우려가 있는 경우

③ 납세자 또는 그 동거가족이 질병이나 중상해로 6개월 이상의 치료가 필요한 경우 또는 사망하여 상중(喪中)인 경우

④ 그 밖에 납세자가 국세를 납부기한등까지 납부하기 어렵다고 인정되는 경우로서 다음의 경우(국징령 11)

㉠ 권한 있는 기관에 장부나 서류 또는 그 밖의 물건이 압수 또는 영치된 경우 및 이에 준하는 경우

㉡ 정전, 프로그램의 오류, 그 밖의 부득이한 사유로 다음 각 목의 어느 하나에 해당하는 정보처리장치나 시스템을 정상적으로 가동시킬 수 없는 경우

ⓐ 「한국은행법」에 따른 한국은행(그 대리점을 포함한다)

ⓑ 「우체국예금 · 보험에 관한 법률」에 따른 체신관서

㉢ 금융회사등 · 체신관서의 휴무, 그 밖에 부득이한 사유로 정상적인 국세 납부가 곤란하다고 국세청장이 인정하는 경우

㉣ 「세무사법」 제2조 제3호에 따라 납세자의 장부 작성을 대행하는 세무사(세무법인 포함) 또는 세무대리업무등록부에 등록한 공인회계사(회계법인 포함)가 화재, 전화(戰禍), 그 밖의 재해를 입거나 해당 납세자의 장부(장부 작성에 필요한 자료 포함)를 도난당한 경우

㉤ ①부터 ③까지의 규정에 준하는 사유가 있는 경우

(2) 연장사유(국징규 79 ①)

세무서장은 「국세징수법」 제13조 제1항에 의하여 납세자가 다음 각 호의 어느 하나에 해당하는 사유로 납부기한등까지 국세를 납부할 수 없다고 인정하는 때에는 납부기한등을 연장할 수 있다.

① 천재지변, 화재, 전화, 화약 · 가스류의 폭발사고, 광해, 교통사고, 건물의 무너짐, 그 밖의 이에 준하는 물리적인 재해 또는 도난으로 인하여 국세의 납부가 심히 곤란한 때

② 물리적 · 법률적 요인으로 사업경영이 곤란할 정도의 현저한 손실(토지를 제외한 사업용 자산의 20% 이상)을 입었을 때

③ 납세자 본인(법인의 대표자 포함) 또는 그 동거가족이 6개월 이상 장기치료를 요하는 심한 질병이나 중상해로 사업경영이 곤란한 때

④ 최근 3개월간 재고 또는 외상매출금이 전년 동기 또는 그 이전 3개월간 금액과 비교하여 20% 이상 급증하여 자금경색이 심화된 때

⑤ 최근 3개월간 평균 매출액의 20%를 초과하는 거액의 대손금이 발생하거나 최근 3개월간 평균 매출액의 20%를 초과하는 매출채권의 회수가 곤란하여 자금경색이 심화된 때

⑥ 최근 3개월간 매출이 전년 동기 또는 그 이전 3개월간의 금액과 비교하여 20% 이상 감소하여 자금경색이 심화된 때

⑦ 정부로부터 재해나 산업위기 또는 실업위험 등으로 정부지원이 필요한 지역 · 업종으로 지정된 때

⑧ 노동쟁의 또는 관계기업의 파업으로 조업이 1월 이상 중단된 때

⑨ 납세유예 신청일 현재 임원을 제외한 전직원수의 70% 이상에 해당 하는 자에게 2개

월 이상의 임금을 체불 중에 있을 때

⑩ 자금경색이 심각하여 세금을 일시에 납부할 경우 납세자에게 돌이킬 수 없는 손해를 가하여 그의 경제생활을 위태롭게 할 우려가 있다고 세무서장이 인정하는 때

⑪ 국세청장 또는 지방국세청장이 세정지원이 필요하다고 인정한 때

(3) 납부지연가산세 미부과

관할 세무서장은 납부기한등을 연장(국징법 13)하거나 납부고지를 유예(국징법 14)한 경우 그 연장 또는 유예 기간 동안 「국세기본법」 제47조의 4에 따른 납부지연가산세 및 같은 법 제47조의 5에 따른 원천징수 등 납부지연가산세를 부과하지 않는다. 납세자가 납부고지 또는 독촉을 받은 후에 「채무자 회생 및 파산에 관한 법률」 제140조에 따른 징수의 유예를 받은 경우에도 또한 같다(국징령 13).

2. 연장기간과 분납 한도

(1) 연장기간과 분납

관할 세무서장은 납부기한등의 연장 또는 납부고지의 유예를 하는 경우 그 연장 또는 유예 기간을 연장 또는 유예한 날의 다음 날부터 9개월 이내로 정하며, 연장 또는 유예 기간 중의 분납기한 및 분납금액을 정할 수 있다. 이때 관할 세무서장은 연장 또는 유예 기간이 6개월을 초과하는 경우에는 가능한 한 연장 또는 유예 기간 시작 후 6개월이 지난 날부터 3개월 이내에 균등액을 분납할 수 있도록 정해야 한다(국징령 12 ①).

(2) 분납사례

① 7월 연장인 경우 7개월째 일시납

② 8월 연장인 경우 7개월째 및 8개월째 각 2분의 1씩 납부

③ 9월 연장인 경우 7개월째부터 9개월째까지 각 3분의 1씩 납부

(3) 납부기한의 재연장

납부기한등의 연장 등의 승인 후 유예사유가 해소되지 않고 취소 사유가 없는 때에는 납세자의 신청에 의하여 납부기한등의 연장 등의 기간 범위에서 재연장 승인할 수 있다. 다만, 지정납부기한의 연장과 법정납부기한의 연장의 기간은 합산하여 각각 9월을 초과할 수 없다(국징규 81).

3. 기한연장 절차

(1) 신 청

납세자는 납부기한등의 연장 또는 납부고지의 유예를 신청하려는 경우 납부기한 만료일 3일 전까지 다음 각 호의 사항을 적은 납부기한등 연장신청서[「국세징수법 시행규칙」 별지 제14호 서식]를 관할 세무서장에게 제출(국세정보통신망 제출 포함)해야 한다. 다만, 관할 세무서장이 납세자가 기한 만료일 3일 전까지 신청서를 제출할 수 없다고 인정하는 경우에는 기한 만료일까지 제출할 수 있다(국징령 14).

① 납세자의 주소 또는 거소와 성명
② 납부할 국세의 과세기간, 세목, 세액과 기한
③ 연장 또는 유예를 받으려는 이유와 기간
④ 분할납부의 방법으로 연장 또는 유예를 받으려는 경우에는 그 분납액 및 분납 횟수

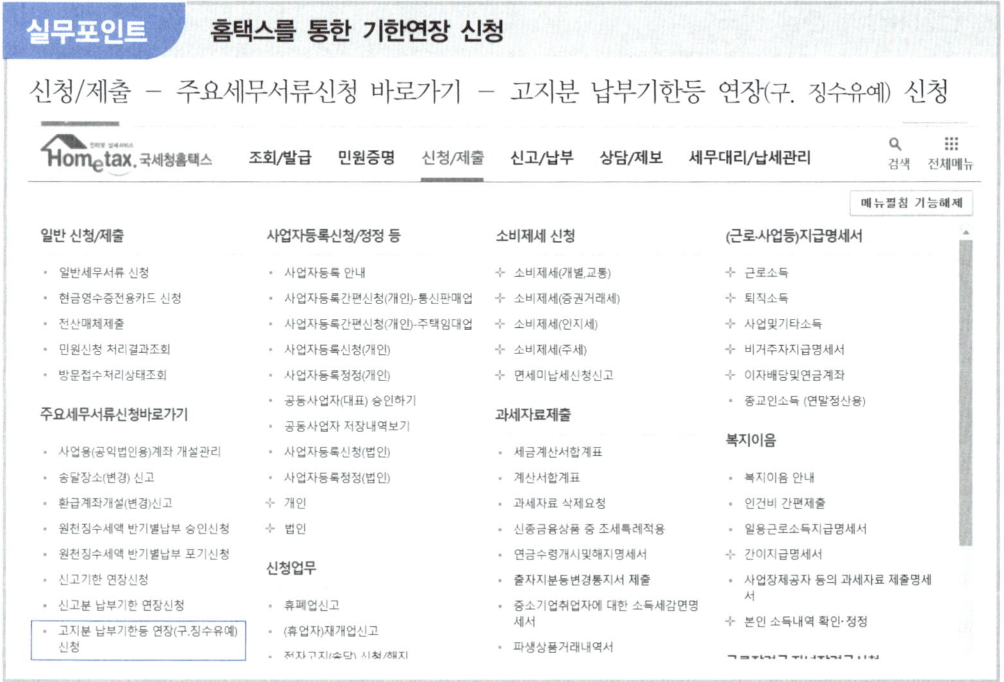

(2) 통 지

관할 세무서장은 납부기한등을 연장하는 경우 다음의 사항을 적은 납부기한등 연장(승인, 기각)통지서[「국세징수법 시행규칙」 별지 제16호 서식]에 따라 즉시 납세자에게 그 사실을 통지하여야 한다(국징령 15 ①).

① 연장 또는 유예를 한 국세의 과세기간, 세목, 세액 및 기한
② 연장 또는 유예 기간
③ 분할납부의 방법으로 연장 또는 유예를 한 경우에는 분납금액 및 분납횟수

(3) 승인의제

납세자가 납부기한등의 만료일 10일 전까지 제2항에 따른 신청을 하였으나 관할 세무서장이 그 신청일부터 10일 이내에 승인 여부를 통지하지 아니한 경우에는 신청일부터 10일이 되는 날에 제2항에 따른 신청을 승인한 것으로 본다(국징법 13 ⑤).

4. 기한연장의 취소

(1) 기한연장의 취소

관할 세무서장은 납부기한등의 연장 또는 납부고지의 유예를 한 후 해당 납세자가 다음 각 호의 어느 하나의 사유에 해당하게 된 경우 그 납부기한등의 연장 또는 납부고지의 유예를 취소하고 연장 또는 유예와 관계되는 국세를 한꺼번에 징수할 수 있다(국징법 16 ①).

① 국세를 분할납부하여야 하는 각 기한까지 분할납부하여야 할 금액을 납부하지 아니한 경우
② 관할 세무서장의 납세담보물의 추가 제공 또는 보증인의 변경 요구에 따르지 아니한 경우
③ 재산 상황의 변동 등 대통령령으로 정하는 사유로 납부기한등의 연장 또는 납부고지의 유예를 할 필요가 없다고 인정되는 경우
④ 납부기한 전 징수(국징법 9)의 사유가 있어 그 연장 또는 유예한 기한까지 연장 또는 유예와 관계되는 국세의 전액을 징수할 수 없다고 인정되는 경우

(2) 통 지

관할 세무서장은 납부기한등의 연장 또는 납부고지의 유예를 취소한 경우 납세자에게 그 사실을 통지하여야 한다(국징법 16).

국세징수법 시행규칙 [별지 제14호 서식] (2021.3.16. 개정)

납부기한등 연장 신청서

(앞쪽)

접수번호	접수일	처리기간 3일

납 세 자	성명(상호)	주민등록번호(사업자등록번호)
	주소(사업장)	
	전화번호	전자우편주소

신 청 내 용

납부할 국세의 내용						납부기한등 연장을 받으려는 금액	
신고분	연도	세목	납부기한	금액		금 액	
고지분	연도	세목	발행번호	납부기한 (독촉기한)	국세	가산금	국세	가산금

납부기한등 연장을 받으려는 사유		
납부기한등 연장을 받으려는 기간	년 월 일부터 년 월 일까지	(일간)

분납금액 및 납부기한

횟수	세목	납부기한	분납금액	국세	가산금
1회		. . .			
2회		. . .			
3회		. . .			

「국세징수법」 제13조 및 같은 법 시행령 제14조에 따라 납부기한등 연장을 받기 위하여 위와 같이 신청합니다.

년 월 일

신청인 (서명 또는 인)

세무서장 귀하

첨부서류	1. 납부기한등의 연장을 받으려는 사유를 증명하는 자료 2. 담보제공서(국세징수법 시행규칙 별지 제20호 서식)	수수료 없 음

국세징수법 시행규칙 [별지 제16호 서식] (2021.3.16. 개정)

행 정 기 관 명

수신자
(경유)
제 목 납부기한등 연장(승인, 기각) 통지

귀하(귀사)의 납부기한등 연장에 대한 처리결과를 아래와 같이 알려드립니다(근거 : 「국세징수법」 제13조 및 같은 법 시행령 제15조).

납세자	성 명 (상 호)		생 년 월 일 (사업자등록번호)	
	주 소 (사업장)			
신 청 일			승인여부	
승인(기각) 사유				

납부기한등을 연장하는 국세의 내용 (단위 : 원)							
세목	납부기한	세목코드 발행번호	계 연도 · 기분	내국세	농어촌 특별세	교육세	가산금
납부기한등 연장 기간			년 월 일 ~ 년 월 일				

분납금액 및 횟수 (단위 : 원)								
횟수	세목	납부기한	세목코드 발행번호	계 연도 · 기분	내국세	농어촌 특별세	교육세	가산금
계								

끝.

발신명의 [직인]

이 통지에 내한 문의사항이 있을 때에는 ○○○과 담당자 ○○○(전화 :)에게 연락하시면 친절하게 상담해 드리겠습니다.

기안자 직위(직급) 서명 검토자 직위(직급) 서명 결재권자 직위(직급) 서명
협조자
시행 처리과명－연도별 일련번호(시행일자) 접수 처리과명－연도별 일련번호(접수일자)
우 도로명주소 / 홈페이지 주소
전화번호( ) 팩스번호( ) / 기안자의 공식전자우편주소 / 공개 구분

5. 납세담보

관할 세무서장은 납부기한등의 연장 또는 납부고지의 유예를 하는 경우 그 연장 또는 유예와 관계되는 금액에 상당하는 납세담보의 제공을 요구할 수 있다(국징법 15).

(1) 납세담보의 종류와 제공방법(국징법 18~20)

종 류	담보의 평가	담보제공금액	담보제공방법
1) 금전	–	110% 이상	공탁하고 공탁수령증 제출
2) 유가증권	담보로 제공하는 날의 전날을 평가기준일로 하여 「상속세 및 증여세법」상 재산평가규정을 준용하여 계산한 가액	120% 이상	공탁하고 공탁수령증 제출, 단 등록된 유가증권은 담보제공의 뜻을 등록하고 그 등록확인증을 제출
3) 납세보증보험증권	보험금액	110% 이상	납세보증보험증권 제출
4) 납세보증서	보증금액	110% 이상 또는 120% 이상	납세보증서 제출
5) 토지 · 보험에 든 건물 · 공장재단 · 광업재단 · 선박 · 항공기 · 건설기계	① 토지 · 건물 : 「상속세 및 증여세법」상 재산평가규정을 준용하여 계산한 가액 ② 그 외 : 감정평가액 또는 지방세 시가표준액	120% 이상	등기필증, 등기완료통지서 또는 등록필증을 세무서장에게 제시, 세무서장은 이에 의하여 저당권 설정을 위한 등기 또는 등록

1) 유가증권(국징령 18 ①)

① 국채증권, 지방채증권 및 특수채증권

② 수익증권으로서 무기명 수익증권이거나 환매청구가 가능한 수익증권

③ 증권시장에 주권을 상장한 법인이 발행한 사채권 중 보증사채 및 전환사채

④ 증권시장에 상장된 유가증권으로서 매매사실이 있는 것

⑤ 양도성 예금증서

2) 납세보증보험증권

납세담보로 제공하는 납세보증보험증권은 그 보험증권의 보험기간이 납세담보를 필요로 하는 기간에 30일 이상을 더한 것이어야 한다. 다만, 납부기한이 확정되지 아니한 국세의 경우에는 국세청장이 정하는 기간으로 하여야 한다(국징령 18 ②).

3) 납세보증서

납세보증서는 다음 중 어느 하나에 해당하는 자의 납세보증서를 말하며, 제공금액은 다음과 같다(국기령 13 ②).

① 은행 : 110% 이상

② 신용보증기금 : 120% 이상

③ 보증채무를 이행할 수 있는 자금능력이 충분하다고 세무서장이 인정하는 자 : 120% 이상

4) 보험에 든 건물 등

보험에 든 건물, 공장재단, 광업재단, 선박, 항공기 또는 건설기계를 납세담보로 제공하려는 자는 그 화재보험증권을 제출하여야 한다. 이 경우 그 보험기간은 납세담보를 필요로 하는 기간에 30일 이상을 더한 것이어야 한다(국기령 18 ④).

(2) 납세담보의 변경과 보충

납세담보를 제공한 자는 관할 세무서장의 승인을 받아 그 담보를 변경할 수 있다. 관할 세무서장은 납세담보물의 가액 감소, 보증인의 자력(資力) 감소 또는 그 밖의 사유로 그 납세담보로는 국세 및 강제징수비의 납부를 담보할 수 없다고 인정할 때에는 담보를 제공한 자에게 담보물의 추가 제공 또는 보증인의 변경을 요구할 수 있다(국징법 21).

(3) 납세담보에 의한 납부와 징수

1) 납세담보에 의한 납부

납세담보로서 금전을 제공한 자는 그 금전으로 담보한 국세 및 강제징수비를 납부할 수 있다(국징법 22 ①). 납세담보로 제공한 금전으로 국세 및 강제징수비를 납부하려는 자는 그 뜻을 적은 문서로 관할 세무서장에게 납부를 신청해야 한다. 이 경우 신청한 금액에 상당하는 국세 및 강제징수비를 납부한 것으로 본다(국징령 22 ①).

2) 납세담보에 의한 징수

관할 세무서장은 납세담보를 제공받은 국세 및 강제징수비가 그 담보기간에 납부되지 않는 경우 납세담보가 금전이면 그 금전으로 해당 국세 및 강제징수비를 징수하고, 납세담보가 금전 외의 것이면 다음 각 호의 구분에 따른 방법으로 현금화하거나 징수한 금전으로 해당 국세 및 강제징수비를 징수한다(국징령 22 ②).

① 유가증권, 토지, 건물, 공장재단, 광업재단, 선박, 항공기 또는 건설기계인 경우 : 공

매절차에 따라 매각

② 납세보증보험증권인 경우 : 해당 납세보증보험사업자에게 보험금의 지급을 청구

③ 납세보증서인 경우 : 보증인으로부터 징수절차에 따라 징수

(4) 납세담보 제공의 예외

납세자가 사업에서 심각한 손해를 입거나 그 사업이 중대한 위기에 처한 경우로서 관할 세무서장이 그 연장된 납부기한등까지 해당 국세를 납부할 수 있다고 인정되는 등 다음 각 호의 어느 하나에 해당하는 경우에는 납세담보 제공을 요구하지 않는다(국징법 15, 국징령 16).

① 납세자가 사업에서 심각한 손해를 입거나 그 사업이 중대한 위기에 처한 경우로서 관할 세무서장이 납부해야 할 금액, 납부기한등의 연장기간, 납부고지의 유예 기간 및 납세자의 과거 국세 납부명세 등을 고려하여 납세자가 그 연장 또는 유예 기간 내에 해당 국세를 납부할 수 있다고 인정하는 경우

② 「국세징수법」 제13조 제1항 제1호 또는 「국세징수법 시행령」 제11조 제2호 · 제3호에 해당하는 경우

㉠ 납세자가 재난 또는 도난으로 재산에 심한 손실을 입은 경우

㉡ 정전, 프로그램의 오류, 그 밖의 부득이한 사유로 정보처리장치나 시스템을 정상적으로 가동시킬 수 없는 경우

㉢ 금융회사등 · 체신관서의 휴무, 그 밖에 부득이한 사유로 정상적인 국세 납부가 곤란하다고 국세청장이 인정하는 경우

③ ① 또는 ②와 유사한 사유에 해당하는 경우

(5) 납세담보 요구 면제(국세징수사무처리규정)

1) 일반적인 경우 : 7천만원

세무서장은 납부기한등의 연장, 압류 · 매각의 유예를 신청한 납세자의 최근 2년간 체납 사실 여부 등을 고려하여 조세일실의 우려가 없다고 인정되는 경우 납세자별 유예세액 7천만원까지 제한적으로 납세담보의 제공을 요구하지 아니할 수 있다(국징규 89 ②).

2) 생산적 중소기업 등 : 1억원

생산적 중소기업 · 5년 이상 장기계속사업자 · 사회적 기업 · 장애인표준사업장 · 일자리 창출중소기업 · 재기 중소기업인 · 상생결제 활용 우수기업 · 스타트업 기업 · 혁신중소기업으로 다음 각 목에 해당하는 납세자는 유예세액 1억원까지 납세담보의 제공을 요구하지

아니할 수 있다(국징규 89 ③).

① 생산적 중소기업 : 수입금액 100억원 이하의 수출 또는 제조 · 광업 · 수산업을 주업으로 영위하는 법인 또는 개인사업자

② 5년 이상 장기계속사업자 : 동일 사업자번호로 5년 이상 계속하여 사업을 영위하는 법인 또는 개인사업자

③ 사회적기업 : 「사회적기업 육성법」 제2조 제1호에 따라 사회적기업으로 인증 받은 내국인

④ 장애인표준사업장 : 「장애인고용촉진 및 직업재활법」 제2조 제8호에 따른 장애인표준사업장으로 인정받은 내국인

⑤ 일자리창출중소기업 : 납세유예신청일이 속하는 연도의 연평균 상시근로자수(상시근로자의 범위, 상시근로자 수의 계산방법 등은 「조세특례제한법 시행령」 제27조의 4 제7항, 제8항, 제9항, 제10항에서 정하는 바와 같음)가 직전 연도 대비 2%(최소 1명) 이상 증가한 중소기업

⑥ 재기중소기업인 : 「중소기업진흥에 관한 법률」에 따른 중소기업진흥공단으로부터 재창업자금을 융자받는 등 「조세특례제한법 시행령」 제99조의 6 제1항 각 호에 해당하는 자로서 「조세특례제한법」 제99조의 8 제1항 제1호부터 제5호까지의 요건을 모두 갖춘 자

⑦ 상생결제 활용 우수기업 : 대기업 및 공공기관을 제외한 내국인으로 상생결제시스템을 이용하여 협력업체에 납품대금을 지급하기로 상생결제 협약을 체결한 기업으로 대 · 중소기업협력재단의 확인 또는 인증을 받은 우수 협력기업

⑧ 스타트업 기업 : 「벤처기업육성에 관한 특별조치법」 제2조의 2 각 호의 요건을 갖추어 벤처기업임이 확인된 사업개시일이 5년 미만인 중소기업

⑨ 혁신중소기업 : 「중소기업 기술혁신 촉진법」 제15조 및 제15조의 3에 따라 '기술혁신형 중소기업' 또는 '경영혁신형 중소기업'으로 지정된 중소기업

3) 종합인증우수업체(AEO) : 2억원

관세청장이 선정한 종합인증우수업체(AEO)의 경우 2억원 한도로 유예신청 해당 세목의 직전 1년간 납부세액까지 납세담보의 제공을 요구하지 아니할 수 있다. 다만, 종합인증우수업체(AEO)는 선정일로부터 2년 이내인 자에 한한다(국징규 89 ④).

4) 모범납세자 : 5억원

모범납세자의 경우에는 유예세액 5억원까지는 납세담보의 제공을 요구하지 아니할 수 있다. 다만, 모범납세자는 납세자의 날에 성실납세로 국세청장의 추천을 받아 훈 · 포장,

대통령 · 국무총리 · 기획재정부장관 · 국세청장 표창을 수상한 자(국무총리 표창 이상의 정부포상을 받은 자 중 산업통상자원부장관 또는 고용노동부장관으로부터 추천을 받아 국세청장이 성실납세자로 선정한 자를 포함)의 경우 포상일(산업통상자원부장관 또는 고용노동부장관이 추천한 자는 국세청장이 성실납세자로 선정한 날)부터 3년 이내, 지방국세청장 · 세무서장 표창 수상자(그 밖에 고용노동부장관으로부터 추천받아 국세청장이 성실납세자로 선정한 자 포함)의 경우 포상일부터 2년 이내인 자에 한한다(국징규 89 ⑤).

5) 세금포인트

납세유예 신청일 현재 체납액이 없고 최근 2년간 체납사실 여부 등을 고려하여 조세 일실의 우려가 없는 경우 다음의 한도 내에서 담보면제를 승인할 수 있다. 세금포인트가 유예세액에 미달하는 경우에는 차감 후 잔여가액에 대해서 납세담보 제공을 요구하여야 한다.(국징규 89 ⑥).

① 개 인

적립된 포인트×100,000원으로 계산한 금액과 연간 5억원 중 적은 금액을 한도로 한다. 단, 세금포인트는 일정기간동안의 소득세 납부액(원천징수되는 이자 · 배당소득세 및 지급명세서 제출이 면제되는 복권 당첨소득 등의 기타소득세 제외) 100,000원당 1점(고지분인 경우 0.3점)을 부여하여 국세청 대내포털시스템(NTIS)에 개인별로 게시된 점수(납기연장 등을 신청 시 사용가능 포인트)로 1점 이상인 경우에만 납세담보면제로 사용할 수 있다.

② 법 인

「조세특례제한법 시행령」 제2조의 중소기업을 말하며, 적립된 포인트×100,000원으로 계산한 금액과 연간 5억원 중 적은 금액을 한도로 한다. 단, 세금포인트는 일정기간 동안의 법인세(법인세 감면분에 대한 농어촌특별세 및 원천징수 당한 세액 포함, 환급세액 차감) 신고자진납부액 100,000원당 1점(고지분 제외)을 부여하여 국세청 대내포털시스템(NTIS)에 법인별로 게시된 점수(납기연장 등을 신청 시 사용가능 포인트)로 1점 이상인 경우에만 납세담보 면제로 사용할 수 있다.

CHAPTER

04 세금체납

"체납자"란 국세를 체납한 자를 말하며, "체납"이란 국세를 지정납부기한까지 납부하지 아니하는 것을 말한다. 납부기한이란 납세의무가 확정된 국세(가산세를 포함한다. 이하 같다)를 납부하여야 할 기한으로서 다음의 구분에 따른 기한을 말한다(국징법 2 ①).

① 법정납부기한 : 국세의 종목과 세율을 정하고 있는 법률, 「국세기본법」, 「조세특례제한법」 및 「국제조세조정에 관한 법률」에서 정한 기한

② 지정납부기한 : 관할 세무서장이 납부고지를 하면서 지정한 기한

국가에서는 체납된 세금을 징수하기 위한 여러 가지 제도를 마련하고 있다. 첫 번째로는 세금을 체납한 체납자에게 여러 가지 불이익을 주어 세금을 납부하도록 유도하는 간접적 보전제도가 있으며, 두 번째로는 체납자의 재산을 압류하여 강제로 매각하는 강제적 징수절차가 있다.

구 분	내 용
간접적 보전제도	① 납세증명서의 제출 ② 미납국세 등의 열람 ③ 체납자료의 제공 ④ 재산조회 및 강제징수를 위한 지급명세서 등의 사용 ⑤ 사업에 관한 허가 등의 제한 ⑥ 출국금지 ⑦ 고액 · 상습체납자의 명단 공개 ⑧ 고액 · 상습체납자의 감치
강제적 징수절차	압류와 공매

1 체납세액의 간접적 보전제도

1. 납세증명서의 제출

「국세징수법」에서는 국가로부터 대금을 지급받는 경우 납세증명서를 제출하도록 하여 체납액이 있는 자에게 국고가 지급되는 것을 방지하고 체납된 국세를 원활히 징수하고자 한다.

(1) 납세증명서

납세증명서는 발급일 현재 다음의 금액을 제외하고는 다른 체납액이 없다는 사실을 증명하는 문서를 말하며, 「국세징수법」 제13조(재난 등으로 인한 납부기한 등의 연장)에 따라 지정납부기한이 연장된 경우 그 사실도 기재되어야 한다(국징법 107 ②, 국징령 94).

① 「국세징수법」 제13조에 따른 독촉장에서 정하는 기한의 연장에 관계된 금액
② 「국세징수법」 제105조에 따른 압류 · 매각의 유예액
③ 「국세징수법」 제14조에 따른 납부고지의 유예액
④ 「채무자 회생 및 파산에 관한 법률」 제140조에 따른 징수유예액 또는 강제징수에 따라 압류된 재산의 환가유예에 관련된 체납액
⑤ 「국세기본법」 제42조에 따라 물적납세의무를 부담하는 양도담보권자가 그 물적납세의무와 관련하여 체납한 국세 또는 강제징수비
⑥ 「종합부동산세법」 제7조의 2 또는 제12조의 2에 따라 물적납세의무를 부담하는 수탁자가 그 물적납세의무와 관련하여 체납한 종합부동산세 또는 강제징수비
⑦ 「부가가치세법」 제3조의 2에 따라 물적납세의무를 부담하는 수탁자가 그 물적납세의무와 관련하여 체납한 부가가치세 또는 강제징수비
⑧ 「조세특례제한법」 제99조의 6에 따른 압류 또는 매각이 유예된 체납액
⑨ 「조세특례제한법」 제99조의 8에 따른 납부고지의 유예 또는 지정납부기한등의 연장에 관계된 국세 또는 체납액
⑩ 「조세특례제한법」 제99조의 10에 따른 체납액 징수특례를 적용받은 징수곤란 체납액

(2) 제출사유

1) 원칙적인 제출사유

납세자는 다음 중 어느 하나에 해당하는 경우 납세증명서를 제출하여야 한다(국징법 107 ①).

① 국가, 지방자치단체 또는 대통령령으로 정하는 정부 관리기관으로부터 대금을 지급

받을 경우

② 외국인등록 또는 국내거소신고를 한 외국인이 체류기간 연장허가 등 체류 관련 허가 등을 법무부장관에게 신청하는 경우

③ 내국인이 해외이주 목적으로 재외동포청장에게 해외이주신고를 하는 경우

2) 제출사유의 확장

만약 국가 등으로부터 대금을 지급받는 자가 원래의 계약자가 아닌 경우 다음의 구분에 따른 납세증명서를 제출하여야 한다(국징령 90).

① 채권양도로 인한 경우 : 양도인과 양수인의 납세증명서

② 법원의 전부명령에 따르는 경우 : 압류채권자의 납세증명서

③ 「하도급거래 공정화에 관한 법률」에 따라 건설공사의 하도급대금을 직접 지급받는 경우 : 수급사업자의 납세증명서

3) 관할 세무서장 등에 대한 조회 등

납세자가 납세증명서를 제출해야 하는 경우 해당 주무관서 등이 국세청장 또는 관할 세무서장에게 조회(국세청장에게 조회하는 경우에는 국세정보통신망을 통한 방법으로 한정)하거나 납세자의 동의를 받아 「전자정부법」에 따른 행정정보의 공동이용을 통하여 그 체납사실 여부를 확인하는 경우에는 납세증명서를 제출받은 것으로 볼 수 있다(국징령 93).

(3) 적용배제

국가, 지방자치단체 등으로부터 대금을 지급받을 경우라도 다음 각 호의 어느 하나에 해당하는 경우에는 납세증명서를 제출하지 않을 수 있다(국징령 91).

① 「국가를 당사자로 하는 계약에 관한 법률」 및 「지방자치단체를 당사자로 하는 계약에 관한 법률」에서 규정하는 수의계약과 관련하여 대금을 지급받는 경우

② 국가 또는 지방자치단체가 대금을 지급받아 그 대금이 국고 또는 지방자치단체금고에 귀속되는 경우

③ 국세 강제징수에 따른 채권 압류로 관할 세무서장이 그 대금을 지급받는 경우

④ 파산관재인이 납세증명서를 발급받지 못하여 관할법원이 파산절차를 원활하게 진행하기 곤란하다고 인정하는 경우로서 관할 세무서장에게 납세증명서 제출의 예외를 요청하는 경우

⑤ 납세자가 계약대금 전액을 체납세액으로 납부하거나 계약대금 중 일부 금액으로 체납세액 전액을 납부하려는 경우

(4) 발급신청

납세증명서를 발급받으려는 자는 다음의 사항을 적은 문서 또는 전자문서를 개인의 경우에는 주소지나 거소지(주소가 없는 외국인의 경우) 또는 사업장 소재지를 관할하는 세무서장에게 제출(국세정보통신망을 통한 제출 포함)하고, 법인의 경우에는 본점이나 국내 주사업장(외국법인인 경우) 소재지를 관할하는 세무서장에게 제출하여야 한다. 다만, 국세청장이 납세자의 편의를 위하여 발급 세무서를 달리 정하는 경우에는 그 발급 세무서의 장에게 제출하여야 한다(국징령 95).

① 납세자의 주소 또는 거소와 성명

② 납세증명서의 사용 목적

③ 납세증명서의 수량

(5) 발 급

관할 세무서장은 납세자로부터 납세증명서의 발급을 신청받은 경우 그 사실을 확인한 후 즉시 납세증명서를 발급하여야 한다(국징법 108).

(6) 유효기간

납세증명서의 유효기간은 그 증명서를 발급한 날부터 30일간으로 한다. 다만, 발급일 현재 해당 신청인에게 납부고지된 국세가 있는 경우에는 해당 국세의 지정납부기한까지로 할 수 있다. 관할 세무서장은 유효기간을 지정납부기한까지로 정하는 경우 해당 납세증명서에 그 사유와 유효기간을 분명하게 적어야 한다(국징령 96).

2. 미납국세 등의 열람

(1) 원 칙 – 임대인의 동의 후 열람

「주택임대차보호법」 제2조에 따른 주거용 건물 또는 「상가건물 임대차보호법」 제2조에 따른 상가건물을 임차하여 사용하려는 자는 해당 건물에 대한 임대차계약을 하기 전 또는 임대차계약을 체결하고 임대차 기간이 시작하는 날까지 임대인의 동의를 받아 그 자가 납부하지 아니한 다음 각 호의 국세 또는 체납액의 열람을 임차할 건물 소재지의 관할 세무서장에게 신청할 수 있다. 이 경우 열람 신청은 관할 세무서장이 아닌 다른 세무서장에게도 할 수 있으며, 신청을 받은 세무서장은 열람 신청에 따라야 한다(국징법 109 ①).

① 세법에 따른 과세표준 및 세액의 신고기한까지 신고한 국세 중 납부하지 아니한 국세

② 납부고지서를 발급한 후 지정납부기한이 도래하지 아니한 국세

③ 체납액

(2) 예 외 - 임대인의 동의 없이 열람

임대차계약을 체결한 임차인으로서 해당 계약에 따른 보증금이 1천만원을 초과하는 자는 임대차 기간이 시작하는 날까지 임대인의 동의 없이도 제1항에 따른 신청을 할 수 있다. 이 경우 신청을 받은 세무서장은 열람 내역을 지체 없이 임대인에게 통지하여야 한다(국징법 109 ②, 국징령 97 ②).

(3) 신청방법

미납국세 등의 열람을 신청하려는 자는 미납국세 등 열람신청서[「국세징수법 시행규칙」 별지 제95호 서식]에 다음 각 호의 서류를 첨부하여 세무서장에게 제출해야 한다(국징령 97 ①).

① 임대인의 동의를 증명할 수 있는 서류(임대인의 동의 없이 신청하는 경우에는 임대차계약 체결 사실을 증명할 수 있는 서류를 말한다)

② 임차하려는 자의 신분을 증명할 수 있는 서류

(4) 열람범위

세무서장은 열람신청을 받은 경우 각 세법에 따른 과세표준 및 세액의 신고기한까지 임대인이 신고한 국세 중 납부하지 않은 국세에 대해서는 신고기한부터 30일(종합소득세의 경우에는 60일)이 지났을 때부터 열람 신청에 따라 열람할 수 있게 해야 한다(국징법 97 ③).

3. 체납자료의 제공

(1) 개 요

세무서장 등은 국세징수 또는 공익 목적을 위하여 필요한 경우로서 신용정보회사 또는 신용정보집중기관 등이 다음 중 어느 하나에 해당하는 체납자의 인적사항 및 체납액에 관한 자료를 요구한 경우에는 이를 제공할 수 있다(국징법 110 ①, 국징령 98 ②).

① 체납 발생일부터 1년이 지나고 체납액이 500만원 이상인 자

② 1년에 3회 이상 체납하고 체납액이 500만원 이상인 자

(2) 적용배제

체납된 국세와 관련하여 다음의 경우에는 체납자료를 제공하지 아니한다(국징법 110 ①, 국징령 98 ①).

① 이의신청 · 심사청구 또는 심판청구 및 행정소송이 계류 중인 경우

② 「국세징수법」 제13조 제1항 제1호 또는 제2호의 사유에 해당하는 경우

　㉠ 납세자가 재난 또는 도난으로 재산에 심한 손실을 입은 경우

　㉡ 납세자가 경영하는 사업에 현저한 손실이 발생하거나 부도 또는 도산의 우려가 있는 경우

③ 「국세징수법」 제105조 제1항에 따라 압류 또는 매각이 유예된 경우

④ 「국세기본법」 제42조에 따라 물적납세의무를 부담하는 양도담보권자가 그 물적납세의무와 관련한 국세 또는 강제징수비를 체납한 경우

⑤ 「종합부동산세법」 제7조의 2 또는 제12조의 2에 따라 물적납세의무를 부담하는 수탁자가 그 물적납세의무와 관련한 종합부동산세 또는 강제징수비를 체납한 경우

⑥ 「부가가치세법」 제3조의 2에 따라 물적납세의무를 부담하는 수탁자가 그 물적납세의무와 관련한 부가가치세 또는 강제징수비를 체납한 경우

(3) 예정통지

세무서장(체납징세과장)은 NTIS에 구축된 자료 중 신규로 신용정보를 제공하는 체납자에게는 자료제공의 예고통지를 하여야 하며, 신규 제공대상자에 대한 예고통지문은 등기우편으로 발송하여야 한다. 다만, 예고통지문이 반송되어 다시 발송하였음에도 반송되는 경우에는 일반우편으로 발송할 수 있다. 이 경우 반송사실 및 일반우편 발송 사유를 「신용정보 제공 대상자 선정관리부」에 기록하여 관리하여야 한다(국징규 106 ①).

(4) 연기신청

세무서장(체납징세과장)은 체납자료 제공대상자 중 다음 각 호의 어느 하나에 해당하는 자에 대해서는 9개월의 범위에서 자료의 제공을 연기 또는 재연기할 수 있다. 이 경우 세무서장(체납징세과장)은 연기처리 마감일 이전에 연기기간을 3개월, 6개월 또는 9개월 단위로 하여 NTIS에 신용정보제공 연기처리를 하여야 한다(국징규 106 ③).

① 평소 세금을 성실히 납부하여 왔다고 세무서장이 인정하는 자

② 일시적으로 자금사정이 어려워 체납한 경우로 체납세금을 9개월 내에 완납하는 조건으로 분납계획서를 제출하는 자(단, 3회 이상 미이행할 때에는 제공)

③ 명의대여 또는 명의도용 등을 사유로 민원 또는 고충을 접수한 자

(5) 체납액을 납부한 경우

관할 세무서장은 제공한 체납자료가 체납액의 납부 등으로 체납자료에 해당되지 않게 된 경우 그 사실을 체납자료에 해당하지 않게 된 사유가 발생한 날부터 15일 이내에 요구자에게 통지해야 한다(국징령 100 ③).

4. 재산조회 및 강제징수를 위한 지급명세서 등의 사용

국세청장 · 지방국세청장 또는 관할 세무서장은 「금융실명거래 및 비밀보장에 관한 법률」에도 불구하고 「소득세법」 및 「법인세법」에 따라 제출받은 이자소득, 배당소득 또는 금융투자소득에 대한 지급명세서 등 금융거래에 관한 정보를 체납자의 재산조회와 강제징수를 위하여 사용할 수 있다(국징법 111).

국세청장(징세법무국장)은 기준년도 이자 · 배당소득자료를 검색하여 자료가 발생한 금융기관 관할 세무서장(체납징세과장)에게 조회 대상 자료를 출력하거나 체납담당자별로 전산으로 통보한다. 세무서장(체납징세과장)은 해당 특정점포에 체납자가 거래하는 모든 계좌의 잔액을 조회하여 자서분은 현장에서 신속히 압류하고, 타서분은 NTIS자료를 등재하여 신속히 통보한다(국징규 156 · 157).

5. 사업에 관한 허가 등의 제한

(1) 사전적 제한

1) 원 칙

관할 세무서장은 납세자가 허가등(허가 · 인가 · 면허 및 등록)을 받은 사업과 관련된 소득세, 법인세 및 부가가치세를 체납한 경우 해당 사업의 주무관청에 그 납세자에 대하여 허가등의 갱신과 그 허가등의 근거 법률에 따른 신규 허가등을 하지 아니할 것을 요구할 수 있다(국징법 112 ①).

2) 예 외

재난, 질병 또는 사업의 현저한 손실, 그 밖에 다음에 정하는 사유가 있는 경우에는 사업에 관한 허가 등을 제한하지 않는다(국징령 101 ①).

① 공시송달의 방법으로 납세가 고지된 경우

② 납세자에게 「국세징수법」 제9조 제1항 제2호 또는 제3호의 사유가 있는 경우

③ 「국세징수법」 제13조 제1항 제1호부터 제3호까지의 사유에 해당하는 경우

④ 납세자의 재산이 「국세징수법」 제57조 제1항 제4호 본문에 해당하는 경우

⑤ ①부터 ④까지의 규정에 준하는 사유가 있는 경우

⑥ 「국세기본법」 제42조에 따라 물적납세의무를 부담하는 양도담보권자가 그 물적납세의무와 관련한 국세 또는 강제징수비를 체납한 경우

⑦ 「종합부동산세법」 제7조의 2 또는 제12조의 2에 따라 물적납세의무를 부담하는 수탁자가 그 물적납세의무와 관련한 종합부동산세 또는 강제징수비를 체납한 경우

⑧ 「부가가치세법」 제3조의 2에 따라 물적납세의무를 부담하는 수탁자가 그 물적납세의무와 관련한 부가가치세 또는 강제징수비를 체납한 경우

(2) 사후적 제한

1) 원 칙

관할 세무서장은 허가등을 받아 사업을 경영하는 자가 해당 사업과 관련된 소득세, 법인세 및 부가가치세를 3회 이상 체납하고 그 체납된 금액의 합계액이 500만원 이상인 경우 해당 주무관청에 사업의 정지 또는 허가등의 취소를 요구할 수 있다(국징법 112 ②). 이때 3회의 체납 횟수는 납부고지서 1통을 1회로 보아 계산한다(국징령 102).

2) 예 외

재난, 질병 또는 사업의 현저한 손실, 그 밖에 다음에 정하는 사유가 있는 경우에는 사업에 관한 허가 등을 제한하지 않는다(국징령 101 ②).

① (1) 2)의 어느 하나에 해당하는 경우로서 관할 세무서장이 인정하는 경우

② 그 밖에 관할 세무서장이 납세자에게 납부가 곤란한 사정이 있다고 인정하는 경우

(3) 체납세액 납부 시 요구철회

관할 세무서장은 사업에 관한 허가 등의 제한을 요구 한 후 해당 국세를 징수한 경우 즉시 그 요구를 철회하여야 한다(국징법 112 ③).

실무포인트

① 치과의사 면허는 치과의사 자격에 대한 면허로서 치과의료사업의 면허를 의미하는 것이 아니므로 치과의사 면허증에 대하여 국세징수법 제7조 제2항에 의한 사업의 정지 또는 허가의 취소를 요구할 수 없다(징세 46101-3763, 1995.11.23.).

② 관허사업제한의 제한요건인 국세 체납에 정당한 사유가 있는지 여부에 있어 국세기본법상의 요건을 충족하는 담보를 제공하고 분할납부를 요구하였다고 보기 어려우며 손익계산서상 당기순이익이 발생하는 등 국세체납에 정당한 사유가 있다고 인정할 수 없고, 면허가

취소되지 않는 다수의 사례와 비교하여 재량권 남용이라 할 수 없다(대법원 2006두15349, 2006.12.21.).

③ 세무서장이 면허의 취소를 요구하기 위한 요건인 "국세를 3회 이상 체납한 때"라 함은 면허 등의 취소요구시점에서 1년 전까지의 기간 내에 납세고지서 1통을 1회로 보아 계산하여 체납된 국세가 3가지 이상 동시에 존재하는 경우라야 하고 그 체납상태가 취소시점에도 계속되어야 한다고 해석하여야 할 것이다(대법원 90누8831, 1991.9.10.).

6. 출국금지

(1) 개 요

국세청장은 정당한 사유 없이 5천만원 이상의 국세를 체납한 자 중 출국금지 대상자 요건에 해당하는 자에 대하여 법무부장관에게 출국금지를 요청하여야 한다(국징법 113 ①).

(2) 출국금지 대상자

출국금지 대상자는 다음 중 어느 하나에 해당하는 사람으로서 관할 세무서장이 압류·공매, 담보 제공, 보증인의 납세보증서 등으로 조세채권을 확보할 수 없고, 강제징수를 회피할 우려가 있다고 인정되는 사람을 말한다(국징령 103 ②).

① 배우자 또는 직계존비속이 국외로 이주(국외에 3년 이상 장기체류 중인 경우 포함)한 사람

② 출국금지 요청일 현재 최근 2년간 미화 5만달러 상당액 이상을 국외로 송금한 사람

③ 미화 5만달러 상당액 이상의 국외자산이 발견된 사람

④ 「국세징수법」에 따라 명단이 공개된 고액·상습체납자

⑤ 출국금지 요청일을 기준으로 최근 1년간 체납액이 5천만원 이상인 상태에서 사업 목적, 질병 치료, 직계존비속의 사망 등 정당한 사유 없이 국외 출입 횟수가 3회 이상이거나 국외 체류 일수가 6개월 이상인 사람

⑥ 「국세징수법」에 따른 사해행위 취소소송 중이거나 「국세기본법」에 따라 제3자와 짜고 한 거짓계약에 대한 취소소송 중인 사람

(3) 절 차

국세청장이 법무부장관에게 체납자에 대한 출국금지를 요청하는 경우에는 해당 체납자가 출국금지 대상자 사유 중 어느 항목에 해당하는지와 조세채권을 확보할 수 없고 체납처분을 회피할 우려가 있다고 인정하는 사유를 구체적으로 밝혀야 한다(국징령 103 ③). 법무

부장관이 출국금지를 한 경우에는 국세청장에게 그 결과를 정보통신망 등을 통하여 통보하여야 한다(국징법 7의 4 ②).

(4) 출국금지의 해제

1) 필요적 해제

국세청장은 출국금지 중인 사람에게 다음 중 어느 하나에 해당하는 사유가 발생한 경우에는 지체 없이 법무부장관에게 출국금지의 해제를 요청하여야 한다(국징령 104 ①).

① 체납액의 납부 또는 부과결정의 취소 등에 따라 체납액이 5천만원 미만으로 된 경우

② 위의 (2)의 출국금지 요청 대상자 요건이 해소된 경우

2) 임의적 해제

국세청장은 출국금지 중인 사람에게 다음 중 어느 하나에 해당하는 사유가 발생한 경우로서 체납처분을 회피할 목적으로 국외로 도피할 우려가 없다고 인정할 때에는 법무부장관에게 출국금지의 해제를 요청할 수 있다(국징령 104 ②).

① 국외건설계약 체결, 수출신용장 개설, 외국인과의 합작사업 계약 체결 등 구체적인 사업계획을 가지고 출국하려는 경우

② 국외에 거주하는 직계존비속이 사망하여 출국하려는 경우

③ ① 및 ②의 사유 외에 본인의 신병치료 등 불가피한 사유로 출국금지를 해제할 필요가 있다고 인정되는 경우

7. 고액 · 상습체납자의 명단 공개

(1) 개 요

국세청장은 「국세기본법」 제81조의 13에도 불구하고 체납 발생일부터 1년이 지난 국세의 합계액이 2억원 이상인 경우 체납자의 인적사항 및 체납액 등을 공개할 수 있다(국징법 114 ①). 여기서 "체납 발생일부터 1년이 지난 국세"란 명단을 공개할 날이 속하는 연도의 직전 연도 12월 31일을 기준으로 역산하여 1년이 지난 국세를 말한다(국징법 105 ①).

(2) 공개배제

체납된 국세에 대하여 이의신청 · 심사청구 등 불복청구 중에 있는 경우 및 다음의 사유가 있는 경우에는 공개하지 않는다(국징법 114, 국기령 105 ②).

① 최근 2년 간의 체납액 납부비율이 100분의 50 이상인 경우

② 회생계획인가의 결정에 따라 체납된 국세의 징수를 유예받고 그 유예기간 중에 있거나 체납된 국세를 회생계획의 납부일정에 따라 납부하고 있는 경우
③ 재산 상황, 미성년자 해당 여부 및 그 밖의 사정 등을 고려할 때 「국세징수법」 제114조 제2항에 따라 준용하는 「국세기본법」 제85조의 5 제2항에 따른 국세정보위원회가 공개할 실익이 없거나 공개하는 것이 부적절하다고 인정하는 경우
④ 「국세기본법」에 따라 물적납세의무를 부담하는 양도담보권자가 그 물적납세의무와 관련한 국세 또는 강제징수비를 체납한 경우
⑤ 「종합부동산세법」에 따라 물적납세의무를 부담하는 수탁자가 물적납세의무와 관련된 종합부동산세 또는 강제징수비를 체납한 경우
⑥ 「부가가치세법」 제3조의 2에 따라 물적납세의무를 부담하는 수탁자가 물적납세의무와 관련된 부가가치세 또는 강제징수비를 체납한 경우

(3) 공개대상자에 대한 통지

국세청장은 위원회의 심의를 거친 공개 대상자에게 명단 공개 대상자임을 통지하여 소명 기회를 주어야 하며, 통지일부터 6개월이 지난 후 명단 공개 여부를 재심의하게 한 후 공개대상자를 선정한다(국기법 85의 5 ④). 국세청장은 체납자에게 명단 공개 대상자임을 통지하는 경우 체납된 국세를 납부하도록 촉구하고, 공개 제외 사유에 해당되는 경우에는 그 사유에 관한 소명자료를 제출하도록 안내해야 한다(국징령 105 ③).

체납자에게 명단 공개 대상자임을 통지하는 경우 체납된 국세를 납부하도록 촉구하고, 공개 제외 사유에 해당되는 경우에는 그 사유에 관한 소명자료를 제출하도록 안내해야 한다.

(4) 공개방법

명단 공개는 관보에 게재하거나 국세정보통신망 또는 관할세무서 게시판에 게시하는 방법으로 한다(국기법 85의 5 ⑤). 체납자의 명단을 공개하는 경우 공개할 사항은 다음과 같다(국징령 105 ④).

① 체납자의 성명 · 상호(법인의 명칭을 포함한다)
② 체납자의 나이 및 직업(체납자가 법인이 아닌 경우로 한정한다)
③ 법인의 대표자(체납자가 법인인 경우로 한정한다)
④ 체납자(체납자가 법인인 경우에는 그 대표자를 포함한다)의 주소
⑤ 체납액의 세목 · 납부해야 할 기한 및 체납 요지 등 체납된 국세와 관련된 사항

8. 고액 · 상습체납자의 감치

(1) 개 요

법원은 검사의 청구에 따라 체납자가 다음의 사유에 모두 해당하는 경우 결정으로 30일의 범위에서 체납된 국세가 납부될 때까지 그 체납자를 감치(監置)에 처할 수 있다. 또한, 국세청장은 체납자가 다음의 사유에 모두 해당하는 경우 체납자의 주소 또는 거소를 관할하는 지방검찰청 또는 지청의 검사에게 체납자의 감치를 신청할 수 있다(국징법 115 ① · ②).

① 국세를 3회 이상 체납하고 있고, 체납 발생일부터 각 1년이 경과하였으며, 체납된 국세의 합계액이 2억원 이상인 경우

② 체납된 국세의 납부능력이 있음에도 불구하고 정당한 사유 없이 체납한 경우

③ 「국세기본법」 제85조의 5 제2항에 따른 국세정보위원회의 의결에 따라 해당 체납자에 대한 감치 필요성이 인정되는 경우

(2) 소명기회의 부여

국세청장은 체납자의 감치를 신청하기 전에 체납자에게 소명자료를 제출하거나 의견을 진술할 수 있는 기회를 주어야 한다(국징법 115 ③).

(3) 절 차

① 감치 결정에 대해서는 즉시항고를 할 수 있다(국징법 115 ④).

② 감치에 처하여진 체납자는 동일한 체납 사실로 인하여 다시 감치되지 아니한다(국징법 115 ⑤).

③ 감치에 처하는 재판을 받은 체납자가 그 감치의 집행 중에 체납된 국세를 납부한 경우 감치 집행을 종료하여야 한다(국징법 115 ⑥).

2 체납세액의 강제징수절차 – 압류

강제적 징수절차란 납세의 고지를 한 국세를 납부기한까지 납부하지 아니하여 납세자에게 독촉장을 발부한 후 다시 지정된 납부기한까지 납부하지 아니한 경우에 납세자의 재산을 압류 또는 교부청구하고 금전 외의 자산은 이를 공매하여 그 공매대금으로 체납된 국세에 충당하는 등 일련의 체납처분절차를 말한다. 이는 국세 채권확보를 위하여 법률로서 국가에게 자

력집행권을 부여한 것이다. 고지와 독촉 등 임의적 징수절차에서는 납세자의 의사를 존중하고 그 의사에 따라 징수될 수 있도록 규정한데 반해, 강제적 징수절차에서는 납세자의 의사와 상관없이 법률의 요건과 절차에 따라 그 재산을 통해 강제로 징수하는 것이다.

❙ 압류의 일반적 절차 ❙

고지 → 독촉 → 재산조사
• 질문검사
• 수색

납부기한 전 징수

압류전납부촉구

신분증 제시
출입제한명령

압류

무재산

압류금지재산
제외

압류대상
재산선택

압류조서
작성

수색조서 작성

참여인 입회

압류조서등본교부
• 동산, 유가증권
• 채권
• 무체재산권 등

압류의 통지 :
이해관계 있는 제3자,
체납자, 채무자,
권리자, 납세자

매각 → 배분

1. 압류의 요건

(1) 일반적인 압류

세무서장(체납 발생 후 1개월 이상 지나고 체납액이 5천만원 이상인 자의 경우에는 지방국세청장 포함)은 다음 중 어느 하나에 해당하는 경우에는 납세자의 재산을 압류한다(국징법 31 ①, 국징령 24).

① 납세자가 독촉장을 받고 독촉장에서 정한 기한까지 국세를 완납하지 아니한 경우
② 납부기한 전 징수 규정에 따라 납부고지를 받고 단축된 기한까지 국세를 완납하지 아니한 경우

(2) 확정 전 보전압류

세무서장은 납세자에게 납부기한 전 징수의 사유가 있어 국세가 확정된 후에는 그 국세

를 징수할 수 없다고 인정할 때에는 국세로 확정되리라고 추정되는 금액의 한도에서 납세자의 재산을 압류할 수 있다(국징법 31 ②).

1) 절 차

세무서장이 확정 전 보전압류를 하려면 미리 지방국세청장의 승인을 받아야 하고, 압류 후에는 납세자에게 문서로 그 압류 사실을 통지하여야 한다(국징법 31 ③).

한편, 세무서장이 확정 전 보전압류한 재산이 금전, 납부기한 내 추심할 수 있는 예금 또는 유가증권인 경우 납세자의 신청이 있으면 압류한 재산의 한도에서 확정된 국세를 징수한 것으로 볼 수 있다(국징법 31 ⑤).

2) 확정 전 보전압류의 해제

세무서장은 다음 중 어느 하나에 해당할 때에는 확정 전 보전압류를 즉시 해제하여야 한다(국징법 31 ④).

① 납세자가 납세담보를 제공하고 압류 해제를 요구한 경우
② 압류를 한 날부터 3개월(국세 확정을 위하여 실시한 세무조사가 「국세기본법」에 따라 중지된 경우 그 중지 기간은 빼고 계산한다)이 지날 때까지 압류에 의하여 징수하려는 국세를 확정하지 아니한 경우

(3) 압류대상 재산의 요건

① 압류의 대상이 되는 재산은 압류당시에 체납자에게 귀속되고 있는 것이어야 한다(국징집 24-0-4). 배우자(사실혼 포함) 또는 동거친족이 납세자의 재산 또는 수입에 의하여 생계를 유지하고 있을 때에는 납세자의 주거에 있는 재산은 납세자에 귀속한 것으로 추정한다. 다만, 「민법」 기타 법령에 특별한 규정이 있는 경우에는 그러하지 아니하다(국징집 24-0-5).
② 압류의 대상이 되는 재산은 이 법의 효력이 미치는 지역 내에 있는 재산이어야 한다(국징집 24-0-6).
③ 압류의 대상이 되는 재산은 금전적 가치를 가진 것이어야 한다. 따라서 금전 또는 물건의 지급을 목적으로 하지 않는 행위(예 : 연주를 하는 것 등) 또는 부작위(예 : 경업금지)를 목적으로 하는 채권 등은 압류의 대상이 되지 아니한다(국징집 24-0-7).
④ 압류의 대상이 되는 재산은 양도 또는 추심할 수 있는 것이어야 한다(국징집 24-0-8).

2. 압류의 절차

(1) 신분증의 제시

세무공무원이 체납처분을 하기 위하여 질문 · 검사 또는 수색을 하거나 재산을 압류할 때에는 그 신분을 표시하는 증표를 지니고 이를 관계자에게 보여 주어야 한다(국징법 38).

(2) 수색의 권한과 방법

1) 수색권한

세무공무원은 재산을 압류하기 위하여 필요한 경우에는 체납자의 주거 · 창고 · 사무실 · 선박 · 항공기 · 자동차 또는 그 밖의 장소(이하 "주거등"이라 한다)를 수색할 수 있고 폐쇄된 문 · 금고 또는 기구를 열게 하거나 직접 열 수 있다. 세무공무원은 체납자 또는 제3자가 제3자의 주거등에 체납자의 재산을 감춘 혐의가 있다고 인정되는 경우 또는 체납자의 재산을 점유 · 보관하는 제3자가 재산의 인도 또는 이전을 거부하는 경우에는 제3자의 주거등을 수색할 수 있고 해당 주거등의 폐쇄된 문 · 금고 · 또는 기구를 열게 하거나 직접 열 수 있다(국징법 35 ① · ②).

2) 수색 시간

수색은 해가 뜰 때부터 해가 질 때까지만 할 수 있다. 다만, 해가 지기 전에 시작한 수색은 해가 진 후에도 계속할 수 있다. 또한, 주로 야간에 영업을 하는 장소에 대하여는 해가 진 후에도 영업 중에는 수색을 시작할 수 있다(국징법 35 ③ · ④).

3) 수색조서

세무공무원이 수색을 하였으나 압류할 재산이 없을 때에는 수색조서를 작성하고 수색조시에 참여자와 함께 서명날인하여야 한다. 참여자가 서명날인을 거부할 경우 그 사실을 수색조서에 함께 적는 것으로 참여자의 서명날인을 갈음할 수 있다. 세무공무원이 수색조서를 작성하였을 때에는 그 등본을 수색을 받은 체납자 또는 참여자에게 내주어야 한다(국징법 35 ⑤ · ⑥).

(3) 질문 · 검사권

세무공무원은 강제징수를 하면서 압류할 재산의 소재 또는 수량을 알아내기 위해 필요한 경우 다음 중 어느 하나에 해당하는 자에게 구두 또는 문서로 질문하거나 장부, 서류, 그 밖의 물건을 검사할 수 있다. 한편, 구두로 질문한 내용이 중요한 사항인 경우 그 내용을 기록하고 기록한 서류에 답변한 자와 함께 서명날인하여야 한다. 다만, 답변한 자가 서명날인을 거부한 경우 그 사실을 본문의 서류에 적는 것으로 답변한 자의 서명날인을 갈음할 수 있다(국징법 36).

① 체납자
② 체납자와 거래관계가 있는 자
③ 체납자의 재산을 점유하는 자
④ 체납자와 채권 · 채무관계가 있는 자
⑤ 체납자가 주주 또는 사원인 법인
⑥ 체납자인 법인의 주주 또는 사원
⑦ 체납자와 국세기본법에 따른 친족관계나 경제적 연관관계가 있는 자 중에서 체납자의 재산을 감춘 혐의가 있다고 인정되는 자

(4) 참여자 및 제한

세무공무원이 수색 또는 질문 · 검사를 할 때에는 그 수색 또는 검사를 받는 사람과 그 가족 · 동거인이나 사무원, 그 밖의 종업원을 참여시켜야 한다. 만약, 참여자가 없을 때 또는 참여 요청에 따르지 아니할 때에는 성인 2명 이상 또는 특별시 · 광역시 · 특별자치시 · 특별자치도 · 시 · 군 · 자치구의 공무원이나 경찰공무원 1명 이상을 증인으로 참여시켜야 한다(국징법 37).

한편, 세무공무원은 압류 · 수색 · 질문 또는 검사를 하는 경우로서 강제징수를 위하여 필요하다고 인정하는 경우에는 체납자 및 참여자 등 관계자를 제외한 사람에 대하여 해당 장소에서 나가줄 것을 요구하거나 그 장소에 출입하는 것을 제한할 수 있다(국징법 39).

(5) 압류조서(국징법 34)

세무공무원은 체납자의 재산을 압류하는 경우 압류조서를 작성하여야 한다. 다만, 참가압류에 따른 참가압류에 압류의 효력이 생긴 경우에는 압류조서를 작성하지 아니할 수 있다. 압류재산이 동산 또는 유가증권, 채권, 그 밖의 재산권 중 어느 하나에 해당할 때에는 그 등본을 체납자에게 내주어야 한다. 세무공무원은 질권이 설정된 동산 또는 유가증권을 압류한 경우 그 동산 또는 유가증권의 질권자에게 압류조서의 등본을 내주어야 한다.

압류조서에는 압류에 참여한 세무공무원이 참여자와 함께 서명날인을 하여야 한다. 다만, 참여자가 서명날인을 거부한 경우에는 그 사실을 압류조서에 적는 것으로 참여자의 서명날인을 갈음할 수 있다. 압류조서에는 압류한 재산에 관하여 양도, 제한물권의 설정, 채권의 영수 및 그 밖의 처분을 할 수 없다는 뜻이 기재되어야 한다.

3. 압류금지재산

(1) 절대적 압류금지재산

1) 개 요

다음의 재산은 압류할 수 없다(국징법 41).

① 체납자 또는 그와 생계를 같이하는 가족(사실상 혼인관계에 있는 사람을 포함하며 이하 "동거가족"이라 한다)의 생활에 없어서는 아니 될 의복, 침구, 가구, 주방기구, 그 밖의 생활필수품

② 체납자 또는 그 동거가족에게 필요한 3개월간의 식료품 또는 연료

③ 인감도장이나 그 밖에 직업에 필요한 도장

④ 제사 또는 예배에 필요한 물건, 비석 및 묘지

⑤ 체납자 또는 그 동거가족의 장례에 필요한 물건

⑥ 족보 · 일기 등 체납자 또는 그 동거가족에게 필요한 장부 또는 서류

⑦ 직무 수행에 필요한 제복

⑧ 훈장이나 그 밖의 명예의 증표

⑨ 체납자 또는 그 동거가족의 학업에 필요한 서적과 기구

⑩ 발명 또는 저작에 관한 것으로서 공표되지 아니한 것

⑪ 주로 자기의 노동력으로 농업을 하는 사람에게 없어서는 아니 될 기구, 가축, 사료, 종자, 비료, 그 밖에 이에 준하는 물건

⑫ 주로 자기의 노동력으로 어업을 하는 사람에게 없어서는 아니 될 어망, 기구, 미끼, 새끼 물고기, 그 밖에 이에 준하는 물건

⑬ 전문직 종사자 · 기술자 · 노무자, 그 밖에 주로 자기의 육체적 또는 정신적 노동으로 직업 또는 사업에 종사하는 사람에게 없어서는 아니 될 기구, 비품, 그 밖에 이에 준하는 물건

⑭ 체납자 또는 그 동거가족의 일상생활에 필요한 안경 · 보청기 · 의치 · 의수족 · 지팡이 · 장애보조용 바퀴의자, 그 밖에 이에 준하는 신체보조기구 및 「자동차관리법」에 따른 경형자동차

⑮ 재해의 방지 또는 보안을 위하여 법령에 따라 설치하여야 하는 소방설비, 경보기구, 피난시설, 그 밖에 이에 준하는 물건

⑯ 법령에 따라 지급되는 사망급여금 또는 상이급여금

⑰ 「주택임대차보호법」 규정에 따라 우선변제를 받을 수 있는 금액

⑱ 체납자의 생계유지에 필요한 소액금융재산

2) 소액금융재산의 범위

압류가 금지되는 소액금융재산은 다음 구분에 따른 보장성 보험의 보험금, 해약환급금 및 만기환급금과 개인별 잔액이 185만원 미만인 예금(적금, 부금, 예탁금과 우편대체 포함)을 말한다(국징령 31 ①).

① 사망보험금 중 1천만원 이하의 보험금

② 보장성 보험의 해약환급금 중 150만원 이하의 금액

③ 보장성 보험의 만기환급금 중 150만원 이하의 금액

④ 상해 · 질병 · 사고 등을 원인으로 체납자가 지급받는 보장성 보험의 보험금 중 다음 각 목에 해당하는 보험금

㉠ 진료비, 치료비, 수술비, 입원비, 약제비 등 치료 및 장애 회복을 위하여 실제 지출되는 비용을 보장하기 위한 보험금

㉡ 치료 및 장애 회복을 위한 보험금 중 ㉠에 해당하는 보험금을 제외한 보험금의 2분의 1에 해당하는 금액

한편, 보장성 보험의 보험금, 해약환급금 또는 만기환급금 채권을 취득하는 보험계약이 둘 이상인 체납자의 경우에는 다음의 구분에 따라 압류금지재산 금액을 계산한다(국징령 31 ②).

① (1)의 ①, ②, ③에 해당하는 금융재산 해당하는 보험계약별 사망보험금, 해약환급금, 만기환급금을 각각 합산한 금액

② (1)의 ④에 해당하는 금융재산 보험계약별 금액

(2) 급여채권의 압류제한

1) 일반급여

급료 · 연금 · 임금 · 봉급 · 상여금 · 세비 · 퇴직연금, 그 밖에 이와 비슷한 성질을 가진 급여채권에 대하여는 다음에 해당하는 금액은 압류하지 못한다(국징법 42 ①). 여기서 급여채권의 총액은 근로소득의 합계액(비과세소득의 금액은 제외한다) 또는 퇴직소득 금액의 합계액(비과세 소득은 제외한다)에서 근로소득 또는 퇴직소득에 대한 소득세 및 소득세분 지방소득세를 뺀 금액으로 한다(국징법 42 ④).

구 분	압류금지금액
① 급여총액×1/2<185만원	185만원
② 급여총액×1/2>185만원	300만원+(①−300만원)×1/2

2) 퇴직급여

퇴직금이나 그 밖에 이와 비슷한 성질을 가진 급여채권에 대하여는 그 총액의 1/2에 해당하는 금액은 압류하지 못한다(국징법 42 ③).

(3) 초과압류의 금지

세무서장은 국세를 징수하기 위하여 필요한 재산 외의 재산을 압류할 수 없다. 다만, 불가분물 등 부득이한 경우에는 압류할 수 있다(국징법 32).

(4) 압류 시 제3자의 권리보호

세무서장은 압류재산의 선택 시 강제징수에 지장이 없는 범위에서 전세권 · 질권 · 저당권 등 체납자의 재산과 관련하여 제3자가 가진 권리를 침해하지 아니하도록 하여야 한다(국징법 33).

4. 압류의 일반적 효력

(1) 처분금지의 효력

세무공무원이 재산을 압류한 경우 체납자는 압류한 재산에 관하여 양도, 제한물권의 설정, 채권의 영수, 그 밖의 처분을 할 수 없다. 세무공무원이 채권 또는 그 밖의 재산권을 압류한 경우 해당 채권의 채무자 및 그 밖의 재산권의 채무자 또는 이에 준하는 자는 체납자에 대한 지급을 할 수 없다(국징법 43).

(2) 소멸시효의 중단

압류 시에는 소멸시효가 중단되고 압류해제 후에 소멸시효가 새로이 기산한다(국기법 28 ① · ②).

(3) 과실에 대한 효력

압류의 효력은 압류재산으로부터 생기는 천연과실 또는 법정과실에 미친다. 다만, 체납자 또는 제3자가 압류재산의 사용 또는 수익을 하는 경우에는 그 재산의 매각으로 인하여 권리를 이전하기 이전까지 이미 거두어들인 천연과실에 대하여는 압류의 효력이 미치지 아니한다(국징법 44).

(4) 상속 또는 합병의 경우

체납자의 재산에 대하여 강제징수를 시작한 후 체납자가 사망하였거나 체납자인 법인이 합병에 의하여 소멸된 경우에도 그 재산에 대한 강제징수는 계속 진행하여야 한다. 체납자가 사망한 후 체납자 명의의 재산에 대하여 한 압류는 그 재산을 상속한 상속인에 대하여 한 것으로 본다(국징법 27).

(5) 가압류 및 가처분

재판상의 가압류 또는 가처분 재산이 강제징수 대상인 경우에도 「국세징수법」에 따른 체납처분을 한다(국징법 26).

5. 압류의 개별적 효력과 압류방법

(1) 동산 및 유가증권의 압류

동산 또는 유가증권의 압류는 세무공무원이 점유함으로써 하고, 압류의 효력은 세무공무원이 점유한 때에 발생한다. 세무공무원은 제3자가 점유하고 있는 체납자 소유의 동산 또는 유가증권을 압류하기 위해서는 먼저 그 3자에게 문서로 해당 동산 또는 유가증권의 인도를 요구하여야 한다. 인도를 요구받은 제3자가 해당 동산 또는 유가증권을 인도하지 아니하는 경우 주거등에 대한 수색을 통하여 이를 압류할 수 있다. 세무공무원은 체납자와 그 배우자의 공유재산으로서 체납자가 단독 점유하거나 배우자와 공동 점유하고 있는 동산 또는 유가증권을 압류할 수 있다(국징법 48).

운반하기 곤란한 동산은 체납자 또는 제3자에게 보관하게 할 수 있다. 이 경우 봉인이나 그 밖의 방법으로 압류재산임을 명백히 하여야 한다. 관할 세무서장은 이렇게 압류한 동산을 체납자 또는 수익할 권리를 가진 제3자에게 보관하게 한 경우 강제징수에 지장이 없다고 인정되면 그 동산의 사용 또는 수익을 허가할 수 있다. 이에 따라 허가를 받은 자는 압류동산을 사용하거나 수익하는 경우 선량한 관리자의 주의의무를 다하여야 하며, 관할 세무서장이 해당 재산의 인도를 요구하는 경우 즉시 이에 따라야 한다(국징법 49).

관할 세무서장이 금전을 압류한 경우에는 그 금전 액수만큼 체납자의 압류에 관계되는 체납액을 징수한 것으로 본다. 관할 세무서장은 유가증권을 압류한 경우 그 유가증권에 따라 행사할 수 있는 금전의 급부를 목적으로 한 채권을 추심할 수 있다. 이 경우 관할 세무서장이 채권을 추심하였을 때에는 추심한 채권의 한도에서 체납자의 압류와 관계되는 체납액을 징수한 것으로 본다.

(2) 채 권

세무서장은 채권을 압류할 때에는 그 뜻을 해당 채권의 채무자(이하 제3채무자)에게 통지하여야 한다. 세무서장이 채권을 압류하였을 때에는 그 사실을 체납자에게 통지하여야 한다. 세무서장이 채권압류의 통지를 한 때에는 체납액을 한도로 하여 체납자인 채권자를 대위한다(국징법 51, 국징법 52 ②). 채권압류의 효력은 채권압류통지서가 제3채무자에게 송달된 때에 발생한다(국징법 52 ①). 세무서장은 채권을 압류하는 경우 체납액을 한도로 하여야 한다. 다만, 압류하려는 채권에 국세보다 우선하는 질권이 설정되어 있어 압류에 관계된 체납액의 징수가 확실하지 아니한 경우 등 필요하다고 인정되는 경우 채권 전액을 압류할 수 있다(국징법 53).

제3채무자는 채권의 압류통지서를 받은 때에 그 범위에 있어서 채권자에 대한 이행이 금지된다. 따라서 채권압류통지서의 송달을 받은 후에 제3채무자가 체납자에 대하여 이행을 한 경우에 그 채무이행으로서 압류채권자인 국가에 대항할 수 없다(국징통 42－0…2).

한편, 세무서장은 신원보증금, 계약보증금 등의 조건부채권을 그 조건 성립 전에도 압류할 수 있다. 이 경우 압류한 후에 채권이 성립되지 아니할 것이 확정된 때에는 그 압류를 지체 없이 해제하여야 한다(국징령 41).

(3) 계속적 거래관계에서 발생하는 채권의 압류

급료 · 임금 · 봉급 · 세비 · 퇴직연금, 그 밖에 계속적 거래관계에서 발생하는 이와 유사한 채권의 압류의 효력은 체납액을 한도로 하여 압류 후에 발생할 채권에도 미친다(국징법 54).

(4) 부동산 등

1) 부동산, 공장재단, 광업재단, 선박

세무서장은 부동산, 공장재단, 광업재단 또는 선박(「선박등기법」에 따라 등기된 선박)을 압류하려는 경우 압류조서를 첨부하여 압류등기를 관할 등기소에 촉탁하여야 하며, 그 변경의 등기에 관하여도 또한 같다. 세무서장은 압류하기 위하여 부동산, 공장재단 또는 광업재단의 재산을 분할하거나 구분하려는 경우 분할 또는 구분의 등기를 관할 등기소에 촉탁하여야 한다. 그 합병 또는 변경의 등기에 관하여도 또한 같다. 관할 세무서장은 등기되지 아니한 부동산을 압류하려는 경우 토지대장 등본 또는 가옥대장 등본을 갖추어 보존등기를 관할 등기소에 촉탁하여야 한다. 세무서장이 부동산 등을 압류하였을 때에는 그 사실을 체납자에게 통지하여야 한다(국징법 45).

2) 자동차, 선박, 항공기, 건설기계

세무서장은 항공기 또는 경량항공기, 선박(「선박법」에 따라 등록된 선박으로서 「선박등기법」에 따라 등기된 선박은 제외한다) 건설기계 또는 자동차를 압류할 때에는 압류의 등록을 관계 관서에 촉탁하여야 하며, 그 변경의 등록에 관하여도 또한 같다. 관할 세무서장은 압류한 자동차, 선박, 항공기 도는 건설기계가 은닉 또는 훼손될 우려가 있다고 인정되는 경우 체납자에게 인도를 명하여 이를 점유할 수 있다. 세무서장은 항공기 등을 압류하였을 때에는 그 사실을 체납자에게 통지하여야 한다(국징법 45).

3) 효 력

부동산 등 및 항공기 등 압류의 효력은 그 압류의 등기 또는 등록이 완료된 때에 발생한다. 이때 압류는 해당 압류재산의 소유권이 이전되기 전에 「국세기본법」에 따른 법정기일이 도래한 국세의 체납액에 대하여도 그 효력이 미친다(국징법 46). 즉, 압류의 효력은 당해 압류재산의 소유권이 이전되기 전에 법정기일이 도래한 모든 국세에 대하여 그 효력이 미치는 것으로, 세무서장이 한개 국세의 체납으로 부동산에 대하여 압류등기를 한 경우, 당해 재산의 소유권 이전 시까지 법정기일이 도래한 다른 체납국세는 재차 압류처분 없이도 압류의 효력이 미친다(징세 46101-612, 2000.4.20.).

4) 저당권자에 대한 통지

세무서장은 재산을 압류한 경우 전세권 · 질권 · 저당권 또는 그 밖에 압류재산 위의 등기 또는 등록된 권리자("저당권자등"이라 한다)에게 그 사실을 통지하여야 한다. 국세에 대하여 우선권을 가진 저당권자등이 이러한 통지를 받고 그 권리를 행사하려는 때에는 통지를 받은 날부터 10일 내에 그 사실을 세무서장에게 신고하여야 한다(국징법 40).

5) 사용 · 수익

체납자는 압류한 부동산, 공장재단, 광업재단, 선박, 항공기, 건설기계 또는 자동차를 사용하거나 수익할 수 있다. 다만, 세무서장은 그 가치가 현저하게 줄어들 우려가 있다고 인정할 때에는 그 사용 또는 수익을 제한할 수 있다. 압류한 부동산, 공장재단, 광업재단, 선박, 항공기, 건설기계 또는 자동차를 사용하거나 수익할 권리를 가진 제3자에 대하여도 같다(국징법 47 ① · ②).

세무서장은 체납처분을 집행할 때 필요하다고 인정하면 선박, 항공기, 건설기계 또는 자동차에 대하여 일시정박 또는 일시정류를 하게 할 수 있다. 다만, 출항준비를 완료한 선박 또는 항공기에 대하여는 일시정박 또는 일시정류를 하게 할 수 없다. 세무서장이 일시정박 또는 일시정류를 하게 하였을 때에는 그 감시와 보존에 필요한 처분을 하여야 한다(국징법

47 ③ · ④).

(5) 그 밖의 재산권 등

관할 세무서장은 권리의 변동에 등기 또는 등록이 필요하지 아니한 그 밖의 재산권을 압류하려는 경우 제3채무자가 있는 경우에는 제3채무자에게, 제3채무자가 없는 경우에는 체납자에게 통지하여야 한다.

관할 세무서장은 권리의 변동에 등기 또는 등록이 필요한 그 밖의 재산권을 압류하려는 경우 압류의 등기 또는 등록을 관할 등기소, 관계 행정기관의 장, 지방자치단체의 장에게 촉탁하여야 한다. 그 변경의 등기 또는 등록에 관하여도 또한 같다(국징법 55).

(6) 국가 또는 지방자치단체의 재산에 관한 권리의 압류

관할 세무서장은 체납자가 국가 또는 지방자치단체의 재산을 매수한 경우 소유권 이전 전이라도 그 재산에 관한 체납자의 국가 또는 지방자치단체에 대한 권리를 압류한다. 관할 세무서장이 국가 또는 지방자치단체의 재산에 관한 권리를 압류한 경우 그 사실을 체납자에게 통지하여야 한다. 압류재산을 매각함에 따라 이를 매수한 자는 그 대금을 완납한 때에 그 재산에 관한 체납자의 국가 또는 지방자치단체에 대한 모든 권리 · 의무를 승계한다(국징법 56).

6. 제3자 소유권 주장

(1) 소유권 주장

압류한 재산에 대하여 소유권을 주장하고 반환을 청구하려는 제3자는 매각 5일 전까지 소유자로 확인할 만한 증거서류를 세무서장에게 제출하여야 한다(국징법 28 ①).

(2) 강제징수 집행정지

세무공무원은 제3자가 압류재산에 대하여 소유권을 주장하고 반환을 청구하는 경우에는 그 재산에 대한 강제징수를 정지하여야 한다(국징법 28 ②).

(3) 청구가 정당한 경우

세무공무원은 소유권 주장 청구의 이유가 정당하다고 인정하면 지체 없이 압류를 해제하여야 한다(국징법 28 ③).

(4) 청구가 부당한 경우

관할 세무서장은 소유권 주장 청구의 이유가 부당하다고 인정하면 지체 없이 그 뜻을 제3자에게 통지하여야 한다(국징법 28 ③). 관할 세무서장은 이러한 통지를 받은 제3자가 통지받은 날부터 15일 이내에 체납자를 상대로 그 재산에 대하여 소송을 제기한 사실을 증명하지 아니하면 즉시 강제징수를 계속 하여야 한다. 또한 이러한 통지를 받은 제3자가 체납자를 상대로 소유권에 관한 소송을 제기하여 승소 판결을 받고 그 사실을 증명한 경우 압류를 즉시 해제하여야 한다(국징법 28 ④ · ⑤).

7. 압류의 해제

(1) 필요적 해제 요건

관할 세무서장은 다음 중 어느 하나에 해당하는 경우에는 압류를 즉시 해제하여야 한다(국징법 57 ①).

① 압류와 관계되는 체납액의 전부가 납부 또는 충당(국세환급금, 그 밖에 관할 세무서장이 세법상 납세자에게 지급할 의무가 있는 금전을 체납액과 대등액에서 소멸시키는 것을 말한다)

② 국세 부과의 전부를 취소한 경우

③ 여러 재산을 한꺼번에 공매하는 경우로서 일부 재산의 공매대금으로 체납액 전부를 징수한 경우

④ 총 재산의 추산가액이 강제징수비(압류에 관계되는 국세에 우선하는 「국세기본법」에 따른 채권금액이 있는 경우 이를 포함한다)를 징수하면 남을 여지가 없어 강제징수를 종료할 필요가 있는 경우. 다만, 「국세징수법」에 따른 교부청구 또는 참가압류가 있는 경우로서 교부청구 또는 참가압류와 관계된 체납액을 기준으로 할 경우 남을 여지가 있는 경우는 제외한다.

⑤ 그 밖에 ①부터 ④까지의 규정에 준하는 사유로 압류할 필요가 없게 된 경우

(2) 임의적 해제 요건

관할 세무서장은 다음 중 어느 하나에 해당하는 경우 압류재산의 전부 또는 일부에 대하여 압류를 해제할 수 있다(국징법 57 ②).

① 압류 후 재산가격이 변동하여 체납액 전액을 현저히 초과한 경우

② 압류에 관계되는 체납액의 일부가 납부 또는 충당된 경우

③ 국세 부과의 일부를 취소한 경우

④ 체납자가 압류할 수 있는 다른 재산을 제공하여 그 재산을 압류한 경우

(3) 절 차

1) 압류해제의 통지

세무서장은 재산의 압류를 해제한 경우 그 사실을 그 재산의 압류통지를 한 체납자, 제3채무자 및 저당권자등에게 통지하여야 한다(국징법 58).

2) 압류해제의 등기 · 등록

압류 해제 시 압류의 등기 또는 등록을 한 것에 대하여는 압류 해제 조서를 첨부하여 압류 말소의 등기 또는 등록을 관할 등기소등에 촉탁하여야 한다(국징법 58 ②).

3) 제3자 보관자산의 반환

관할 세무서장은 제3자에게 압류재산을 보관하게 한 경우에 그 재산의 압류를 해제하였을 때에는 그 보관자에게 압류해제통지를 하고 압류재산을 체납자 또는 정당한 권리자에게 반환하여야 한다. 이 경우 관할 세무서장이 받았던 압류재산의 보관증은 보관자에게 반환하여야 한다. 이 경우에 세무서장이 필요하다고 인정할 때에는 보관자가 체납자 또는 정당한 권리자에게 그 압류재산을 직접 인도하게 할 수 있다. 이 경우 체납자 또는 정당한 권리자에게 보관자로부터 압류재산을 직접 인도받을 것을 통지하여야 한다(국징법 58 ③ · ④).

4) 세무서장 보관자산의 반환

세무서장이 보관 중인 재산을 반환하는 경우 영수증을 받아야 한다. 다만, 체납자 또는 정당한 관리자에게 압류조서에 영수 사실을 적고 서명날인하게 함으로써 영수증을 갈음할 수 있다(국징법 54 ⑤).

3 체납세액의 강제징수절차 – 매각

압류재산의 매각은 체납처분의 2번째 단계로서 압류한 재산을 금전으로 환가하여 체납된 국세에 충당하는 절차이다. 압류재산의 매각은 체납자의 재산권을 중대하게 침해할 수 있으므로 그 방법과 절차를 법률로 엄격하게 규정하고 있다. 매각의 방법으로는 경쟁계약에 의하여 매각하는 공매를 원칙으로 하며, 공매가 곤란하거나 불필요한 경우에는 예외적으로 경쟁계약에 의하지 아니하고 임의로 적당한 상대자를 선정하여 매각하는 수의계약을 할 수 있다.

1. 공 매

(1) 공매대상자산

관할 세무서장이 압류한 동산, 유가증권, 부동산등, 그 밖의 재산권 등과 채권압류 후 체납자를 대위하여 받은 물건(금전 제외)을 압류대상 자산으로 한다(국징법 66 ①).

(2) 구분공매

1) 원 칙

세무서장은 여러 개의 재산을 공매에 부치는 경우에는 이를 각각 공매하여야 한다(국징령 52 ①).

2) 예 외

세무서장이 위치 · 형태 · 이용관계 등을 고려하여 이를 일괄하여 공매하는 것이 알맞다고 인정하는 경우에는 직권으로 또는 이해관계인의 신청에 따라 일괄하여 공매할 수 있다. 여러 개의 재산을 일괄하여 공매하는 때 각 재산의 매각대금을 특정할 필요가 있는 경우 각 재산에 대한 공매예정가격의 비율을 정하여야 하며, 각 재산의 매각대금은 총 매각대금을 각 재산의 공매예정가격 비율에 따라 나눈 금액으로 한다. 각 재산이 부담할 강제징수비를 특정할 필요가 있는 경우에도 또한 같다. 여러 개의 재산을 일괄하여 공매하는 경우 그 가운데 일부의 매각대금으로 체납액을 변제하기에 충분하면 다른 재산은 공매하지 않아야 한다. 다만, 토지와 그 위의 건물을 일괄하여 공매하는 경우나 재산을 분리하여 공매하면 그 경제적 효용이 현저하게 떨어지는 경우 또는 체납자의 동의가 있는 경우에는 그러하지 아니하다. 이 경우 체납자는 그 재산 가운데 매각할 것을 지정할 수 있다(국징령 52).

(3) 공매의 대행 – 한국자산관리공사에서 대행

1) 개 요

관할 세무서장은 ① 공매 ② 수의계약 ③ 매각재산의 권리이전 ④ 금전의 배분에 전문지식이 필요하거나 그 밖에 특수한 사정이 있어 직접 공매하기에 적당하지 아니하다고 인정할 때에는 한국자산관리공사로 하여금 공매를 대행하게 할 수 있으며, 이 경우의 공매등은 세무서장이 한 것으로 본다. 세무서장은 한국자산관리공사가 공매를 대행하는 경우 법령으로 정하는 바에 따라 수수료를 지급할 수 있다. 한편, 한국자산관리공사가 공매를 대행하는 경우에 한국자산관리공사의 직원은 「형법」이나 그 밖의 법률에 따른 벌칙을 적용할 때에는 세무공무원으로 본다(국징법 103).

2) 절 차

세무서장은 압류재산의 공매를 한국자산관리공사에 대행하게 하는 경우에는 공매대행의뢰서를 한국자산관리공사에 보내야 한다. 세무서장은 공매대행의 사실을 체납자, 납세담보물 소유자, 그 재산에 전세권 · 질권 · 저당권 또는 그 밖의 권리를 가진 자와 압류재산을 보관하고 있는 자에게 통지하여야 한다(국징령 66).

세무서장은 한국자산관리공사에 공매를 대행하게 하였을 때에는 점유하고 있거나 제3자에게 보관하게 한 압류재산을 한국자산관리공사에 인도할 수 있다. 다만, 제3자에게 보관하게 한 재산에 대해서는 그 제3자가 발행한 해당 재산의 보관증을 인도함으로써 재산의 인도를 갈음할 수 있다. 한국자산관리공사는 이에 따라 압류재산을 인수한 경우 인도 · 인수서를 작성해야 한다(국징령 67).

한국자산관리공사는 공매대행을 의뢰받은 날부터 2년이 지나도 공매되지 아니한 재산이 있는 경우에는 관할 세무서장에게 해당 재산에 대한 공매대행의뢰를 해제해 줄 것을 요구할 수 있다. 해제 요구를 받은 세무서장은 특별한 사정이 있는 경우를 제외하고는 해제 요구에 따라야 한다(국징령 71).

(4) 공매의 대행 – 전문매각기관에서 대행

1) 개 요

세무서장은 압류한 재산이 예술적 · 역사적 가치가 있어 가격을 일률적으로 책정하기 어렵고, 그 매각에 전문적인 식견이 필요하여 직접 매각하기에 적당하지 아니한 물품인 경우에는 직권이나 납세자의 신청에 따라 예술품 등의 매각에 전문성과 경험이 있는 기관 중에서 전문매각기관을 선정하여 예술품등의 감정, 매각기일, 기간의 진행 등 매각에 관련된 사실행위를 대행하게 할 수 있다. 선정된 전문매각기관 및 전문매각기관의 임직원은 직접적으로든 간접적으로든 매각관련 사실행위 대항의 대상인 예술품등을 매수하지 못한다. 세무서장은 전문매각기관이 매각관련 사실행위를 대행하는 경우 법령으로 정하는 바에 따라 수수료를 지급할 수 있다. 한편, 전문매각기관이 매각관련 사실행위를 대행하는 경우 전문매각기관의 임직원은 「형법」이나 그 밖의 법률에 따른 벌칙을 적용할 때에는 세무공무원으로 본다(국징법 104).

2) 전문매각기관 선정 공고

국세청장은 다음의 요건을 모두 충족하는 기관 중에서 전문매각기관으로 선정될 수 있는 대상 기관을 정하여 관보 및 국세청 홈페이지에 공고하여야 한다(국징령 75 ①).

① 공고일이 속하는 연도의 직전 2년 동안 예술품등을 경매를 통하여 매각한 횟수가 연

평균 10회 이상일 것

② 정보통신망을 이용해서 예술품등의 매각이 가능할 것

3) 전문매각기관 선정 및 매각대행

세무서장은 직권으로 공고된 기관 중 하나의 기관을 전문매각기관으로 선정하여 예술품등의 매각대행을 의뢰할 수 있으며, 매각대행을 의뢰한 경우 매각 대상인 예술품등을 소유한 납세자에게 그 사실을 통지하여야 한다. 예술품등의 매각대행을 신청하려는 납세자는 기획재정부령으로 정하는 신청서를 작성하여 세무서장에게 제출하여야 한다. 신청서를 제출받은 세무서장은 공고된 기관 중 하나의 기관을 전문매각기관으로 선정하여 예술품등의 매각대행을 의뢰할 수 있으며, 매각대행을 의뢰한 경우 신청서를 제출한 납세자에게 그 사실을 통지하여야 한다(국징령 75 ①·②·③·④).

한편, 국세청장은 다음 중 어느 하나에 해당하는 경우 지정 공고된 기관에 대한 지정을 취소할 수 있다. 이 경우 그 사실을 관보 및 국세청 홈페이지에 공고해야 한다.

① 해당 기관의 부도, 파산, 휴업·폐업, 지정 당시의 시설·자본금 등의 변동 등으로 예술품등에 대한 매각 관련 사실행위의 대행이 곤란하다고 인정되는 경우

② 해당 기관 또는 그 대표자가 「국세징수법」 제114조 제1항에 따라 고액·상습체납자로 명단이 공개되거나 「조세범 처벌법」에 따라 벌금 이상의 형을 선고받은 경우

③ 해당 기관의 임직원이 예술품등에 대한 매각 관련 사실행위의 대행과 관련하여 「형법」 제129조부터 제132조까지의 죄로 벌금 이상의 형을 선고받은 경우

④ 해당 기관 또는 그 대표자가 사회적 물의를 일으키거나 그 밖에 이에 준하는 사유가 있어 해당 기관의 예술품등에 대한 매각 관련 사실행위의 대행이 적절하지 않다고 인정되는 경우

(5) 공매의 제한

1) 상장주식

세무서장은 압류된 재산이 증권시장에 상장된 증권일 때에는 해당 시장에서 직접 매각할 수 있다(국징법 66 ②).

2) 가상자산

가상자산사업자를 통해 거래되는 가상자산의 경우에는 가상자산사업자를 통해 직접 매각할 수 있다(국징법 66 ②).

3) 확정 전 보전압류

확정 전 보전압류한 재산은 그 압류에 관계되는 국세의 납세 의무가 확정되기 전에는 공매할 수 없다(국징법 66 ④).

4) 불복절차 진행

① 원칙 : 「국세기본법」에 따른 이의신청 · 심사청구 또는 심판청구 절차가 진행 중이거나 행정소송이 계속 중인 국세의 체납으로 압류한 재산은 그 신청 또는 청구에 대한 결정이나 소에 대한 판결이 확정되기 전에는 공매할 수 없다(국징법 66 ⑤).

② 예외 : 다만, 그 재산이 부패 · 변질 또는 감량되기 쉬운 재산으로서 속히 매각하지 아니하면 그 재산가액이 줄어들 우려가 있는 경우에는 예외적으로 공매할 수 있다.

5) 기타의 사유

다음에 해당하는 사유가 있는 때에는 공매를 하지 아니한다(국징집 61-0-1).

① 「행정소송법」 규정에 따라 법원이 체납처분에 대한 집행정지결정을 한 때

② 체납액 등의 징수유예를 한 때

③ 제3자가 압류재산의 소유권을 주장하고 반환을 청구한 때

④ 「채무자 회생 및 파산에 관한 법률」에 따라 법원이 체납처분의 중지를 명한 때와 체납처분이 중지된 때

⑤ 「채무자 회생 및 파산에 관한 법률」에 따라 회생계획에서 징수유예 또는 환가의 유예가 인가된 때

⑥ 체납처분유예를 한 때

(6) 공매참가와 매수인의 제한

1) 매수인의 제한

체납자 또는 세무공무원은 자기 또는 제3자의 명의나 계산으로 압류재산을 매수하지 못한다(국징법 80).

2) 공매참가의 제한

관할 세무서장은 다음 중 어느 하나에 해당한다고 인정되는 사실이 있는 자에 대하여는 그 사실이 있은 후 2년간 공매장소 출입을 제한하거나 입찰에 참가시키지 아니할 수 있다. 그 사실이 있은 후 2년이 지나지 아니한 자를 사용인이나 그 밖의 종업원으로 사용한 자와 이러한 자를 입찰 대리인으로 한 자에 대하여도 또한 같다(국징법 81).

① 입찰을 하려는 자의 공매참가, 최고가격 입찰자의 결정 또는 매수인의 매수대금 납부를 방해한 사실
② 공매에서 부당하게 가격을 떨어뜨릴 목적으로 담합한 사실
③ 거짓 명의로 매수신청을 한 사실

(7) 공매절차

1) 공매장소

공매는 지방국세청, 세무서, 세관 또는 공매재산이 있는 특별자치도 · 시 · 군 · 자치구에서 한다. 다만, 세무서장이 필요하다고 인정하는 경우에는 다른 장소에서 공매할 수 있다(국징법 70).

2) 공매예정가격의 결정

세무서장은 압류재산을 공매하려면 그 공매예정가격을 결정하여야 한다. 세무서장은 공매예정가격을 결정하기 어려울 때에는 감정인에게 평가를 의뢰하여 그 가액을 참고할 수 있으며 감정인에게 재산의 평가를 의뢰한 경우 수수료를 지급할 수 있다. 관할 세무서장은 공매예정가격을 결정하기 위하여 공매대상 재산의 현상, 점유관계, 차임 또는 보증금의 액수, 그 밖의 현황을 조사할 수 있다(국징법 68).

3) 공매의 공고

세무서장은 공매를 하려면 다음의 사항을 공고하여야 한다. 관할 세무서장은 공매공고를 하는 경우 동일한 재산에 대한 향후의 여러 차례의 공매에 관한 사항을 한꺼번에 공고할 수 있다(국징법 72 ① · ②).

① 매수대금을 납부하여야 할 기한
② 공매재산의 명칭, 소재, 수량, 품질, 공매예정가격, 그 밖의 중요한 사항
③ 입찰서 제출 또는 경매의 장소와 일시(기간입찰의 경우에는 그 입찰서 제출기간)
④ 개찰의 장소와 일시
⑤ 공매보증을 받을 경우 그 금액
⑥ 공매재산이 공유물의 지분 또는 부부공유의 동산 · 유가증권인 경우 공유자(체납자는 제외한다)의 경우 공유자에게 우선매수권이 있다는 사실
⑦ 배분요구의 종기
⑧ 배분요구의 종기까지 배분을 요구하여야 배분받을 수 있는 채권
⑨ 매각결정 기일

⑩ 매각으로 소멸하지 아니하고 매수인이 인수하게 될 공매재산에 대한 지상권, 전세권, 대항력 있는 임차권 또는 가등기가 있는 경우 그 사실
⑪ 공매재산의 매수인으로서 일정한 자격을 필요로 하는 경우 그 사실
⑫ 공매재산명세서 자료의 제공 내용 및 기간
⑬ 차순위 매수신고의 기간과 절차

4) 공고방법

공매공고는 정보통신망을 통하여 하되, 지방국세청, 세무서, 세관, 특별자치시 · 특별자치도 · 시 · 군 · 자치구, 그 밖의 적절한 장소에 게시하고 관보 또는 일간신문에 게재도 함께 하여야 한다(국징법 72 ③).

5) 공매공고의 통지

세무서장이 공매공고를 하였을 때에는 즉시 그 내용을 다음의 자에게 통지하여야 한다(국징법 75).

① 체납자
② 납세담보물 소유자
③ 공매재산이 공유물의 지분인 경우 공매공고의 등기 또는 등록 전일 현재의 공유자
④ 공매재산이 부부공유의 동산 · 유가증권인 경우에는 배우자
⑤ 공매재산에 대하여 공매공고의 등기 또는 등록 전일 현재 전세권 · 질권 · 저당권 또는 그 밖의 권리를 가진 자

(8) 공매의 실시

1) 공매공고 기간

공매공고 기간은 10일 이상으로 한다. 다만, 그 재산을 보관하는 데에 많은 비용이 들거나 재산의 가액이 현저히 줄어들 우려가 있으면 이를 단축할 수 있다(국징법 73).

2) 공매방법

공매는 입찰 또는 경매(정보통신망을 이용한 것 포함)의 방법으로 한다.

① 입찰이란 압류재산을 매각하는 경우에 그 재산을 매수할 청약자에게 각자 입찰가액 기타 필요한 사항을 기재한 입찰서로써 매수의 신청을 하게 하여 매각예정가격 이상의 입찰자 중 최고가 입찰자를 낙찰자로 하여 그 자에게 매각결정을 행하고 그 자를 매수인으로 정하는 방법을 말한다(국징집 67-0-1).
② 경매란 압류재산을 매각하는 경우에 그 재산을 매수할 청약자에게 구두 등으로 순차

고가한 매수의 신청을 하게 하여 매각예정가격 이상의 청약자 중 최고가 청약자를 낙찰자로 하여 그 자에게 매각결정을 행하고 그 자를 매수인으로 정하는 방법을 말한다(국징집 67-0-2).

3) 공매보증금

매수인이 공매보증으로 금전을 제공한 경우 그 금전은 매수대금으로서 납부된 것으로 본다.

관할 세무서장은 매수인이 공매보증으로 국공채등을 제공한 경우 그 국공채등을 제공한 경우 그 국공채등을 현금화하여야 한다. 이 경우 그 현금화에 사용된 비용을 뺀 금액은 공매보증 금액을 한도로 매수대금으로서 납부된 것으로 본다. 관할 세무서장은 이에 따라 현금화한 금액(현금화에 사용된 비용을 뺀 금액을 말한다)이 공매보증 금액보다 적으면 다시 대금납부기한을 정하여 매수인에게 그 부족액을 납부하게 하여야 하고, 공매보증 금액보다 많으면 그 차액을 매수인에게 반환하여야 한다(국징법 90).

4) 입찰과 개찰

공매를 입찰의 방법으로 하는 경우 공매재산의 매수신청인은 그 성명 · 주소 · 거소, 매수하려는 재산의 명칭, 매수신청가격, 공매보증, 그 밖에 필요한 사항을 입찰서에 적어 개찰이 시작되기 전에 공매를 집행하는 공무원에게 제출하여야 한다. 개찰은 공매를 집행하는 공무원이 공개적으로 각각 적힌 매수신청가격을 불러 입찰조서에 기록하는 방법으로 한다(국징법 82 ① · ②). 공매를 집행하는 공무원은 공매예정가격 이상으로 매수신청한 자가 없는 경우 즉시 그 장소에서 재입찰을 실시할 수 있다(국징법 82 ⑤).

5) 낙찰자의 결정

공매를 집행하는 공무원은 최고가 매수신청인을 정한다. 이 경우 최고가 매수신청가격이 둘 이상이면 즉시 추첨으로 최고가 매수신청인을 정한다. 공매를 집행하는 공무원은 즉시 추첨을 하는 경우 해당 매수신청인 중 출석하지 아니한 자 또는 추첨을 하지 아니한자가 있는 경우 입찰 사무와 관계없는 공무원으로 하여금 대신하여 추첨하게 할 수 있다(국징법 82 ④).

6) 공유자 · 배우자의 우선매수권

공매재산이 공유물의 지분인 경우 공유자는 매각결정 기일 전까지 공매보증을 제공하고 최고가 매수신청인이 있는 경우에는 최고가 매수신청가격으로, 최고가 매수신청인이 없는 경우에는 공매예정가격으로 공매재산을 우선매수하겠다는 신고를 할 수 있다.

체납자의 배우자는 공매재산이 부부공유의 동산 또는 유가증권인 경우 공매재산을 우선

매수하겠다는 신청을 할 수 있다. 이 경우에 세무서장은 그 공유자 · 배우자에게 매각결정을 하여야 한다. 만약, 여러 사람의 공유자가 우선매수하겠다는 신고를 하고 우선매수 신고의 절차를 마쳤을 때에는 특별한 협의가 없으면 공유지분의 비율에 따라 공매재산을 매수하게 한다. 세무서장은 우선매수신고에 따라 매각결정된 경우에 매수인이 매각대금을 납부하지 아니하였을 때에는 최고가 매수신청인에게 다시 매각결정을 할 수 있다(국징법 79).

7) 차순위 매수신청

최고가 매수신청인이 결정된 후 해당 최고가 매수신청인 외의 매수신청인은 매각결정기일 전까지 공매보증을 제공하고 제86조 제2호에 해당하는 사유로 매각결정이 취소되는 경우 최고가 매수신청가격에서 공매보증을 뺀 금액 이상의 가격으로 공매재산을 매수하겠다는 신청(이하 "차순위 매수신청"이라 한다)을 할 수 있다. 만약, 차순위 매수신청을 한 자가 둘 이상인 경우 최고액의 매수신청인을 차순위 매수신청인으로 정하고, 최고액의 매수신청인이 둘 이상인 경우에는 추첨으로 차순위 매수신청인을 정한다(국징법 83 ① · ②).

관할 세무서장은 차순위 매수신청이 있는 경우 납부를 촉구하여도 매수인이 매수대금을 지정된 기한까지 납부하지 아니한 경우의 사유로 매각결정을 취소한 날부터 3일(공휴일과 토요일은 제외한다) 이내에 차순위 매수신청인을 매수인으로 정하여 매각결정을 할 것인지 여부를 결정하여야 한다. 다만, 다음의 사유(이 경우 ②의 "최고가 매수신청인"은 "차순위 매수신청인"으로 본다)가 있는 경우에는 차순위 매수신청인에게 매각결정을 할 수 없다(국징법 84).

① 공유자 · 배우자의 우선매수 신청이 있는 경우
② 최고가 매수신청인이 매수인의 제한 또는 공매참가의 제한을 받는 자에 해당하는 경우
③ 매각결정 전에 공매 취소, 정지 사유가 있는 경우
④ 그 밖에 매각결정을 할 수 없는 중대한 사실이 있다고 관할 세무서장이 인정하는 경우

8) 재공매

재산을 공매하여도 매수 희망자가 없거나 매수신청가격이 공매예정가격 미만일 때 또는 납부를 촉구하여도 매수인이 매수대금을 지정된 기한까지 납부하지 아니한 경우에는 재공매한다. 공매재산의 매수인이 매수대금의 납부기한까지 대금을 납부하지 아니하였을 때에는 그 매매를 해약하고 재공매한다. 세무서장은 재공매할 때마다 공매예정가격의 10%에 해당하는 금액을 차례로 줄여 공매하며, 공매예정가격의 50%에 해당하는 금액까지 차례로 줄여 공매하여도 매각되지 아니할 때에는 공매예정가격을 정하여 재공매할 수 있다. 다만, 즉시 재입찰에 부친 때에는 그러하지 아니하다(국징법 87 ②).

(9) 공매의 취소와 정지

1) 공매의 취소

관할 세무서장은 다음 중 어느 하나에 해당하는 경우에는 공매를 취소하여야 한다(국징법 88 ①, 국징령 62).

① 해당 재산의 압류를 해제한 경우

② 그 밖에 공매를 진행하기 곤란한 경우로서 관할 세무서장이 직권으로 또는 한국자산관리공사의 요구에 따라 해당 재산에 대한 공매대행 의뢰를 해제한 경우, 관할 세무서장은 매각결정기일 전에 공매를 취소한 경우 공매취소 사실을 공고하여야 한다.

2) 공매의 정지

관할 세무서장은 다음 중 어느 하나에 해당하는 경우에는 공매를 정지하여야 한다(국징법 88 ②).

① 압류 또는 매각을 유예한 경우

②「국세기본법」 또는「행정소송법」에 따라 강제징수에 대한 집행정지의 결정이 있는 경우

③ 그 밖에 공매를 정지하여야 할 필요가 있는 경우로서 대통령령으로 정하고 있는 경우

2. 수의계약

(1) 수의계약 사유

압류재산이 다음 중 어느 하나에 해당하는 경우에는 수의계약으로 매각할 수 있다(국징법 67).

① 수의계약으로 매각하지 아니하면 매각대금이 강제징수비 금액 이하가 될 것으로 예상되는 경우

② 부패 · 변질 또는 감량되기 쉬운 재산으로서 속히 매각하지 아니하면 그 재산가액이 줄어들 우려가 있는 경우

③ 압류한 재산의 추산 가격이 1천만원 미만인 경우

④ 법령으로 소지 또는 매매가 규제된 재산인 경우

⑤ 제1회 공매 후 1년간 5회 이상 공매하여도 매각되지 아니한 경우

⑥ 공매하는 것이 공익을 위하여 적절하지 아니한 경우

(2) 견적서의 수령

세무서장은 압류재산을 수의계약으로 매각하려는 경우에는 추산가격조서를 작성하고 2인 이상으로부터 견적서를 받아야 한다. 다만, 1년간 5회 이상 공매하여도 매각되지 아니한 경우에 해당하여 수의계약을 하는 경우로서 그 매각금액이 최종 공매 시의 공매예정가격 이상인 경우에는 견적서를 받지 아니할 수 있다(국징령 54 ①).

(3) 수의계약의 대행

세무서장은 필요한 경우 수의계약을 한국자산관리공사로 하여금 대행하게 할 수 있다. 이 경우 수의계약은 세무서장이 한 것으로 본다(국징법 103).

3. 매각결정과 대금납부기한

(1) 매각결정

관할 세무서장은 다음 어느 사유가 없으면 낙찰자를 매수인으로 정하여 매각결정기일에 최고가 매수신청인을 매수인으로 정하여 매각결정을 하여야 한다. 매각결정의 효력은 매각결정 기일에 매각결정을 한 때에 발생한다(국징법 84 ①·②).

① 매각결정 전에 공매취소·정지 사유가 있는 경우
② 낙찰자가 공매참가의 제한을 받는 자로 확인된 경우
③ 공유자·배우자가 우선매수의 신고를 한 경우
④ 그 밖에 매각결정을 할 수 없는 중대한 사실이 있다고 관할 세무서장이 인정하는 경우

(2) 매수대금의 납부

세무서장은 매각결정을 하였을 때에는 매수인에게 매수대금의 대금납부기한을 정하여 매각결정통지서를 발급하여야 한다. 다만, 권리 이전에 등기 또는 등록을 필요로 하지 아니하는 재산의 매수대금을 즉시 납부시킬 때에는 구두로 통지할 수 있다. 매수대금의 납부기한은 매각결정을 한 날부터 7일 이내로 한다. 다만, 세무서장이 필요하다고 인정하는 경우에는 그 납부기한을 30일의 범위에서 연장할 수 있다(국징법 84 ③·④).

(3) 매수대금의 납부 촉구

관할 세무서장은 매수인이 매수대금을 지정된 대금납부기한까지 납부하지 아니한 경우 다시 대금납부기한을 지정하여 납부를 촉구하여야 한다(국징법 85).

(4) 매수대금 납부의 효과

매수인은 매수대금을 납부한 때에 매각재산을 취득한다. 세무서장이 매수대금을 수령한 때에는 그 한도에서 체납자로부터 체납액을 징수한 것으로 본다(국징법 91).

(5) 매각결정의 취소

세무서장은 다음 중 어느 하나에 해당하는 경우에는 압류재산의 매각결정을 취소하고 그 사실을 매수인에게 통지하여야 한다(국징법 71 ⑤, 국징법 86).

매각결정 취소 사유	공매보증금의 처리
① 매각결정을 한 후 매수인이 매수대금을 납부하기 전에 체납자 압류와 관련된 체납액을 납부하고 매각결정의 취소를 신청하는 경우. 이 경우 체납자는 매수인의 동의를 받아야 한다.	매수인에게 반환한다.
② 매수대금의 납부를 촉구하여도 매수인이 매수대금을 지정된 기한까지 납부하지 아니하는 경우	강제징수비, 압류와 관계되는 국세의 순으로 충당하고 그 남은 금액은 체납자에게 지급한다.

(6) 매각재산의 권리이전

매각재산에 대하여 체납자가 권리이전의 절차를 밟지 아니할 때에는 세무서장이 대신하여 그 절차를 밟는다. 다만, 한국자산관리공사가 그 절차를 대행할 수 있으며, 이 경우 절차 이행은 세무서장이 한 것으로 본다(국징법 93).

4. 청 산

(1) 배분금전의 범위와 배분방법

세무서장은 다음의 금전을 다음의 배분방법에 따라 배분하여야 한다. 다만, 한국자산관리공사가 그 배분을 대행할 수 있으며, 이 경우 금전 배분은 세무서장이 한 것으로 본다(국징법 94 · 96).

배분대상 금전	배분의 방법
1) 압류한 금전 2) 교부청구에 의하여 받은 금전	그 압류 또는 교부청구에 관계되는 체납액에 배분한다.
3) 채권 · 유가증권 · 무체재산권등의 압류로 인하여 체납자 또는 제3채무자로부터 받은 금전	다음의 체납액과 채권에 배분한다. ① 압류재산에 관계되는 체납액 ② 교부청구를 받은 체납액 · 지방세 또는 공과금

배분대상 금전	배분의 방법
4) 압류재산의 매각대금 및 그 매각대금의 예치 이자	③ 압류재산에 관계되는 전세권 · 질권 · 저당권 또는 가등기 담보권 의하여 담보된 채권 ④ 「주택임대차보호법」 또는 「상가건물 임대차보호법」에 따라 우선변제권이 있는 임차보증금 반환채권 ⑤ 「근로기준법」 또는 「근로자퇴직급여 보장법」에 따라 우선변제권이 있는 임금, 퇴직금, 재해보상금 및 그 밖에 근로관계로 인한 채권 ⑥ 압류재산에 관계되는 가압류채권 ⑦ 집행문이 있는 판결정본에 의한 채권

공매공고의 등기 또는 등록 전까지 등기되지 아니하거나 등록되지 아니한 채권 등을 가진 자가 배분을 받으려면 배분요구의 종기까지 세무서장에게 배분을 요구하여야 하며, 배분요구를 한 채권에 대하여만 배분한다(국징법 76 · 96 ①).

(2) 배분 순위

1) 배분 시 잔여금액이 발생한 경우

금전을 배분하거나 충당하고 남은 금액이 있을 때에는 체납자에게 지급하여야 한다(국징법 96 ③).

2) 배분 시 체납액과 채권액에 부족한 경우

세무서장은 매각대금이 체납액과 채권의 총액보다 적을 때에는 「민법」이나 그 밖의 법령에 따라 배분할 순위와 금액을 정하여 배분하여야 한다. 세무서장은 배분이나 충당에 있어서 국세에 우선하는 채권이 있음에도 불구하고 배분 순위의 착오나 부당한 교부청구 또는 그 밖에 이에 준하는 사유로 체납액에 먼저 배분한 경우에는 그 배분한 금액을 국세보다 우선하는 채권자에게 국세환급금 환급의 예에 따라 지급한다(국징법 96 ⑤).

(3) 국가 또는 지방자치단체의 재산에 관한 권리의 매각대금의 배분

압류한 국가 또는 지방자치단체의 재산에 관한 권리의 매각대금의 배분 순위는 다음의 순서에 따른다. 관할 세무서장은 순서에 따라 배분하고 남은 금액은 체납자에게 지급한다(국징법 82).

① 국가 또는 지방자치단체가 체납자로부터 지급받지 못한 매각대금

② 체납액

(4) 배분절차

1) 배분기일의 지정

관할 세무서장은 금전을 배분하려면 체납자, 제3채무자 또는 매수인으로부터 해당 금전을 받은 날부터 30일 이내에서 배분기일을 정하여 배분하여야 한다. 다만, 30일 이내에 배분계산서를 작성하기 곤란한 경우에는 배분기일을 30일 이내에서 연기할 수 있다. 세무서장이 배분기일을 정한 경우 체납자, 채권신고대상채권자 및 배분요구를 한 채권자에게 그 사실을 통지하여야 한다. 다만, 체납자 등이 외국에 있거나 있는 곳이 분명하지 아니한 경우 통지하지 아니할 수 있다(국징법 95).

2) 배분계산서의 작성

관할 세무서장이 금전을 배분할 때에는 배분계산서 원안을 작성하고, 이를 배분기일 7일 전까지 갖추어 두어야 한다. 체납자 등은 세무서장에게 교부청구서, 감정평가서, 채권신고서, 배분요구서, 배분계산서 원안 등 배분금액 산정의 근거가 되는 서류의 열람 또는 복사를 신청할 수 있다. 세무서장이 열람 또는 복사의 신청을 받았을 때에는 이에 응하여야 한다(국징법 98).

3) 배분계산서에 대한 이의 등

배분기일에 출석한 체납자 등은 배분기일이 끝나기 전까지 자기의 채권에 관계되는 범위에서 배분계산서 원안에 기재된 다른 채권자의 채권 또는 채권의 순위에 대하여 이의를 제기할 수 있다. 또한, 체납자는 배분기일에 출석하지 아니한 경우에도 배분계산서 원안이 비치된 이후부터 배분기일이 끝나기 전까지 문서로 이의를 제기할 수 있다(국징법 99 ①·②).

관할 세무서장이 이의제기가 정당하다고 인정하거나 배분계산서 원안과 다른 내용으로 체납자 등이 한 합의가 있는 경우에는 정당하다고 인정된 이의제기의 내용 또는 합의에 따라 배분계산서를 수정하여 확정하고, 관할 세무서장이 이의제기가 정당하다고 인정하지 아니하고 배분계산서 원안과 다른 내용으로 체납자 등이 한 합의도 없는 경우에는 배분계산서 중 이의제기가 없는 부분에 한정하여 배분계산서를 확정하여 배분을 실시하고, 확정되지 아니한 부분에 대해서는 배분을 유보한다(국징법 99 ③).

5. 국세의 우선권과 제한

(1) 국세 우선의 원칙

국세 및 강제징수비는 다른 공과금이나 그 밖의 채권에 우선하여 징수한다(국기법 35 ①). 우선하여 징수한다는 것은 납세자의 재산을 강제매각절차에 의하여 매각하거나 추심하는 경우에 그 매각대금 또는 추심금액 중에서 국세를 우선하여 징수하는 것을 말한다(국기집 35-0-1).

이는 납세자의 재산이 강제집행될 때 조세채권과 공과금 및 기타채권이 경합되고, 납세자의 재산이 경합청구된 채권들을 변제하기에 부족한 경우 그 순위를 규정함에 있어서 국세의 우선권을 인정한 것이다. 일반적인 민사채권의 경우 무담보채권 상호 간에는 채권자 평등원칙에 따라 채권액에 비례하여 매각대금을 분배하고, 담보 없는 채권과 담보 있는 채권 상호 간에는 담보 있는 채권이, 담보 있는 채권 상호 간에는 담보권의 순위에 따라 우선변제 순위가 정해진다. 그러나 국세에 대하여는 이러한 사법질서를 깨뜨리고 우선권을 인정한 것인데 이는 조세가 국가존립의 경제적 기초이고, 그러한 경제적 재원의 조달과 그 지출에는 공공성과 공익성이 있어 그 징수의 편의성을 인정한 것이다.[1)]

(2) 국세 우선권의 제한

국세우선의 원칙은 사법질서를 침해하여 사인 간 거래의 안전을 해치게 된다. 따라서 일정한 공과금이나 그 밖의 채권에 대해서는 국세의 우선권을 제한하는 예외규정을 두어 이러한 문제를 일부 해결하고 있다(국기법 35 ①).

① 지방세나 공과금의 체납처분 또는 강제징수를 할 때 그 체납처분 또는 강제징수금액 중에서 국세 및 강제징수비를 징수하는 경우의 그 지방세나 공과금의 체납처분비 또는 강제징수비

② 강제집행 · 경매 또는 파산 절차에 따라 재산을 매각할 때 그 매각금액 중에서 국세 및 강제징수비를 징수하는 경우의 그 강제집행, 경매 또는 파산 절차에 든 비용

③ 법정기일 전에 다음 중 어느 하나에 해당하는 권리가 설정된 재산이 국세의 강제징수 또는 경매 절차를 통하여 매각(④에 해당하는 재산의 매각은 제외)되어 그 매각금액에서 국세를 징수하는 경우 그 권리에 의하여 담보된 채권 또는 임대차보증금반환채권. 이 경우 다음 각 목에 해당하는 권리가 설정된 사실은 대통령령으로 정하는 방법으로 증명한다.

㉠ 전세권, 질권 또는 저당권

㉡ 「주택임대차보호법」 제3조의 2 제2항 또는 「상가건물 임대차보호법」 제5조 제2항에 따라 대항요건과 확정일자를 갖춘 임차권

㉢ 납세의무자를 등기의무자로 하고 채무불이행을 정지조건으로 하는 대물변제(代物辨濟)의 예약에 따라 채권 담보의 목적으로 가등기(가등록을 포함한다. 이하 같다)를

1) 최명근, 2000, 세법학총론, 444p

마친 가등기 담보권

④ ③ 각 목의 어느 하나에 해당하는 권리(전세권 등)가 설정된 재산이 양도, 상속 또는 증여된 후 해당 재산이 국세의 강제징수 또는 경매 절차를 통하여 매각되어 그 매각금액에서 국세를 징수하는 경우 해당 재산에 설정된 전세권등에 의하여 담보된 채권 또는 임대차보증금반환채권. 다만, 해당 재산의 직전 보유자가 전세권등의 설정 당시 체납하고 있었던 국세 등을 고려하여 대통령령으로 정하는 방법에 따라 계산한 금액의 범위에서는 국세를 우선하여 징수한다.

⑤ 「주택임대차보호법」 제8조 또는 「상가건물 임대차보호법」 제14조가 적용되는 임대차관계에 있는 주택 또는 건물을 매각할 때 그 매각금액 중에서 국세를 징수하는 경우 임대차에 관한 보증금 중 일정 금액으로서 「주택임대차보호법」 제8조 또는 「상가건물 임대차보호법」 제14조에 따라 임차인이 우선하여 변제받을 수 있는 금액에 관한 채권

⑥ 사용자의 재산을 매각하거나 추심(推尋)할 때 그 매각금액 또는 추심금액 중에서 국세를 징수하는 경우에 「근로기준법」 제38조 또는 「근로자퇴직급여 보장법」 제12조에 따라 국세에 우선하여 변제되는 임금, 퇴직금, 재해보상금, 그 밖에 근로관계로 인한 채권

(3) 국세보다 우선하는 소액임차보증금

국세보다 우선하는 임대차에 관한 보증금 중 일정금액의 범위는 다음과 같으며, 「주택임대차 보호법」 제8조 또는 「상가건물 임대차 보호법」 제14조에 의한 소액임차보증금이 국세보다 우선하기 위하여는 공매공고일 이전에 대항력을 갖추어야 한다(국기집 35-0-11).

1) 「주택임대차 보호법」 제8조

지 역	소액보증금	우선변제액
① 서울특별시	1억5천만원 이하	5,000만원 이하
② 「수도권정비계획법」에 따른 과밀억제권역(서울특별시 제외), 세종특별시, 용인시 및 화성시	1억3천만원 이하	4,300만원 이하
③ 광역시(「수도권정비계획법」에 따른 과밀억제권역에 포함된 지역과 군지역 제외), 안산시, 김포시, 광주시 및 파주시	7,000만원 이하	2,300만원 이하
④ 그 밖의 지역	6,000만원 이하	2,000만원 이하

2) 「상가건물 임대차보호법」 제14조

지 역	소액보증금	우선변제액
① 서울특별시	6,500만원 이하	2,200만원 이하
② 「수도권정비계획법」에 따른 과밀억제권역(서울특별시 제외)	5,500만원 이하	1,900만원 이하
③ 광역시(「수도권정비계획법」에 따른 과밀억제권역에 포함된 지역과 군지역 제외), 안산시, 용인시, 김포시 및 광주시	3,800만원 이하	1,300만원 이하
④ 그 밖의 지역	3,000만원 이하	1,000만원 이하

(4) 법정기일

법정기일이란 다음 중 어느 하나에 해당하는 기일을 말한다(국기법 35 ②). 이러한 법정기일은 담보권자와 과세관청이 조세채권의 범위와 그 존재를 확인할 수 있는 시기를 말하므로, 만약 이보다 먼저 일반 채권자의 저당권 등이 설정된 경우에는 일반 채권자의 예측가능성을 보호하기 위하여 국세의 우선권을 제한하는 것이다.

구 분		법정기일
원 칙	① 과세표준과 세액의 신고에 따라 납세의무가 확정되는 국세의 경우 신고한 해당 세액(중간예납하는 법인세와 예정신고납부하는 부가가치세 및 소득세 포함)	그 신고일
	② 과세표준과 세액을 정부가 결정 · 경정 또는 수시부과 결정을 하는 경우 고지한 해당 세액(㉠ 납부지연가산세 중 납부고지서에 따른 납부기한 후의 납부지연가산세와 ㉡ 원천징수 등 불성실가산세 중 납부고지서에 따른 납부기한 후의 원천징수납부 등 불성실가산세를 포함한다)	그 납부고지서의 발송일
예 외	① 인지세와 원천징수의무자나 납세조합으로부터 징수하는 소득세 · 법인세 및 농어촌특별세	그 납세의무의 확정일
	② 제2차 납세의무자(보증인 포함)의 재산에서 징수하는 국세	납부고지서의 발송일
	③ 양도담보재산에서 징수하는 국세	납부고지서의 발송일
	④ 납세자의 재산을 확정 전 보전 압류한 경우에 그 압류와 관련하여 확정된 세액	그 압류등기일 또는 등록일
	⑤ 「부가가치세법」에 따라 신탁재산에서 부가가치세 등(신탁 관련 수탁자의 물적납세의무)	납부고지서의 발송일
	⑥ 「종합부동산세법」에 따라 신탁재산에서 징수하는 종합부동산세 등	납부고지서의 발송일

(5) 재산에 부과된 조세

1) 원 칙

해당 재산에 대하여 부과된 상속세, 증여세 및 종합부동산세는 (2) ③의 채권 또는 임대차보증금반환채권보다 우선하며, (2) ④에도 불구하고 해당 재산에 대하여 부과된 종합부동산세는 같은 호에 따른 채권 또는 임대차보증금반환채권보다 우선한다(국기법 35 ③).

2) 예 외 - 임대차보증금반환채권등

「주택임대차 보호법」 제3조의 2 제2항에 따라 대항요건과 확정일자를 갖춘 임차권에 의하여 담보된 임대차보증금반환채권 또는 같은 법 제2조에 따른 주거용 건물에 설정된 전세권에 의하여 담보된 채권(이하 "임대차보증금반환채권등")은 해당 임차권 또는 전세권이 설정된 재산이 국세의 강제징수 또는 경매 절차를 통하여 매각되어 그 매각금액에서 국세를 징수하는 경우 그 확정일자 또는 설정일보다 법정기일이 늦은 해당 재산에 대하여 부과된 상속세, 증여세 및 종합부동산세의 우선 징수 순서에 대신하여 변제될 수 있다. 이 경우 대신 변제되는 금액은 우선 징수할 수 있었던 해당 재산에 대하여 부과된 상속세, 증여세 및 종합부동산세의 징수액에 한정하며, 임대차보증금반환채권등보다 우선 변제되는 저당권 등의 변제액과 「국세기본법」 제35조 제3항에 따라 해당 재산에 대하여 부과된 상속세, 증여세 및 종합부동산세를 우선 징수하는 경우에 배분받을 수 있었던 임대차보증금반환채권등의 변제액에는 영향을 미치지 아니한다(국기법 35 ⑥).

(6) 가등기

법정기일 후에 (2) ③ ㉢의 가등기를 마친 사실이 대통령령으로 정하는 바에 따라 증명되는 재산을 매각하여 그 매각금액에서 국세를 징수하는 경우 그 재산을 압류한 날 이후에 그 가등기에 따른 본등기가 이루어지더라도 그 국세는 그 가등기에 의해 담보된 채권보다 우선한다.

실무포인트

국세 또는 강제징수비와 임차인의 보증금 중 일정액, 임금채권 등 그 밖의 다른 채권과의 우선순위에 관하여는 「국세기본법」, 「주택임대차보호법」, 「근로기준법」 및 「근로자퇴직급여 보장법」의 규정을 종합하여 판단하여야 하는 바, 그 우선순위는 나음과 같나(국기집 35-0 12).

1. 압류재산에 법정기일 전에 질권 또는 저당권에 의하여 담보된 채권이 있는 경우

[1순위] 임차인의 보증금 중 일정액, 최종 3월분의 임금과 최종 3년간의 퇴직급여 등 및 재해보상금
[2순위] 질권 또는 저당권 등에 의하여 담보된 채권 및 임대차보증금반환채권
[3순위] 최종 3월분 이외의 임금 및 기타 근로관계로 인한 채권
[4순위] 국세
[5순위] 일반채권

2. 압류재산에 국세의 법정기일 이후에 질권 또는 저당권에 의하여 담보된 채권이 있는 경우

[1순위] 임차인의 보증금 중 일정액, 최종 3월분의 임금과 최종 3년간의 퇴직급여 등 및 재해보상금
[2순위] 국세
[3순위] 질권 또는 저당권 등에 의하여 담보된 채권 및 임대차보증금반환채권
[4순위] 최종 3월분 이외의 임금 및 기타 근로관계로 인한 채권
[5순위] 일반채권

4 체납세액 보전을 위한 기타제도

1. 통정허위계약 취소

(1) 원 칙 – 과세관청 입증

세무서장은 납세자가 제3자와 짜고 거짓으로 재산에 다음 중 어느 하나에 해당하는 계약을 하고 그 등기 또는 등록을 하거나 「주택임대차보호법」 또는 「상가건물 임대차보호법」에 따른 대항요건과 확정일자를 갖춘 임대차 계약을 체결함으로써 그 재산의 매각금액으로 국세를 징수하기가 곤란하다고 인정할 때에는 그 행위의 취소를 법원에 청구할 수 있다(국기법 35 ⑥). 이때 통정허위계약의 입증책임은 과세관청에게 있고, 제3자의 범위에는 제한이 없다.

위에서 살펴본 바와 같이 국세의 법정기일 전에 저당권 등이 설정되면 국세가 우선하지 못하므로 조세채권의 확보가 곤란해질 수 있다. 이는 사법질서의 안정과 국민 생활의 예측가능성을 보장하기 위함임에도 불구하고 조세를 면탈할 목적으로 악용될 소지가 있으므로, 세무서장은 민사소송을 제기하여 해당 저당권 설정 등 취소를 청구할 수 있는 것이며, 이

때 통정허위계약의 입증책임은 세무서장이 진다. 조세채권은 자력집행권이 있으므로 법원의 판결 없이도 법 요건을 충족하면 압류, 환가 등의 강제집행을 할 수 있다. 그러나 통정허위계약의 취소는 자력집행권을 사용하여 임의로 취소할 수 없으며 반드시 민사소송을 통해 법원의 판단을 받아야 한다.

(2) 절 차

세무서장은 통정허위 담보권 설정에 대하여 「민법」의 채권자취소권을 준용하여 그 취소원인을 안 날로부터 1년, 법률행위가 있는 날로부터 5년 이내에 법원에 취소를 청구할 수 있다.

(3) 예 외 – 통정허위계약 추정 : 납세자 입증

이 경우 납세자가 국세의 법정기일 전 1년 내에 특수관계인과 전세권 · 질권 또는 저당권 설정계약, 임대차 계약, 가등기 설정계약 또는 양도담보 설정계약을 한 경우에는 짜고 한 거짓 계약으로 추정한다(국기법 35 ⑥).

① 전세권 · 질권 또는 저당권의 설정계약

② 임대차 계약

③ 가등기 설정계약

④ 양도담보 설정계약

세무서장이 증거를 제시하여 통정허위계약임을 입증하는 데는 많은 어려움이 있으므로, 특수관계인과의 일정기한 내 저당권 등 설정계약을 통정허위계약으로 추정하여 해당 거래가 조세면탈을 목적으로 한 허위계약이 아닌 실제 거래임을 납세자가 반증하도록 규정, 입증책임을 전가한 것이다.

2. 사해행위 취소 및 원상회복

(1) 개 요

관할 세무서장은 강제징수를 할 때 납세자가 국세의 징수를 피하기 위하여 한 재산의 처분이나 그 밖에 재산권을 목적으로 한 법률행위(「신탁법」 제8조에 따른 사해신탁을 포함한다)에 대하여 「신탁법」 제8조 및 「민법」 제406조 · 제407조를 준용하여 사해행위(詐害行爲)의 취소 및 원상회복을 법원에 청구할 수 있다(국징법 25).

(2) 납세자의 무자력 요건

사해행위의 취소를 요구할 수 있는 경우는 압류를 면하고자 양도한 재산 이외에 다른 자력이 없어 국세를 완납할 수 없는 경우로 한다. 한편, 제2차 납세의무자, 보증인 등으로부터 국세의 전액을 징수할 수 있는 경우에는 납세의무자를 무자력으로 인정하지 아니한다(국징집 25－0－1).

(3) 국세가 목적물의 가액보다 적은 경우의 처리

사해행위취소의 소를 제기하는 경우에 있어 국세의 액이 사해행위의 목적이 된 재산의 처분예정가액보다 적은 때에는 다음에 의한다. 다만, 그 재산의 처분예정가액이 현저히 국세를 초과할 때는 그 재산의 반환 대신에 상당액의 손해배상을 청구하여도 무방하다(국징집 25－0－2).

① 사해행위의 목적이 된 재산이 가분인 때에는 국세에 상당하는 사해행위의 일부의 취소와 재산의 일부의 반환을 청구하는 것으로 한다.

② 사해행위의 목적이 된 재산이 불가분인 때에는 사해행위의 전부취소와 재산의 반환을 청구하는 것으로 한다.

(4) 취소 후의 체납처분

사해행위의 취소에 의하여 납세자의 일반재산에 복귀한 재산 또는 재산의 반환에 대신한 손해배상금에 대한 강제징수는 다음에 의한다(국징집 25－0－3).

① 인도받은 동산 · 유가증권에 대하여는 압류를 한다. 또한 판결이 있음에도 불구하고 피고가 인도하지 아니할 때에도 같다.

② 등기를 말소하여야 할 취지의 판결을 받은 부동산 기타 재산에 관하여는 즉시 그 판결에 의하여 등기말소를 함과 동시에 압류를 한다.

③ 손해의 배상금액의 지급을 받은 경우에는 채권압류 시에 있어서 제3채무자로부터 지급을 받은 금전에 준하여 처리한다. 또한 판결이 있음에도 불구하고 피고가 지급을 하지 아니할 때에는 집행문의 부여를 받아 「민사집행법」에 의하여 강제집행을 한다.

④ 반환을 받은 재산에 대하여 강제징수를 하고 국세에 충당한 후 잔여가 있는 경우에는 그 잔여분은 체납자에게 주지 아니하고 그 재산의 반환을 한 수익자 또는 전득자에게 반환한다.

실무포인트

① 적극 재산만으로 이를 모두 변제할 수 없는 상태였음에도 당시 자산의 유일한 재산으로 취득하게 될 이 사건 부동산지분을 수익자인 피고에게 명의신탁한 것은 원고를 비롯한 채권자들에 대한 관계에서 사해행위가 된다 할 것이다(대법원 2009다9843, 2009.4.23.).

② 부동산 매매가액이 공시지가보다 높은 금액이고 대금의 대부분이 매도인의 채권자들에게 송금된 사실 등으로 보아 매도인이 기존 채권자들에 대한 정당한 변제에 충당하기 위하여 부동산을 상당한 가격으로 매도하였다고 볼 여지도 있으므로, 매매가격이 공시지가와 어느 정도 차이가 나는지, 매매대금이 기존 채권자들에 대한 정당한 변제에 사용된 것인지를 검토하여 사해행위 여부를 판단하여야 한다(대법원 2008다84878, 2009.3.26.).

③ 신탁계약이 사해행위인지 여부를 판단하는 시적 기준은 이 사건 신탁계약의 체결 당시이고, 피고가 주장하는 바와 같이 그 전에 있었던 공사도급계약 당사자들 사이의 이해관계라든지, 수급인이 법에 의하여 유치권, 저당권을 취득, 행사할 수 있는 가능성이 있었는지 여부의 과거의 사정을 일일이 고려하여 신탁계약 체결 당시의 사해행위성 여부를 판단하는 것은 아니라고 할 것이다(대법원 2008다89323, 2009.2.26.).

④ 수개의 재산처분행위가 있는 경우 원칙은 각 재산별로 사행성 여부를 판단하지만 특별한 사정이 있는 경우 일괄하여 사해성 여부를 판단하며, 소극적 재산이 적극적 재산을 초과하여야만 사해행위에 해당된다(대법원 2008다72745, 2008.2.11.).

3. 제2차납세의무

(1) 개 요

제2차 납세의무자란 납세자가 납세의무를 이행할 수 없는 경우에 납세자를 갈음하여 납세의무를 지는 자를 말한다(국기법 2). 제2차 납세의무는 본래의 납세의무자와 일정한 관계가 있는 제3자에 대하여 본래의 납세의무자로부터 징수할 수 없는 금액을 한도로 하여 보충적으로 납세의무를 부담케 하는 제도로서, 형식적으로 제3자에게 귀속되어 있는 경우라고 하더라도 실질적으로는 본래의 납세의무자에게 그 재산이 귀속되어 있는 것으로 보아도 공평을 잃지 않는 경우 등 형식적 권리의 귀속을 부인하여 사법질서를 어지럽히는 것을 피하면서 그 권리귀속자에게 보충적으로 납세의무를 부담케 하여 징수절차의 합리화를 아울러 도모하려는 제도이다(대법 82누192).

1) 부종성

제2차 납세의무는 본래의 납세의무의 존재를 전제로 하여 성립하고, 본래의 납세의무가 어떤 사유에 의하여 소멸하면 보충적 납세의무도 소멸하게 된다.

2) 보충성

보충성이란 본래의 납세의무자의 재산이 징수할 국세 등의 금액에 부족한 경우에만 성립한다. 여기서 부족한 경우라 함은 징수할 금액이 부족하다는 것이 객관적으로 인정되면 족하고 현실적으로 체납처분을 행하여 징수부족이 생긴 경우를 의미하는 것이 아니라는 것이 판례의 입장이다(대법 72누82).

유형 내용	청산인 등	출자자 등	법 인	사업양수인
주된 납세의무자	법 인	법 인	① 무한책임사원 ② 과점주주	사업양도인
제2차 납세의무자	① 청산인 ② 잔여재산을 분배 · 인도받은 자	① 무한책임사원 ② 과점주주 중 법소정 요건에 해당하는 자	법 인	사업양수인
한 도	① 청산인 : 분배 · 인도한 가액 ② 분배 · 인도받은 자 : 분배 · 인도받은 가액	① 무한책임사원 : 전액 ② 과점주주 : 징수 부족액×지분 비율	(자산－부채) ×지분율	양수한 재산가액

(2) 청산인 등의 제2차 납세의무

1) 제2차납세의무의 범위

법인이 해산하여 청산하는 경우에 그 법인에 부과되거나 그 법인이 납부할 국세 및 강제징수비를 납부하지 아니하고 해산에 의한 잔여재산을 분배하거나 인도하였을 때에 그 법인에 대하여 강제징수를 집행하여도 징수할 금액에 미치지 못하는 경우에는 청산인 또는 잔여재산을 분배받거나 인도받은 자는 그 부족한 금액에 대하여 제2차 납세이무를 진다(국기법 38 ①). 여기서 "그 법인에게 부과되거나 그 법인이 납부할 국세"라 함은 해당 법인이 결과적으로 납부하여야 할 모든 국세를 말하며, 해산할 때나 잔여재산을 분배 또는 인도하는 때에 이미 납세의무가 성립된 국세에 한하지 아니한다(국기집 38－0－4).

청산인은 회사의 채무를 모두 변제한 후가 아니면 회사 재산을 주주 등 출자자에게 분배하지 못하며, 청산인이 악의 · 중과실로 인하여 채무의 완전한 변제없이 잔여재산을 분배한 때에는 제3자에 대하여 손해배상책임을 진다(상법 260 · 401). 그러나 조세채무에 대하여는 청산인 등의 악의 · 중과실 유무에 불구하고 이를 납부하지 않고 잔여재산을 분배한 경우 제2차 납세의무를 지울 수 있도록 한 것이다.

2) 한도액

청산인 및 분배 또는 인도를 받은 자는 다음의 가액을 한도로 제2차 납세의무를 부담한다(국기법 38 ②). 여기서 재산의 가액은 청산 후 남은 재산을 분배하거나 인도한 날 현재의 시가로 한다(국기령 19).

① 청산인 : 분배하거나 인도한 재산의 가액

② 잔여재산을 분배받거나 인도받은 자 : 각자가 받은 재산의 가액

(3) 출자자의 제2차 납세의무

1) 제2차 납세의무의 범위

법인(유가증권시장 및 코스닥시장에 주권이 상장된 법인은 제외)의 재산으로 그 법인에 부과되거나 그 법인이 납부할 국세 및 강제징수비에 충당하여도 부족한 경우에는 그 국세의 납세의무 성립일 현재 무한책임사원과 일정한 과점주주는 그 부족한 금액에 대하여 제2차 납세의무를 진다(국기법 39). 무한책임사원은 법인의 채무에 대한 이행책임이 있으므로 법인의 조세채무에 대하여도 당연히 제2차 납세의무를 지는 것이다. 그러나 주주 또는 유한책임사원이 제2차 납세의무를 지는 것은 주주의 유한책임 원칙에 대한 예외로서 법인격 부인 법리를 그 이론적 근거로 하고 있다.

2) 과점주주 요건

납세의무 성립일 현재 일정한 과점주주란 주주 또는 다음 중 어느 하나에 해당하는 사원 1명과 그의 특수관계인으로서 그들의 소유주식 합계 또는 출자액 합계가 해당 법인의 발행주식 총수 또는 출자총액의 50%를 초과하면서 그 법인의 경영에 대하여 지배적인 영향력을 행사하는 자들을 말한다(국기법 39).

① 합자회사의 유한책임사원

② 유한책임회사의 사원

③ 유한회사의 사원

3) 한도액

① 무한책임사원 : 한도 없음.

② 과점주주 : 징수부족한 금액 × $\frac{\text{과점주주가 실질적으로 권리를 행사하는 주식 수(출자액)}^{*}}{\text{법인의 발행주식 총수(출자총액)}^{*}}$

* 의결권이 없는 주식 제외

(4) 법인의 제2차 납세의무

1) 제2차 납세의무의 범위

국세(둘 이상의 국세의 경우에는 납부기한이 뒤에 오는 국세)의 납부기간 만료일 현재 법인의 무한책임사원 또는 과점주주의 재산(그 법인의 발행주식 또는 출자지분은 제외)으로 그 무한책임사원 또는 과점주주가 납부할 국세 및 강제징수비에 충당하여도 부족한 경우에는 그 법인은 출자자의 소유주식의 양도가 제한된 경우 등에 한하여 그 부족한 금액에 대하여 제2차 납세의무를 진다(국기법 40 ①).

무한책임사원 또는 과점주주가 조세채무를 이행하지 않은 경우 과세관청은 그 주식을 압류하고 이를 환가해서 충당하면 된다. 그러나 특정한 사유로 인하여 주식의 환가가 곤란한 경우 조세채권의 보전을 위하여 주식을 발행한 법인에게 제2차 납세의무를 지우는 것이다.

2) 요 건

출자자가 보유한 그 법인의 주식이 다음 중 어느 하나에 해당하는 사유가 있어야 한다.

① 정부가 출자자의 소유주식 또는 출자지분을 재공매하거나 수의계약으로 매각하려 하여도 매수희망자가 없는 경우

② 법률 또는 그 법인의 정관에 의하여 출자자의 소유주식 또는 출자지분의 양도가 제한된 경우(이의신청 · 심사청구 · 심판청구 또는 행정소송 중인 국세의 체납으로 압류한 재산으로서 공매가 제한된 경우 제외)

3) 한도액

법인은 다음 금액을 한도로 제2차 납세의무를 진다(국기법 40 ②).

$$(\text{자산총액} - \text{부채총액}) \times \frac{\text{출자자의 소유주식 금액 또는 출자액}}{\text{발행주식 총액 또는 출자총액}}$$

(5) 사업양수인의 제2차 납세의무

1) 제2차 납세의무의 범위

사업이 양도 · 양수된 경우에 양도일 이전에 양도인의 납세의무가 확정된 그 사업에 관한 국세 및 강제징수비를 양도인의 재산으로 충당하여도 부족할 때에 사업의 양수인은 그 부족한 금액에 대하여 제2차 납세의무를 진다(국기법 41 ①). 「상법」에는 영업양수인이 양도인의 상호를 계속 사용하는 경우에는 양도인의 영업으로 인한 제3자의 채권에 대하여 양수인도 변제할 책임이 있다(상법 42)고 규정되어 있어 조세채무도 이에 속하는 것으로 보아

사업양수인에게 제2차 납세의무를 지우는 것이다.

2) 한도액

사업양수인의 제2차 납세의무는 양수한 재산의 가액을 한도로 한다. 양수한 재산의 가액이란 다음의 가액을 말한다(국기령 23 ②).

① 사업의 양수인이 양도인에게 지급하였거나 지급하여야 할 금액이 있는 경우에는 그 금액

② ①에 따른 금액이 없거나 불분명한 경우에는 양수한 자산 및 부채를「상속세 및 증여세법」의 재산평가 규정을 준용하여 평가한 후 그 자산총액에서 부채총액을 뺀 가액

만약, 위 ①에 따른 금액과 시가의 차액이 3억원 이상이거나 시가의 30%에 상당하는 금액 이상인 경우에는 위 ①의 금액과 ②의 금액 중 큰 금액으로 한다(국기령 23 ③).

4. 체납자 재산추적조사

(1) 지방청

지방국세청 체납추적과(징세관실 체납추적팀 포함)는 다음 각 호의 업무를 담당한다(국징규 204).

1) 다음 각 목의 강제징수 회피행위에 의한 체납자재산 추적조사(이하 '체납추적조사')

① 거짓 근저당 · 가등기

② 친 · 인척 또는 제3자 명의로 재산 은닉

③ 부동산 양도대금 증여 또는 은닉

④ 보유주식 분산행위(제2차 납세의무 회피 등)

⑤ 그 밖에 이와 유사한 강제징수 회피행위

2) 지방국세청에서 관리하는 체납액이 5천만원 이상인 체납자에 대한 강제징수

3) 강제징수 회피행위자에 대한 범칙처분

4) 은닉재산신고 관련 업무(포상금 업무 포함)

5) 강제징수 회피행위자 등에 대한 조세채권확보를 위한 사해행위 취소소송 · 채권자대위소송 등 민사소송(승소사건 사후관리 포함)

6) 재산 은닉 혐의자에 대한 자금출처 서면확인

7) 세무서장이 요청한 체납자에 대한 금융자산 일괄조회

8) 세무서장(체납징세과장)이 요청한 아래 각 목의 사항을 충족하는 체납자의 친 · 인척에 대한 금융거래정보 현장확인 승인

① 체납자가 체납추적조사대상으로 선정될 것

② 체납자의 체납액이 5천만원 이상일 것

③ 「금융실명거래 및 비밀보장에 관한 법률」 제4조 제1항 제2호에 해당되는 아래 ㉠에서 ㉢까지 사람(이하 '은닉혐의가 있는 체납자의 친 · 인척'이라 한다)일 것

㉠ 체납자의 배우자(사실상 혼인관계에 있는 사람을 포함한다)

㉡ 체납자의 6촌 이내 혈족

㉢ 체납자의 4촌 이내 인척

(2) 세무서

체납징세과 체납추적팀은 다음 각 호의 업무를 담당한다(국징규 205).

1) 다음 각 목의 경우를 충족한 체납자에 대한 체납추적조사

① 지방국세청장(징세관, 징세송무국장)이 체납추적조사를 위임한 경우

② 체납액이 3억원 미만(지방국세청 체납추적조사 대상 제외)이면서 아래 ㉠에서 ㉤까지의 강제징수 회피행위에 해당하는 경우

㉠ 거짓 근저당 · 가등기

㉡ 친 · 인척 또는 제3자에게 재산 은닉

㉢ 부동산 양도대금 증여 또는 은닉

㉣ 보유주식 분산행위(제2차 납세의무 회피 등)

㉤ 그 밖에 이와 유사한 강제징수 회피행위

2) 강제징수 회피행위자에 대한 범칙처분

3) 조세채권확보를 위한 사해행위 취소소송 · 채권자대위소송 등 민사소송(승소사건 사후관리 포함)

4) 재산 은닉 혐의자에 대한 자금출처 서면확인

5) 체납액 3억원 미만인 체납자에 대한 은닉재산신고 관련 업무(포상금 업무 포함)

5. 은닉혐의 있는 체납자의 친 · 인척에 대한 금융거래정보 조회

지방국세청장(징세관, 징세송무국장) 및 세무서장(체납징세과장)은 체납자의 친 · 인척이 다음 각 호의 경우로 제204조 제8호 가목 내지 다목의 요건을 충족하는 경우 금융거래정보를 금융기관에 조회할 수 있다(국징규 212).

1) 체납자와 직접적인 금융거래가 있는 경우

2) 체납자와 직접적인 금융거래는 없으나 제3자를 통한 우회거래가 있는 경우

3) 체납액의 납세의무성립일이 속하는 과세기간 시작일 이후 또는 체납자의 계좌에서 고액의 현금이 출금된 이후 다음 각목의 사유로 소득대비 과다하게 자산의 증가나 지출이 있는 경우

① 금융자산의 증가

② 고액 부동산의 임차 계약

③ 부동산 · 동산의 취득

④ 신용카드 및 현금영수증 지출

⑤ 그 외 이와 유사한 행위로 소득대비 과다하게 자산 증가나 지출이 있는 경우

4) 체납자가 사업자등록번호, 금융계좌(여 · 수신 계좌 등), 신용카드, 핸드폰, 자동차 등을 사용하도록 명의를 빌려주는 경우

5) 체납자가 실제 거주하지 않으면서 주소지에 전입할 수 있도록 허락하는 경우

6) 그 밖의 체납자의 재산을 은닉한 혐의가 인정되는 이와 유사한 경우

5 국세징수권 소멸시효 완성

국세징수권이란 납세의무자의 신고나 과세관청의 결정 · 경정에 의하여 구체적으로 확정된 조세채권을 실현하기 위하여 납세자에게 그 이행을 청구하고 미이행 시에는 납부고지나 독촉, 강제징수에 의해 그 이행을 강제하는 국가의 권리를 말하는데, 청구권의 일종에 해당한다. 국세징수권의 소멸시효란 국세징수권을 일정기간 동안 행사하지 아니하면 해당 권리를 소멸시키는 것을 말한다. 국세징수권의 소멸시효제도의 취지는 확정된 납세의무에 대하여 국가가 장기간 징수권을 행사하지 아니함으로 인하여 납세의무가 없었던 것과 같은 사실상태가

오래 계속된 경우에 그 사실상태를 인정함으로써 납세자의 거래안전 및 법적 안정성을 도모하고, 국가가 장기간 징수권 불행사로 인하여 사실상 실현이 곤란한 부실조세채권의 정리근거를 마련하기 위함이다.[2)]

1. 징수권 소멸시효

국세의 징수를 목적으로 하는 국가의 권리는 이를 행사할 수 있는 때부터 다음의 구분에 따른 기간 동안 행사하지 아니하면 소멸시효가 완성된다. 이 경우 다음의 국세의 금액은 가산세를 제외한 금액으로 한다(국기법 27 ①). 국세징수권의 소멸시효는 국세채권에 대한 징수권을 강화하기 위하여 5억원 이상의 국세에 대하여는 일반적인 국세보다 소멸시효를 더 길게 규정하였다. 또한, 국세의 금액을 산정할 때 가산세를 제외함으로써 과세관청의 부과처분 시점에 따라 징수권 소멸시효가 달라지는 문제점을 해결을 해결하고자 하였다.

① 5억원 이상의 국세 : 10년

② ① 외의 국세 : 5년

2. 징수권 소멸시효의 기산일

(1) 원칙적인 기산일

국세징수권의 소멸시효는 국세의 징수를 목적으로 하는 국가의 권리를 행사할 수 있는 때는 다음의 날을 말한다(국기법 27 ③).

구 분	기산일
① 과세표준과 세액의 신고에 의하여 납세의무가 확정되는 국세의 경우 신고한 세액	그 법정 신고납부기한의 다음 날
② 과세표준과 세액을 정부가 결정, 경정 또는 수시부과결정하는 경우 납부고지한 세액	그 고지에 따른 납부기한의 다음 날

(2) 예외적인 기산일

원칙적인 기산일에도 불구하고 다음의 날은 국세징수권을 행사할 수 있는 때로 본다(국기법 27 ④).

2) 함영복, 2011, 조세기본법규론, 240p

구 분	기산일
① 원천징수의무자 또는 납세조합으로부터 징수하는 국세의 경우 납부고지한 원천징수세액 또는 납세조합징수세액	그 고지에 따른 납부기한의 다음 날
② 인지세의 경우 납부고지한 인지세액	그 고지에 따른 납부기한의 다음 날
③ 과세표준과 세액의 신고에 의하여 납세의무가 확정되는 국세의 경우 신고한 세액의 법정 신고납부기한이 연장되는 경우	그 연장된 기한의 다음 날

3. 중단과 정지

(1) 소멸시효의 중단

소멸시효는 권리의 불행사라고 하는 상태가 일정기간 동안 계속되면 권리를 소멸시키는 제도이므로 시효기간의 진행 중에 권리행사로 볼 수 있는 사유가 발생하면 그 때까지 진행해 온 시효는 중단된다.

1) 중단 사유

소멸시효는 다음의 사유로 중단된다(국기법 28 ②).

① 납부고지. 다만, 신고납부세목으로서 신고하고 납부하지 않은 경우에 한하여 중단의 효력이 있다.

② 독촉

③ 교부청구

④ 압류. 여기서 압류란 세무공무원이 납세자의 재산에 대한 압류 절차에 착수하는 것을 가리키는 것이므로, 세무공무원이 체납자의 가옥 · 선박 · 창고 기타의 장소를 수색하였으나 압류할 목적물을 찾아내지 못하여 압류를 실행하지 못하고 수색조서를 작성하는 데 그친 경우에도 소멸시효 중단의 효력이 있다(대법 2000다12419).

2) 중단 효과

중단된 소멸시효는 다음의 기간이 지난 때부터 새로 진행한다(국기법 28 ②). 따라서 시효가 중단된 때에는 중단까지에 경과한 시효기간은 효력을 상실하고 중단사유가 종료한 때로부터 새로이 시효가 진행한다.

① 고지한 납부기간

② 독촉에 의한 납부기간

③ 교부청구 중의 기간

④ 압류해제까지의 기간

(2) 소멸시효의 정지

소멸시효의 진행 중에 일정한 사유가 발생하면 소멸시효의 완성을 유예하는 것을 소멸시효의 정지라 한다. 이는 소멸시효의 진행을 일시적으로 멈추게 하고 그 사유가 해소되면 잔여기간만 진행함으로써 시효가 완성되도록 하는 제도이다.

1) 정지 사유

소멸시효는 다음 중 어느 하나에 해당하는 기간에는 진행되지 아니한다(국기법 28 ④).

① 세법에 따른 분납기간

② 세법에 따른 납부고지의 유예, 지정납부기한 · 독촉장에서 정하는 기한의 연장, 징수유예기간

③ 세법에 따른 압류 · 매각의 유예기간

④ 세법에 따른 연부연납기간

⑤ 세무공무원이 「국세징수법」에 따른 사해행위 취소소송이나 「민법」에 따른 채권자대위소송을 제기하여 그 소송이 진행 중인 기간. 다만, 사해행위 취소소송 또는 채권자대위 소송의 제기로 인한 시효정지의 효력은 소송이 각하 · 기각 또는 취하된 경우에는 효력이 없다(국기법 28 ④).

⑥ 체납자가 국외에 6개월 이상 계속 체류하는 경우 해당 국외 체류 기간

2) 정지 효과

소멸시효의 중단은 기존에 진행된 시효가 사라져 전체의 소멸시효가 새롭게 진행되는데 반해, 소멸시효의 정지는 기존에 진행된 시효의 효력이 그대로 인정되어 잔여기간만 진행되면 된다.

4. 징수권 소멸시효 완성 효과

주된 납세자의 소멸시효가 완성되면 국세징수권이 당연히 기산일에 소급하여 소멸한다. 국세의 소멸시효가 완성한 때에는 그 국세의 강제징수비 및 이자상당세액에도 그 효력이 미친다(국기통 27-0-2). 주된 납세자의 국세가 소멸시효의 완성에 의하여 소멸한 때에는 제2차 납세의무자, 납세보증인과 물적납세의무자에도 그 효력이 미치며 제2차 납세의무자에 대한 징수권행사는 주된 납세자의 소멸시효 중단에 효력이 없다.

CHAPTER

05 세무조사 후 권리구제제도

1 조세불복제도란?

국세행정은 그 기본적 성격이 국민의 재산권을 침해하는 것이므로 조세법률주의에 따라 엄격하게 이루어져야 한다. 그럼에도 불구하고 성문형태의 세법을 현대의 복잡한 사회 · 경제 생활에 적용하여 국세행정을 할 때 법 적용의 오류나 위법행위가 발생할 수 있으며, 이로 인해 국민의 권리나 이익을 침해할 소지가 있다. 따라서 이에 대한 구제절차가 응당 필요할 것인데 국가의 국세행정은 국가가 수행한 행정행위이므로 국가를 상대로 한 행정소송이 적합한 구제방법이 된다.

그러나 조세의 부과징수처분은 대량적이고 반복적인 성격을 가지고 있고 대부분 사실판단에 관한 다툼이므로 이에 대한 구제절차를 바로 행정소송으로 한다면 법원의 재판업무 폭주로 인해 조세구제의 기회가 제약 받을 수 있다. 따라서 국세불복제도에서는 행정소송 절차를 밟기에 앞서 조세전문가에 의한 행정심판절차를 통해 먼저 심리판단을 받도록 행정심판전치주의를 취하고 있다. 행정심판전치주의를 통해 국가는 위법 · 부당한 처분을 한 과세관청 스스로가 국민의 권리 · 이익의 침해상태를 구제함으로써 자기반성의 기회를 갖게 하고, 시정기관이 처분청의 상급기관인 때에는 이 제도를 통하여 하급관청의 업무를 감독할 수 있게 된다. 이를 일반적으로 자기반성 · 자기감독에 의한 자율적 행정통제기능이라 한다.[3)]

1. 불복대상

(1) 불복청구 대상

「국세기본법」 또는 세법에 따른 처분으로서 위법 또는 부당한 처분을 받거나 필요한 처분을 받지 못함으로 인하여 권리나 이익을 침해당한 자는 그 처분의 취소 또는 변경을 청구하거나 필요한 처분을 청구할 수 있다(국기법 55 ①). 즉, 불복청구의 대상을 법령에 구체

3) 함영복, 2011, 조세기본법규론, 355p

적으로 열거하지 않고 개괄주의에 의해 규정함으로써 국민의 권리구제 범위를 폭넓게 인정한 것이다.

(2) 불복청구 제외대상

다음의 처분에 대해서는 불복을 청구 할 수 없다.

① 「조세범 처벌절차법」에 따른 통고처분

② 「감사원법」에 따라 심사청구를 한 처분이나 그 심사청구에 대한 처분

③ 「국세기본법」 및 세법에 따른 과태료 부과처분

통고처분은 조세범칙자가 통고를 받은 날부터 일정 기간 안에 통고된 내용을 이행하면 확정판결과 같은 효력을 발생한다. 그러나 통고내용을 이행하지 아니하면 세무공무원의 고발을 통해 사건이 검사에게 이관되고, 검사의 공소제기에 의해 사법심의 판결을 받게 된다. 통고처분은 조세범칙행위의 확증이 있는 사건에 대하여 조세범칙자의 동의를 통해 정식재판 없이 신속하게 판결을 하고자 하는 데 그 취지가 있는데 이에 대하여 조세불복을 허용하여 사건처리가 지연되면 그 취지와 모순되므로 조세불복의 대상에서 제외한 것이다.

(3) 불복청구 대상 여부

1) 불복대상에 해당되는 처분

① 소득금액변동통지는 법인의 원천징수의무의 성립과 확정에 직접적인 영향을 미치고, 원천징수의무자인 법인은 소득금액변동통지서에 기재된 소득처분의 내용에 따라 원천징수세액을 산정하여 그 수령일이 속하는 다음달 10일까지 이를 납부하여야 할 의무를 부담하게 된다. 만일 이를 이행하지 아니하면 가산세의 제재는 물론이고 형사처벌까지 받을 수 있으며, 우리 세법에는 소득처분과 그 소득처분의 내용을 원천징수의무자에게 고지하는 소득금액변동통지제도가 있으므로, 소득금액변동통지가 원천징수의무자에게 도달한 때에 과세관청의 견해가 공식적으로 표명된 것으로 볼 수 있어, 과세관청의 견해에 불복하는 자에게는 이 단계에서 불복청구를 할 수 있는 수단을 마련하여 주는 것이 타당하다. 따라서 소득금액변동통지는 항고소송의 대상이 되는 조세행정처분이라고 봄이 마땅하고, 이는 납세자의 권리보호에 보다 충실하고 조세형평과 정의에도 부합하는 것이라고 할 것이다(대법 2002두1878).

② 사업자등록 직권말소로 인하여 납세자는 미등록가산세 부과, 매입세액불공제, 세금계산서 교부 제한 등의 불이익 처분이 있는 바, 국민의 권리의무에 직접적 구체적으로 영향을 주는 법적 행위의 외형과 실질을 갖추고 있다고 할 것이므로 행정처분에

해당된다(대법 2010두14473).

③ 세무조사결정이 있는 경우 납세의무자는 세무공무원의 질문에 대답하고 검사를 수인하여야 할 법적의무를 부담하게 되는 등, 세무조사결정은 납세의무자의 권리의무에 직접 영향을 미치는 공권력의 행사에 따른 행정작용으로서 항고소송의 대상이 된다(2009두23624).

2) 불복대상에 해당되지 않는 처분

① 과세관청이 사업자등록을 관리하는 과정에서 위장사업자의 사업자명의를 직권으로 실제사업자의 명의로 정정하는 행위 또한 당해 사업사실 중 주체에 관한 정정기재일 뿐 그에 의하여 사업자로서의 지위에 변동을 가져오는 것이 아니므로 항고소송의 대상이 되는 행정처분으로 볼 수 없다(대법 2009두5886).

② 사업자등록정정신고의 수리 여부는 원고의 권리 · 의무에 직접 영향을 미치는 행위가 아니라 할 것이므로, 결국 피고가 원고의 이 사건 사업자등록정정신고의 수리를 거부한 행위는 항고소송의 대상이 되는 행정처분으로 볼 수 없다(대법 2012두23198).

2. 심급구조

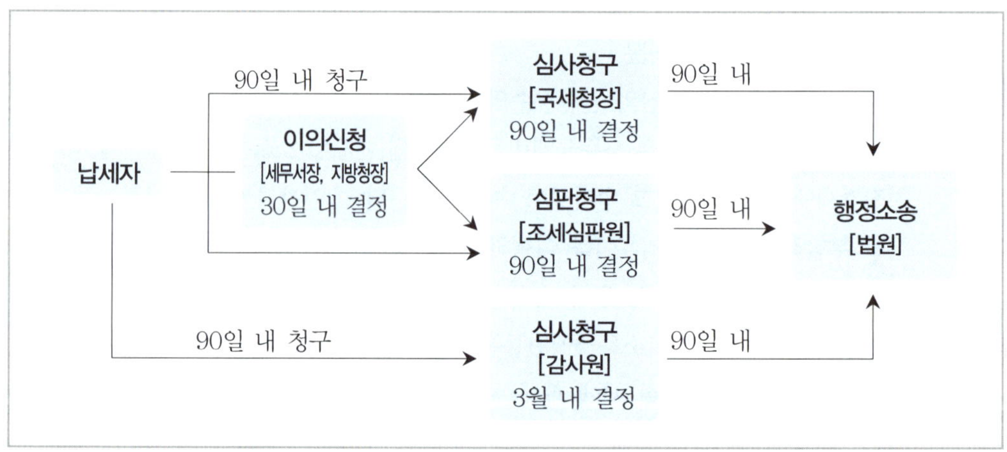

(1) 행정심판 전치주의

위법한 처분에 대한 행정소송은 「행정소송법」에도 불구하고 「국세기본법」에 따른 심사청구 또는 심판청구(「감사원법」에 따른 심사청구 포함)와 그에 대한 결정을 거치지 아니하면 제기할 수 없다. 다만, 심사청구 또는 심판청구에 대한 재조사 결정에 따른 처분청의 처분에 대한 행정소송은 그러하지 아니하다(국기법 56 ②).

(2) 1심제도 또는 선택적 2심제도

국세불복 대상인 위법한 처분이 국세청장이 조사·결정 또는 처리하거나 하였어야 할 것인 경우를 제외하고는 그 처분에 대하여 심사청구 또는 심판청구에 앞서 이의신청을 할 수 있다(국기법 55 ③). 한편, 동일한 처분에 대해서는 심사청구와 심판청구를 중복하여 제기할 수 없다(국기법 55 ⑨). 즉, 이의신청은 선택적으로 적용이 가능하며 심사청구와 심판청구는 그 중 한 가지만 제기할 수 있으므로 원칙적 1심제도이며, 선택적으로 2심제도를 적용 받을 수 있는 것이다.

(3) 행정소송

행정소송이란 행정청의 위법한 처분 그 밖에 공권력의 행사·불행사등으로 인한 국민의 권리 또는 이익의 침해를 구제하고, 공법상의 권리관계 또는 법적용에 관한 다툼을 적정하게 해결함을 목적으로 한다(행소법 1). 행정소송은 다음의 네 가지로 구분한다(행소법 3).

① 항고소송 : 행정청의 처분등이나 부작위에 대하여 제기하는 소송

② 당사자소송 : 행정청의 처분등을 원인으로 하는 법률관계에 관한 소송 그 밖에 공법상의 법률관계에 관한 소송으로서 그 법률관계의 한쪽 당사자를 피고로 하는 소송

③ 민중소송 : 국가 또는 공공단체의 기관이 법률에 위반되는 행위를 한 때에 직접 자기의 법률상 이익과 관계없이 그 시정을 구하기 위하여 제기하는 소송

④ 기관소송 : 국가 또는 공공단체의 기관상호 간에 있어서의 권한의 존부 또는 그 행사에 관한 다툼이 있을 때에 이에 대하여 제기하는 소송. 다만, 「헌법재판소법」 규정에 의하여 헌법재판소의 관장사항으로 되는 소송은 제외한다.

3. 불복청구인

(1) 원 칙

국세불복의 청구인은 원칙적으로 「국세기본법」 또는 세법에 따른 처분으로서 위법 또는 부당한 처분을 받거나 필요한 처분을 받지 못함으로 인하여 권리나 이익을 침해당한 사이나.

(2) 이해관계인

「국세기본법」 또는 세법에 따른 처분에 의하여 권리나 이익을 침해당하게 될 이해관계인으로서 다음 중 어느 하나에 해당하는 자는 위법 또는 부당한 처분을 받은 자의 처분에 대하여 그 처분의 취소 또는 변경을 청구하거나 그 밖에 필요한 처분을 청구할 수 있다(국기법 55 ②). 제2차 납세의무자, 물적납세의무자 또는 납세보증인은 납부고지된 처분에 대

하여 불복하는 경우 그 납부고지의 원천이 된 본래 납세의무자에 대한 처분의 확정 여부에 관계없이 독립하여 납부고지된 세액의 내용에 관하여 다툴 수 있다(국기집 55-0-6).

① 제2차 납세의무자로서 납부고지서를 받은 자
② 양도담보재산의 물적납세의무를 지는 자(양도담보권자)로서 납부고지서를 받은 자
③ 「부가가치세법」상 신탁 관련 물적납세의무를 지는 자(수탁자)로서 납부고지서를 받은 자
④ 「종합부동산세법」에 따라 물적납세의무를 지는 자로서 납부고지서를 받은 자
⑤ 보증인

(3) 불복청구 대리인

이의신청인, 심사청구인 또는 심판청구인과 처분청은 변호사, 세무사 또는 「세무사법」에 따른 세무사등록부 또는 공인회계사 세무대리업무등록부에 등록한 공인회계사를 대리인으로 선임할 수 있다. 이의신청인, 심사청구인 또는 심판청구인은 신청 또는 청구의 대상이 3,000만원 미만의 소액인 경우에는 그 배우자, 4촌 이내의 혈족 또는 그 배우자의 4촌 이내의 혈족을 대리인으로 선임할 수 있다(국기법 59 ①·②).

대리인의 권한은 서면으로 증명하여야 한다. 대리인은 본인을 위하여 그 신청 또는 청구에 관한 모든 행위를 할 수 있다. 다만, 그 신청 또는 청구의 취하는 특별한 위임을 받은 경우에만 할 수 있다. 대리인을 해임하였을 때에는 그 사실을 서면으로 해당 재결청에 신고하여야 한다(국기법 59 ③~⑤).

(4) 국선대리인

이의신청인, 심사청구인, 심판청구인 및 과세전적부심사 청구인은 재결청(과세전적부심사의 경우에는 통지를 한 세무서장이나 지방국세청장을 말한다)에 신청 요건을 모두 갖추어 변호사, 세무사 또는 「세무사법」에 따른 세무사등록부 또는 공인회계사 세무대리업무등록부에 등록한 공인회계사를 국선대리인으로 선정하여 줄 것을 신청할 수 있다(국기법 59의 2 ①).

1) 신청요건

국선대리인을 신청하려는 자는 다음의 요건을 모두 갖추어야 한다(국기법 59의 2 ①, 국기령 48의 2).

① 이의신청인 등의 「소득세법」에 따른 종합소득금액이 5,000만원 이하일 것. 이 경우 「소득세법」에 따른 종합소득 과세표준 확정 신고기한 이전에 국선대리인의 선정을 신청하는 경우 그 신청일이 속하는 과세기간의 전전 과세기간의 종합소득금액을 대상으로 하고, 그 신고기한 이후에 신청하는 경우 그 신청일이 속하는 과세기간의 직전

과세기간의 종합소득금액을 대상으로 한다.

② 이의신청인 등이 소유한 다음의 재산을 평가한 가액의 합계액이 5억원 이하인 것

㉠ 「소득세법」에 따른 토지와 건물

㉡ 「지방세법 시행령」에 따른 승용자동차

㉢ 전세금(임차보증금을 포함한다)

㉣ 골프회원권 및 콘도미니엄회원권

㉤ 주식 또는 출자지분

③ 이의신청인 등이 법인이 아닐 것

④ 3,000만원 이하인 신청 또는 청구일 것

⑤ 상속세, 증여세 및 종합부동산세가 아닌 세목에 대한 신청 또는 청구일 것

2) 절 차

국선대리인의 선정을 신청하려는 자는 신청인의 인적사항 및 요건 충족 사항 등을 적은 문서를 재결청(과세전적부심사의 경우에는 통지를 한 세무서장이나 지방국세청장을 말한다)에 제출하여야 한다(국기령 48의 2 ①). 재결청은 신청자의 신청이 법정 요건을 모두 충족하는 경우 지체 없이 국선대리인을 선정하고, 신청을 받은 날부터 5일 이내에 그 결과를 이의신청인 등과 국선대리인에게 각각 통지하여야 한다(국기법 59의 2 ②).

4. 집행부정지 원칙

(1) 원 칙

이의신청, 심사청구 또는 심판청구는 세법에 특별한 규정이 있는 것을 제외하고는 해당 처분의 집행에 효력을 미치지 아니한다(국기법 57 ①). 이는 불복을 하더라도 행정처분의 집행이 정지되지 않는 것은 납세자들이 처분의 집행을 일시적으로 모면하기 위하여 불복청구 제도를 남용하지 못하게 하는 데 그 의의가 있다.

(2) 예 외

예외적으로 해당 재결청이 필요하다고 인정할 때에는 그 처분의 집행을 중지하게 하거나 중지할 수 있다.

① 해당 재결청이 처분의 집행 또는 절차의 속행 때문에 이의신청인, 심사청구인 또는 심판청구인에게 중대한 손해가 생기는 것을 예방할 필요성이 긴급하다고 인정할 때에는 처분의 집행 또는 절차 속행의 전부 또는 일부의 정지를 결정할 수 있다(국기법

57 ①). 또한, 재결청은 집행정지 또는 집행정지의 취소에 관하여 심리 · 결정하면 지체 없이 당사자에게 통지하여야 한다(국기법 57 ②).

② 「국세기본법」에 따른 이의신청 · 심사청구 또는 심판청구 절차가 진행 중이거나 행정소송이 계속 중인 국세의 체납으로 압류한 재산은 그 신청 또는 청구에 대한 결정이나 소에 대한 판결이 확정되기 전에는 공매할 수 없다. 다만, 그 재산이 부패 · 변질 또는 감량되기 쉬운 재산으로서 속히 매각하지 아니하면 그 재산가액이 줄어들 우려가 있는 경우에는 예외로 하며, 공내할 수 있다(국징법 61 ④).

2 불복절차 공통사항

불복절차인 이의신청 · 심사청구 · 심판청구에 대하여는 청구기간, 청구서의 보정, 결정 등의 사항에 대하여 공통적으로 규정하여 이를 각각 준용하도록 하고 있다.

1. 청구기간

(1) 원칙적인 불복청구 기간

이의신청 · 심사청구 · 심판청구는 해당 처분이 있음을 안 날 또는 처분의 통지를 받은 때에는 그 받은 날부터 90일 이내에 제기하여야 한다(국기법 61 ① · 68 ①). 이의신청을 거친 후 심사청구나 심판청구를 하려면 이의신청에 대한 결정의 통지를 받은 날부터 90일 이내에 제기하여야 한다. 다만, 결정기간 내에 결정의 통지를 받지 못한 경우에는 결정의 통지를 받기 전이라도 그 결정기간이 지난 날부터 심사청구 또는 심판청구를 할 수 있다(국기법 61 ② · 68 ②). 여기서 '해당 처분이 있음을 안 날'이라 함은 통지, 공고, 기타의 방법에 의하여 당해 처분이 있었다는 사실을 현실적으로 안 날을 의미하나, 이는 처분의 상대방이나 법령에 의하여 처분의 통지를 받도록 규정된 자 이외의 자가 이의신청 또는 심사청구를 하는 경우의 그 기간에 관한 규정이고, 과세처분의 상대방인 경우에는 처분의 통지를 받은 날을 기준으로 기간을 계산하여야 한다(대법 97누3934).

(2) 재조사 결정에 따른 행정소송 제소기간

재조사결정에 따른 처분청의 처분에 대한 행정소송은 다음의 기간 내에 제기하여야 한다(국기법 56 ④).

1) 심사청구 또는 심판청구를 거치지 아니하고 제기하는 경우 : 재조사 후 행한 처분청의 처분의 결과 통지를 받은 날부터 90일 이내. 다만, 처분기간(조사를 연기하거나 조사기간을 연장하거나 조사를 중지한 경우에는 해당 기간 포함)에 처분청의 처분 결과 통지를 받지 못하는 경우에는 그 처분기간이 지난 날부터 행정소송을 제기할 수 있다.

2) 심사청구 또는 심판청구를 거쳐 제기하는 경우 : 재조사 후 행한 처분청의 처분에 대하여 제기한 심사청구 또는 심판청구에 대한 결정의 통지를 받은 날부터 90일 이내. 다만, 결정기간에 결정의 통지를 받지 못하는 경우에는 그 결정기간이 지난 날부터 행정소송을 제기할 수 있다.

(3) 우편 또는 정보통신망을 이용한 불복청구

1) 우편으로 제출한 경우

불복청구의 기한까지 우편으로 제출한 이의신청서 · 심사청구서 · 심판청구서가 청구기간을 지나서 도달한 경우에는 그 기간의 만료일에 적법한 청구를 한 것으로 본다(국기법 61 ③).

2) 정보통신망을 이용한 불복청구

이의신청인, 심사청구인 또는 심판청구인은 국세청장 또는 조세심판원장이 운영하는 정보통신망을 이용하여 이의신청서, 심사청구서 또는 심판청구서를 제출할 수 있다. 이 경우 국세청장 또는 조세심판원장에게 이의신청서, 심사청구서 또는 심판청구서가 전송된 때에 제출된 것으로 본다(국기법 60의 2 ① · ②).

(4) 제출기한 연장

불복청구인이 천재지변 등으로 인한 기한연장사유에 해당하여 위의 불복청구 기간에 청구를 할 수 없을 때에는 그 사유가 소멸한 날부터 14일 이내에 불복청구를 할 수 있다. 이 경우 불복청구인은 그 기간에 청구를 할 수 없었던 사유, 그 사유가 발생한 날과 소멸한 날, 그 밖에 필요한 사항을 기재한 문서를 함께 제출하여야 한다(국기법 61 ④).

(5) 「국제조세조정에 관한 법률」상 조정절차 등 진행 시 기간특례

① 「국제조세조정에 관한 법률」에 국세의 정상가격과 관세의 과세가격 간 과세의 조정절차를 신청한 경우 조정을 신청한 날부터 통지를 받은 날까지의 기간은 청구기간에 산입하지 아니한다(국기법 55의 2).

② 조세조약에 따른 상호합의절차가 시작된 경우 상호합의절차의 개시일부터 종료일까

지의 기간은 청구기간과 결정기간에 산입하지 아니한다(국기법 55의 2).

2. 보정기간

국세청장은 불복청구의 내용이나 절차가 「국세기본법」 또는 세법에 적합하지 아니하나 보정할 수 있다고 인정되면 20일 이내의 기간(심판청구는 상당한 기간)을 정하여 보정할 것을 요구할 수 있다. 다만, 보정할 사항이 경미한 경우에는 직권으로 보정할 수 있다. 보정의 요구를 받은 불복청구인은 보정할 사항을 서면으로 작성하여 국세청장에게 제출하거나, 국세청에 출석하여 보정할 사항을 말하고 그 말한 내용을 국세청 소속 공무원이 기록한 서면에 서명 또는 날인함으로써 보정할 수 있다. 이러한 보정기간은 불복청구기간에 산입하지 아니한다(국기법 63).

3. 결 정

(1) 결정의 종류

이의신청 · 심사청구 · 심판청구에 대한 결정은 다음의 규정에 따라 각하, 기각, 인용으로 결정하여야 한다(국기법 65 ①).

1) 각 하

다음 중 어느 하나에 해당하는 경우에는 그 청구를 각하하는 결정을 한다. 즉, 각하결정은 불복청구에 대하여 요건을 심리한 결과 신청요건을 갖추지 못한 경우 결정기관이 본안심리를 하지 아니하고 신청 그 자체가 부적합하다고 판단하는 결정이다.

① 심판청구를 제기한 후 심사청구를 제기(같은 날 제기한 경우도 포함한다)한 경우
② 불복 청구기간이 지난 후에 청구된 경우
③ 불복청구 후 보정기간에 필요한 보정을 하지 아니한 경우
④ 불복청구가 적법하지 아니한 경우
⑤ 다음 중 어느 하나에 해당하는 경우
  ㉠ 불복청구의 대상이 되는 처분이 존재하지 않는 경우
  ㉡ 불복청구의 대상이 되는 처분으로 권리나 이익을 침해당하지 않는 경우
  ㉢ 대리인이 아닌 자가 대리인으로서 불복을 청구하는 경우

2) 기 각

불복청구가 이유 없다고 인정될 때에는 그 청구를 기각하는 결정을 한다. 즉, 결정기관이 신청인의 불복내용에 대하여 심리한 결과 신청인의 주장은 받아들일 수 없다고 판단하여 신청의 대상이 된 처분을 유지시키는 결정이다.

3) 인 용

불복청구가 이유 있다고 인정될 때에는 그 청구의 대상이 된 처분의 취소 · 경정 결정을 하거나 필요한 처분의 결정을 한다. 다만, 취소 · 경정 또는 필요한 처분을 하기 위하여 사실관계 확인 등 추가적으로 조사가 필요한 경우에는 처분청으로 하여금 이를 재조사하여 그 결과에 따라 취소 · 경정하거나 필요한 처분을 하도록 하는 재조사 결정을 할 수 있다(국기법 65 ① 3). 재조사 결정이 있는 경우 처분청은 재조사 결정일로부터 60일 이내에 결정서 주문에 기재된 범위에 한하여 조사하고, 그 결과에 따라 취소 · 경정하거나 필요한 처분을 하여야 한다. 이 경우 처분청은 조사를 연기하거나 조사기간을 연장하거나 조사를 중지할 수 있다(국기법 65 ⑤). 즉, 결정기관이 신청인의 불복내용에 대하여 심리한 결과 신청인의 주장을 받아들이는 경우 필요한 처분의 결정이다.

(2) 결정기간

이의신청의 결정은 이의신청을 받은 날부터 30일 이내에 하여야 한다. 다만, 이의신청인이 송부받은 의견서에 대하여 결정기간 내에 항변하는 경우에는 이의신청을 받은 날부터 60일 이내에 하여야 한다(국기법 66 ⑦). 또한, 심사청구 및 심판청구의 결정은 그 청구를 받은 날부터 90일 이내에 하여야 한다(국기법 65 ②).

(3) 결정 통지

이의신청, 심사청구 또는 심판청구의 재결청은 결정서에 그 결정서를 받은 날부터 90일 이내에 이의신청인은 심사청구 또는 심판청구를, 심사청구인 또는 심판청구인은 행정소송을 제기할 수 있다는 내용을 적어야 한다(국기법 60 ①). 또한, 이의신청, 심사청구 또는 심판청구의 재결청은 그 신청 또는 청구에 대한 결정기간이 지나도 결정을 하지 못하였을 때에는 이의신청인은 심사청구 또는 심판청구를, 심사청구인 또는 심판청구인은 행정소송 제기를 결정의 통지를 받기 전이라도 그 결정기간이 지난 날부터 할 수 있다는 내용을 서면으로 지체 없이 그 신청인 또는 청구인에게 통지하여야 한다(국기법 60 ②).

(4) 재조사 결과에 따른 처분의 통지

불복청구 및 과세전적부심사청구의 재조사 결정에 따라 취소 · 경정하거나 필요한 처분을 하는 때에는 그 처분결과를 지체 없이 서면으로 이의신청인, 심사청구인, 심판청구인 또는 과세전적부심사 청구인에게 통지하여야 한다(국기령 52의 2).

(5) 결정의 효력

1) 불가쟁력

심사청구, 심판청구의 결정의 통지를 받은 자는 그 받은 날부터 90일 이내에 다음 심급의 불복 또는 행정소송을 제기하여야 하며, 이는 불변기간(不變期間)으로 한다(국기법 56 ③ · ⑥). 따라서 법정 기한이 경과되면 해당 처분에 대하여 더 이상 다툴 수 없게 되는데 이를 불가쟁력이라 한다.

2) 불가변력

재결청은 이의신청, 심사청구, 심판청구에 대한 결정에 잘못된 기재, 계산착오, 그 밖에 이와 비슷한 잘못이 있는 것이 명백할 때에 직권으로 또는 청구인의 신청에 의하여 경정할 수 있다(국기법 65의 2). 이러한 경우를 제외하고는 결정에 하자가 있더라도 재결청이 직접 그 재결을 취소하거나 변경할 수 없는 데 이를 불가변력이라 한다. 즉, 과세처분에 관한 불복절차과정에서 그 불복사유가 옳다고 인정하고 이에 따라 필요한 처분을 하였을 경우에는 불복제도와 이에 따른 시정방법을 인정하고 있는 법 취지에 비추어 동일 사항에 관하여 특별한 사유 없이 이를 번복하고 다시 종전의 처분을 되풀이 할 수는 없다(대법 89누6426).

3) 기속력

불복청구의 결정은 관계 행정청을 기속(羈束)한다. 따라서 불복청구에 대한 결정이 있으면 해당 행정청은 결정의 취지에 따라 즉시 필요한 처분을 하여야 하는데 이를 기속력이라 한다(국기법 80).

4) 형성력

심판절차에서 원처분을 취소 또는 변경하는 결정이 있으면 특단의 사정이 없는 한 그 결정의 효력에 의하여 원처분은 당연히 취소 또는 변경되는데 이를 형성력이라 한다(대법 82누91).

4. 의견진술

이의신청인, 심사청구인 또는 심판청구인 또는 처분청(처분청의 경우 심판청구에 한정한다)은 그 신청 또는 청구에 관계되는 서류를 열람할 수 있으며 해당 재결청에 의견을 진술할 수 있다(국기법 58).

(1) 신 청

의견을 진술하려는 자(심판청구의 경우 처분청을 포함한다)는 진술자의 주소 또는 거소 및 성명과 진술하려는 내용의 대강을 적은 문서로 해당 재결청에 신청하여야 한다. 신청을 받은 재결청은 배제사유에 해당하는 경우를 제외하고는 출석 일시 및 장소와 필요하다고 인정되는 진술시간을 정하여 국세심사위원회, 조세심판관회의 또는 조세심판관합동회의의 회의개최일(이의신청의 경우에는 결정을 하는 날) 3일 전까지 신청인에게 통지하여 의견진술의 기회를 주어야 한다. 다만, 이의신청, 심사청구 또는 심판청구를 최초로 심의하는 경우에는 국세심사위원회, 조세심판관회의 회의개최일 7일 전까지 통지하여야 한다.

의견진술은 간단하고 명료하게 하여야 하며 필요한 경우에는 관련 증거, 그 밖의 자료를 제시할 수 있다. 한편, 의견진술은 진술하려는 의견을 기록한 문서의 제출로 갈음할 수 있다.

(2) 의견진술의 배제

심판청구인이 의견을 진술하지 아니하고 처분청이 의견을 진술하려는 경우로서 심판청구의 목적이 된 사항의 내용 등을 고려할 때 처분청의 의견진술이 필요없다고 인정되는 경우에는 재결청은 이유를 구체적으로 밝혀 그 뜻을 해당 신청인에게 통지하여야 한다.

의견진술의 기회 통지 및 의견진술의 배제 통지는 서면으로 하거나 심사청구서 및 심판청구서에 적힌 전화, 휴대전화를 이용한 문자전송, 팩시밀리 또는 전자우편 등 간편한 통지 방법으로 할 수 있다(국기령 47 ⑥).

5. 관계서류의 열람

이의신청인, 심사청구인 또는 심판청구인은 그 신청 또는 청구에 관계되는 서류를 열람할 수 있으며 해당 재결청에 의견을 진술할 수 있다(국기법 58).

3 이의신청과 심사청구

1. 이의신청

(1) 청구절차

이의신청은 불복의 사유를 갖추어 해당 처분을 하였거나 하였어야 할 세무서장에게 하거나 세무서장을 거쳐 관할 지방국세청장에게 하여야 한다. 다음의 경우에는 관할 지방국세청장에게 하여야 하며, 세무서장에게 한 이의신청은 관할 지방국세청장에게 한 것으로 본다(국기법 66 ①).

① 지방국세청장의 조사에 따라 과세처분을 한 경우

② 세무서장에게 과세전적부심사를 청구한 경우

(2) 결정절차

1) 세무서장 의견서 송부

세무서장은 이의신청의 대상이 된 처분이 지방국세청장이 조사 · 결정 또는 처리하였거나 하였어야 할 것인 경우에는 이의신청을 받은 날부터 7일 이내에 해당 신청서에 의견서를 첨부하여 해당 지방국세청장에게 송부하고 그 사실을 이의신청인에게 통지하여야 한다(국기법 66 ②). 지방국세청장에게 하는 이의신청을 받은 세무서장은 이의신청을 받은 날부터 7일 이내에 해당 신청서에 의견서를 첨부하여 지방국세청장에게 송부하여야 한다(국기법 66 ③).

2) 신청인의 증거서류 또는 증거물 제출

이의신청인은 송부받은 의견서에 대하여 항변하기 위하여 지방국세청장에게 증거서류나 증거물을 제출할 수 있다. 이의신청인은 지방국세청장이 증거서류나 증거물에 대하여 기한을 정하여 제출할 것을 요구하는 경우 그 기한까지 해당 증거서류 또는 증거물을 제출하여야 한다. 지방국세청장은 이의신청인으로부터 증거서류가 제출되면 증거서류의 부본을 지체 없이 해당 세무서장에게 송부하여야 한다(국기법 63의 2 · 66 ⑥).

3) 결 정

이의신청을 받은 세무서장과 지방국세청장은 각각 국세심사위원회의 심의를 거쳐 결정하여야 한다(국기법 66 ④).

2. 심사청구

(1) 청구절차

심사청구는 불복의 사유를 갖추어 해당 처분을 하였거나 하였어야 할 세무서장을 거쳐 국세청장에게 하여야 한다(국기법 62 ①). 이때 관계 증거서류 또는 증거물이 있을 때에는 심사청구서에 이를 첨부하여 제출하여야 한다(국기령 50 ①). 만약, 심사청구서가 처분을 하였거나 하였어야 할 세무서장 외의 세무서장, 지방국세청장 또는 국세청장에게 제출된 경우에는 그 심사청구서를 관할 세무서장에게 지체없이 송부하고, 그 뜻을 해당 청구인에게 통지하여야 한다(국기령 50 ②).

심사청구기간을 계산할 때에는 세무서장에게 해당 청구서가 제출된 때에 심사청구를 한 것으로 한다. 해당 청구서가 청구대상 세무서장 외의 세무서장, 지방국세청장 또는 국세청장에게 제출된 때에도 또한 같다(국기법 62 ②).

(2) 결정절차

1) 세무서장 의견서 송부

해당 청구서를 받은 세무서장은 이를 받은 날부터 7일 이내에 그 청구서에 처분의 근거 · 이유, 처분의 이유가 된 사실 등이 구체적으로 기재된 의견서를 첨부하여 국세청장에게 송부하여야 한다. 다만, 다음 중 어느 하나에 해당하는 심사 청구의 경우에는 그 지방국세청장의 의견서를 첨부하여야 한다(국기법 62 ③).

① 해당 심사청구의 대상이 된 처분이 지방국세청장이 조사 · 결정 또는 처리하였거나 하였어야 할 것인 경우

② 지방국세청장에게 이의신청을 한 자가 이의신청에 대한 결정에 이의가 있거나 그 결정을 받지 못한 경우

의견서가 제출되면 국세청장은 지체 없이 해당 의견서를 심사청구인에게 송부하여야 한다(국기법 62 ④). 한편, 심사청구에 대한 결정에 잘못된 기재, 계산착오, 그 밖에 이와 비슷한 잘못이 있는 것이 명백할 때에는 국세청장은 직권으로 또는 심사청구인의 신청에 의하여 경정할 수 있다(국기법 65의 2 ①).

2) 청구인의 증거서류 또는 증거물 제출

심사청구인은 송부받은 의견서에 대하여 항변하기 위하여 국세청장에게 증거서류나 증거물을 제출할 수 있다. 심사청구인은 국세청장이 증거서류나 증거물에 대하여 기한을 정하여 제출할 것을 요구하는 경우 그 기한까지 해당 증거서류 또는 증거물을 제출하여야 한다. 국세청장은 심사청구인으로 부터 증거서류가 제출되면 증거서류의 부본을 지체 없이 해당 세무서장 및 지방국세청장에게 송부하여야 한다(국기법 63의 2).

3) 결 정

국세청장은 심사청구를 받으면 국세심사위원회의 의결에 따라 결정을 하여야 한다. 다만, 다음의 사유에 해당하는 경우에는 그러하지 아니하다(국기법 64 ①, 국기령 53 ⑬).

① 심사청구의 내용이 다음 중 어느 하나에 해당하는 경미한 사항에 해당하는 경우

㉠ 심사청구금액이 3,000만원 미만으로서 사실판단과 관련된 사항이거나 유사한 심사청구에 대하여 국세심사위원회의 심의를 거쳐 결정된 사례가 있는 경우

㉡ 각하결정사유에 해당하는 경우

② 심사청구가 그 청구기간이 지난 후에 제기된 경우

3. 국세심사위원회

심사청구, 이의신청, 과세전적부심사 청구사항을 심의 및 의결(심사청구에 한정한다)하기 위하여 세무서, 지방국세청 및 국세청에 각각 국세심사위원회를 둔다(국기법 66의 2 ①).

(1) 국세심사위원회의 위원

국세심사위원회의 위원 중 공무원이 아닌 위원은 법률 또는 회계에 관한 학식과 경험이 풍부한 사람(국세청에 두는 국세심사위원회의 위원 중 공무원이 아닌 위원의 경우에는 대통령령으로 정하는 자격을 갖춘 사람) 중에서 다음에 따른 사람이 된다. 국세심사위원회의 위원 중 공무원이 아닌 위원은 「형법」의 규정을 적용할 때에는 공무원으로 본다(국기법 66의 2 ②·③).

① 세무서에 두는 국세심사위원회 : 지방국세청장이 위촉하는 사람

② 지방국세청 및 국세청에 두는 국세심사위원회 : 국세청장이 위촉하는 사람

(2) 국세심사위원의 제척과 회피

국세심사위원회의 위원은 공정한 심의를 기대하기 어려운 사정이 있다고 인정될 때에는 위원회 회의에서 제척되거나 회피하여야 한다(국기법 66의 2 ④).

(3) 국세심사위원의 임명철회와 해촉

국세청장(세무서에 두는 국세심사위원회는 지방국세청장을 말한다)은 위원이 다음 어느 하나에 해당하는 경우에는 임명을 철회하거나 해촉할 수 있다(국기령 53 ⑨).

① 심신장애로 인하여 직무를 수행할 수 없게 된 경우

② 직무와 관련된 비위사실이 있는 경우

③ 직무태만, 품위손상이나 그 밖의 사유로 인하여 위원으로 적합하지 아니하다고 인정되는 경우

④ 위원 스스로 직무를 수행하는 것이 곤란하다고 의사를 밝히는 경우

⑤ 그 밖에 심사위원이 제척 사유에 해당하는 데에도 불구하고 회피하지 아니한 경우

(4) 회의의 비공개 원칙

국세심사위원회의 회의는 공개하지 않는다. 다만, 국세심사위원회 위원장이 필요하다고

인정하는 때에는 공개할 수 있다(국기법 64 ③).

(5) 재심의 요청

국세청장은 국세심사위원회 의결이 법령에 명백히 위반된다고 판단하는 경우 구체적인 사유를 적어 서면으로 국세심사위원회로 하여금 한 차례에 한정하여 다시 심의할 것을 요청할 수 있다(국기법 64 ②).

4 심판청구

1. 조세심판원

심판청구에 대한 결정을 하기 위하여 국무총리 소속으로 조세심판원을 둔다. 조세심판원은 그 권한에 속하는 사무를 독립적으로 수행한다(국기법 67 ①·②).

(1) 조세심판원의 조직

조세심판원에는 원장과 조세심판관을 두되, 원장과 원장이 아닌 상임조세심판관은 고위공무원단에 속하는 일반직공무원 중에서 국무총리의 제청으로 대통령이 임명하고, 비상임조세심판관은 원장의 제청으로 국무총리가 예산의 범위에서 위촉한다. 이 경우 원장이 아닌 상임조세심판관(경력직공무원으로서 전보 또는 승진의 방법으로 임용되는 상임조세심판관은 제외한다)은 임기제공무원으로 임용한다(국기법 67 ③, 국기령 55의 4 ②). 또한, 조세심판원에 심판청구사건에 대한 조사사무를 담당하는 심판조사관 및 이를 보조하는 직원을 둔다(국기법 67 ⑧). 조세심판관 중 공무원이 아닌 사람은 「형법」 규정을 적용할 때에는 공무원으로 본다(국기법 67 ⑦).

(2) 조세심판관

조세심판관은 조세·법률·회계분야에 관한 전문지식과 경험을 갖춘 사람으로서 판사·검사·변호사·회계사·교수 등의 자격을 가진 사람이어야 한다(국기법 67 ④). 상임·비상임조세심판관의 임기는 3년으로 하고 각각 한 차례만 중임할 수 있으며, 다음 중 어느 하나에 해당하는 경우가 아니면 그 의사에 반하여 면직되거나 해촉되지 아니한다. 다만, 원장인 조세심판관에 대해서는 임기보장 규정을 적용하지 아니한다(국기법 67 ⑤·⑥).

① 금고 이상의 형을 선고받은 경우

② 장기의 심신쇠약으로 직무를 수행할 수 없게 된 경우

2. 청구절차

심판청구를 하려는 자는 불복의 사유 등이 기재된 심판청구서를 그 처분을 하였거나 하였어야 할 세무서장이나 조세심판원장에게 제출하여야 한다. 이 경우 심판청구를 받은 세무서장은 이를 지체 없이 조세심판원장에게 송부하여야 한다(국기법 69 ①).

심판청구기간을 계산할 때에는 심판청구서가 세무서장 외의 세무서장, 지방국세청장 또는 국세청장에게 제출된 경우에도 심판청구를 한 것으로 본다. 이 경우 심판청구서를 받은 세무서장, 지방국세청장 또는 국세청장은 이를 지체 없이 조세심판원장에게 송부하여야 한다(국기법 69 ②). 조세심판원장은 심판청구서를 받은 경우에는 지체 없이 그 부본을 그 처분을 하였거나 하였어야 할 세무서장에게 송부하여야 한다(국기법 69 ③).

3. 결정절차

(1) 세무서장의 답변서 송부

심판청구서를 받거나 심판청구서의 부본을 받은 세무서장은 이를 받은 날부터 10일 이내에 그 심판청구서에 대한 답변서를 조세심판원장에게 제출하여야 한다. 다만, 해당 청구의 대상이 된 처분이 지방국세청장 또는 국세청장이 조사·결정 또는 처리하였거나 하였어야 할 것인 경우에는 국세청장 또는 지방국세청장의 답변서를 첨부하여야 한다. 답변서에는 이의신청에 대한 결정서(이의신청에 대한 결정을 한 경우에만 해당), 처분의 근거·이유 및 처분의 이유가 된 사실을 증명할 서류, 청구인이 제출한 증거서류 및 증거물, 그 밖의 심리자료 전부를 첨부하여야 한다. 답변서가 제출되면 조세심판원장은 지체 없이 그 부본을 해당 심판청구인에게 송부하여야 한다. 조세심판원장은 기한까지 세무서장이 답변서를 제출하지 아니하는 경우에는 기한을 정하여 답변서 제출을 촉구할 수 있다. 조세심판원장은 세무서장이 기한까지 답변서를 제출하지 아니하는 경우에는 증거조사 등을 통하여 심리절차를 진행하도록 할 수 있다(국기법 69 ④~⑧).

(2) 청구인의 증거서류 또는 증거물 제출

심판청구인은 송부받은 답변서에 대하여 항변하기 위하여 조세심판원장에게 증거서류나 증거물을 제출할 수 있다. 조세심판원장이 심판청구인에게 증거서류나 증거물을 기한

을 정하여 제출할 것을 요구하면 심판청구인은 그 기한까지 제출하여야 한다. 증거서류가 제출되면 조세심판원장은 증거서류의 부본을 지체 없이 피청구인에게 송부하여야 한다(국기법 71).

(3) 결정방법

1) 조세심판관회의

조세심판원장이 심판청구를 받았을 때에는 조세심판관회의가 심리를 거쳐 결정한다(국기법 78 ①). 조세심판원장은 심판청구에 관한 조사와 심리를 담당할 주심조세심판관 1명과 배석조세심판관 2명 이상을 지정하여 조세심판관회의를 구성하게 한다(국기법 72 ①). 조세심판관회의는 담당 조세심판관 3분의 2 이상의 출석으로 개의하고, 출석조세심판관 과반수의 찬성으로 의결한다(국기법 72 ③).

2) 주심조세심판관

심판청구의 대상이 다음 중 하나에 해당하는 경우에는 조세심판관회의의 심리를 거치지 아니하고 주심조세심판관이 심리하여 결정할 수 있다(국기법 78 ①, 국기령 62).

① 청구기간이 지난 후에 심판청구를 받은 경우

② 심판청구금액이 3,000만원(지방세의 경우는 1,000만원) 미만인 것으로 다음 중 어느 하나에 해당하는 것

 ㉠ 청구사항이 법령의 해석에 관한 것이 아닌 것

 ㉡ 청구사항이 법령의 해석에 관한 것으로서 유사한 청구에 대하여 이미 조세심판관회의의 의결에 따라 결정된 사례가 있는 것

③ 심판청구가 과세표준 또는 세액의 결정에 관한 것 이외의 것으로서 유사한 청구에 대하여 이미 조세심판관회의의 의결에 따라 결정된 사례가 있는 것

④ 다음 중 어느 하나에 해당하는 경우

 ㉠ 심판청구를 제기한 후 심사청구를 제기(같은 날 제기한 경우도 포함)한 경우

 ㉡ 청구기간이 지난 후에 청구된 경우

 ㉢ 심사청구 후 보정기간에 필요한 보정을 하지 아니한 경우

 ㉣ 심사청구가 적법하지 아니한 경우

 ㉤ ㉠부터 ㉣까지의 규정에 따른 경우와 유사한 경우

3) 조세심판관 합동회의

조세심판원장과 상임조세심판관 모두로 구성된 조세심판관회의의 의결이 다음의 어느

하나에 해당한다고 의결하는 경우에는 조세심판관합동회의가 심리를 거쳐 결정한다(국기법 78 ②).

① 해당 심판청구사건에 관하여 세법의 해석이 쟁점이 되는 경우로서 이에 관하여 종전의 조세심판원 결정이 없는 경우

② 종전에 조세심판원에서 한 세법의 해석 · 적용을 변경하는 경우

③ 조세심판관회의 간에 결정의 일관성을 유지하기 위한 경우

④ 그 밖에 국세행정이나 납세자의 권리 · 의무에 중대한 영향을 미칠 것으로 예상되는 등 다음의 경우(국기령 62의 2 ① · ②)

㉠ 다수의 납세자에게 동일하게 적용되는 등 국세행정에 중대한 영향을 미칠 것으로 예상되어 국세청장이 조세심판원장에게 조세심판관합동회의에서 심리할 것을 요청하는 경우. 이러한 경우에는 세무서장이 해당 청구서를 받은 날부터 25일 이내에 조세심판원장에게 요청서를 제출하여야 하고, 조세심판원장은 그 요청사실을 지체 없이 심판청구인에게 통지하여야 하고, 국세청장은 그 요청을 철회할 수 없다.

㉡ 그 밖에 해당 심판청구사건에 대한 결정이 국세행정이나 납세자의 권리 · 의무에 중대한 영향을 미칠 것으로 예상되는 경우

(4) 심판결정

심판결정은 문서로 하여야 하고, 그 결정서에는 주문과 이유를 적고 심리에 참석한 조세심판관의 성명을 밝혀 해당 심판청구인과 세무서장에게 송달하여야 한다(국기법 78 ⑤).

4. 조세심판관의 제척 · 회피 · 기피

공정한 심판을 위하여 일정한 사유가 있으면 조세심판관에서 배제할 수 있도록 제척 · 회피 · 기피제도를 두고 있으며, 심판조사관에게도 본 내용을 동일하게 적용한다.

(1) 제 척

조세심판관은 다음 중 어느 하나에 해당하는 경우에는 심판관여로부터 제척된다(국기법 73 ①).

① 심판청구인 또는 조세불복의 대리인인 경우(대리인이었던 경우 포함)

② ①에 규정된 사람의 친족이거나 친족이었던 경우

③ ①에 규정된 사람의 사용인이거나 사용인이었던 경우

④ 불복의 대상이 되는 처분이나 처분에 대한 이의신청에 관하여 증언 또는 감정을 한 경우
⑤ 심판청구일 전 최근 5년 이내에 불복의 대상이 되는 처분, 처분에 대한 이의신청 또는 그 기초가 되는 세무조사(「조세범 처벌절차법」에 따른 조세범칙조사 포함)에 관여하였던 경우
⑥ ④, ⑤에 해당하는 법인 또는 단체에 속하거나 심판청구일 전 최근 5년 이내에 속하였던 경우
⑦ 그 밖에 심판청구인 또는 그 대리인의 업무에 관여하거나 관여하였던 경우

(2) 회 피

조세심판관은 위의 제척 사유 중 어느 하나에 해당하는 경우에는 주심조세심판관 또는 배석조세심판관의 지정에서 회피하여야 한다(국기법 73 ②).

(3) 기 피

담당 조세심판관에게 공정한 심판을 기대하기 어려운 사정이 있다고 인정될 때에는 심판청구인은 그 조세심판관의 기피를 신청할 수 있다. 조세심판원장은 기피 신청이 이유 있다고 인정할 때에는 기피 신청을 승인하여야 한다(국기법 74).

5. 심리 판단의 원칙

(1) 질문검사권

담당 조세심판관은 심판청구에 관한 조사와 심리를 위하여 필요하면 직권으로 또는 심판청구인의 신청에 의하여 다음의 행위를 할 수 있다(국기법 76 ①).

① 심판청구인 · 처분청(심판청구사건의 쟁점 거래사실과 직접 관계있는 자를 관할하는 세무서장 또는 지방국세청장을 포함한다) · 관계인 또는 참고인에 대한 질문
② ①에 열거한 자의 장부, 서류, 그 밖의 물건의 제출 요구
③ ①에 열거한 자의 장부, 서류, 그 밖의 물건의 검사 또는 감정기관에 대한 감정 의뢰

담당 조세심판관 외의 조세심판원 소속 공무원은 조세심판원장의 명에 따라 이러한 질문 검사의 행위를 할 수 있다. 조세심판관이나 그 밖의 조세심판원 소속 공무원이 질문 검사의 행위를 할 때에는 그 신분을 표시하는 증표를 지니고 관계자에게 보여야 한다. 담당 조세심판관은 심판청구인이 질문 · 검사의 요구를 정당한 사유 없이 따르지 아니하여

해당 심판청구의 전부 또는 일부에 대하여 심판하는 것이 현저히 곤란하다고 인정할 때에는 그 부분에 관한 심판청구인의 주장을 인용하지 아니할 수 있다(국기법 76 ②~④).

(2) 사건의 병합과 분리

담당 조세심판관은 필요하다고 인정하면 여러 개의 심판사항을 병합하거나 병합된 심판사항을 여러 개의 심판사항으로 분리할 수 있다(국기법 75).

(3) 자유심증주의

조세심판관은 심판청구에 관한 조사 및 심리의 결과와 과세의 형평을 고려하여 자유심증으로 사실을 판단한다(국기법 77).

(4) 불고불리 원칙

조세심판관회의 또는 조세심판관합동회의는 심판청구에 따른 결정을 할 때 심판청구를 한 처분 외의 처분에 대해서는 그 처분의 전부 또는 일부를 취소 또는 변경하거나 새로운 처분의 결정을 하지 못한다(국기법 79 ①). 이의신청 및 심사청구의 경우에도 준용한다(국기법 65의 3 ①).

(5) 불이익 변경 금지 원칙

조세심판관회의 또는 조세심판관합동회의는 심판청구에 따른 결정을 할 때 심판청구를 한 처분보다 청구인에게 불리한 결정을 하지 못한다(국기법 79 ②). 이의신청 및 심사청구의 경우에도 준용한다(국기법 65의 3 ②).

5 고충민원

1. 국세청장의 납세자 권리보호

(1) 개 요

국세청장은 직무를 수행할 때에 납세자의 권리가 보호되고 실현될 수 있도록 성실하게 노력하여야 한다. 납세자의 권리보호를 위하여 국세청에 납세자 권리보호업무를 총괄하는 납세자보호관을 두고, 세무서 및 지방국세청에 납세자 권리보호업무를 수행하는 담당관을 각각 1인을 둔다. 국세청장은 따른 납세자보호관을 개방형직위로 운영하고 납세자보호관 및 담당관이 업무를 수행함에 있어 독립성이 보장될 수 있도록 하여야 한다. 이 경우 납세자보호관은 조세 · 법률 · 회계 분야의 전문지식과 경험을 갖춘 사람으로서 다음 각 호의 어느 하나에 해당하지 아니하는 사람을 대상으로 공개모집한다(국기법 81의 16).

① 세무공무원
② 세무공무원으로 퇴직한 지 3년이 지나지 아니한 사람

(2) 납세자 보호관의 직무

납세자 보호관의 직무 및 권한은 다음과 같다(국기령 63의 16 ①).

① 위법 · 부당한 세무조사 및 세무조사 중 세무공무원의 위법 · 부당한 행위에 대한 일시중지 및 중지
② 세무조사 과정에서 위법 · 부당한 행위를 한 세무공무원 교체 명령 및 징계 요구
③ 위법 · 부당한 처분(세법에 따른 납세의 고지는 제외한다)에 대한 시정요구
④ 위법 · 부당한 처분이 행하여질 수 있다고 인정되는 경우 그 처분 절차의 일시중지 및 중지
⑤ 납세서비스 관련 제도 · 절차 개선에 관한 사항
⑥ 납세자의 권리보호업무에 관하여 세무서 및 지방국세청의 담당관(「국세기본법」 제81조의 16 제2항에 따라 세무서 및 지방국세청에 납세자 권리보호업무를 수행하기 위하여 두는 담당관을 말한다. 이하 "납세자보호담당관"이라 한다)에 대한 지도 · 감독
⑦ 세금 관련 고충민원의 해소 등 납세자 권리보호에 관한 사항
⑧ 그 밖에 납세자의 권리보호와 관련하여 국세청장이 정하는 사항

(3) 납세자 보호담당관의 직무

납세자 보호담당관의 직무 및 권한은 다음과 같다(국기령 63의 16 ④).

① 세금 관련 고충민원의 해소 등 납세자 권리보호에 관한 사항
② 세무조사 과정에서 세무공무원의 「국세기본법」 제81조의 4 제1항부터 제3항까지의 규정(세무조사권 남용 금지) 준수 여부에 대한 점검
③ 조사대상 과세연도의 수입금액이 「소득세법 시행령」 제131조의 2 제1항 제1호 각 목의 업종별 기준수입금액 이하인 개인사업자 및 내국법인에 대한 세무조사 참관
④ 납세자보호관으로부터 위임받은 업무
⑤ 그 밖에 납세자 권리보호에 관하여 국세청장이 정하는 사항

2. 고충민원의 대상

(1) 개 요

고충민원이란 세무관서장으로부터 위법 또는 부당한 처분을 받았거나 필요한 처분을 받지 못하여 납세자의 권리 · 이익이 침해된 사항에 관한 민원을 말한다(납보규 2). 따라서 세무조사를 받은 후 고지일로부터 90일이 경과되어 조세불복을 제기할 수 없는 사안에 대하여는 본 규정을 적용하여 고충민원을 제기할 수 있다.

(2) 청구배제

고충민원으로서 다음 각 호의 어느 하나에 해당하는 경우 고충민원 대상에서 제외한다. 다만, ① 및 ②의 경우 본안 심리를 거치지 않은 각하 결정 또는「국세기본법」에 따른 불복청구 및 과세전적부심사로 결정이 완료되어 확정된 것으로 불복청구 등의 주된 이유와 고충민원의 주된 이유가 확연히 구분되고 정당한 근거, 사유가 있는 사항 등은 고충민원의 대상에 포함한다(납보규 14).

① 「국세기본법」, 「감사원법」, 「행정소송법」 등에 따른 불복절차가 진행 중이거나 결정이 완료되어 확정된 사항

② 「국세기본법」에 따른 과세전적부심사가 진행 중이거나 결정이 완료된 사항

③ 감사원장, 국세청장, 지방국세청장의 감사결과에 따른 시정지시에 의하여 처분하였거나 처분할 사항

④ 탈세제보, 외화도피 신고, 세금계산서 미발행 등 세금 관련 고소 · 고발

⑤ 「조세범 처벌절차법」 제15조에 따른 통고처분 및 제17조에 따른 고발

⑥ 「국세기본법」 등에 따른 경정청구, 불복 및 과세전적부심사 청구 기한이 지나지 아니한 사항

⑦ 「민사소송법」 등 법률에 따른 소송 등이 진행 중인 사항으로 쟁점에 대한 사실관계를 확정할 수 없는 경우

⑧ 「조세특례제한법 시행령」 제2조에 따른 중소기업에 속하지 않는 법인이 신청하는 경우

⑨ 「국세징수법」 제106조에 따라 국세체납정리위원회를 둔 세무관서의 경우 국세체납정리위원회의 심의 대상에 해당하는 사항

⑩ 「청원법」에 따른 청원이 접수되어 처리 중이거나 결정이 완료된 사항

3. 고충민원의 신청 및 처리

(1) 신청기한

① 세무관서의 처분에 대하여 고충민원을 신청하려는 자는 국세부과의 제척기간이 지나기 30일 전까지 할 수 있다(납보규 16 ①).

② 다만, 세무관서의 처분이 중대하고 명백한 잘못이 있어 당연무효에 해당하는 경우에는 ①을 적용하지 아니하되, 국가를 상대로 한 부당이득반환청구의 성격이 포함되어 있는 경우에는 부당이득반환청구권의 소멸시효기간(5년)이 경과하기 30일 전까지 신청할 수 있다(납보규 16 ②).

(2) 고충민원의 처리기간

고충민원은 이를 접수한 날부터 14일(초일은 산입하되, 공휴일은 산입하지 아니한다) 이내에 그 처리결과를 민원인에게 회신하여야 한다. 다만, 사실확인 · 납세자보호위원회 심의 · 세무관서 간 의견조회 · 법령자문 또는 실지조사 등에 많은 시간을 필요로 하는 등 부득이한 사유로 처리기간에 처리가 곤란한 경우에는 1회에 한정하여 그 처리기간을 연장할 수 있으나 이 경우에도 처리기간은 접수일부터 30일을 초과할 수 없다(납보규 17).

CHAPTER

06 가산세

가산세란 세법에서 규정하는 의무의 성실한 이행을 확보하기 위하여 세법에 따라 산출한 세액에 가산하여 징수하는 금액을 말한다. 정부는 세법에서 규정한 의무를 위반한 자에게 「국세기본법」 또는 세법에서 정하는 바에 따라 가산세를 부과할 수 있다. 가산세는 해당 의무가 규정된 세법의 해당 국세의 세목으로 한다. 다만, 해당 국세를 감면하는 경우에는 가산세는 그 감면대상에 포함시키지 아니하는 것으로 한다. 가산세는 납부할 세액에 가산하거나 환급받을 세액에서 공제한다(국기법 47).

1 국세기본법상 가산세

1. 무신고 가산세

납세의무자가 법정신고기한까지 세법에 따른 국세의 과세표준신고를 하지 아니한 경우에는 무신고가산세를 부과한다. 여기서 과세표준신고에는 예정신고 및 중간신고를 포함하며, 「교육세법」에 따른 신고 중 금융보험업자가 아닌 자의 신고와 「농어촌특별세법」 및 「종합부동산세법」에 따른 신고는 제외한다(국기법 47의 2 ①·②).

(1) 일반 무신고

구 분	가산세
① 일반적인 경우	무신고납부세액×20%
② 법인 또는 복식부기의무자인 개인	Max[무신고납부세액×20%, 수입금액×7/10,000]
③ 부가가치세 영세율 과세표준 무신고	영세율 과세표준×0.5%

1) 무신고납부세액의 범위

위의 산식에서 '무신고납부세액'이란 납세의무자가 법정신고기한까지 그 신고로 납부하여야 할 세액(가산세와 이자상당가산액을 제외)으로 한다(국기법 47의 2 ①).

2) 수입금액의 범위

위의 산식에서 '수입금액'이란 다음의 금액을 말한다(국기법 47의 2 ②).

① 개인 :「소득세법」 제24조부터 제26조까지 및 제122조에 따라 계산한 사업소득에 대한 해당 개인의 총수입금액

② 법인 :「법인세법」 제60조, 제76조의 17, 제97조에 따라 법인세 과세표준 및 세액신고서에 적어야 할 해당 법인의 수입금액(2019.12.31. 신설)

(2) 부정행위 무신고

구 분	가산세
① 일반적인 경우	무신고납부세액×40%*
② 법인 또는 복식부기의무자인 개인	Max[무신고납부세액×40%*, 수입금액×14/10,000]
③ 부가가치세 영세율 과세표준 무신고	영세율 과세표준×0.5%

* 단, 역외거래에서 발생한 부정행위로 국세의 과세표준 신고를 하지 아니한 경우에는 60%

(3) 무신고가산세 적용 특례

① 다음 중 어느 하나에 해당하는 경우에는 무신고가산세를 적용하지 아니한다(국기법 47의 2 ③).

㉠ 「부가가치세법」상 간이과세자로서 해당 과세기간에 대한 공급대가의 합계액이 4,800만원 미만으로 납부의무가 면제되는 경우

㉡ 「부가가치세법」상 대손세액을 그 사업자가 대손이 확정된 날이 속하는 과세기간의 매입세액에서 빼지 아니한 경우로서 공급을 받은 자의 관할 세무서장이 결정 또는 경정하는 경우

㉢ 무신고가산세를 적용할 때 예정신고 및 중간신고와 관련하여 무신고가산세 또는 과소신고가산세가 부과되는 부분에 대해서는 확정신고와 관련하여 무신고가산세를 적용하지 아니함.

② 무신고가산세를 적용할 때 「소득세법」 및 「법인세법」상 무기장 가산세 또는 「소득세법」상 주식 등에 대한 장부의 비치 · 기록의무 및 기장 불성실가산세가 동시에 적용되는 경우에는 그 중 가산세액이 큰 가산세만 적용하고, 가산세액이 같은 경우에는 무

신고가산세만 적용한다(국기법 47의 2 ⑥).

(4) 부정행위의 범위

'부정행위'란 「조세범 처벌법」 제3조 제6항에 해당하는 행위로 하고 있으며(국기법 26의 2 ② 2호, 국기령 12의 2 ①) 이를 열거하면 다음과 같다.

① 이중장부의 작성 등 장부의 거짓기장

② 거짓증빙 또는 거짓문서의 작성 및 수취

③ 장부와 기록의 파기

④ 재산의 은닉, 소득 · 수익 · 행위 · 거래의 조작 또는 은폐

⑤ 고의적으로 장부를 작성하지 아니하거나 비치하지 아니하는 행위 또는 계산서, 세금계산서 또는 계산서합계표, 세금계산서합계표의 조작

⑥ 「조세특례제한법」 제5조의 2 제1호에 따른 전사적 기업자원 관리설비의 조작 또는 전자세금계산서의 조작

⑦ 그 밖에 위계에 의한 행위 또는 부정한 행위

실무포인트

1. 부정행위에 해당하는지 여부

구 국세기본법시행령 제27조 제2항 제6호가 부당한 방법의 하나로 들고 있는 '사기, 그 밖의 부정한 행위'란 조세의 부과와 징수를 불가능하게 하거나 현저히 곤란하게 하는 위계 기타 부정한 적극적인 행위를 말하고, 적극적 은닉의도가 나타나는 사정이 덧붙여지지 않은 채 단순히 세법상의 신고를 하지 아니하거나 허위의 신고를 함에 그치는 것은 여기에 해당하지 않는다. 또한 납세자가 명의를 위장하여 소득을 얻더라도, 명의위장이 조세포탈의 목적에서 비롯되고 나아가 여기에 허위 계약서의 작성과 대금의 허위지급, 과세관청에 대한 허위의 조세 신고, 허위의 등기 · 등록, 허위의 회계장부 작성 · 비치 등과 같은 적극적인 행위까지 부가되는 등의 특별한 사정이 없는 한, 명의위장 사실만으로 구 국세기본법시행령 제27조 제2항 제6호에서 정한 '사기, 그 밖의 부정한 행위'에 해당한다고 볼 수 없다(대법원 2015두44158, 2017.4.13.).

2. 부정행위는 국세포탈 등의 목적이 있어야 함

"부당한 방법"으로 볼 수 있는 경우를 예시적으로 규정하고 있는 구 국세기본법시행령 제27조 제2항은 그 일반조항이라고 할 수 있는 제6호에서 "부당한 방법"에 해당하기 위하여는 국세포탈 등의 목적이 필요하다는 취지로 규정하고 있다. 따라서 구 국세기본법 제47

조의 3 제2항 제1호가 규정하는 부당과소신고가산세의 요건인 "부당한 방법으로 한 과세표준의 과소신고"란 국세에 관한 과세요건사실의 발견을 곤란하게 하거나 허위의 사실을 작출하는 등의 부정한 적극적인 행위에 의하여 과세표준을 과소신고하는 경우로서 그 과소신고가 누진세율의 회피, 이월결손금 규정의 적용 등과 같은 조세포탈의 목적에서 비롯된 것을 의미한다고 보아야 한다(대법원 2013두12362, 2013.11.28.).

2. 과소신고 · 초과환급신고 가산세

납세의무자가 법정신고기한까지 세법에 따른 국세의 과세표준신고를 한 경우로서 납부할 세액을 신고하여야 할 세액보다 적게 신고하거나 환급받을 세액을 신고하여야 할 금액보다 많이 신고한 경우에는 과소신고 · 초과환급신고 가산세를 부과한다. 여기서 과세표준신고란 예정신고 및 중간신고를 포함하며, 「교육세법」에 따른 신고 중 금융보험업자가 아닌 자의 신고와 「농어촌특별세법」 및 「종합부동산세법」에 따른 신고는 제외한다(국기법 47의 3 ① · ②).

(1) 일반 과소신고 · 초과환급신고

구 분	가산세
① 소득세, 법인세, 상속세 · 증여세, 증권거래세, 종합부동산세	(과소신고한 납부세액* + 초과신고한 환급세액) ×10%
② 부가가치세, 개별소비세, 교통 · 에너지 · 환경세 및 주세	(과소신고분 납부세액 + 초과신고분 환급세액) ×10%
③ 부가가치세 영세율 과세표준 신고불성실	영세율 과세표준×0.5%

* 「국세기본법」 및 세법에 따른 가산세와 세법에 따라 가산하여 납부하여야 할 이자상당 가산액이 있는 경우 그 금액은 제외

(2) 부정행위 소득세 등의 과소신고 · 초과환급신고

1) 일반적인 경우

과소신고가산세=①+②+③	
① 부정과소신고가산세 등	과소신고납부세액 등×40%(단, 역외거래에 해당 시 60%)
② 일반과소신고가산세 등	(과소신고납부세액 등－부정행위로 인한 과소신고납부세액 등) ×10%
③ 부가가치세 영세율 과세표준 신고불성실 가산세	영세율 과세표준×0.5%

2) 복식부기의무자 및 법인

과소신고가산세=①+②+③	
① 부정과소신고가산세 등	Max[㉠, ㉡] ㉠ 과소신고납부세액 등×40%(단, 역외거래에 해당 시 60%) ㉡ 부정행위로 인하여 과소신고된 과세표준 관련 수입금액×14/10,000
② 일반과소신고가산세 등	(과소신고납부세액 등－부정행위로 인한 과소신고납부세액 등)×10%
③ 부가가치세 영세율 과세표준 신고불성실 가산세	영세율 과세표준×0.5%

(3) 과소신고가산세 특례

① 과소신고가산세는 「부가가치세법」에 따른 사업자가 아닌 자가 환급세액을 신고한 경우에도 적용한다(국기법 47의 3 ③).

② 다음 중 하나에 해당하는 사유로 상속세 · 증여세 과세표준을 과소신고한 경우에는 이와 관련하여 과소신고하거나 초과신고한 부분에 대해서는 과소신고가산세를 적용하지 아니한다(국기법 47의 3 ④).

㉠ 신고 당시 소유권에 대한 소송 등의 사유로 상속재산 또는 증여재산으로 확정되지 아니하였던 경우

㉡ 「상속세 및 증여세법」에 따른 상속공제 또는 증여공제의 적용에 착오가 있었던 경우

㉢ 「상속세 및 증여세법」상 재산의 평가 규정에 따라 평가한 가액으로 과세표준을 결정한 경우

㉣ 법인세 과세표준 결정 · 경정으로 「상속세 및 증여세법」상 특수관계법인과의 거래를 통한 이익의 증여의제 규정에 해당하는 증여의제이익이 변경되는 경우(부정행위로 인한 법인세 과세표준 결정경정 시 제외)

③ 「부가가치세법」상 대손세액을 그 사업자가 대손이 확정된 날이 속하는 과세기간의 매입세액에서 빼지 아니한 경우로서 공급을 받은 자의 관할 세무서장이 결정 또는 경정하는 경우로서 이와 관련하여 과소신고하거나 초과신고한 부분에 대해서는 과소신고가산세를 적용하지 아니한다.

④ 법인세 과세표준 결정 · 경정으로 「상속세 및 증여세법」상 특수관계법인과의 거래를 통한 이익의 증여의제 규정에 해당하는 증여의제이익이 변경되는 경우(부정행위로 인한 법인세 과세표준 결정경정 시 제외)로 「소득세법」에 따른 주식 등의 취득가액이 감소되

어 거주자의 양도소득에 대한 납세의무와 관련하여 과소신고하거나 초과신고한 부분에 대해서는 과소신고가산세를 적용하지 아니한다.

(4) 부정과소신고납부세액과 일반과소신고납부세액이 있는 경우

과소신고납부세액 등에 부정행위로 인한 과소신고납부세액 등과 일반과소신고납부세액이 있는 경우로서 부정과소신고납부세액과 일반과소신고납부세액을 구분하기 곤란한 경우의 부정과소신고납부세액은 다음의 산식에 따라 계산한다(국기령 27의 2 ③).

$$\text{과소신고납부세액 등} \times \frac{\text{부정행위로 인한 과소신고과세표준}}{\text{과소신고한 과세표준}} = \text{부정과소신고납부세액}$$

위의 산식에서 '과소신고납부세액 등'이란 납세의무자가 법정신고기한까지 법인세 과세표준 신고를 한 경우로서 납부할 세액을 신고하여야 할 세액보다 적게 신고(이하 "과소신고"라 함)하거나 환급받을 세액을 신고하여야 할 금액보다 많이 신고(이하 "초과신고"라 함)한 경우로서 과소신고한 납부세액과 초과신고한 환급세액을 합한 금액(가산세와 이자상당가산액을 제외한 금액)을 말한다(국기법 47의 3 ①).

3. 납부지연가산세

(1) 가산세 대상금액의 범위

납부지연가산세의 대상금액은 납세의무자가 법정납부기한까지 국세(「인지세법」 제8조 제1항에 따른 인지세는 제외)의 납부(중간예납 · 예정신고납부 · 중간신고납부를 포함)를 하지 아니하거나 납부하여야 할 세액보다 적게 납부(이하 "과소납부"라 함)하거나 환급받아야 할 세액보다 많이 환급(이하 "초과환급"이라 함)받은 경우에는 그 과소납부 또는 초과환급세액에 대하여 가산세를 부과하여(국기법 47의 4 ①) 납부할 세액에 가산하거나 환급받을 세액에서 공제한다(국기법 47 ③). 이때에 납부지연가산세의 대상이 되는 '납세의무자'란 다음 각 호의 자를 말한다(국기법 47의 4 ①).

① 납세의무자

② 연대납세의무자

③ 납세자를 갈음하여 납부할 의무가 생긴 제2차납세의무자

④ 보증인

(2) 가산세의 계산

납세의무자가 법정납부기한까지 법인세를 납부하지 아니하거나 납부하여야 할 세액보다 과소납부하거나 환급받아야 할 세액보다 초과환급받은 경우에는 다음 ①과 ②를 합한 금액을 가산세로 하는데(국기법 47의 4 ①, 국기령 27의 4), 이를 산식으로 표시하면 다음과 같다.

납부지연 가산세=①+②

① {과소납부(또는 초과환급)세액＋이자상당액}×과소납부(또는 초과환급)일수× $\frac{22}{100,000}$

② {과소납부(또는 초과환급)세액＋이자상당액} 중 납부고지서에 따른 납부기한까지 납부하지 아니한 세액 또는 과소납부분 세액×3%(국세를 납부고지서에 따른 납부기한까지 완납하지 아니한 경우에 한정)

2022.2.15. 전에 납부기한이 지났거나 환급받은 경우로서 2022.2.15. 이후 납부 또는 부과하는 경우 그 납부기한 또는 환급받은 날의 다음날부터 2022.2.15. 시행일 전일까지의 기간에 대한 이자율은 개정규정에도 불구하고 종전의 규정(1일 10만분의 25)에 따른다(국기령 부칙 6 대통령령 제32424호).

한편, 납부지연가산세는 2019.12.31. 이전에 납세의무가 성립한 부분과 이후 성립분에 대하여 적용방법을 달리하는데 이를 요약하면 다음과 같다(국기법 부칙 법률 제32424호, 국징법 부칙 법률 제16098호).

❙ 납부지연가산세의 계산 ❙

구 분	2019.12.31. 이전 납세의무성립분	2020.1.1. 이후 납세의무성립분
법정납부기한의 다음날부터 납부일 또는 납부고지일까지	미납세액×일수×25/100,000	미납세액×일수×25*/100,000
납부고지일에 따른 납부기한까지 납부하지 않은 경우	체납세액×3%	체납세액×3%
납부고지서의 납부기한의 다음날부터 납부일까지	체납세액×체납월수×75/10,000	미납세액×일수×25*/100,000

* 2022.2.15. 이후 납부 또는 부과하는 경우에는 22/100,000을 적용한다.

1) 과소납부(또는 초과환급)세액

위의 산식에서 '과소납부(또는 초과환급)세액'이란 법정납부기한까지 납부하지 아니하거나 납부하여야 할 세액보다 적게 납부한 경우의 세액 또는 환급받아야 할 세액(양도소득에 대한 세액을 포함)보다 많이 환급받은 세액을 말한다(국기법 47의 4 ①). 이때에 법인세의 과세기간을 잘못 적용하여 앞당겨 신고 · 납부한 경우에도 당초신고 · 납부하여야 할 과세기간의 법인세를 자진납부한 것으로 보므로(국기법 47의 4 ⑥) 당초신고 · 납부하여야 할 사업연도에는 가산세를 적용하지 아니한다.

2) 이자상당액

위의 산식에서 '이자상당액'이란 세법에 따라 가산하여 납부하여야 할 이자상당액으로 하는데(국기법 47의 4 ①) 이를 열거하면 다음과 같다.

① 「법인세법」상의 이자상당액
  ㉠ 고유목적사업준비금의 미사용으로 납부한 이자상당액(법법 29 ⑦, 법령 56 ⑦)
  ㉡ 책임준비금의 미사용으로 납부한 이자상당액(법법 30 ③)

② 「조세특례제한법상」의 이자상당액
  ㉠ 준비금의 환입으로 납부한 다음의 이자상당액
  ㉡ 감면받은 세액의 추징으로 납부한 이자상당액
  ㉢ 세액공제액의 추징으로 납부한 다음의 이자상당액

3) 과소납부(또는 초과환급)일수

위의 산식에서 '과소납부(또는 초과환급)일수'란 법정납부기한(환급받은 날)의 다음날부터 납부일까지의 기간을 말하며, 납부고지일부터 납부고지서에 따른 납부기한까지의 기간은 제외한다(국기법 47의 4 ① 1호 · 2호).

4) 가산세 계산의 제한

① 납부지연가산세를 적용할 때 납부고지서에 따른 납부기한의 다음 날부터 납부일까지의 기간(「국세징수법」에 따라 체납액의 징수를 유예한 경우에는 그 징수유예기간은 제외한다)이 5년을 초과하는 경우에는 그 기간은 5년으로 한다(국기법 ⑦).

② 체납된 국세의 납부고지서별 · 세목별 세액이 150만원 미만인 경우에는 납부지연가산세(1일 22/100,000 부분)를 적용하지 아니한다.

(3) 납부지연가산세가 적용되지 아니하는 경우

① 「국세기본법」 제47조의 5에 따른 원천징수납부 등 불성실가산세가 부과되는 부분에 대해서는 국세의 납부와 관련하여 납부지연가산세를 부과하지 아니한다(국기법 47의 4 ④).

② 중간예납, 예정신고납부 및 중간신고납부와 관련하여 납부지연가산세가 부과된 부분에 대하여는 확정신고납부와 관련하여 납부지연가산세를 부과하지 아니한다(국기법

47의 4 ⑤).

③ 법인세 과세기간을 잘못 적용하여 신고납부한 경우에는 납부지연가산세를 부과할 때 실제신고납부한 날에 실제신고납부한 금액의 범위에서 당초신고납부하였어야 할 과세기간에 대한 법인세를 자진납부한 것으로 본다. 그러나 해당 법인세의 신고가 「국세기본법」 제47조의 2에 따른 신고 중 부정행위로 무신고한 경우 또는 제47조의 3에 따른 신고 중 부정행위로 과소신고 · 초과신고한 경우에는 그러하지 아니하다(국기법 47의 4 ⑥).

4. 원천징수 등 납부지연가산세

(1) 개 요

국세를 징수하여 납부할 의무를 지는 자가 징수하여야 할 세액 또는 징수한 세액을 법정납부기한까지 납부하지 아니하거나 과소납부한 경우에는 다음의 금액을 가산세로 한다(국기법 47의 5 ①).

원천징수 등 불성실가산세 : Min[①+②, ③]

① 미납세액 또는 과소납부분 세액×3%

② 미납세액 또는 과소납부분 세액×기간[*1]×22/100,000

③ 한도액 : 미납세액 또는 과소납부분 세액×50%[*2]

*1. 법정납부기한의 다음 날부터 납부일까지의 기간(납부고지일부터 납부고지서에 따른 납부기한까지의 기간은 제외한다)

*2. ①과 ②의 금액 중 법정납부기한의 다음날부터 납부고지일까지의 기간에 해당하는 금액을 합한 금액은 총 한도율 : 10%

(2) 원천징수 등 불성실가산세 대상

원천징수 등 불성실가산세의 대상이 되는 국세를 징수하여 납부할 의무란 다음 중 어느 하나에 해당하는 의무를 말한다(국기법 47의 5 ②).

① 「소득세법」 또는 「법인세법」에 따라 소득세 또는 법인세를 원천징수하여 납부할 의무

② 「소득세법」에 따른 납세조합이 소득세를 징수하여 납부할 의무

③ 「부가가치세법」에 따라 용역 등을 공급받는 자가 부가가치세를 징수하여 납부할 의무

(3) 원천징수 등 불성실가산세 특례

다음 중 어느 하나에 해당하는 경우에는 원천징수 등 불성실가산세를 적용하지 아니한다(국기법 47의 5 ③ · ④).

① 「소득세법」에 따라 소득세를 원천징수하여야 할 자가 우리나라에 주둔하는 미군인 경우
② 「소득세법」에 따라 소득세를 원천징수하여야 할 자가 공적연금 또는 공적연금 관련법에 따라 받는 일시금의 소득을 지급하는 경우
③ 「소득세법」 또는 「법인세법」에 따라 소득세 또는 법인세를 원천징수하여야 할 자가 국가, 지방자치단체 또는 지방자치단체조합인 경우. 다만, 국가 등으로부터 근로소득을 받는 사람이 근로소득자 소득공제신고서를 사실과 다르게 기재하여 부당하게 소득공제를 받아 국가 등이 원천징수하여야 할 세액을 정해진 기간에 납부하지 아니하거나 미달하게 납부한 경우에는 가산세를 부과한다.
④ 납부고지서에 따른 납부기한의 다음 날부터 납부일까지의 기간(「국세징수법」에 따라 체납액의 징수를 유예한 경우에는 그 징수유예기간은 제외한다)이 5년을 초과하는 경우에는 그 기간은 5년으로 한다.

5. 가산세 감면

(1) 100% 가산세 감면

1) 개 요

정부는 「국세기본법」 또는 세법에 따라 가산세를 부과하는 경우 그 부과의 원인이 되는 사유가 다음 중 어느 하나에 해당하는 경우에는 해당 가산세를 부과하지 아니한다(국기법 48 ①, 국기령 28 ①).

① 「국세기본법」 제6조에 따른 기한연장 사유에 해당하는 경우
② 납세자가 의무를 이행하지 아니한 데 대한 정당한 사유가 있는 경우
③ 세법해석에 관한 질의·회신 등에 따라 신고·납부하였으나 이후 다른 과세처분을 하는 경우
④ 「공익사업을 위한 토지 등의 취득 및 보상에 관한 법률」에 따른 토지등의 수용 또는 사용, 「국토의 계획 및 이용에 관한 법률」에 따른 도시·군계획 또는 그 밖의 법령 등으로 인해 세법상 의무를 이행할 수 없게 된 경우
⑤ 「소득세법 시행령」 제118조의 5 제1항에 따라 실손의료보험금(같은 영 제216조의 3 제7항 각 호의 어느 하나에 해당하는 자로부터 지급받은 것을 말한다)을 의료비에서 제외할 때에 실손의료보험금 지급의 원인이 되는 의료비를 지출한 과세기간과 해당 보험금을 지급받은 과세기간이 달라 해당 보험금을 지급받은 후 의료비를 지출한 과세기간에 대한 소득세를 수정신고하는 경우(해당 보험금을 지급받은 과세기간에 대한 종합소득 과세표준 확정신고기한까지 수정신고하는 경우로 한정한다)

세법상 가산세는 과세권의 행사 및 조세채권의 실현을 용이하게 하기 위하여 납세자가 정당한 이유 없이 법에 규정된 신고, 납세 등 각종 의무를 위반한 경우에 개별세법이 정하는 바에 따라 부과되는 행정상의 제재로서 납세자의 고의, 과실은 고려되지 않는 반면, 이와 같은 제재는 납세의무자가 그 의무를 알지 못한 것이 무리가 아니었다고 할 수 있어서 그를 정당시할 수 있는 사정이 있거나 그 의무의 이행을 당사자에게 기대하는 것이 무리라고 하는 사정이 있을 때 등 그 의무해태를 탓할 수 없는 정당한 사유가 있는 경우에는 이를 부과할 수 없다(대법원 93누15939, 1993.11.23. 외).

2) 가산세 감면의 정당한 사유로 인정한 경우(국기집 48-0-4)

① 법률의 오해나 부지를 넘어 세법해석상의 의의(疑意)가 있는 경우

② 행위 당시에는 적법한 의무이행이었으나 사정변경으로 인하여 소급적으로 부적법한 것이 되어 외관상 의무이행이 없었던 것처럼 된 경우(대법 86누460, 1987.10.28.)

③ 국세청 질의회신을 근거로 양도세 예정신고 하였고 과세관청이 이를 받아들이는 결정을 하였으나 감사원 지적사항으로 감면세액을 추징하는 경우

④ 의무이행이 수용, 도시계획이나 법률규정 때문에 불가능한 경우

⑤ 거래상대방이 위장사업자라는 사실을 몰랐고 이에 대해 과실이 없는 선의의 거래당사자가 위장사업자로부터 교부받은 세금계산서에 의해 소정기간 내에 부가가치세 예정신고 및 확정신고를 한 경우(대법원 89누2134, 1989.10.24.)

⑥ 납세의무자가 과세표준확정신고를 하는 데 있어 필요한 장부와 증빙서류가 수사기관이나 과세관청에 압수 또는 영치되어 있는 관계로 의무이행을 하지 못한 경우(대법원 85누229, 1987.2.24.)

⑦ 당초 관할세무서가 정당하게 경정 · 고지하여 납세자가 납부한 종합소득세액을 관할 지방국세청이 고충민원처리로 시정의결하여 납세자에게 환급하였다가 감사원의 시정요구에 의하여 다시 고지한 경우(조세정책과-945, 2009.9.22.)

⑧ 상속세 신고가 납세의무자들이 아닌 유언집행자들에 의하여 행해졌고, 유언집행을 위하여 필요한 범위 내에서는 유언집행자의 상속재산에 대한 관리처분권이 상속인의 그것보다 우선할 뿐만 아니라 위 상속세 신고 당시 상속재산의 일부를 장학기금으로 출연하라는 망인의 유언이 효력이 미확정인 상태에 있었던 경우(대법원 2004두930, 2005.11.25.)

⑨ 납세자가 법정신고기한까지 상속 · 증여재산의 「상속세 및 증여세법」 제60조 제1항에 따른 시가를 확인하기 어려워 같은 법 제60조 제3항에 따라 기준시가로 상속세 · 증여세를 정상 신고함에 있어 세법상 정해진 주의의무를 다한 것으로 볼 수 있고, 이후

과세관청이 같은 법 시행령 제49조 제1항에 따라 평가심의위원회의 심의를 거쳐 감정가액을 시가로 산정하여 「국세기본법」 제47조의 4에 따른 납부지연가산세를 부과하는 경우 「국세기본법」 제48조 제1항 제2호에 따른 가산세 감면을 적용할 수 있다(기획재정부 조세법령운용과-154, 2020.1.30.).

3) 가산세 감면의 정당한 사유로 인정하지 않은 경우(국기집 48-0-5)

① 법령의 부지 · 착오

② 세무공무원의 잘못된 설명을 믿고 그 신고납부 의무를 이행하지 아니하였다 하더라도 그것이 관계법령에 어긋나는 것임이 명백한 경우

③ 과세관청이 기재누락을 시정할 수 있었다 하더라도 납세자 측의 과실로 근로소득원천징수영수증에 소득자의 주소나 주민등록번호를 기재할 의무를 제대로 이행하지 못한 경우

④ 쟁송 중이어서 납세의무의 이행을 기대할 수 없다거나 회사정리절차개시 단계에 있었던 경우

⑤ 징수유예사유가 발생하였다는 사정이 있다거나 납부기간 경과 전에 징수유예신청을 한 경우라도 과세관청이 납부기한 경과 전에 징수유예결정을 하지 않은 경우

⑥ 납세자가 형사범으로 수감되어 세법상 의무이행을 법정신고기한까지 못한 경우(대법 90구2705, 1990.10.23.)

⑦ 할증평가 없이 산정한 매매가격으로 주식을 양도하였다고 할지라도, 주식의 양도거래와 관련하여 신고 · 납부하여야 할 양도소득세를 과소신고하게 된 것은 행정청의 공적인 견해 표명에 해당되지 않는 국세종합상담센터의 구두답변 및 예규를 원고 스스로에게 적용되는 것이라고 잘못 해석되므로 가산세 부과는 정당하다(서울고등법원 2010누3758, 2010.7.8.).

⑧ 세무사로부터 게임장 과표 산정 시 상품권 액면가액을 공제한다는 말을 들었고 다른 게임장들도 그렇게 신고하는 것이 일반적이었고, 과세관청도 명확한 입장표명을 하지 않았다는 사유만으로는 신고 · 납세의무의 해태를 탓할 수 없는 정당한 사유로 볼 수 없다(대법원 2009두3538, 2009.4.23.).

⑨ 자기 나름의 해석에 의하여 경품으로 제공한 상품권의 가액을 부가가치세 과세표준에서 공제된다고 판단한 것은 단순한 법령의 부지 내지는 오해에 불과하여 정당한 사유에 해당 안 된다(대법원 2009두3873, 2009.4.23.).

(2) 수정신고 시 가산세 감면

1) 과소신고 · 초과환급신고가산세 감면

정부는 과세표준신고서를 법정신고기한까지 제출한 자가 법정신고기한이 지난 후 다음의 기한 내에 수정신고한 경우는 「국세기본법」 또는 세법에 따른 해당 가산세액(과소신고 · 초과환급신고가산세 및 영세율과세표준 신고불성실가산세만 해당)에서 일정금액을 감면한다(국기법 48 ②).

구 분	감면액
① 법정신고기한이 지난 후 1개월 이내에 수정신고한 경우	해당 가산세액×90%
② 법정신고기한이 지난 후 1개월 초과 3개월 이내에 수정신고한 경우	해당 가산세액×75%
③ 법정신고기한이 지난 후 3개월 초과 6개월 이내에 수정신고한 경우	해당 가산세액×50%
④ 법정신고기한이 지난 후 6개월 초과 1년 이내에 수정신고한 경우	해당 가산세액×30%
⑤ 법정신고기한이 지난 후 1년 초과 1년 6개월 이내에 수정신고한 경우	해당 가산세액×20%
⑥ 법정신고기한이 지난 후 1년 6개월 초과 2년 이내에 수정신고한 경우	해당 가산세액×10%

2) 감면 배제

다음과 같이 세무공무원이 과세표준과 세액을 경정할 것을 미리 알고 과세표준수정신고서를 제출한 경우에는 가산세를 감면하지 아니한다(국기령 29).

① 해당 국세에 관하여 세무공무원이 조사에 착수한 것을 알고 과세표준수정신고서 또는 기한후 과세표준신고서를 제출한 경우

② 해당 국세에 관하여 관할 세무서장으로부터 과세자료 해명 통지를 받고 과세표준수정신고서를 제출한 경우

(3) 기한후 신고 시 가산세 감면

1) 무신고가산세 감면

정부는 과세표준신고서를 법정신고기한까지 제출하지 아니한 자가 법정신고기한이 지난 후 기한후 신고를 한 경우에는 「국세기본법」 또는 세법에 따른 해당 가산세액(무신고가산세만 해당)에서 다음에서 정하는 금액을 감면한다(국기법 48 ②).

구 분	감면액
① 법정신고기한이 지난 후 1개월 이내에 기한후 신고를 한 경우	해당 가산세액×50%
② 법정신고기한이 지난 후 1개월 초과 3개월 이내에 기한후 신고를 한 경우	해당 가산세액×30%
③ 법정신고기한이 지난 후 3개월 초과 6개월 이내에 기한후 신고를 한 경우	해당 가산세액×20%

2) 감면 배제

해당 국세에 관하여 세무공무원이 조사에 착수한 것을 알고 기한후 과세표준신고서를 제출한 경우에는 가산세를 감면하지 아니한다(국기령 29).

(4) 지연제출 등의 경우 가산세 감면

정부는 다음 중 어느 하나에 해당하는 경우에는 해당 가산세액의 50%에 상당하는 금액을 감면한다(국기법 48 ② 3호).

① 과세전적부심사 결정 · 통지기간에 그 결과를 통지하지 아니한 경우 : 결정 · 통지 지연기간에 부과되는 납부지연가산세

② 세법에 따른 제출, 신고, 가입, 등록, 개설의 기한이 지난 후 1개월 이내에 해당 세법에 따른 제출 등의 의무를 이행하는 경우 : 제출 등의 의무위반에 대하여 세법에 따라 부과되는 가산세

③ 수정신고에 따른 가산세 감면 규정에도 불구하고 세법에 따른 예정신고기한 및 중간신고기한까지 예정신고 및 중간신고를 하였으나 과소신고하거나 초과신고한 경우로서 확정신고기한까지 과세표준을 수정하여 신고한 경우(과세표준과 세액을 경정할 것을 미리 알고 과세표준신고를 하는 경우는 제외) : 과소신고 · 초과환급신고가산세

④ 기한후신고에 따른 가산세 감면 규정에도 불구하고 세법에 따른 예정신고기한 및 중간신고기한까지 예정신고 및 중간신고를 하지 아니하였으나 확정신고기한까지 과세표준신고를 한 경우(과세표준과 세액을 경정할 것을 미리 알고 과세표준신고를 하는 경우는 제외) : 무신고가산세

6. 가산세 한도

다음 중 어느 하나에 해당하는 가산세에 대해서는 그 의무위반의 종류별로 각각 5,000만원(「중소기업기본법」에 따른 중소기업이 아닌 기업은 1억원)을 한도로 한다. 다만, 해당 의무를 고의적으로 위반한 경우에는 그러하지 아니하다(국기법 49 ①).

구 분	가산세 종류
(1) 「법인세법」	① 정규증명서류 관련 가산세 ② 주주 등의 명세서 등 제출 불성실가산세 ③ 지급명세서 제출 불성실가산세 ④ 계산서 관련 가산세(미발급, 가공 · 허위발급 또는 수취분가산세는 제외) ⑤ 기부금 영수증 불성실가산세

구 분	가산세 종류
	⑥ 특정외국법인의 유보소득계산명세서 불성실가산세
(2) 「소득세법」	① 정규증명서류 관련 가산세 ② 지급명세서 제출 불성실가산세 ③ 계산서 관련 가산세(미발급, 가공 · 허위발급 또는 수취분가산세는 제외) ④ 영수증 수취 명세서 미제출가산세 ⑤ 사업장 현황 신고 불성실가산세 ⑥ 기부금 영수증 불성실가산세 ⑦ 특정외국법인의 유보소득계산명세서 불성실가산세
(3) 「부가가치세법」	① 미등록 허위등록가산세 ② 세금계산서 관련 가산세(미발급, 가공 · 허위발급 또는 수취분가산세는 제외) ③ 현금매출명세서 등 불성실가산세
(4) 「상속세 및 증여세법」	① 공익법인 보고서 제출 불성실가산세 ② 공익법인 세무확인 보고의무 불성실가산세 ③ 지급명세서 제출 불성실가산세
(5) 「조세특례제한법」	① 창업자금 사용명세서 미제출가산세 ② 세금우대자료 미제출가산세

2 법인세법상 가산세

1. 무기장가산세

(1) 가산세대상금액의 범위

1) 가산세대상법인

납세의무가 있는 모든 법인은 「법인세법」 제112조에 따른 장부의 비치 · 기장의무가 있으며 이를 이행하지 아니한 경우에는 가산세를 부과하여(법법 75의 3 ①) 납부할 세액에 가산하거나 환급받을 세액에서 공제한다(국기법 47 ③). 그러나 무기장가산세와 전술한 무신고가산세가 동시에 적용되는 경우에는 그 중 세액이 큰 가산세만을 적용하고 같은 경우에는 무신고가산세만을 적용한다(국기법 47의 2 ⑥).

2) 가산세대상제외법인

다음의 법인은 가산세의 적용대상이 되지 아니한다(법법 75의 3 ①).

① 비영리내국법인

② 법인세가 비과세되거나 전액 면제되는 소득만이 있는 법인

이때에 '법인세가 비과세되거나 전액 면제되는 소득만이 있는 법인'에는 국고보조금수입, 이자수입, 잡수입 등과 같은 과세소득이 있는 법인은 포함하지 아니한다(법통 76-118…2, 법집 76-0-3).

(2) 가산세의 계산

무기장가산세는 세무서장이 결정한 산출세액의 20%로 하되 그 금액이 해당 법인의 수입금액의 1만분의 7에 미달하거나 산출세액이 없는 때에는 그 수입금액의 1만분의 7(0.07%)을 가산한 금액을 법인세로 징수하여야 한다(법법 75의 3 ①). 무기장가산세의 계산방법을 산식으로 표시하면 다음과 같다.

• 산출세액×20% • 수입금액×0.07%	중 큰 금액=무기장가산세

위의 산식에서 '산출세액'에는 토지등 양도소득에 대한 법인세액 및 투자·상생협력 촉진을 위한 과세특례(조특법 100의 32)를 적용하여 계산한 법인세액은 제외한다(법법 75 ①).

2. 업무용승용차 관련비용 명세서 제출 불성실가산세

업무용승용차 관련비용 등을 손금에 산입한 내국법인은 업무용승용차 관련비용 등에 관한 명세서를 제출하지 아니하거나 사실과 다르게 제출한 경우에는 다음 각 호의 구분에 따른 금액을 가산세로 해당 사업연도의 법인세액에 더하여 납부하여야 하며, 가산세는 산출세액이 없는 경우에도 적용한다(법법 74의 2 ①·②).

① 명세서를 제출하지 아니한 경우 : 해당 내국법인이 「법인세법」 제60조에 따른 과세표준 등의 신고를 할 때 업무용승용차 관련비용 등으로 손금에 산입한 금액의 1%

② 명세서를 사실과 다르게 제출한 경우 : 해당 내국법인이 「법인세법」 제60조에 따른 과세표준 등의 신고를 할 때 업무용승용차 관련비용 등으로 손금에 산입한 금액 중 해당 명세서에 사실과 다르게 적은 금액의 1%

3. 성실신고확인서 제출 불성실가산세

성실신고 확인대상인 내국법인이 성실신고확인서 제출의무를 위반하여 각 사업연도의 종료일이 속하는 달의 말일부터 4개월 이내에 성실신고확인서를 납세지 관할 세무서장에게 제출하지 아니한 경우에는 다음의 금액 중 큰 금액을 가산세로 해당 사업연도의 법인세액에 더하여 납부하여야 한다. 이 경우 법인세 산출세액이 경정으로 0보다 크게 된 경우에는 경정된 산출세액을 기준으로 가산세를 계산하며, 산출세액이 없는 경우에도 적용한다(법법 75 ①·②·③).

가산세액 : Max[①, ②] ①「법인세법」 산출세액×5% ② 수입금액×0.02%

4. 주주등명세서 제출 불성실가산세

(1) 가산세대상금액의 범위

내국법인은 그 설립등기일부터 2개월 이내에 법인설립신고서에 정관 및 주주 등 명세서와 사업자등록서류 등을 첨부하여 납세지 관할 세무서장에게 신고하도록 하고 있다(법법 109 ①, 법령 152 ②). 또한 신규로 사업을 시작하는 법인은 납세지 관할 세무서장에게 사업자등록을 하여야 하며 법인설립신고를 하기 전에 등록을 하는 때에는 주주 등 명세서를 제출하여야 하는데(법법 111 ①), 이와 같이 사업자등록을 하는 때에는 법인설립신고를 한 것으로 본다(법법 109 ① 후단).

따라서 「법인세법」 제109조 제1항 또는 제111조 제1항 후단에 따라 주주등명세서를 제출하여야 하는 내국법인이 다음 각 호의 어느 하나에 해당하는 경우에는 해당 주주 등이 보유한 주식 등의 액면금액 또는 출자가액에 대하여 가산세를 부과하여(법법 75의 2 ①) 납부할 세액에 가산하거나 환급받을 세액에서 공제한다(국기법 47 ③).

① 명세서를 제출하지 아니한 경우

② 명세서에 주주 등의 명세의 전부 또는 일부를 누락하여 제출한 경우

③ 제출한 명세서가 불분명한 경우

이때에 '불분명한 경우'란 다음 각 호의 어느 하나에 해당하는 경우로 하되 내국법인이 주식 등의 실제소유자를 알 수 없는 경우 등 정당한 사유가 있는 경우는 제외한다(법령 120 ①).

① 제출된 주주등명세서에 「법인세법」 제109조 제1항에 따라 제출된 주주등명세서 중

다음의 기재사항(필요적 기재사항)의 전부 또는 일부를 기재하지 아니하였거나 잘못 기재하여 주주등명세서를 확인할 수 없는 경우

㉠ 주주 등의 성명 또는 법인명, 주민등록번호 · 사업자등록번호 또는 고유번호

㉡ 주주 등별 주식 등의 보유현황

② 제출된 주주등명세서가 필요적 기재사항이 주식 등의 실제소유자에 대한 사항과 다르게 기재되어 주주 등의 명세서를 확인할 수 없는 경우

(2) 가산세의 계산

주주등명세서의 미제출 · 누락제출 및 불분명하게 제출한 주식 등의 액면금액(무액면주식의 경우에는 그 주식을 발행한 법인의 자본금을 발행주식총수로 나누어 계산한 금액) 또는 출자가액의 1천분의 5(0.5%)를 가산세로 설립일이 속하는 사업연도의 법인세액에 더하여 납부하여야 하며 가산세는 징수하는데(법법 75의 2 ①), 이를 산식으로 표시하면 다음과 같다.

미제출 · 누락 · 불분명한 주식 등의 액면금액×0.5%=주주등명세서 제출 불성실가산세

5. 증명서류 불성실가산세

내국법인이 사업과 관련하여 대통령령으로 정하는 사업자로부터 재화 또는 용역을 공급받고 그 대가를 지급하는 경우에 적격증명서류를 받지 아니하거나 사실과 다른 증명서류를 받은 경우에는 가산세를 부과하며(법법 75의 5), 납부할 세액에 가산하거나 환급받을 세액에서 공제한다(국기법 47 ③).

(1) 가산세대상제외법인의 범위

다음 각 호의 어느 하나에 해당하는 법인에 대하여는 가산세를 징수하지 아니한다(법법 75의 5, 법령 120 ③).

① 국가 및 지방자치단체

② 비영리법인(수익사업에 관련된 부분은 제외)

(2) 거래상대방 사업자

증명서류 불성실가산세는 '대통령령으로 정하는 사업자'로부터 적격증명서류를 받지 아니하거나 사실과 다른 증명서류를 받은 경우에 부과한다. 이때에 '대통령령으로 정하는 사업자'란 「법인세법 시행령」 제158조 제1항 각 호의 사업자를 말하는데(법령 120 ④), 이를

설명하면 다음과 같다.

▌사업자의 범위▐

사업자의 범위	근 거 법
1) 법인(비영리법인의 비수익사업 제외)	법령 158 ① 1호
2) 「부가가치세법」상의 사업자	〃 2호
3) 「소득세법상」의 사업자 등	〃 3호

1) 법 인

법인이 법인으로부터 재화 또는 용역을 공급받고 그 대가를 지급하는 경우에는 증명서류의 수취대상이 된다. 다만, 다음 각 목의 어느 하나에 해당하는 법인으로부터 재화 또는 용역을 제공받고 대가를 지급하는 경우에는 증명서류의 수취대상이 되지 아니한다(법령 158 ① 1호).

① 비영리법인(수익사업과 관련된 부분은 제외)

② 국가 및 지방자치단체

③ 금융보험업을 영위하는 법인(「소득세법 시행령」 제208조의 2 제1항 제3호의 규정에 의한 금융 · 보험용역을 제공하는 경우에 한함)

④ 국내사업장이 없는 외국법인

따라서 국내사업장이 없는 외국법인으로부터 재화 또는 용역을 공급받고 그 대가를 외국법인에게 지급하는 내국법인이 그 외국법인으로부터 대가를 지급받는 국내하청업체로부터 편의상 재화 또는 용역의 일부를 국내에서 공급받는 경우에는 지출증명서류의 수취대상이 되지 아니한다(법인 46012－1949, 2000.9.20.).

2) 「부가가치세법」상의 사업자

법인이 「부가가치세법」 제3조(납세의무자)에 따른 사업자로부터 재화 또는 용역을 공급받고 그 대가를 지급하는 경우에는 증명서류를 수취하여야 한다. 다만, 읍 · 면지역에 소재하는 「부가가치세법」 제61조에 따른 간이과세자로서 「여신전문금융업법」에 의한 신용카드가맹점 또는 「조세특례제한법」 제126조의 3에 따른 현금영수증가맹점이 아닌 사업자를 제외한다(법법 116 ②, 법령 158 ① 2호). 이때에 '읍 · 면지역'에는 「지방자치법」 제2조의 규정에 의한 광역시 또는 시관할구역 내의 읍 · 면지역을 포함한다(법인 46012－4303, 1999.12.14.).

3) 「소득세법」상의 사업자 등

법인이 다음의 자로부터 재화 또는 용역을 공급받고 그 대가를 지급하는 경우에는 증명서류를 수취하여야 한다(법령 158 ① 3호). 다만, 「소득세법」 제120조의 규정에 의한 국내사업장이 없는 비거주자를 제외한다(법법 116 ②, 법령 158 ① 3호 단서).

① 「소득세법」 제1조의 2 제1항 제5호에 따른 사업소득이 있는 거주자

② 동법 제119조 제3호(국내에 부동산 또는 부동산상의 권리와 국내에서 취득한 광업권 등의 양도·임대 등으로 발생한 소득)의 소득이 있는 비거주자

③ 동법 제119조 제5호(사업소득 등)의 소득이 있는 비거주자. 다만, 동법 제120조에 따른 국내사업장이 없는 비거주자를 제외한다.

(3) 재화 용역의 공급대가

적격증명서류의 수취의무는 사업자와의 거래로서 재화 또는 용역을 공급받고 그 대가를 지출하는 경우(법법 116 ②)에 적용되는 것으로 재화나 용역의 공급대가가 아닌 거래의 지출에 대하여는 정규지출 증명서류의 수취의무가 없다. 즉, 기부금, 거래의 해약으로 인한 위약금, 판매장려금, 보증금 반환, 조합 또는 협회에 지출하는 경상회비, 종업원에게 지급하는 경조사비 등의 경우에는 사업자와의 거래라 하더라도 재화 용역의 공급과 관련이 없으므로 적격증명서류의 수취대상이 아니다.

(4) 적격증명서류의 범위

법인이 사업자로부터 재화나 용역을 공급받고 그 대가를 지급하는 경우에는 적격증명서류를 받아 보관하여야 하는데(법법 116 ②), 적격증명서류의 범위를 설명하면 다음과 같다.

① 「여신전문금융업법」에 따른 신용카드 매출전표(신용카드와 유사한 것으로서 대통령령으로 정하는 것을 사용하여 거래하는 경우에는 그 증명서류를 포함)

② 현금영수증

③ 「부가가치세법」 제32조에 따른 세금계산서

④ 「법인세법」 제121조 및 소득세법 제163조에 따른 계산서

(5) 적격증명서류의 수취대상에서 제외되는 경우

법인이 다음 각 호의 어느 하나에 해당하는 경우에는 적격증명서류의 수취의무대상에서 제외한다(법법 116 ② 본문 단서, 법령 158 ②, 법칙 79).

① 공급받은 재화 또는 용역의 건당 거래금액(부가가치세를 포함)이 3만원 이하인 경우

② 농·어민으로부터 재화 또는 용역을 직접 공급받은 경우

③ 원천징수대상 사업소득자로부터 용역을 공급받은 경우

④ 항만공사가 공급하는 화물료징수용역을 공급받는 경우

⑤ 기획재정부령이 정하는 다음 각 호의 어느 하나에 해당하는 경우

㉠ 「부가가치세법」 제10조의 규정에 의하여 재화의 공급으로 보지 아니하는 사업의 양도에 의하여 재화를 공급받은 경우(법칙 79 1호)

㉡ 「부가가치세법」 제26조 제1항 제8호에 따른 방송용역을 제공받은 경우(법칙 79 2호)

㉢ 「전기통신사업법」에 따른 전기통신사업자로부터 전기통신용역을 공급받은 경우 다만, 「전자상거래 등에서의 소비자보호에 관한 법률」에 따른 통신판매업자가 「전기통신사업법」에 따른 부가통신사업자로부터 같은 법 제4조 제4항에 따른 부가통신역무를 제공받는 경우를 제외한다(법칙 79 3호).

㉣ 국외에서 재화 또는 용역을 공급받은 경우(세관장이 세금계산서 또는 계산서를 교부한 경우를 제외)(법칙 79 4호)

㉤ 공매 · 경매 또는 수용에 의하여 재화를 공급받은 경우(법칙 79 5호)

㉥ 토지 또는 주택을 구입하거나 주택임대업을 영위하는 자(법인을 제외)로부터 주택임대용역을 공급받은 경우(법칙 79 6호)

이때에 부동산(토지)을 매각하는 경우에는 계산서의 작성 · 교부의무가 면제되므로(법법 121 ④, 법령 164 ③) 증명서류의 수취대상이 되지 아니한다.

㉦ 택시운송용역을 제공받은 경우(법칙 79 7호)

㉧ 건물(토지를 함께 공급받은 경우에는 당해 토지를 포함하며 주택을 제외)을 구입하는 경우로서 거래내용이 확인되는 매매계약서 사본을 「법인세법」 제60조의 규정에 의한 법인세과세표준신고서에 첨부하여 납세지 관할 세무서장에게 제출하는 경우(법칙 79 8호)

㉨ 「소득세법 시행령」 제208조의 2 제1항 제3호의 규정에 의한 금융 · 보험용역을 제공받은 경우(법칙 79 9호)

㉩ 항공기의 항행용역을 제공받는 경우(법칙 79 9의 3호)

㉪ 부동산임대용역을 제공받은 경우로서 「부가가치세법 시행령」 제65조 제1항의 규정을 적용받는 전세금 또는 임대보증금에 대한 부가가치세액을 임차인이 부담하는 경우(법칙 79 9의 4호)

㉫ 재화공급계약 · 용역제공계약 등에 의하여 확정된 대가의 지급지연으로 인하여 연체이자를 지급하는 경우(법칙 79 9의 5호)

㉬ 한국철도공사로부터 철도의 여객운송용역을 공급받는 경우(법칙 79 9의 6호)

(6) 경비등 송금명세서를 제출한 경우

다음 각 목의 어느 하나에 해당하는 경우로서 공급받은 재화 또는 용역의 거래금액을 「금융실명거래 및 비밀보장에 관한 법률」에 의한 금융기관을 통하여 지급한 경우로서 「법인세법」 제60조에 따른 법인세과세표준신고서에 송금사실을 기재한 경비 등의 송금명세서를 첨부하여 납세지 관할 세무서장에게 제출한 경우에는 적격증명서류의 수취의무대상에서 제외한다(법칙 79 10호).

① 「부가가치세법」 제61조의 규정을 적용받는 사업자로부터 부동산임대용역을 제공받은 경우

② 임가공용역을 제공받은 경우(법인과의 거래를 제외)

③ 운수업을 영위하는 자(「부가가치세법」 제61조의 규정을 적용받는 사업자에 한함)가 제공하는 운송용역을 공급받은 경우(택시운송용역을 제공받는 경우를 제외)

이때에 직접화물운수사업체를 갖지 아니하고 수수료 또는 계약에 의하여 화물운송에 관한 책임을 지고 탁송자로부터 수령자에게 화물을 운송하는 화물운송대행용역을 제외한다(법인 46012-3828, 1999.10.28.).

④ 「부가가치세법」 제61조의 규정을 적용받는 사업자로부터 「조세특례제한법 시행령」 제110조 제4항 각 호에 따른 재활용폐자원 등이나 「자원의 절약과 재활용촉진에 관한 법률」 제2조 제2호의 규정에 의한 재활용가능자원(같은 법 시행규칙 [별표 1] 제1호부터 제9호까지의 규정에 열거된 것에 한함)을 공급받은 경우

⑤ 「항공법」에 의한 상업서류송달용역을 제공받는 경우

⑥ 「공인중개사의 업무 및 부동산 거래신고에 관한 법률」에 따른 중개업자에게 수수료를 지급하는 경우

⑦ 「복권 및 복권기금법」에 의한 복권사업자가 복권을 판매하는 자에게 수수료를 지급하는 경우

⑧ 「전자상거래 등에서의 소비자보호에 관한 법률」 제2조 제2호 본문에 따른 통신판매에 따라 재화 또는 용역을 공급받은 경우

⑨ 기타 국세청장이 정하여 고시한 다음의 경우(국세청고시 제2009-101호)

㉠ 인터넷, PC통신 및 TV홈쇼핑을 통하여 재화 또는 용역을 공급받는 경우

㉡ 우편송달에 의한 주문판매를 통하여 재화를 공급받는 경우

⑩ 「유료도로법」에 따른 유료도로를 이용하고 통행료를 지급하는 경우(법칙 79 11호)

(7) 가산세의 계산

법인이 사업과 관련하여 사업자로부터 재화 또는 용역을 공급받고 신용카드매출전표, 세금계산서, 계산서 등의 증명서류를 받지 아니하거나 다르게 받은 경우에는 그 금액의 2%에 상당하는 금액을 가산세로서 징수하여야 하며 산출세액이 없는 경우에도 가산세는 징수하는데(법법 75의 5), 이를 산식으로 표시하면 다음과 같다.

받지 아니하거나 다르게 받은 금액으로 손금에 산입하는 것이 인정되는 금액×2% =증명서류불성실가산세

'증명서류를 받지 아니한 금액'에는 부가가치세를 포함한다(서이 46012-10568, 2001.11.19.).

6. 주식등변동상황명세서 제출 불성실가산세

(1) 가산세대상금액의 범위

사업연도 중에 주식 등의 변동상황이 있는 법인(조합법인 등은 제외)은 「법인세법」 제60조의 규정에 의한 신고기한 내에 주식등변동상황명세서를 납세지 관할 세무서장에게 제출하도록 하고 있다(법법 119, 법령 161). 따라서 내국법인이 다음 각 호의 어느 하나에 해당하는 경우에는 미제출, 누락제출 및 불분명하게 제출한 주식 등의 액면금액 또는 출자가액에 대하여 가산세를 부과하여(법법 75의 2 ②) 납부할 세액에 가산하거나 환급받을 세액에 공제한다(국기법 47 ③).

① 주식등변동상황명세서를 제출하지 아니한 경우

② 주식변동상황을 누락하여 제출한 경우

③ 제출된 주식등변동상황명세서가 불분명한 경우

이때에 '불분명한 경우'란 다음 각 목의 어느 하나에 해당하는 경우로 하되 내국법인이 주식 등의 실제소유자를 알 수 없는 경우 등 정당한 사유가 있는 경우는 제외한다(법령 120 ②).

① 제출된 변동상황명세서에 다음 각 목의 필요적 기재사항의 전부 또는 일부를 기재하지 아니하였거나 잘못 기재하여 주식 등의 변동상황을 알 수 없는 경우

㉠ 주주 등의 성명 또는 법인명, 주민등록번호 · 사업자등록번호 또는 고유번호

㉡ 주주등별 주식 등의 보유현황

㉢ 사업연도 중의 주식 등의 변동사항

② 제출된 변동상황명세서의 필요적 기재사항이 주식 등의 실제소유자에 대한 사항과 다르게 기재되어 주식 등의 변동상황을 확인할 수 없는 경우

(2) 가산세의 계산

주식등변동상황명세서의 미제출 · 누락제출 및 불분명하게 제출한 주식 등의 액면금액 또는 출자가액의 2%에 상당하는 금액을 가산세로 하였으나, 2016.12.20. 개정에 따라 가산세율을 1%로 인하하고, 2018.1.1. 이후 주식등변동상황명세서의 제출기한이 도래하는 분부터 적용하도록 하였다(법법 부칙 6 법률 제14386호). 주식등변동상황명세서제출불성실가산세의 산출방법을 산식으로 표시하면 다음과 같으며 산출세액이 없는 경우에도 가산세는 징수하여야 한다(법법 75의 2 ②).

미제출 · 누락 · 불분명한 주식 등의 액면금액×1%=주식등변동상황명세서 제출 불성실가산세

7. 지급명세서 제출 불성실가산세

「법인세법」 제120조, 제120조의 2 또는 「소득세법」 제164조, 제164조의 2에 따라 지급명세서를 제출하여야 할 내국법인이 그 제출기한까지 제출하지 아니하였거나 제출된 지급명세서가 불분명하거나 지급금액이 사실과 다른 경우에는 그 금액에 대하여 가산세를 부과하여(법법 75의 7) 납부할 세액에 가산하거나 환급받을 세액에서 공제하는데(국기법 47 ③), 이를 설명하면 다음과 같다.

(1) 지급명세서의 제출의무자

지급명세서의 제출의무자의 범위를 설명하면 다음과 같다.

| 지급명세서의 제출의무자 |

내 용	근 거 법
1) 내국법인에게 이자소득 등을 지급하는 자	법법 120 ①
2) 원천징수의무자를 대리하거나 위임받은 자	〃 〃
3) 어음 또는 채무증서를 인수 · 매매 등을 하는 금융회사 등	〃 〃
4) 채권 등을 중도에 매도하는 자	〃 〃
5) 소득세의 납세의무가 있는 자에게 이자소득 등을 지급하는 자	〃 ②

1) 내국법인에게 이자소득 등을 지급하는 자

내국법인(금융회사 등 제외)에게 「소득세법」 제16조 제1항에 따른 이자소득금액(금융보험업을 하는 법인의 수입금액을 포함)과 제17조 제1항 제5호에 따른 배당소득금액(투자신탁만 해당)을 지급하는 경우에는 원천징수를 하여야 한다(법법 73 ①). 그러나 내국법인에게 「소득세법」 제127조 제11항 제11호(이자소득) 또는 제2호(배당소득)을 지급하는 자는 납세지 관할 세무서장에게 지급명세서를 제출하여야 한다(법법 120 ①). 따라서 법인주주에게 일반적인 배당금을 지급한 경우 원천징수의무는 없으나 지급명세서의 제출의무가 있으므로, 지급명세서 제출 시 누락되지 않도록 유의하여야 한다.

이때에 「자본시장과 금융투자업에 관한 법률」의 적용을 받는 법인의 신탁재산에 귀속되는 소득은 그 법인에 소득이 지급된 것으로 보아 해당 소득을 지급하는 자가 지급명세서를 제출하여야 한다(법법 120 ① 후단).

2) 원천징수의무자를 대리하거나 위임받은 자

원천징수의무자를 대리하거나 그 위임을 받은 자의 행위는 수권 또는 위임의 범위 안에서 본인 또는 위탁인의 행위로 보아 원천징수대상소득을 지급하는 경우에는 원천징수를 하여야 하며(법법 73 ④), 또한 지급명세서를 제출하여야 한다(법법 120 ①).

3) 어음 또는 채무증서를 인수 · 매매 등을 하는 금융회사 등

금융회사 등이 내국법인(개인을 포함)이 발행한 어음 또는 채무증서를 인수 · 매매 · 중개 또는 대리하는 경우에는 금융회사 등과 그 내국법인 간에 대리 또는 위임의 관계가 있는 것으로 보아 금융회사 등이 원천징수대상소득을 지급하는 경우에는 원천징수를 하여야 하며(법법 73 ⑤), 또한 지급명세서를 제출하여야 한다(법법 120 ①).

4) 채권 등을 중도에 매도하는 자

내국법인이 「소득세법」 제46조 제1항에 따른 채권 등에서 발생하는 이자, 할인액 및 투자신탁의 이익(이하 "이자 등"이라 함)의 계산기간 중에 해당 채권 등 또는 투자신탁의 수익증권을 타인에게 매도(중개 · 알선 등은 포함하고 환매조건부채권매매 등은 제외)하는 경우 원천징수대상채권 등의 보유기간에 따른 이자 등에 대하여는 해당 법인이 원천징수의무자를 대리하여 원천징수를 하여야 하며(법법 73의 2 ①), 또한 지급명세서를 제출하여야 한다(법법 120 ①).

5) 소득세의 납세의무가 있는 자에게 이자소득 등을 지급하는 자

지급명세서의 제출에 관하여는 「소득세법」 제164조와 같은 법 시행령 제213조 및 제214조의 규정을 준용한다(법법 120 ②, 법령 162).

따라서 「소득세법」 제2조에 따라 소득세의 납세의무가 있는 개인에게 다음의 소득금액 또는 수입금액을 국내에서 지급하는 자(법인을 포함하고 지급을 대리 또는 위탁받은 자 및 납세조합을 포함)는 지급명세서를 제출할 의무가 있다(소법 164 ①).

① 이자소득

② 배당소득

③ 원천징수대상 사업소득

④ 근로소득 또는 퇴직소득

⑤ 연금소득

⑥ 기타소득(봉사료수입금액은 제외)

⑦ 봉사료수입금액

⑧ 장기저축성보험의 보험차익

(2) 지급명세서를 전산테이프 또는 디스켓으로 제출할 수 있는 자

「법인세법」상의 지급명세서 제출에 관하여는 「소득세법」 제164조를 준용하도록 하고 있으며(법법 120 ②) 지급명세서를 제출하여야 할 자는 지급명세서의 기재사항을 「국세기본법」 제2조 제18호의 규정에 의한 정보통신망에 의하여 제출하거나 전산처리된 테이프 또는 디스켓으로 제출하여야 하며(소법 164 ③), 직전 연도에 제출한 지급명세서의 매수가 50매 미만인 자 또는 상시근무하는 근로자의 수(매월 말일의 현황에 의한 평균인원수를 말함)가 10인 이하인 자에 대하여는 지급명세서를 문서로 제출하게 할 수 있다(소령 214 ③ 본문). 다만, 다음 각 호의 어느 하나에 해당하는 자를 제외한다(소령 214 ③ 단서).

① 한국표준산업분류상의 금융보험업자

② 국가 · 지방자치단체 또는 지방자치단체조합

③ 법인

④ 「소득세법」 제160조 제3항의 규정에 의한 복식부기의무자

(3) 지급명세서의 제출로 간주하는 경우

「소득세법」 제164조의 규정은 「법인세법」상의 지급명세서의 제출에 관하여 준용하도록 하고 있으므로(법법 120 ②) 「소득세법」 제164조의 규정에 의하여 지급명세서를 제출한 것으로 보는 경우를 열거하면 다음과 같다.

① 원천징수의무자가 그 원천징수를 하여 제출한 원천징수에 관한 관계서류 중 지급명세서에 해당하는 것이 있는 때에는 그 제출한 부분에 대하여 지급명세서를 제출한 것으로 본다(소법 164 ⑤).

② 사업장 소재지 관할 세무서장에게 제출한 매출 · 매입처별 계산서합계표와 「부가가치세법」상의 매출 · 매입처별 세금계산서합계표 중 지급명세서(전자계산서 발급명세 포함)에 해당하는 것이 있는 때에는 그 제출한 부분에 대하여 지급명세서를 제출한 것으로 본다(소법 164 ⑥).

③ 근로소득의 총수입금액이 근로소득공제액, 본인에 대한 기본공제액 및 표준공제액의 합계액 이하인 거주자에 대하여는 지급명세서에 갈음하여 근로소득지급명세서를 제출할 수 있다(소령 215 ②).

④「소득세법」 제16조 제1항의 이자소득이나 동법 제17조 제1항의 배당소득에 대하여는 지급명세서에 갈음하여 이자 · 배당소득지급명세서를 제출할 수 있다(소령 215 ③).

⑤「소득세법」 제144조의 2 규정에 의하여 연말정산되는 사업소득의 소득금액이 본인에 대한 기본공제 및 표준공제의 합계액 이하인 사업자에 대하여는 지급명세서에 갈음하여 사업소득지급명세서를 제출할 수 있다(소령 215 ⑤).

(4) 지급명세서의 제출의무의 면제

1) 법인세가 비과세 또는 면제되는 소득을 지급하는 경우

「소득세법」 제127조 제1항 제1호 또는 제2호의 소득을 지급하는 자는「소득세법」 제164조와 동법 시행령 제213조 및 제214조의 규정을 준용하여 지급명세서를 제출하여야 한다. 다만, 다음 각 호의 소득에 대하여는 지급명세서를 제출하지 아니할 수 있다(법령 162 단서).

①「법인세법 시행령」 제111조 제1항 각 호의 금융회사 등에 지급하는 이자소득(같은 항에 따라 원천징수대상이 되는 경우는 제외한다)(법령 162 1호)

②「자본시장과 금융투자업에 관한 법률」에 따른 한국예탁결제원이 증권회사 등에 예탁자에게 지급하는「법인세법」 제16조 제1항에 따른 의제배당소득에 대해서는 지급명세서의 제출의무를 면제한다(법령 162 2호).

한편, 법인이 내국법인인 주주에게 배당금을 지급할 때에는 원천징수는 하지 않으나 지급명세서의 제출의무가 있으며, 미제출 시에는 가산세가 부과됨에 유의하여야 한다(조심 2018중3335, 2018.10.31.).

2) 현재가치할인차금의 상각액과 연지급수입이자

다음의 경우에는 지급명세서를 제출하지 아니한다(법령 72 ⑥).

① 자산을 장기할부조건으로 취득하는 경우 발생한 채무를 기업회계기준에 따라 현재가치로 평가하여 현재가치할인차금으로 계상한 당해 현재가치할인차금의 상각액

② 연지급수입에 있어서 취득가액과 구분하여 지급이자로 계상한 금액

(5) 지급명세서의 제출기한

다음 각 호의 어느 하나의 소득에 해당하는 소득금액 또는 수입금액을 국내에서 지급하는

자는 지급명세서를 그 지급일이 속하는 연도의 다음 연도 2월 말일(사업소득, 근로소득 또는 퇴직소득의 경우에는 다음 연도 3월 10일, 휴업 또는 폐업한 경우에는 휴업일 또는 폐업일이 속하는 달의 다음 다음달 말일)까지 원천징수관할세무서장 · 지방국세청장 또는 국세청장에게 제출하여야 한다. 다만, 일용근로자의 근로소득은 그 지급일이 속하는 분기의 마지막 달의 다음달 말일(4분기에 지급한 근로소득은 다음 연도 2월 말일)까지 제출하여야 한다(법령 162, 소법 164 ①).

① 이자소득
② 배당소득
③ 원천징수대상이 되는 사업소득의 수입금액
④ 근로소득 또는 퇴직소득
⑤ 연금소득
⑥ 기타소득(봉사료수입금액 제외)
⑦ 봉사료수입금액
⑧ 장기저축성보험의 보험차익

(6) 지급명세서 제출기한의 연장

1) 지급명세서 제출의 연장사유

천재지변 등이 발생한 경우에 지급명세서의 제출은 다음 각 호의 규정에 의하여 그 의무를 면제하거나 그 기한을 연장할 수 있다(법령 163 ②).

① 천재지변 등으로 장부나 그 밖의 증명서류가 멸실된 때에는 그 사유가 발생한 월의 전월 이후분은 당해 사업이 원상회복한 월이 속하는 전월분까지 그 지급명세서의 제출의무를 면제할 수 있다.

② 권한 있는 기관에 장부나 그 밖의 증명서류가 압수 또는 영치된 경우에 그 사유가 발생한 당월분과 직전월분에 대하여는 지급명세서의 제출이 가능한 상태로 된 날이 속하는 월의 다음달 말일까지 연장할 수 있다.

2) 지급명세서 제출의 연장신청

지급명세서 제출의 면제 또는 연장을 받고자 하는 자는 지급명세서 제출기한 내에 납세지 관할 세무서장에게 승인신청을 하여야 한다(법령 163 ③).

(7) 가산세의 계산

지급명세서의 미제출 및 불분명 제출의 경우에는 그 지급금액의 2%(지연제출은 1%)에 상당하는 금액을 가산세로 하였으나, 2016.12.20. 개정에 따라 가산세율을 1%(지연제출은

0.5%)로 인하하고, 2018.1.1. 이후 지급명세서의 제출기한이 도래하는 분부터 적용하도록 하였다(법법 부칙 6 법률 제14386호).

지급명세서를 제출하여야 할 자가 다음 각 호의 어느 하나에 해당하는 경우에는 다음의 산식에 따른 금액을 가산한 금액을 법인세로서 징수하여야 하며 산출세액이 없는 경우에도 가산세는 징수하여야 한다(법법 75의 7 ①).

▌지급명세서 제출 불성실가산세▐

구 분	가산세의 계산
기한 내 미제출한 경우	미제출한 지급금액×1%(기한 후 3개월 이내 제출한 경우 0.5%)
제출된 지급명세서가 불분명하거나 사실과 다른 경우	불분명 또는 사실과 다른 지급금액×1%

다음의 어느 하나에 해당하는 경우는 불분명한 경우로 본다.

① 제출된 지급명세서에 지급자 및 소득자의 주소 · 성명 · 고유번호(또는 주민등록번호)나 사업자등록번호 · 소득의 종류 · 소득귀속연도 또는 지급액을 적지 않았거나 잘못 적어 지급사실을 확인할 수 없는 경우

② 제출된 지급명세서 및 이자 · 배당소득지급명세서에 유가증권 표준코드를 적지 않았거나 잘못 적어 유가증권의 발행자를 확인할 수 없는 경우

③ 내국법인인 금융회사 등으로부터 제출된 이자 · 배당소득지급명세서에 해당 금융회사 등이 과세구분을 적지 않았거나 잘못 적은 경우

④ 「소득세법 시행령」 제202조의 2 제1항에 따른 이연퇴직소득세를 적지 않았거나 잘못 적은 경우

8. 간이지급명세서 제출 불성실가산세

(1) 간이지급명세서의 제출의무

소득세 납세의무가 있는 개인에게 근로소득(일용근로자가 아닌 근로자에게 지급하는 경우) 및 원천징수 대상 사업소득을 국내에서 지급하는 자는 간이지급명세서를 원천징수 관할 세무서장, 지방국세청장 또는 국세청장에게 제출하여야 한다(소법 164의 3 ①). 제출된 간이지급명세서에는 지급자 또는 소득자의 주소 · 성명 · 납세번호(주민등록번호로 갈음하는 경우에는 주민등록번호), 사업자등록번호, 소득의 종류, 소득의 귀속연도 또는 지급액을 적어야 하며, 해당 내용을 적지 않았거나 잘못 적어 지급사실을 확인할 수 없는 경우에는 가산세 부과대상이 된다.

(2) 제출기한

간이지급명세서는 다음의 구분에 따라 정해진 기한까지 원천징수 관할 세무서장, 지방국세청장 또는 국세청장에게 제출하여야 한다(소법 164의 3 ①).

구 분	일반적인 경우	휴업, 폐업 또는 해산한 경우
근로소득	반기 마지막 달의 다음달 말일	휴업일, 폐업일 또는 해산일이 속하는 반기의 마지막 달의 다음달 말일
사업소득	지급일이 속한 달의 다음달 말일	휴업일, 폐업일 또는 해산일이 속하는 달의 마지막 달의 다음달 말일

(3) 가산세(법법 75의 7 ① 1호 나목)

구 분	내 용	개정 전 가산세율 (21년 6월까지 지급분)	개정 후 가산세율 (21년 7월 이후 지급분)
미제출	법정기한까지 제출하지 아니한 경우 －근로소득 : 3개월 이내 －사업소득 : 1개월 이내	미제출 금액[*1]의 0.25%	미제출 금액[*1]의 0.25%
지급사실 불분명등	－지급자 또는 소득자의 주소 · 성명 · 납세번호(주민등록번호로 갈음하는 경우에는 주민등록번호), 사업자등록번호, 소득의 종류, 소득의 귀속연도 또는 지급액을 적지 않았거나 잘못 적어 지급사실을 확인할 수 없는 경우 －지급금액이 사실과 다른 경우	불분명(허위)제출 금액[*2]의 0.25%	불분명(허위)제출 금액[*2]의 0.25%
지연제출	제출기한 경과 후 제출한 경우	제출기간 경과 후 3개월[*3] 이내 제출 시 0.125%	제출기간 경과 후 1개월[*3] 이내 제출 시 0.125%

*1. 소규모사업자(상시 고용인원 20인 이하인 사업자로서 반기별 원천징수세액 납부자)가 종전 제출기한(반기 마지막 달의 다음달 말일)까지 제출 시 가산세 미부과(2021.7.1.~2022.6.30.까지 지급분)

*2. 불분명(허위)금액이 총지급액 대비 5% 이하인 경우 미부과

*3. 2021년 6월까지의 소득지급분에 해당하는 경우에는 제출기간 경과 후 3개월 이내 제출 시 0.125%

9. 계산서 등 불성실가산세

법인(국가지방자치단체와 수익사업과 관련되지 아니하는 비영리법인은 제외)이 다음 각 호의 어느 하나에 해당하는 경우에는 그 금액에 대하여 가산세를 부과하여(법법 75의 8) 납부할 세액에 가산하거나 환급받을 세액에서 공제한다(국기법 47 ③). 그러나 「법인세법」 제75조의 5에 따른 증명

서류불성실가산세가 부과되거나 「부가가치세법」 제60조 제2항 · 제3항 · 제5항부터 제7항까지의 규정에 따라 계산서 등의 불성실가산세가 부과되는 부분은 제외한다(법법 75의 8 ②).

▌가산세의 적용대상 범위▐

내 용	근 거 법
(1) 매입처별 세금계산서합계표의 미제출 등	법법 75의 8 ① 1호
(2) 계산서 등의 기재사항이 미비하거나 사실과 다른 경우	〃 〃 2호
(3) 매출 · 매입처별 계산서합계표의 미제출 등	〃 〃 3호
(4) 재화 또는 용역공급자 등의 계산서 등의 미발급 등	〃 〃 4호
(5) 전자계산서발급명세를 재화 등의 공급시기가 속하는 사업연도말의 다음달 11일까지 전송한 경우	〃 〃 5호
(6) 전자계산서발급명세서를 재화 등의 공급시기가 속하는 사업연도말의 다음 달 11일까지 전송하지 아니한 경우	〃 〃 6호

(1) 계산서 등의 기재사항이 미비하거나 사실과 다른 경우

「법인세법」 제121조 제1항 또는 제2항에 따라 발급한 계산서 등에 적어야 할 사항의 전부 또는 일부를 적지 아니하거나 사실과 다르게 적은 경우에는 가산세의 부과대상이 된다. 그러나 후술하는 '(2) 매출 · 매입처별 계산서합계표의 미제출 등'이 적용되는 분은 제외한다(법법 75의 8 ① 2호). 이때에 '적어야 할 사항'이란 「소득세법 시행령」 제211조 제1항 제1호부터 제4호까지의 기재사항(이하 "필요적 기재사항"이라 함)을 말하는데(법령 120 ⑮), 이를 열거하면 다음과 같다.

① 공급하는 사업자의 등록번호와 성명 또는 명칭
② 공급받는 자의 등록번호와 성명 또는 명칭
③ 공급가액
④ 작성연월일

(2) 매출 · 매입처별 계산서합계표의 미제출 등

「법인세법」 제121조 제5항에 따라 매출 · 매입처별 계산서합계표를 기한까지 제출하지 아니한 경우 또는 제출하였더라도 그 합계표에 적어야 할 사항의 전부 또는 일부를 적지 아니하거나 사실과 다르게 적은 경우에는 계산서불성실가산세의 적용대상이 된다. 그러나 후술하는 '(4) 재화 또는 용역공급자 등의 계산서 등의 미발급 등'이 적용되는 분의 매출가액 또는 매입가액은 제외한다(법법 75의 8 ① 3호). 이때에 '적어야 할 사항'이란 거래처별 사업자등록번호 및 공급가액을 말한다. 다만, 제출된 매출 · 매입처별 계산서합계표의 기재사항이 착오로 사실과 다르게 기재된 경우로서 발급한 또는 발급받은 계산서에 의하여 거래사실이 확인되는 경우에는 사실과 다르게 기재된 것으로 보지 아니한다(법령 120 ⑮).

(3) 매입처별 세금계산서합계표의 미제출 등

「법인세법」 제120조의 3 제1항에 따라 매입처별 세금계산서합계표를 매년 2월 10일 이내에 제출하지 아니한 경우 또는 제출하였더라도 그 매입처별 세금계산서합계표에 적어야 할 사항의 전부 또는 일부를 적지 아니하거나 사실과 다르게 적은 경우에는 가산세의 부과대상이 된다. 그러나 후술하는 '(4) 재화 또는 용역공급자 등의 계산서 등의 미발급 등'이 적용되는 분의 매입가액은 제외한다(법법 75의 8 ① 1호).

이때에 '적어야 할 사항의 전부 또는 일부를 적지 아니하거나 사실과 다르게 적은 경우'란 거래처별 사업자등록번호 또는 공급가액을 적지 아니하거나 사실과 다르게 적은 경우를 말한다. 다만, 제출된 매입처별 세금계산서합계표에 적을 사항을 착오로 사실과 다르게 적은 경우로서 발급받은 세금계산서에 의하여 거래사실이 확인되는 경우를 제외한다(법령 120 ⑬).

그러나 수익사업을 영위하지 아니하는 비영리법인이 부가가치세의 납세의무가 없는 경우 당해 법인의 고유목적사업과 관련하여 사업자로부터 재화 또는 용역을 공급받고 세금계산서를 수취한 때에는 「법인세법」 제120조의 3 및 「부가가치세법」 제54조에 따라 매입처별 세금계산서합계표를 기한 내에 납세지 관할 세무서장에게 제출하여야 하며, 이를 이행하지 아니하는 경우에도 구 「법인세법」 제76조 및 「부가가치세법」 제60조에 따른 가산세는 적용하지 아니한다(법규부가 2008-36, 2008.12.18.).

(4) 재화 또는 용역공급자 등의 계산서 등의 미발급 등

다음 각 목의 어느 하나에 해당하는 경우에는 가산세의 부과대상이 된다(법법 75의 8 ① 4호).

① 재화 또는 용역을 공급한 자가 「법인세법」 제121조 제1항 또는 제2항에 따른 계산서 등을 같은 조 제8항에 따른 발급시기에 발급하지 아니한 경우

② 재화 또는 용역을 공급하지 아니하고 계산서 등을 발급한 경우

③ 재화 또는 용역을 공급받지 아니하고 계산서 등을 발급받은 경우

④ 재화 또는 용역을 공급하고 실제로 재화 또는 용역을 공급하는 법인이 아닌 법인의 명의로 계산서 등을 발급한 경우

⑤ 재화 또는 용역을 공급받고 실제로 재화 또는 용역을 공급하는 자가 아닌 자의 명의로 계산서 등을 발급받은 경우

(5) 계산서 등의 발급의무 면제

다음 각 호의 어느 하나에 해당하는 사업을 영위하는 자가 재화 또는 용역을 공급하는 때에는 계산서를 발급하지 아니하고 영수증을 발급할 수 있다. 다만, 재화 또는 용역을 공급받은 사업자가 사업자등록증을 제시하고 계산서의 발급을 요구하는 때에는 계산서를 발급하여야 한다(법령 164 ①, 소령 211 ②).

① 「부가가치세법」 제36조 제1항 제1호(간이과세자) 및 같은 법 시행령 제73조 제1항 및 제2항을 적용받는 사업(영수증발급대상 업종)

② 「부가가치세법」 제36조 제1항 제1호(간이과세자) 및 같은 법 시행령 제73조 제1항 및 제2항에 규정된 사업으로서 부가가치세가 면제되는 사업(영수증발급대상 업종)

③ 주로 사업자가 아닌 소비자에게 재화 또는 용역을 공급하는 사업으로서 기획재정부령이 정하는 사업

④ 토지 및 건축물을 공급하는 경우

(6) 전자계산서의 전송지연 등의 경우

2014.12.23. 개정에 따라 법인이 재화나 용역을 공급하는 경우에는 전자계산서나 영수증을 작성하여 공급받는 자에게 발급하도록 하고(법법 121 ① 후단) 전자계산서 발급일의 다음날까지 국세청장에게 전송하도록 하였다(법법 121 ⑦, 법령 164 ⑤). 따라서 이를 이행하지 아니한 경우에는 가산세의 부과대상이 된다(법법 75의 8 ① 5호 · 6호).

(7) 가산세의 계산

계산서 등 불성실가산세를 요약하면 다음과 같다.

▌계산서 등 불성실가산세▐

구 분	가산세의 계산	근 거 법
• 매입처별 세금계산서합계표의 미제출 등	공급가액×0.5%	법법 75의 8 ① 1호
• 계산서 등의 기재사항이 미비하거나 사실과 다른 경우	〃 ×1%	〃 2호
• 매출 · 매입처별 계산서합계표의 미제출 등	〃 ×1%	〃 3호
• 다음 각 목의 어느 하나에 해당하는 경우 – 계산서 등의 미발급 등의 경우	공급가액×2% (전자계산서 외의 계산서 발급 및 지연발급 시* 1%)	〃 4호

구 분	가산세의 계산	근 거 법
– 재화 또는 용역을 공급하지 아니하고 계산서 등을 발급한 경우	공급가액×2%	
– 재화 또는 용역을 공급받지 아니하고 계산서 등을 발급받은 경우	〃	
– 재화 또는 용역을 공급하고 실제로 공급하는 법인이 아닌 법인명의로 계산서 등을 발급한 경우	〃	
– 재화 또는 용역을 공급받고 실제로 공급하는 자 외의 명의로 계산서 등을 발급받은 경우	〃	
• 전자계산서 전송지연 등의 경우 – 지연전송의 경우	공급가액×0.3% (2016.12.31. 이전 공급분은 0.1%)	법법 75의 8 ① 5호
– 전송하지 아니한 경우	공급가액×0.5% (2016.12.31. 이전 공급분은 0.3%)	〃 6호

* 계산서의 발급시기가 지난 후 해당 재화 또는 용역의 공급시기가 속하는 사업연도 말의 다음달 25일까지 계산서를 발급한 경우를 말하며, 2018.1.1. 이후 공급하는 재화 또는 용역에 대하여 계산서를 발급하는 경우부터 적용한다(부칙 8 법률 제15222호).

그러나 증명서류 불성실가산세 또는「부가가치세법」제60조 제2항 · 제3항 · 제5항부터 제7항까지의 규정에 따라 세금계산서 등의 제출 불성실가산세가 부과되는 부분은 제외한다(법법 75의 8 ②).

실무포인트

① 법인이 실물거래 없이 가공으로 계산서를 교부한 경우에는 그 교부금액에 대하여 법인세법 제76조 제9항의 가산세를 적용한다. 또한, 당해 계산서를 교부받은 후 매입처별계산서합계표에 기재하여 제출한 법인에 대하여도 동일하게 적용한다(법통 76－120…1).

② 법인이 세금계산서교부대상 재화를 공급하면서 착오로 계산서를 교부함에 따라 부가가치세법 제22조 제3항 제1호의 세금계산서미발급가산세가 적용되는 부분에 대하여는 법인세법 제76조 제9항의 가산세를 적용하지 아니한다. 이때에 계산서를 교부받은 법인의 경우 이를 매입처별계산서합계표에 기재하여 제출하지 아니한 때에는 당해 가산세가 적용된다(법통 76－120…2).

③ 재화나 용역의 공급자로부터 계산서를 교부받지 못하여 매입처별계산서합계표를 제출하지 못한 경우에는 법인세법 제76조 제9항의 가산세를 적용하지 아니한다(법통 76－120…3).

④ 다음에 해당하는 재화 또는 용역의 공급에 대하여는 계산서를 교부하지 아니하는 경우에도 법인세법 제76조 제9항의 가산세를 부과하지 아니한다(법통 76-120…4).
㉠ 법인의 본지점 간 재화의 이동
㉡ 사업을 포괄적으로 양도하는 경우
㉢ 상품권 등 유가증권을 매매하는 경우(상품권매매업자 포함)
⑤ 법인이 법인세법 제121조 제4항에 따른 토지를 공급하는 경우에는 계산서 교부의무가 없으며 법인세법 제75조의 8 제1항에 따른 계산서 등 제출 불성실 가산세 규정이 적용되지 않는다(서면전자세원-1823, 2020.6.2.).
⑥ 부가가치세가 면제되는 용역을 공급하면서 세금계산서를 작성하여 교부한 경우 계산서 불성실가산세가 적용되지 않는다(법인세제과-1279, 2019.9.18.).

10. 기부금영수증 불성실가산세

내국법인은 다음을 위하여 기부금영수증(전자기부금영수증을 포함)을 발급하여야 한다(법법 75의 4, 112의 2 ①·②).

① 「법인세법」 제24조에 따른 기부금의 손금산입
② 거주자가 「소득세법」 제34조에 따른 필요경비의 산입
③ 비거주자가 「소득세법」 제59조의 4 제4항에 따른 기부금세액공제

따라서 기부금영수증을 발급하는 법인이 기부금영수증을 사실과 다르게 적어 발급(기부금액 또는 기부자의 인적사항 등 주요 사항을 적지 아니한 경우를 포함)하거나 기부자별 발급명세를 「법인세법」 제112조의 2 제1항에 따라 작성·보관하지 아니한 경우에는 그 금액에 대하여 가산세를 부과하여(법법 75의 4 ①) 납부할 세액에 가산하거나 환급받을 세액에서 공제한다(국기법 47 ③).

(1) 기부금영수증 발급명세의 작성·보관의무 등

1) 기부금영수증 발급명세의 작성·보관의무자

「법인세법」 제24조의 규정에 의한 기부금을 받은 경우에는 기부금영수증을 발급하여야 한다. 따라서 기부금영수증을 발급하는 법인은 기부자별 발급명세를 작성하여 발급한 날부터 5년간 보관하여야 한다. 다만, 전자기부금영수증을 발급한 경우에는 그러하지 아니하다(법법 112의 2 ①).

2) 기부금영수증의 발급명세의 내용

'기부자별 발급명세'란 다음 각 호의 내용이 모두 포함된 것을 말한다(법령 155의 2 ③).

① 기부자의 성명, 주민등록번호 및 주소(기부자가 법인인 경우에는 상호, 사업자 등록번호와 본점 등의 소재지)
② 기부금액
③ 기부금의 기부일자
④ 기부금영수증 발급일자
⑤ 그 밖의 기획재정부령이 정하는 사항

3) 기부자별 발급명세서의 제출

기부금영수증을 발급하는 법인은 기부자별 발급명세서를 작성하여 5년간 보관하여야 하며 국세청장, 지방국세청장 또는 납세지관할세무서장이 요청하는 경우 이를 제출하여야 한다. 다만, 전자기부금영수증을 발급한 경우에는 그러하지 아니하다(법법 112의 2 ① · ②).

4) 기부금영수증 발급명세의 제출

기부금영수증을 발급하는 법인은 해당 사업연도의 기부금영수증 총발급건수 및 금액 등이 적힌 기부금영수증발급명세서를 해당 사업연도의 종료일이 속하는 달의 말일부터 6개월 이내에 관할세무서장에게 제출하여야 한다. 다만, 전자기부금영수증을 발급한 경우에는 그러하지 아니하다(법법 112의 2 ③).

(2) 가산세의 계산

「법인세법」 제112조의 2에 따른 기부금영수증을 발급하는 자가 기부금영수증을 사실과 다르게 발급하거나 기부자별 발급명세를 작성 또는 5년간 보관하지 아니한 경우에는 다음의 구분에 따라 계산한 금액을 가산세로 하며 산출세액이 없는 경우에도 가산세를 징수하여야 한다(법법 75의 4 ①).

‖ 기부금영수증발급 불성실가산세 ‖

구 분	가산세의 계산
기부금영수증의 경우	• 기부금액이 사실과 다른 경우 : 사실과 다르게 발급된 금액×5% • 기부자의 인적사항 등이 사실과 다른 경우 : 영수증에 적힌 금액×5%
기부자별 발급명세의 경우	작성 · 보관하지 아니한 금액×0.2%

그러나 「상속세 및 증여세법」 제78조 제3항에 따라 보고서 제출의무를 이행하지 아니하거나 같은 조 제5항에 따라 출연받은 재산에 대한 장부의 작성 · 비치의무를 이행하지 아니하여 가산세가 부과되는 경우에는 기부자별 발급명세를 작성 · 보관하지 아니한 경우에 징수하는 가산세를 적용하지 아니한다(법법 75의 4 ③).

11. 신용카드발급 불성실가산세

신용카드매출전표의 발급불성실가산세의 징수대상금액은 신용카드가맹점으로 가입한 내국법인이 신용카드에 의한 거래를 거부하거나 신용카드매출전표를 사실과 다르게 발급하여 같은 조 제4항에 따라 납세지 관할 세무서장으로부터 통보받은 경우에는 통보받은 건별발급 거부금액 또는 신용카드매출전표를 사실과 다르게 발급한 금액(건별로 발급하여야 할 금액과의 차액)에 대하여 가산세를 부과하여(법법 75의 6 ①) 납부할 세액에 가산하거나 환급받을 세액에서 공제한다(국기법 47 ③).

(1) 신용카드가맹점의 가입대상자

신용카드가맹점의 가입대상자는 주로 사업자가 아닌 소비자에게 재화 또는 용역을 공급하는 법인으로서 업종 등을 고려하여 다음의 「소득세법 시행령」 [별표 3의 2]에 따른 '소비자상대업종'을 영위하는 법인을 말한다(법령 159 ①, 법집 117-159-1).

(2) 신용카드가맹점의 의무

신용카드가맹점(신용카드가맹점의 가입대상자를 말함)은 사업과 관련하여 신용카드에 의한 거래를 이유로 재화 또는 용역을 공급하고 그 사실과 다르게 신용카드매출전표를 발급하여서는 아니된다(법법 117 ②). 이때에 「유통산업발전법」 제2조에 따른 대규모 점포 등 「조세특례제한법」 제5조의 2 제1호의 전사적기업자원관리설비 또는 「유통산업발전법」 제2조 제12호의 판매시점정보관리시스템설비를 설치 · 운영하는 방법으로 다른 사업자의 매출과 합산하여 신용카드매출전표를 발급하는 경우에는 사실과 다르게 발급한 것으로 보지 아니한다(법법 117 ② 단서, 법령 159 ② · ③).

(3) 신용카드매출전표의 발급을 거부받은 자의 신고

신용카드가맹점으로부터 신용카드에 의한 거래가 거부되거나 사실과 다르게 신용카드매출전표를 발급받은 자가 신고하려는 때에는 다음 각 호의 사항이 포함된 신고서에 관련 사실을 증명할 수 있는 서류 또는 자료를 첨부하여 그 거래가 거부되거나 사실과 다르게 발급받은 날부터 1개월 이내에 국세청장 · 지방국세청장 또는 세무서장에게 제출하여야 한다. 다만, 증명서류나 자료는 가능한 경우에만 첨부한다(법법 117 ③, 법령 159 ④). 신고를 받은 자는 신용카드가맹점의 납세지 관할 세무서장에게 이를 통보하여야 하며 납세지 관할 세무서장은 해당 사업연도의 신고금액을 그 사업연도 종료 후 2개월 이내에 해당 신용카드가맹점에 통보하여야 한다(법법 117 ④, 법령 159 ⑤).

① 신고자성명

② 신용카드가맹점 명칭

③ 신용카드에 의한 거래가 거부되거나 사실과 다르게 발급받은 일시 · 거래내용 및 금액

(4) 가산세의 계산

신용카드매출전표의 발급불성실가산세는 신용카드가맹점으로 가입한 내국법인이 신용카드에 의한 거래를 거부하거나 신용카드매출전표를 사실과 다르게 발급한 경우에는 관할 세무서장으로부터 통보받은 건별거부금액 또는 신용카드매출전표를 사실과 다르게 발급한 금액의 5%에 상당하는 금액(건별금액이 5,000원 미만은 5,000원으로 함)으로 하며 산출세액이 없는 경우에도 가산세는 징수하는데(법법 75의 6 ①), 이를 산식으로 표시하면 다음과 같다.

• 건별발급거부금액 · 불성실금액×5% • 건별계산액 5,000원	중 큰 금액=신용카드발급 불성실가산세

12. 현금영수증 불성실가산세

「법인세법」 제117조의 2 제1항에 따라 주로 사업자가 아닌 소비자에게 재화나 용역을 공급하는 사업자로서 「법인세법 시행령」 제159조 제1항에 따른 법인은 그 요건에 해당하는 날이 속하는 달의 말일부터 3개월 이내에 현금영수증가맹점으로 가입하여야 한다(법법 117의 2 ①, 법령 159의 2 ①).

(1) 현금영수증가맹점의 가입대상법인

현금영수증가맹점가입대상자는 주로 사업자가 아닌 소비자에게 재화 또는 용역을 공급하는 사업자로서 대통령령으로 정하는 요건에 해당하는 법인은 그 요건에 해당하는 날이 속하는 달의 말일부터 3개월 이내에 현금영수증가맹점으로 가입하여야 한다(법법 117의 2 ①, 법령 159의 2 ①). 이때에 '대통령령으로 하는 요건'이란 「법인세법 시행령」 제159조 제1항에 따라 「소득세법 시행령」 [별표 3의 2]에 따른 소비자대상업종을 영위하는 법인을 말한다(법령 159 ①).

(2) 현금영수증가맹점 가입대상 제외법인

현금영수증가맹점으로 가입하기 곤란한 다음의 법인은 현금영수증가입대상에서 제외한다(법법 117의 2 ③ 단서, 법령 159의 2 ① · ②, 법칙 79의 2).

① 국가 및 지방자치단체

② 항공운송업을 영위하는 법인(외국을 항행하는 항공기 안에서 영위하는 소매업만 해당함)

③ 「법인세법」 제117조의 2 제3항 단서에 따라 사실과 다르게 발급한 것으로서 보지 아니하는 사업자를 통하여 현금영수증을 발급하는 법인

(3) 일반법인의 현금영수증의 발급의무

1) 현금영수증의 발급을 요청받은 경우

「법인세법 시행령」 제159조 제1항에 따른 「소득세법 시행령」 [별표 3의 2]의 소비자대상 업종으로서 현금영수증가맹점에 가입한 자는 거래금액 1원 이상으로서 사업과 관련하여 재화 또는 용역을 공급하고 그 대금을 현금으로 받은 경우에 거래상대방이 현금영수증의 발급을 요청한 경우에는 이를 거부하거나 사실과 다르게 발급하여서는 아니된다(법법 117의 2 ③, 법령 159의 2 ①·⑥). 그러나 「법인세법 시행령」 제159조 제2항에 따른 「유통산업발전법」 제2조에 따른 대규모점포 또는 「체육시설의 설치·이용에 관한 법률」 제3조에 따른 체육시설을 운용하는 사업자가 판매시점정보관리시스템을 설치·운영하는 등 방법으로 다른 사업자의 매출과 합산하여 현금영수증을 발급하는 경우에는 사실과 다르게 발급한 것으로 보지 아니한다(법법 117의 2 ③ 단서 후단).

2) 현금영수증의 발급을 요청하지 아니한 경우

현금영수증가맹점으로 가입한 법인은 그로부터 재화 또는 용역을 공급받은 상대방이 현금영수증의 발급을 요청하지 아니하는 경우에도 대통령령으로 정하는 바에 따라 현금영수증을 발급할 수 있다(법법 117의 2 ⑦).

3) 현금영수증 의무발행대상 업종의 발급의무

「소득세법 시행령」 [별표 3의 3]에 따른 다음의 업종을 경영하는 내국법인은 건당 거래금액(부가가치세를 포함)이 10만원 이상인 재화 또는 용역을 공급하고 그 대금을 현금으로 받은 경우에는 상대방이 현금영수증의 발급을 요청하지 아니하더라도 영수증을 발급하여야 한다(법법 117의 2 ④ 본문, 법령 159의 2 ⑤). 이 경우 재화 또는 용역을 공급하고 그 대금을 현금으로 받은 날부터 5일 이내에 무기명으로 발급할 수 있다(법령 159의 2 ⑧).

(4) 현금영수증 발급의무면제

1) 항공운송업을 하는 법인

현금영수증 발급이 곤란한 항공운송업을 하는 법인이 항공기에서 재화를 판매하는 경우

에는 현금영수증을 발급하지 아니할 수 있다(법법 117의 2 ③ 단서, 법령 159의 2 ②).

2) 계산서 · 세금계산서를 교부한 경우

법인이 「법인세법」 제111조, 「소득세법」 제168조 또는 「부가가치세법」 제8조에 따라 사업자등록을 한 자에게 재화 또는 용역을 공급하고 「법인세법」 제121조, 「소득세법」 제163조 또는 「부가가치세법」 제32조에 따라 계산서 · 세금계산서를 발급한 경우에는 현금영수증을 발급하지 아니할 수 있다(법법 117의 2 ④ 단서).

(5) 현금영수증 발급을 거부받은 자의 신고

현금영수증가맹점 또는 현금영수증 의무발행 대상업종을 영위하는 내국법인이 그 발급의무를 위반하여 현금영수증을 발급하지 아니하거나 사실과 다른 현금영수증을 발급한 경우에는 그 상대방은 그 현금거래 내용을 국세청장 · 지방국세청장 또는 세무서장에게 신고할 수 있으며(법법 117의 2 ⑤) 신고를 받은 자는 현금영수증가맹점의 납세지 관할 세무서장에게 이를 통보하여야 하며 납세지 관할 세무서장은 해당 사업연도의 신고금액을 해당 신용카드가맹점에 통보하여야 한다(법법 117의 2 ⑥, 법령 159의 2 ⑦).

① 신고자 성명

② 현금영수증가맹점 상호

③ 현금영수증의 발급이 거부되거나 사실과 다르게 발급받은 일자 · 거래내용 및 금액

(6) 가산세의 계산

현금영수증 불성실가산세는 현금영수증가맹점으로 가입하여야 할 법인이 가입하지 아니한 경우에는 가맹하지 아니한 사업연도의 수입금액의 1% 상당액에 가맹점가입요건에 해당하는 날부터 3개월이 지난 날의 다음날부터 가맹한 날의 전일까지의 일수가 가맹하지 아니한 사업연도의 수입금액에서 차지하는 비율을 곱한 금액과 현금영수증발급을 하거나 사실과 다르게 발급한 경우에는 해당 사업연도의 거래에 대하여 세무서장으로부터 통보받은 건별 발급거부금액 또는 건별사실과 다르게 발급한 금액(건별로 발급하여야 할 금액과의 차액)의 5%에 상당하는 금액(건별 5,000원 미만인 경우에는 5,000원) 중 어느 하나에 해당하는 금액으로 하며 산출세액이 없는 경우에도 가산세는 징수한다(법법 75의 6 ②, 법령 120 ⑦). 이때에 대규모점포 등 대통령령으로 정하는 사업자가 판매시스템정보관리시스템을 설치 · 운영하는 등 대통령령으로 정하는 방법으로 다른 사업자의 매출과 합산하여 현금영수증을 발급하는 경우에는 사실과 다르게 발급한 것으로 보지 아니하는데(법법 117의 2 ③ 단서 후단), 가산세의 계산방법을 요약하면 다음과 같다.

구 분	가산세의 계산
현금영수증가맹점 미가입의 경우	미가입사업연도의 수입금액×1%× $\frac{\text{3개월 경과일부터 가맹일 전일까지의 일수}}{\text{가맹하지 아니한 사업연도의 일수}}$
현금영수증 미발행·사실과 다른 경우	• 건별미발급 · 불성실금액×5% • 건별 5,000원 } 중 큰 금액
현금영수증 의무 발행대상 업종이 미발행한 경우	미발급금액×20%(10%)*

* 착오나 누락으로 인하여 거래대금을 받은 날부터 10일 이내에 관할 세무서에 자진 신고하거나 현금영수증을 자진 발급한 경우에는 10%

한편, 현금영수증 의무발행대상 업종을 영위하는 법인이 다음 중 어느 하나에 해당하는 경우에는 현금영수증을 미발행한 것으로 보지 않는다(법령 120 ⑧).

① 「국민건강보험법」에 따른 보험급여

② 「의료급여법」에 따른 의료급여

③ 「긴급복지지원법」에 따른 의료지원비

④ 「응급의료에 관한 법률」에 따른 대지급금

⑤ 「자동차손해배상 보장법」에 따른 보험금 및 공제금(같은 법 제2조 제6호의 「여객자동차 운수사업법」 및 「화물자동차 운수사업법」에 따른 공제사업자의 공제금에 한정한다)

13. 유보소득계산명세서 불성실가산세

특정외국법인의 유보소득계산명세서를 제출하여야 하는 내국법인이 그 제출기한까지 제출하지 아니하거나 제출한 명세서의 전부 또는 일부를 적지 아니하는 등 불분명한 경우에는 가산세를 부과한다(법법 75의 9 ①). 이때에 '불분명한 경우'란 배당가능한 유보소득금액을 산출할 때 적어야 하는 금액의 전부 또는 일부를 적지 아니하거나 잘못 적어 배당가능한 유보소득금액을 잘못 계산한 경우로 한다(법령 120 ⑯).

유보소득계산명세서 불성실가산세는 특정외국법인의 유보소득계산명세서를 제출하여야 하는 내국법인이 법인세 신고기한까지 제출하지 아니하거나 제출한 명세서의 전부 또는 일부를 적지 아니하거나 제출한 명세가 불분명한 경우에는 해당 특정외국법인의 배당가능한 유보소득금액의 0.5%에 상당하는 금액으로 하며 산출세액이 없는 경우에도 가산세는 징수하는데(법법 75의 9 ①·②), 이를 산식으로 표시하면 다음과 같다.

배당가능유보소득금액×0.5%=유보소득계산명세서 불성실가산세

위의 산식에서 '배당가능유보소득'이란 해당 특정외국법인의 거주지국에서 재무제표작성시에 일반적으로 인정되는 회계원칙에 따라 산출한 처분 전 이익잉여금(해당 사업연도 중에 있었던 이익잉여금 처분에 의한 중간배당액을 포함)으로부터 「국제조세조정에 관한 법률 시행규칙」 제9조의 2에 따른 사항을 조정한 금액에서 다음 각 호의 금액을 뺀 금액으로 한다(국조령 31 ①).

① 해당 사업연도 이익잉여금 처분액 중 이익의 배당금(중간배당액을 포함) 또는 잉여금의 분배금

② 해당 사업연도 이익잉여금 처분액 중 상여금, 퇴직급여 및 그 밖의 사외유출

③ 해당 사업연도 이익잉여금 처분액 중 거주지국의 법령으로 정하는 의무적립금 또는 의무적인 이익잉여금 처분액

④ 해당 사업연도 개시일 이전에 「국제조세조정에 관한 법률」 제17조 제1항에 따라 해당 내국법인에게 배당된 것으로 보아 이미 과세된 금액 중 '①'에 따른 이익잉여금 처분이 되지 아니한 금액

⑤ 같은 법 제17조가 적용되지 아니할 때 발생한 이익잉여금('⑥'의 금액은 제외) 중 '①' 및 '②'에 따른 이익잉여금 처분이 되지 아니한 금액

⑥ 같은 법 시행령 제29조 제3항에 따른 평가이익 중 해당 사업연도말 현재 실현되지 아니한 금액

⑦ 같은 법 시행령 제34조의 2에 따른 금액

3 부가가치세법상 가산세

1. 사업자등록 관련 가산세

구 분	사 유	가산세액
(1) 미등록 가산세[*1]	사업개시일로부터 20일 이내에 등록을 신청하지 아니한 경우	공급가액[*2]×1%
(2) 허위등록 가산세	사업자가 타인의 명의로 사업자등록을 하고 실제 사업을 영위하는 것으로 확인되는 경우(단, 배우자와 「상속세 및 증여세법」에 따른 상속으로 인하여 피상속인이 경영하던 사업이 승계되는 경우 그 피상속인으로 상속	공급가액[*3]×1%

구 분	사 유	가산세액
(2) 허위등록 가산세	개시일부터 상속세 과세표준 신고기한까지의 기간 동안 상속인이 피상속인 명의의 사업자등록을 활용하여 사업을 하는 경우 그 피상속인은 제외)	

*1. 등록기한이 지난 후 1개월 이내에 등록하는 경우 해당 가산세의 50%를 감면한다(국기법 48 ②).
*2. 사업개시일부터 등록을 신청한 날의 직전일까지의 공급가액
*3. 사업개시일부터 실제 사업을 하는 것으로 확인되는 날의 직전일까지의 공급가액

2. 세금계산서 관련 가산세

구 분	사 유	가산세액
(1) 부실기재	발급한 세금계산서의 필요적 기재사항의 전부 또는 일부가 착오 또는 과실로 기재되지 아니하거나 사실과 다르게 기재된 경우*1	공급가액×1%
(2) 지연전송	세금계산서를 발급시기가 지난 후 재화 또는 용역의 공급시기가 속하는 과세기간에 대한 확정신고기한까지 국세청장에게 전자세금계산서 발급명세를 전송하는 경우	공급가액×0.3%
(3) 미전송	세금계산서를 발급시기가 지난 후 재화 또는 용역의 공급시기가 속하는 과세기간에 대한 확정신고기한까지 국세청장에게 전자세금계산서 발급명세를 전송하지 아니한 경우	공급가액×0.5%
(4) 지연발급	세금계산서를 발급시기가 지난 후 해당 재화 또는 용역의 공급시기가 속하는 과세기간에 대한 확정신고기한까지 발급하는 경우	공급가액×1%
(5) 미발급	① 전자세금계산서 발급의무자가 세금계산서 발급시기에 전자세금계산서가 아닌 종이세금계산서를 발급한 경우 ② 둘 이상의 사업장을 가진 사업자가 재화 또는 용역을 공급한 사업장 명의로 세금계산서를 발급하지 아니하고 세금계산서의 발급시기에 자신의 다른 사업장 명의로 세금계산서를 발급한 경우	공급가액×1%
	③ 세금계산서를 발급시기가 지난 후 재화 또는 용역의 공급시기가 속하는 과세기간에 대한 확정신고기한까지 발급하지 아니한 경우 ④ 후발급 특례규정에 따라 세금계산서의 발급시기가 재화 또는 용역의 공급일이 속하는 과세기간이 지나서 도래하는 경우로서 세금계산서를 해당 과세기간 말의 다음 달 10일(그 날이 공휴일 또는 토요일인 경우에는 바로 다음 영업일)까지 발급하지 아니한 경우	공급가액×2%

구 분	사 유	가산세액
(6) 가공세금계산서*2	① 재화 · 용역을 공급하지 아니하고 세금계산서 또는 신용카드 매출전표 등을 발급한 경우 ② 재화 또는 용역을 공급받지 아니하고 세금계산서 등을 발급받은 경우	세금계산서 등에 적힌 공급가액 ×3%
(7) 허위세금계산서	① 재화 또는 용역을 공급하고 실제로 재화 또는 용역을 공급하는 자가 아닌 자 또는 실제로 재화 또는 용역을 공급받는 자가 아닌 자의 명의로 세금계산서 등을 발급한 경우 ② 재화 또는 용역을 공급받고 실제로 재화 또는 용역을 공급하는 자가 아닌 자의 명의로 세금계산서 등을 발급받은 경우	공급가액×2%
(8) 과다기재 세금계산서	① 재화 또는 용역을 공급하고 세금계산서 등의 공급가액을 과다하게 기재한 경우 ② 재화 또는 용역을 공급받고 공급가액이 과다하게 기재된 세금계산서 등을 발급받은 경우	과다하게 기재한 부분의 공급가액 ×2%

*1. 다만, 발급한 세금계산서의 필요적 기재사항 중 일부가 착오로 기재되었으나 해당 세금계산서의 그 밖의 기재사항으로 거래사실이 확인되는 경우에는 사실과 다른 세금계산서로 보지 아니하고 동 가산세를 적용하지 아니한다.

*2. 사업자가 아닌 자가 재화 또는 용역을 공급하지 아니하고 세금계산서를 발급하거나 재화 또는 용역을 공급받지 아니하고 세금계산서를 발급받은 경우에는 사업자로 보고 그 세금계산서에 적힌 공급가액의 3%에 해당하는 금액을 그 세금계산서를 발급하거나 발급받은 자에게 사업자등록증을 발급한 세무서장이 가산세로 징수한다. 이 경우 납부세액은 0으로 본다.

3. 세금계산서합계표 관련 가산세

(1) 매출처별 세금계산서합계표 관련 불성실가산세

구 분	사 유	가산세액
1) 미제출	매출처별 세금계산서합계표를 제출하지 아니한 경우	공급가액×0.5%
2) 부실기재	제출한 합계표의 기재사항 중 거래처별 등록번호 또는 공급가액의 전부 또는 일부가 기재되지 않았거나 사실과 다르게 기재된 경우	
3) 지연제출	예정신고와 함께 제출하여야 할 합계표를 확정신고와 함께 제출하는 경우	공급가액×0.3%

(2) 매입처별 세금계산서합계표 관련 불성실 가산세

구 분	사 유	가산세액
1) 지연수취	재화 또는 용역의 공급시기 이후에 발급받은 세금계산서로서 해당 공급시기가 속하는 과세기간에 대한 확정신고기한 다음 날부터 1년 이내에 발급받아 매입세액공제를 받는 경우	공급가액×0.5%
2) 경정 시	① 매입처별 세금계산서합계표의 미제출 또는 부실기재로 인해 경정 시 세금계산서에 의하여 매입세액공제를 받는 경우* ② 예정 · 확정신고시 신용카드 매출진표 수취명세서를 제출하지 않고 경정시 신용카드 매출전표 등을 제출하여 매입세액공제를 받는 경우	
3) 과다기재	① 매입처별 세금계산서합계표의 공급가액을 사실과 다르게 과다기재하여 신고한 경우 ② 매입세액을 공제받기 위하여 제출한 신용카드매출전표등 수령명세서에 공급가액을 과다하게 적은 경우(착오로 기재된 경우로서 신용카드매출전표등에 따라 거래사실이 확인되는 부분의 공급가액은 제외한다)	과다기재한 공급가액×0.5%

* 다만, 다음에 해당하는 경우에는 가산세를 적용하지 아니한다.
① 예정신고 누락분을 확정신고 시 제출하는 경우
② 매입처별 세금계산서합계표를 수정신고 · 경정청구 · 기한후과세표준신고와 함께 제출하는 경우
③ 매입처별 세금계산서합계표의 거래처별 등록번호 · 공급가액이 사실과 다르게 기재된 경우로서 발급받은 세금계산서에 의하여 거래사실이 확인되는 경우

4. 기타의 가산세

(1) 대리납부 불성실가산세

대리납부 의무자가 대리납부 세액을 납부하지 않은 경우 다음의 금액을 가산세로 한다.

> 대리납부 불이행가산세 : Min[①, ②]
> ① (미납세액 · 과소납부세액×3%)+(미납세액 · 과소납부세액×기간*1×22*2/100,000)
> ② 한도액 : 미납세액 · 과소납부세액×50%*3

*1. 납부기한의 다음날부터 자진납부일 또는 납세고지일까지의 기간
*2. 2022.2.14.까지는 25/100,000 적용
*3. 납부기한 다음날부터 납세고지일까지의 기간에 해당하는 금액을 합한 금액은 총한도율 : 10%

(2) 현금매출명세서 제출 불성실

사업자가 현금매출명세서 또는 부동산임대공급가액명세서를 제출하지 아니하거나 제출한 수입금액(현금매출명세서의 경우에는 현금매출을 말한다)이 사실과 다르게 적혀 있는 경우에

는 제출하지 아니한 수입금액 또는 제출한 수입금액과 실제 수입금액과의 차액에 대하여 1%에 해당하는 금액을 납부세액에 더하거나 환급세액에서 뺀다.

5. 가산세 중복적용 배제(부법 60 ⑨)

① 미등록가산세 · 명의위장사업자 허위등록가산세 적용 시에는 세금계산서 불성실가산세(미발급가산세 제외)와 매출처별 세금계산서합계표 불성실가산세는 적용하지 않는다.

② 세금계산서 지연발급가산세가 적용되는 부분에 대하여는 매출처별 세금계산서합계표 제출 불성실가산세를 적용하지 아니한다.

③ 세금계산서 미발급, 가공발급, 허위발급가산세가 적용되는 경우에는 미등록 · 허위등록가산세, 경정기관의 확인을 거쳐 공제받은 매입세액 가산세 및 매출처별 세금계산서합계표 제출 불성실가산세를 적용하지 않는다.

④ 허위세금계산서 가산세가 적용되는 경우에는 세금계산서 불성실가산세 중 미발급가산세를 적용하지 않는다.

⑤ 공급가액 과다기재 발급 가산세가 적용되는 경우에는 세금계산서 필요적 기재사항의 착오 또는 과실 관련 가산세를 적용하지 않는다.

‖ 가산세 중복적용 배제 ‖

구 분	중복적용 배제되는 가산세
① 세금계산서 지연발급 · 미발급가산세(1%, 2%)	㉠ 전자세금계산서 발급명세 지연(미)전송가산세(0.5%, 1%) ㉡ 세금계산서기재 불성실가산세(1%)
② 세금계산서 기재불성실가산(1%)	전자세금계산서 발급명세 지연(미)전송가산세(0.5%, 1%)
③ 미등록 · 허위등록가산세(1%)	㉠ 세금계산서 불성실가산세 중 지연발급 · 기재불성실가산세, 전자세금계산서발급명세서 지연(미)전송가산세 ㉡ 신용카드매출전표등수령명세서 미제출가산세(1%) ㉢ 매출처별세금계산서합계표불성실가산세(0.5%, 0.3%)
④ 세금계산서 지연발급, 전자세금계산서 (지연)미전송, 세금계산서부실기재, 신용카드매출전표등수령명세서 미제출가산세(1%, 0.5%)	매출처별세금계산서합계표불성실가산세(0.5%, 0.3%)
⑤ 세금계산서 미발급(2%) 및 부정수수가산세(2%, 3%)	㉠ 미등록 · 허위등록가산세(1%) ㉡ 매출처별세금계산서합계표불성실가산세(0.5%, 0.3%) ㉢ 매입처별세금계산서합계표불성실가산세(0.5%)
⑥ 세금계산서등 위장발급가산세(2%)	세금계산서 미발급가산세(2%)

구 분	중복적용 배제되는 가산세
⑦ 세금계산서등 공급가액 과다기재가산세(2%)	세금계산서 기재불성실가산세(1%)
⑧ 「법인세법」·「소득세법」에 따른 현금영수증 미발급가산세(20%)	㉠ 세금계산서 미발급가산세(2%) ㉡ 매출처별세금계산서합계표불성실가산세(0.5%)

6. 가산세 한도

다음 중 어느 하나에 해당하는 가산세에 대해서는 그 의무위반의 종류별로 각각 5,000만원(「중소기업기본법」에 따른 중소기업이 아닌 기업은 1억원)을 한도로 한다. 다만, 해당 의무를 고의적으로 위반한 경우에는 그러하지 아니하다(국기법 49 ①).

① 미등록 허위등록가산세

② 세금계산서 관련 가산세(미발급, 가공 · 허위발급 또는 수취분가산세는 제외)

③ 현금매출명세서 등 불성실가산세

실무포인트

1. 면세사업자에게 주민번호 기재분 세금계산서를 발급한 경우 가산세 적용 여부

그렇다면 재화나 용역을 공급받는 자가 부가가치세 면세사업자에 해당하여 「부가가치세법」상 사업자등록에 의한 등록번호를 부여받지 않은 경우, 그러한 면세사업자가 「소득세법」 또는 「법인세법」상 사업자등록에 의하여 부여받은 등록번호가 있다 하더라도, 이를 기재하지 아니하고 「부가가치세법」상의 고유번호 또는 공급받는 자의 주소 · 성명 및 주민등록번호를 기재하였다면, 세금계산서 중 '공급받는 자의 등록번호'에 관한 사항의 전부 또는 일부가 기재되지 아니하거나 사실과 다른 때에 해당한다고 볼 수 없으므로 세금계산서 부실기재로 인한 가산세의 부과 대상이 될 수 없다 할 것이다(대법원 2003두9718, 2006.9.8.).

2. 세금계산서합계표 미제출가산세

① 전자세금계산서를 발급하였더라도 그 발급명세를 국세청장에게 전송하지 않은 경우에는 세금계산서합계표 제출의무를 부담하므로, 원고가 이를 제출하지 아니한 이상 피고가 원고에게 세금계산서합계표 미제출가산세를 부과한 이 사건 처분은 적법하다(대법원 2012두26074, 2013.3.28.).

② 사업자가 보세구역 내에서 보세구역 이외의 국내에 재화를 공급하고 그 공급을 받은 자가 이를 수입함으로써 세관장이 부가가치세를 징수한 경우, 당해 재화의 수입에 대한 부가가치세의 과세표준에 해당하는 금액을 공제하지 아니한 금액을 매출처별 세금계산서합계표의 공급가액으로 기재하였다면 매출처별 세금계산서합계표 부실기재 가

산세 대상이다(대법원 2009두10901, 2011.8.25.).

3. 가산세 주요 사례

(1) 위 · 수탁판매

수탁자 또는 대리인이 위탁자 또는 본인을 대리하여 세금계산서를 발급한 후 「부가가치세법」 제60조 제2항, 제3항, 제6항의 규정에 따른 가산세가 적용되는 경우 해당 가산세는 위탁자 또는 본인에게 부과한다(부집 60-0-7).

(2) 기존사업장에서 신고한 미등록사업장의 과세표준에 대한 가산세

사업자가 사업자등록을 한 사업장 외에 등록을 하지 않은 미등록 사업장에서 별도의 사업을 영위하면서 미등록사업장의 과세표준 및 세액을 이미 등록한 사업장의 과세표준 및 세액 신고 시 합하여 신고 · 납부한 경우 미등록사업장에 대한 과세표준 및 세액을 결정 · 징수하여야 한다. 이 경우 세금계산서 미발급가산세, 무신고가산세가 적용되나, 납부불성실가산세는 적용되지 아니한다(부집 60-0-8).

(3) 과다 기재한 영세율과세표준에 대한 가산세

영세율이 적용되는 사업자가 영세율 붙임서류를 정상적으로 제출하였으나 그 신고한 과세표준이 신고하여야 할 과세표준보다 과다하게 신고한 경우에는 영세율과세표준신고불성실가산세를 적용하지 아니한다(부집 60-0-13).

4. 과세대상이 아닌 거래에 대해 세금계산서를 교부받은 경우 가공수취 가산세 적용 여부 등

(합의금이 과세대상 거래에 대한 대가가 아닌 경우) B법인이 합의금에 대해 A법인의 이견에도 불구하고 과세대상 거래에 대한 대가로 판단하여 세금계산서를 발급하는 경우 A법인에게 가공수취 가산세는 적용되지 않는 것이나 이에 해당하는지 여부는 거래 실질에 따라 판단해야 하는 것이다(사전 2022법규부가0110, 2022.3.21.).

5. 세금계산서불성실가산세 면제 사유에 해당 여부

가공거래에 참여한 자가 거래의 실질보다는 거래에 당사자로 참여한다는 형식에만 관심을 두고 거래목적물을 특정하여 구체적으로 확인한 적이 없고 거래상 위험을 부담할 의사도 없었던 경우 세금계산서불성실가산세 면제 사유(당해 거래가 가공거래라는 점을 알지 못한 것이 무리가 아니었다거나 아는 것을 기대할 수 없어서 세금계산서를 수수하지 않을 의무를 불이행한 데 정당한 사유가 있는 경우)에 해당한다고 볼 수 있다(대법원 2021두51898, 2021.12.30.).

6. 본점이 제공받은 용역에 대해 지점명의 매입세금계산서를 발급받아 지점사업장의 부가가치세를 신고한 경우

본점이 제공받은 용역에 대해 지점명의 매입세금계산서를 발급받아 지점사업장의 부가가치세 신고 시 이를 매입세액 공제한 경우 해당 매입세금계산서는 사업자가 재화 또는 용역을 공급받지 아니하고 세금계산서등을 발급받은 경우에 해당하여 세금계산서불성실 가산세 및 초과환급신고 가산세 부과대상이다(대법원 2021두39447, 2021.10.28.).

7. 현금매출 신고누락액

이 사건 사업용계좌는 일일단위로 현금입출금기를 통해 현금이 입금되고, 용도, 현금입금 회수, 방식 및 금액 등을 종합하여 보면 경험칙에 비추어 식당의 현금매출 신고누락액에 해당한다(서울고등법원 2021누33519, 2021.7.22.).

4 소득세법상 가산세

종 류	요 건	내 용
(1) 계산서 등 제출 불성실 가산세 (소법 81의 10)	① 계산서 불성실가산세 (복식부기의무자만 해당)	계산서 미교부(불명) 금액×1% [미발급 · 가공(위장)수수한 경우 2%]
	② 전자계산서 가산세	• 전자계산서 의무자의 종이 발급액×1% • 계산서의 발급시기가 지난 후 해당 재화 또는 용역의 공급시기가 속하는 과세기간의 다음 연도 1월 25일까지 계산서를 발급한 경우의 발급액×1% • 전자계산서 지연전송 금액×0.3% • 전자계산서 미전송 금액×0.5%
	③ 계산서합계표 불성실 가산세(복식부기의무자만 해당)	계산서합계표 미제출(불명) 금액×1%(0.5%) [제출기한 경과 후 1개월 이내 제출 시 0.5%(0.3%)]
	④ 매입처별 세금계산서 합계표 불성실가산세 (복식부기의무자만 해당)	매입처별 세금계산서합계표 미제출(불명) 금액 ×1%(0.5%) [제출기한 경과 후 1개월 이내 제출 시 0.5%(0.3%)]
(2) 원천징수 불성실가산세	납부기한 내에 납부하지 아니하거나 부족하게 납부하는 경우	다음 중 작은 금액 • 미납세액 · 과소납부분 세액×0.022%×기간 (납부기한의 다음 날부터 자진납부일 또는 납세고지일까지의 기간)+미납세액 · 과소납부분 세액×3% • 미납세액 · 과소납부분 세액×50%(10%)
(3) 증명서류 수취 불성실가산세 (소법 81의 6)	재화 또는 용역을 공급받고 세금계산서, 계산서 또는 신용카드 매출전표, 현금영수증 등 정규영수증을 수취하지 아니한 경우	수취하지 아니한 금액(필요경비에 산입하는 것이 인정되는 금액)의 2%에 상당하는 금액 * 산출세액이 없는 경우에도 적용

종 류	요 건	내 용
(4) 영수증 수취 명세서 제출 · 작성 불성실 가산세 (소법 81)	영수증 수취명세서를 과세표준 확정신고기한 내에 제출하지 아니하거나 제출한 명세서가 불분명하다고 인정되는 경우 (소규모사업자 및 소득금액 추계되는 자 제외)	미제출(불분명)지급금액×1%
(5) 사업장현황 신고 불성실 가산세 (소법 81의 3)	의료업, 약사업, 수의업자가 사업장 현황신고를 아니하거나 제출 시 수입금액을 누락한 경우	무신고 · 미달신고 수입금액×0.5%
(6) 장부의 기록 · 보관 불성실 가산세 (소법 81의 5)	• 장부를 비치 · 기장하지 아니하거나 비치 · 기장한 장부에 의한 소득금액이 기장하여야 할 금액에 미달한 때 • 무신고가산세, 과소신고가산세, 초과환급신고가산세 중 하나와 무기장가산세가 동시에 적용되는 경우에는 그 중 큰 금액을 적용하고 같을 때에는 무신고가산세, 과소신고가산세, 초과환급신고가산세만을 적용	$\text{산출세액} \times \dfrac{\text{무기장 또는 미달기장한 소득금액}}{\text{종합소득금액}} \times 20\%$
(7) 사업용계좌 신고 · 사용 불성실가산세 (소법 81의 8)	① 사업용 계좌 미신고 가산세	Max[ⓐ, ⓑ] ⓐ 해당 과세기간의 $\text{수입금액} \times \dfrac{\text{미신고기간}}{\text{365(윤년의 경우 366)}} \times 0.2\%$ * 미신고기간 : 개설 · 신고기한의 다음 날부터 개설 · 신고일 전일까지의 일수 ⓑ 사업용 계좌 사용대상 거래금액의 합계액×0.2%
	② 사업용 계좌 미사용 가산세	사업용 계좌 비사용금액×0.2%

종 류	요 건	내 용
(8) 신용카드 발급 불성실가산세 (소법 81의 9 ①)	신용카드 매출전표 발급거부 또는 사실과 다르게 발급	발급거부 또는 사실과 다르게 발급한 금액×5% (건별로 계산한 금액이 5,000원 미만인 경우에는 5,000원으로 함)
(9) 현금영수증 발급 불성실 가산세 (소법 81의 9 ②)	① 현금영수증 가맹점 미가입 · 지연가입 가산세	미가입 · 지연가입한 과세기간의 총수입금액* ×1% * 해당 과세기간의수입금액 $\times \frac{\text{미가입기간}}{\text{365(윤년의 경우 366)}}$
	② 현금영수증 발급거부 · 사실과 다르게 발급	발급거부 또는 사실과 다르게 발급한 금액×5% (건별로 계산한 금액이 5,000원 미만인 경우에는 5,000원으로 함)
	③ 현금영수증 미발급가산세	미발급금액×20%(착오나 누락으로 인하여 거래대금을 받은 날부터 10일 이내에 관할 세무서에 자진 신고하거나 현금영수증을 자진 발급하는 경우에는 10%)
(10) 기부금영수증 발급 · 작성 · 보관 불성실 가산세 (소법 81의 7)	① (전자)기부금영수증 불성실 발급 가산세	기부금액 및 인적사항 등을 사실과 다르게 발급된 영수증 기재금액×5%
	② 발급내역 미작성 · 미보관 가산세	작성 보관하지 아니한 금액×0.2%
(11) 공동사업장 등록 · 신고 불성실가산세 (소법 81의 4)	① 공동사업자 미등록 · 거짓등록 가산세	미등록 · 거짓 등록에 해당하는 각 과세기간 총수입금액×0.5%
	② 공동사업자의 손익 분배비율 등 무신고 · 거짓신고 가산세	무신고 · 거짓 신고에 해당하는 각 과세기간 총수입금액×0.1%
(12) 지급명세서 등 제출 불성실 가산세 (소법 81의 11)	① 지급명세서 제출 불성실 가산세	• 지급명세서 미제출한 분의 지급금액×1%(0.5%) [제출기한 경과 후 3개월 이내 제출 시 0.5%] – 일용근로소득 지급명세서의 미제출한 분의 지급금액×0.25%(0.125%)[제출기한 경과 후 1개월 이내 제출 시 0.125%] • 지급명세서 불분명 · 지급금액이 사실과 다른 분의 지급금액×1% – 일용근로소득 지급명세서의 불분명 · 지급금액이 사실과 다른 분의 지급금액×0.25%
	② 간이지급명세서 제출 불성실 가산세	• 간이지급명세서 미제출한 분의 지급금액×0.25% [제출기한 경과 후 3개월(원천징수대상 사업소득의 경우 1개월) 이내 제출 시 0.125%] • 간이지급명세서 불분명 · 지급금액이 사실과 다른 분의 지급금액×0.25%

종 류	요 건	내 용
⒀ 주택임대사업자 미등록가산세 (소법 81의 12)	주택임대소득이 있는 사업자가 기한까지 등록을 신청하지 아니한 경우	사업 개시일부터 등록을 신청한 날의 직전일까지의 주택임대수입금액×0.2%
⒁ 업무용승용차 관련 비용 명세서 제출 불성실가산세 (소법 81의 14)[4]	① 명세서를 제출하지 않은 경우	해당 복식부기의무자가 업무용승용차 관련 비용 등으로 필요경비에 산입한 금액×1%
	② 명세서를 사실과 다르게 제출한 경우	해당 복식부기의무자가 업무용승용차 관련 비용 등으로 필요경비에 산입한 금액 중 해당 명세서에 사실과 다르게 적은 금액×1%

4) 2022.1.1.이 속하는 과세기간에 업무용승용차 관련 비용 등을 필요경비에 산입하는 경우부터 적용.

CHAPTER

07 일반적인 세무조사 외 조사

1 탈세제보조사

1. 탈세제보조사란

"탈세제보"란 특정 개인이나 법인의 탈세혐의 내용이 구체적으로 작성된 문서로 방문, 우편, 인터넷, FAX, ARS 전화(126) 등의 방법으로 세무관서에 직접 접수되거나 외부기관에 접수되어 넘겨받은 서류를 말하며, 탈세제보서, 진정서, 탄원서, 고발장 등 명칭에 구애받지 않는다(탈세규 1).

(1) 제보자 신원보호

탈세제보는 접수에서부터 포상금 지급까지 각 단계별로 다음 각 호의 조치를 취하여 제보자의 신원이 노출되지 않도록 하여야 한다(탈세규 3 ③).

① 제보처리 과정에서 탈세제보로 인한 서면확인 또는 조사(이하 "조사 등"이라 한다)임을 유추할 수 있는 문구사용 금지

② 제보자가 유선으로 본인의 탈세제보와 관련하여 질의하는 경우에는 반드시 제보자의 신원을 확인하고 답변

③ 조사 등 제보처리 과정에서 제보자가 제출한 증명서류 등을 피제보자에게 언급 또는 제시 금지

④ 그 밖에 제보자의 신원보안을 위한 모든 조치

(2) 탈세제보 처리의 통지

처리관서장은 처리 종결 시 「탈세제보 처리결과 통지」(별지 제5호 및 제5-1호 서식)에 따라 서면 또는 전자우편으로 통지할 수 있으며 여러 관서에 중복 접수된 탈세제보인 경우에는 접수기관과 접수일자를 모두 명확하게 적어 통지하여야 한다. 한편, 처리관서장은 처리기

간이 탈세제보 접수안내 통지일로부터 60일 이상 소요될 경우에는 처리에 상당 시간이 소요될 수 있음을 제보자에게 중간통지 하여야 한다. 다만, 전화 · 전자우편 등 그 밖의 방법으로 민원처리 진행상황을 제보자에게 통지하는 경우에는 서면통지를 생략할 수 있으며, 이 경우 「탈세제보 중간회신 기록부」(별지 제4호 서식)에 통화일시 및 통지내용 등을 간략하게 기록하여 보관하여야 한다(탈세규 12).

2. 탈세제보 조사 통계

최근 탈세제보자에 대한 포상금이 대폭 증액된 바 있으며, IT기술의 발달로 각종 자료들이 전자적 형태로 보관되어 손쉽게 많은 양의 자료를 확보하여 제보가 할 수 있는 상황이므로 그 어느 때보다도 탈세제보로 인한 세무조사의 리스크가 큰 것으로 판단해 볼 수 있다. 다음 국세청 통계에서도 최근 들어 탈세제보 건수가 증가하는 추세이며 자료 활용도가 높아지고 있는 것으로 나타나고 있다.

(단위 : 건, 백만원)

구 분	처리대상건수			처리건수 [B]	추가징수세액 [C]	이월건수
	계 (1=2+3)	전년이월 (2)	당년접수 (3)	(4)	(5)	(6=1-4)
2017년 2017 Total	20,622	4,994	15,628	15,173	1,306,495	5,449
2018년 2018 Total	25,768	5,449	20,319	17,873	1,305,392	7,895
2019년 2019 Total	30,339	7,895	22,444	23,210	1,316,131	7,129
2020년 2020 Total	28,276	7,129	21,147	18,921	924,536	9,355
2021년 2021 Total	30,153	9,355	20,798	22,097	1,022,298	8,056

* 출처 : 국세청 통계연보

3. 탈세제보 포상금

(1) 탈세제보 포상금 지급대상

국세청장은 다음 중 어느 하나에 해당하는 자에게는 20억원(①의 경우에는 40억원으로 하고 ②의 경우에는 30억원으로 한다)의 범위에서 포상금을 지급할 수 있다(국기법 84의 2 ①).

① 조세를 탈루한 자에 대한 탈루세액 또는 부당하게 환급 · 공제받은 세액을 산정하는 데 중요한 자료를 제공한 자

② 체납자의 은닉재산을 신고한 자

③ 다음 중 어느 하나에 해당하는 경우로서 해당행위를 한 신용카드가맹점을 신고한 자. 다만, 신용카드 · 직불카드 · 선불카드 결제대상 거래금액이 5,000원 미만인 경우는 제외한다.

㉠ 신용카드로 결제할 것을 요청하였으나 이를 거부하는 경우

㉡ 신용카드매출전표 직불카드영수증과 선불카드영수증을 신용카드 등에 의한 거래를 이유로 재화나 용역의 대가를 현금에 의한 거래(현금영수증을 발급받은 경우 제외)보다 재화나 용역을 공급받은 자에게 불리하게 기재하여 사실과 다르게 신용카드매출전표 등을 발급하는 경우

④ 다음 중 어느 하나에 해당하는 경우로서 해당행위를 한 현금영수증가맹점을 신고한 자. 다만, 현금영수증 발급 대상 거래금액이 5,000원 미만인 경우는 제외한다.

㉠ 현금영수증의 발급을 거부하는 경우

㉡ 현금영수증의 발급을 이유로 재화나 용역의 대가를 사실과 다르게 기재하여 현금영수증을 발급하는 경우

⑤ 「소득세법」 또는 「법인세법」상 현금영수증 의무발급 대상 업종으로서 현금영수증 발급의무를 위반한 자를 신고한 자

⑥ 타인의 명의를 사용하여 사업을 경영하는 자를 신고한 자

⑦ 「국제조세조정에 관한 법률」에 따른 해외금융계좌 신고의무 위반행위를 적발하는 데 중요한 자료를 제공한 자

⑧ 타인 명의로 되어 있는 다음 중 어느 하나에 해당하는 사업자의 「금융실명거래 및 비밀보장에 관한 법률」에 따른 금융자산을 신고한 자

㉠ 법인

㉡ 복식부기의무자

(2) 중요한 자료

중요한 자료는 다음의 구분에 따른 것으로 한다(국기법 84의 2 ②).

1) 조세탈루의 경우

① 조세탈루 또는 부당하게 환급 · 공제받은 내용을 확인할 수 있는 거래처, 거래일 또는 거래기간, 거래품목, 거래수량 및 금액 등 구체적 사실이 기재된 자료 또는 장부[자료 또는 장부 제출 당시에 세무조사(「조세범 처벌절차법」에 따른 조세범칙조사 포함)가 진행 중인 것은 제외]

② ①에 해당하는 자료의 소재를 확인할 수 있는 구체적인 정보

③ 그 밖에 조세탈루 또는 부당하게 환급·공제받은 수법, 내용, 규모 등의 정황으로 보아 중요한 자료로 인정할 만한 자료

2) 해외금융계좌 신고의무 위반의 경우

「국제조세조정에 관한 법률」에 따른 해외금융계좌정보를 제공함으로써 과태료 부과 또는 「조세범 처벌법」에 따른 처벌의 근거로 활용할 수 있는 자료

(3) 은닉재산

은닉재산이란 체납자가 은닉한 현금, 예금, 주식, 그 밖에 재산적 가치가 있는 유형·무형의 재산을 말한다. 다만, 다음 중 어느 하나에 해당하는 재산은 제외한다(국기법 84의 2 ③).

① 「국세징수법」에 따른 사해행위 취소소송의 대상이 되어 있는 재산

② 세무공무원이 은닉사실을 알고 조사 또는 강제징수 절차를 시작한 재산

③ 그 밖에 체납자의 은닉재산을 신고받을 필요가 없다고 인정되는 재산

(4) 포상금 지급제외

탈루세액, 부당하게 환급·공제받은 세액, 은닉재산의 신고를 통하여 징수된 금액이 5,000만원 미만인 경우 또는 해외금융계좌 신고의무 불이행에 따른 과태료가 2,000만원 미만인 경우 또는 공무원이 그 직무와 관련하여 자료를 제공하거나 은닉재산을 신고한 경우에는 포상금을 지급하지 아니한다(국기법 84의 2 ①, 국기령 65의 4 ⑤). 한편, 포상금을 지급하는 경우 같은 사안에 대하여 중복신고가 있으면 최초로 신고한 자에게만 포상금을 지급한다(국기령 65의 4 ⑲).

4. 탈세제보 포상금의 산정

(1) 조세탈루 신고자에 대한 포상금 산정

조세를 탈루한 자에 대한 탈루세액 또는 부당하게 환급·공제받은 세액을 산정하는 데 중요한 자료를 제공한 자에게는 심사청구기간, 심판청구기간, 심사청구의 제적기간, 불복제기기간, 「행정소송법」에 다른 제소기간이 지나 해당 절차가 모두 종료되어 탈루세액등에 대한 부과처분 등이 확정된 경우 그 탈루세액등이 납부(「조세범 처벌법」에 따른 조세범칙행위로 인한 탈루세액등에 따라 포상금을 지급하는 경우에는 「조세범 처벌절차법」에 따른 통고의 이행 또는 재판에 의한 형의 확정을 포함)된 금액에 다음 표의 지급률을 적용하여 계산한 금액을 포상금으로 지급할 수 있다. 다만, 포상금이 40억원을 초과하는 경우 그 초과하는 부분은 지급하지

아니한다. 과세관청은 부과처분 등이 확정되고 탈루세액등이 납부된 금액이 있어 포상금을 지급하려는 경우에는 조세탈루제보자 또는 은닉재산신고자에게 포상금 지급 요건을 충족하는 날부터 15일 이내에 포상금의 지급 절차 등을 통지해야 하며, 통지를 받은 조세탈루제보자 또는 은닉재산신고자는 탈루세액등으로서 납부된 금액 또는 징수금액에 대하여 포상금의 지급을 신청할 수 있다(국기령 65의 4 ②·③).

한편, 「조세범 처벌법」의 세금계산서의 발급의무 위반 규정에 따른 조세범칙행위의 경우에는 공급가액에 부가가치세의 세율을 적용하여 계산한 세액의 30%에 상당하는 금액을 탈루세액 등으로 한다(국기령 65의 4 ①).

탈루세액 등	지급률
5,000만원 이상 5억원 이하	20%
5억원 초과 20억원 이하	1억원+5억원을 초과하는 금액의 15%
20억원 초과 30억원 이하	3억2,500만원+20억원을 초과하는 금액의 10%
30억원 초과	4억2,500만원+30억원을 초과하는 금액의 5%

탈루세액 등에는 다음의 사유로 세액의 차이가 발생한 경우 그 차액을 포함하지 아니한다(국기령 65의 4 ②).

① 세무회계와 기업회계 간의 차이로 인하여 세액의 차이가 발생한 경우

② 「상속세 및 증여세법」에 따른 평가가액의 착오로 인하여 세액의 차이가 발생한 경우

③ 소득·거래 등에 대한 귀속연도의 착오로 인하여 세액의 차이가 발생한 경우

(2) 은닉재산 신고자에 대한 포상금 산정

은닉재산을 신고한 자에게는 은닉재산의 신고를 통하여 징수된 금액에 다음의 지급률을 곱하여 계산한 금액을 포상금으로 지급할 수 있다. 다만, 30억원을 초과하는 부분은 지급하지 아니한다(국기령 65의 4 ①).

징수금액	지급률
5,000만원 이상 5억원 이하	20%
5억원 초과 20억원 이하	1억원+5억원을 초과하는 금액의 15%
20억원 초과 30억원 이하	3억2,500만원+20억원을 초과하는 금액의 10%
30억원 초과	4억2,500만원+30억원을 초과하는 금액의 5%

(3) 신용카드 매출전표 등 발급거부 신고자에 대한 포상금 산정

신용카드 매출전표 등 발급거부 신고자에게는 신용카드 · 현금영수증의 결제 · 발급을 거부하거나 사실과 다르게 발급한 금액(사실과 다르게 발급한 경우 발급하여야 할 금액과의 차액)에 따라 다음의 금액을 포상금으로 지급할 수 있다. 다만, 포상금으로 지급할 금액 중 1,000원 미만의 금액은 없는 것으로 하고, 동일인이 받을 수 있는 포상금은 연간 200만원을 한도로 한다(국기령 65의 4 ④).

탈루세액 등	지급률
5,000원 이상 5만원 이하	1만원
5만원 초과 250만원 이하	거부금액의 20%에 해당하는 금액
250만원 초과	50만원

(4) 명의대여를 신고한 자에 대한 포상금 산정

타인 명의를 사용하여 사업을 경영하는 자를 신고한 자에게는 신고 건별로 100만원을 포상금으로 지급할 수 있다. 다만, 타인의 명의를 사용하여 사업을 경영하는 자가 다음 중 어느 하나에 해당하는 경우로서 조세를 회피할 목적이 없거나 강제집행을 면탈할 목적이 없다고 인정되면 포상금을 지급하지 아니한다(국기령 65의 4 ⑭).

① 배우자, 직계존속 또는 직계비속의 명의로 사업자등록을 하고 사업을 경영하거나 배우자, 직계존속 또는 직계비속 명의의 사업자등록을 이용하여 사업을 경영하는 경우

② 약정한 기일 내에 채무를 변제하지 아니하여 종합신용정보집중기관에 등록된 경우

(5) 해외금융계좌 신고의무 위반행위를 신고한 자에 대한 포상금 산정

해외금융계좌 신고의무 위반행위를 신고한 자에게는 과태료금액 또는 벌금액(징역형에 해당하는 경우에는 「국제조세조정에 관한 법률」의 미신고 · 과소신고한 금액이 50억원 초과인 경우 과태료 부과기준을 준용하여 산출한 금액)에 다음의 지급률을 곱하여 계산한 금액을 포상금으로 지급할 수 있다. 다만, 20억원을 초과하는 부분은 지급하지 아니한다(국기령 65의 4 ⑮).

과태료 금액 또는 벌금액	지급률
2,000만원 이상 2억원 이하	15%
2억원 초과 5억원 이하	3,000만원+2억원을 초과하는 금액의 10%
5억원 초과	6,000만원+5억원을 초과하는 금액의 5%

(6) 타인 명의 금융자산을 신고한 자에 대한 포상금 산정

타인 명의 금융자산을 신고한 자에게는 해당 금융자산을 통한 탈루세액 등이 1,000만원 이상인 신고 건별로 200만원을 포상금으로 지급할 수 있다. 다만, 동일인이 지급 받을 수 있는 포상금은 연간 5,000만원을 한도로 한다(국기령 65의 4 ⑯).

5. 포상금의 지급시기

국세청장은 다음의 구분에 따른 날이 속하는 달의 말일부터 2개월 이내에 포상금을 지급하여야 한다(국기령 65의 4 ⑱).

구 분	지급시기
(1) 조세탈루 신고자 또는 은닉재산 신고자	포상금의 지급을 신청할 수 있다는 사실과 그 절차 등을 통지해야 하는 기간의 마지막 날
(2) 신용카드 매출전표 등 발급거부 신고자	신고내용이 사실로 확인된 날
(3) 명의대여를 신고한 자	신고내용이 사실로 확인된 날
(4) 해외금융계좌 신고의무 위반행위를 신고한 자	① 과태료 부과처분에 해당하는 경우에는 과태료금액이 납부되고 「질서위반행위규제법」에 따른 이의제기기간이 지났거나 「비송사건절차법」에 따른 불복청구 절차가 종료되어 과태료 부과처분이 확정된 날 ② 징역형 또는 벌금형에 해당하는 경우에는 재판에 의하여 형이 확정된 날
(5) 타인 명의 금융자산을 신고한 자	탈루세액 등이 확인된 날

2 범칙조사

1. 조세범칙조사란

(1) 조세범칙조사의 정의

"조세범칙조사"란 조사공무원이 「조세범 처벌법」 제3조부터 제16조까지의 죄에 해당하는 위반행위 등을 확정하기 위하여 조세범칙사건에 대하여 행하는 조사활동을 말한다(조사규 3).

제3조【조세 포탈 등】
제4조【면세유의 부정 유통】
제4조의 2【면세유류 구입카드등의 부정 발급】
제5조【가짜석유제품의 제조 또는 판매】
제6조【무면허 주류의 제조 및 판매】
제7조【체납처분 면탈】
제8조【장부의 소각·파기 등】
제9조【성실신고 방해 행위】
제10조【세금계산서의 발급의무 위반 등】
제11조【명의대여행위 등】
제12조【납세증명표지의 불법사용 등】
제13조【원천징수의무자의 처벌】
제14조【거짓으로 기재한 근로소득 원천징수영수증의 발급 등】
제15조【해외금융계좌정보의 비밀유지 의무 등의 위반】
제16조【해외금융계좌 신고의무 불이행】

(2) 조세범칙조사 대상의 선정

지방국세청장 또는 세무서장은 다음 중 어느 하나에 해당하는 경우에는 조세범칙조사를 실시하여야 한다(조절법 7 ①).

① 조세범칙행위의 혐의가 있는 자를 처벌하기 위하여 증거수집 등이 필요한 경우
② 연간 조세포탈 혐의금액 등이 대통령령으로 정하는 금액 이상인 경우

1) 연간 조세포탈혐의 금액 선정기준(조절령 6 ①)

① 연간 조세포탈 혐의금액 또는 연간 조세포탈 혐의비율이 다음 표의 구분에 따른 연간 조세포탈 혐의금액 또는 연간 조세포탈 혐의비율 이상인 경우

연간 신고수입금액	연간 조세포탈 혐의금액	연간 조세포탈 혐의비율
100억원 이상	20억원 이상	15% 이상
50억원 이상 100억원 미만	15억원 이상	20% 이상
20억원 이상 50억원 미만	10억원 이상	25% 이상
20억원 미만		5억원 이상

② 조세포탈 예상세액이 연간 5억원 이상인 경우

2) 조세포탈 기준(조절령 6 ②~⑥)

① 다음 각 호의 어느 하나에 해당하는 경우에는 연간 신고수입금액을 20억원 미만으로 본다.

㉠ 「국세기본법」 제2조 제15호에 따른 과세표준신고서를 제출하지 아니한 경우(「부가가치세법」 제69조에 따라 납부의무가 면제된 경우는 제외한다) (2013.6.28. 개정)

㉡ 「부가가치세법」 제8조 또는 「소득세법」 제168조에 따른 등록을 하지 아니한 경우 (2013.6.28. 개정)

② 신고수입금액은 개별 세법에 따른 법정신고기한 이내에 신고(「국세기본법」 제2조 제15호에 따른 과세표준신고서의 제출을 말한다)하거나 「국세기본법」 제45조의 3에 따라 기한 후 신고한 수입금액으로 한다.

③ 조세포탈 혐의금액은 「조세범 처벌법」 제3조 제6항에 따른 사기나 그 밖의 부정한 행위로써 조세를 포탈하거나 조세의 환급 · 공제를 받은 혐의가 있는 금액으로 한다.

④ 조세포탈 혐의비율은 조세포탈 혐의금액을 신고수입금액으로 나눈 비율로 한다.

⑤ 조세포탈 예상세액은 조세포탈 혐의금액에 대하여 세법에 따라 산정한 포탈세액(가산세는 제외)으로 한다.

2. 조세범칙사건조사의 진행

(1) 압수수색

세무공무원은 조세범칙조사를 하기 위하여 필요한 경우에는 조세범칙행위 혐의자 또는 참고인을 심문하거나 압수 또는 수색할 수 있다. 이 경우 압수 또는 수색을 할 때에는 대통령령으로 정하는 사람을 참여하게 하여야 한다(조절법 8).

(2) 압수 수색영장(조절법 9)

1) 원 칙

세무공무원이 압수 또는 수색을 할 때에는 근무지 관할 검사에게 신청하여 검사의 청구를 받은 관할 지방법원판사가 발부한 압수 · 수색영장이 있어야 한다.

2) 예 외

다음 각 호의 어느 하나에 해당하는 경우에는 해당 조세범칙행위 혐의자 및 그 밖에 대통령령으로 정하는 자에게 그 사유를 알리고 영장 없이 압수 또는 수색할 수 있다. 이 경우 영장 없이 압수 또는 수색한 경우에는 압수 또는 수색한 때부터 48시간 이내에 관할 지방법원판사에게 압수 · 수색영장을 청구하여야 한다.

① 조세범칙행위가 진행 중인 경우

② 장기 3년 이상의 형에 해당하는 조세범칙행위 혐의자가 도주하거나 증거를 인멸할 우려가 있어 압수 · 수색영장을 발부받을 시간적 여유가 없는 경우

3) 영장을 발급받지 못한 경우

세무공무원은 압수 · 수색영장을 발부받지 못한 경우에는 즉시 압수한 물건을 압수당한 자에게 반환하여야 한다.

(3) 심문조서 등의 작성

세무공무원은 심문하거나 압수 또는 수색을 하였을 때에는 조서에 그 경위를 기록하여 심문을 받은 사람 또는 제8조 후단에 따른 참여자에게 확인하게 한 후 그와 함께 서명날인을 하여야 한다. 이 경우 서명날인을 하지 아니하거나 할 수 없을 때에는 그 사유를 조서에 기록하여야 한다(조절법 11).

3. 조세범칙사건조사의 주요 처벌내용

(1) 조세포탈 등(조처법 3)

사기나 그 밖의 부정한 행위로써 조세를 포탈하거나 조세의 환급 · 공제를 받은 자는 2년 이하의 징역 또는 포탈세액, 환급 · 공제받은 세액(이하 "포탈세액 등")의 2배 이하에 상당하는 벌금에 처한다. 다만, 다음 각 호의 어느 하나에 해당하는 경우에는 3년 이하의 징역 또는 포탈세액 등의 3배 이하에 상당하는 벌금에 처한다.

① 포탈세액 등이 3억원 이상이고, 그 포탈세액 등이 신고 · 납부하여야 할 세액(납세의무자의 신고에 따라 정부가 부과 · 징수하는 조세의 경우에는 결정 · 고지하여야 할 세액을 말한다)의 100분의 30 이상인 경우

② 포탈세액 등이 5억원 이상인 경우

조세포탈의 죄를 범한 자에 대해서는 정상에 따라 징역형과 벌금형을 병과할 수 있다. 조세포탈 죄를 범한 자가 포탈세액 등에 대하여 「국세기본법」 제45조에 따라 법정신고기한이 지난 후 2년 이내에 수정신고를 하거나 같은 법 제45조의 3에 따라 법정신고기한이 지난 후 6개월 이내에 기한 후 신고를 하였을 때에는 형을 감경할 수 있다.

(2) 장부의 소각 · 파기 등(조처법 8)

조세를 포탈하기 위한 증거인멸의 목적으로 세법에서 비치하도록 하는 장부 또는 증빙서류(「국세기본법」 제85조의 3 제3항에 따른 전산조직을 이용하여 작성한 장부 또는 증빙서류를 포함한다)를 해당 국세의 법정신고기한이 지난 날부터 5년 이내에 소각 · 파기 또는 은닉한 자는 2년 이하의 징역 또는 2천만원 이하의 벌금에 처한다.

(3) 세금계산서 발급위무 위반 등(조처법 10)

1) 발급자

다음 각 호의 어느 하나에 해당하는 행위를 한 자는 1년 이하의 징역 또는 공급가액에 부가가치세의 세율을 적용하여 계산한 세액의 2배 이하에 상당하는 벌금에 처한다.

① 「부가가치세법」에 따라 세금계산서(전자세금계산서를 포함한다. 이하 같다)를 발급하여야 할 자가 세금계산서를 발급하지 아니하거나 거짓으로 기재하여 발급한 행위

② 「소득세법」 또는 「법인세법」에 따라 계산서(전자계산서를 포함한다. 이하 같다)를 발급하여야 할 자가 계산서를 발급하지 아니하거나 거짓으로 기재하여 발급한 행위

③ 「부가가치세법」에 따라 매출처별 세금계산서합계표를 제출하여야 할 자가 매출처별 세금계산서합계표를 거짓으로 기재하여 제출한 행위

④ 「소득세법」 또는 「법인세법」에 따라 매출처별 계산서합계표를 제출하여야 할 자가 매출처별 계산서합계표를 거짓으로 기재하여 제출한 행위

2) 발급받은 자

다음 각 호의 어느 하나에 해당하는 행위를 한 자는 1년 이하의 징역 또는 공급가액에 부가가치세의 세율을 적용하여 계산한 세액의 2배 이하에 상당하는 벌금에 처한다.

① 「부가가치세법」에 따라 세금계산서를 발급받아야 할 자가 통정하여 세금계산서를 발급받지 아니하거나 거짓으로 기재한 세금계산서를 발급받은 행위

② 「소득세법」 또는 「법인세법」에 따라 계산서를 발급받아야 할 자가 통정하여 계산서를 발급받지 아니하거나 거짓으로 기재한 계산서를 발급받은 행위

③ 「부가가치세법」에 따라 매입처별 세금계산서합계표를 제출하여야 할 자가 통정하여 매입처별 세금계산서합계표를 거짓으로 기재하여 제출한 행위

④ 「소득세법」 또는 「법인세법」에 따라 매입처별 계산서합계표를 제출하여야 할 자가 통정하여 매입처별 계산서합계표를 거짓으로 기재하여 제출한 행위

3) 가공허위거래

재화 또는 용역을 공급하지 아니하거나 공급받지 아니하고 다음 각 호의 어느 하나에 해당하는 행위를 한 자는 3년 이하의 징역 또는 공급가액에 부가가치세의 세율을 적용하여 계산한 세액의 3배 이하에 상당하는 벌금에 처한다.

① 「부가가치세법」에 따른 세금계산서를 발급하거나 발급받은 행위
② 「소득세법」 및 「법인세법」에 따른 계산서를 발급하거나 발급받은 행위
③ 「부가가치세법」에 따른 매출 · 매입처별 세금계산서합계표를 거짓으로 기재하여 제출한 행위
④ 「소득세법」 및 「법인세법」에 따른 매출 · 매입처별계산서합계표를 거짓으로 기재하여 제출한 행위

4) 중개자에 대한 처벌

3)의 행위를 알선하거나 중개한 자도 3) 같은 형에 처한다. 이 경우 세무를 대리하는 세무사 · 공인회계사 및 변호사가 제3항의 행위를 알선하거나 중개한 때에는 「세무사법」 제22조 제2항에도 불구하고 해당 형의 2분의 1을 가중한다.

(4) 명의대여행위 등(조처법 11)

① 조세의 회피 또는 강제집행의 면탈을 목적으로 타인의 성명을 사용하여 사업자등록을 하거나 타인 명의의 사업자등록을 이용하여 사업을 영위한 자는 2년 이하의 징역 또는 2천만원 이하의 벌금에 처한다.
② 조세의 회피 또는 강제집행의 면탈을 목적으로 자신의 성명을 사용하여 타인에게 사업자등록을 할 것을 허락하거나 자신 명의의 사업자등록을 타인이 이용하여 사업을 영위하도록 허락한 자는 1년 이하의 징역 또는 1천만원 이하의 벌금에 처한다.

(5) 원천징수의무자의 처벌(조처법 13)

① 조세의 원천징수의무자가 정당한 사유 없이 그 세금을 징수하지 아니하였을 때에는 1천만원 이하의 벌금에 처한다.
② 조세의 원천징수의무자가 정당한 사유 없이 징수한 세금을 납부하지 아니하였을 때에는 2년 이하의 징역 또는 2천만원 이하의 벌금에 처한다.

(6) 거짓으로 기재한 근로소득 원천징수영수증의 발급 등(조처법 14)

① 타인이 근로장려금(「조세특례제한법」 제2장 제10절의 2에 따른 근로장려금을 말한다)을 거짓

으로 신청할 수 있도록 근로를 제공받지 아니하고 다음 각 호의 어느 하나에 해당하는 행위를 한 자는 2년 이하의 징역 또는 그 원천징수영수증 및 지급명세서에 기재된 총급여 · 총지급액의 100분의 20 이하에 상당하는 벌금에 처한다.

㉠ 근로소득 원천징수영수증을 거짓으로 기재하여 타인에게 발급한 행위

㉡ 근로소득 지급명세서를 거짓으로 기재하여 세무서에 제출한 행위

② ①의 행위를 알선하거나 중개한 자도 ①과 같은 형에 처한다.

(7) 성실신고 방해행위(조처법 9)

① 납세의무자를 대리하여 세무신고를 하는 자가 조세의 부과 또는 징수를 면하게 하기 위하여 타인의 조세에 관하여 거짓으로 신고를 하였을 때에는 2년 이하의 징역 또는 2천만원 이하의 벌금에 처한다.

② 납세의무자로 하여금 과세표준의 신고(신고의 수정을 포함한다. 이하 "신고"라 한다)를 하지 아니하게 하거나 거짓으로 신고하게 한 자 또는 조세의 징수나 납부를 하지 않을 것을 선동하거나 교사한 자는 1년 이하의 징역 또는 1천만원 이하의 벌금에 처한다.

4. 조세범칙사건의 종결

조세범칙사건에 대한 처분의 종류는 다음 각 호와 같다(조절법 13).

① 통고처분

② 고발

③ 무혐의

(1) 통고처분

지방국세청장 또는 세무서장은 조세범칙행위의 확증을 얻었을 때에는 그 대상이 되는 자에게 그 이유를 구체적으로 밝히고 다음 각 호에 해당하는 금액이나 물품을 납부할 것을 통고하여야 한다. 다만, 몰수 또는 몰취에 해당하는 물품에 대해서는 그 물품을 납부하겠다는 의사표시를 하도록 통고할 수 있다(조절법 15 ①).

① 벌금에 해당하는 금액

② 몰수 또는 몰취에 해당하는 물품

③ 추징금에 해당하는 금액

(2) 일사부재리

통고처분을 받은 자가 통고대로 이행하였을 때에는 동일한 사건에 대하여 다시 조세범칙조사를 받거나 처벌받지 아니한다(조절법 15 ③).

(3) 고 발

1) 원 칙

지방국세청장 또는 세무서장은 통고처분을 받은 자가 통고서를 송달받은 날부터 15일 이내에 통고대로 이행하지 아니한 경우에는 고발하여야 한다. 다만, 15일이 지났더라도 고발되기 전에 통고대로 이행하였을 때에는 그러하지 아니하다(조절법 17 ②).

2) 예 외 – 즉시고발

지방국세청장 또는 세무서장은 다음 중 어느 하나에 해당하는 경우에는 통고처분을 거치지 아니하고 그 대상자를 즉시 고발하여야 한다(조절법 17 ①).

① 정상에 따라 징역형에 처할 것으로 판단되는 경우

② 통고대로 이행할 자금이나 납부 능력이 없다고 인정되는 경우

③ 거소가 분명하지 아니하거나 서류의 수령을 거부하여 통고처분을 할 수 없는 경우

④ 도주하거나 증거를 인멸할 우려가 있는 경우

(4) 양벌규정

법인(「국세기본법」 제13조에 따른 법인으로 보는 단체를 포함한다. 이하 같다)의 대표자, 법인 또는 개인의 대리인, 사용인, 그 밖의 종업원이 그 법인 또는 개인의 업무에 관하여 이 법에서 규정하는 범칙행위(「국제조세조정에 관한 법률」 제57조를 위반한 행위는 제외한다)를 하면 그 행위자를 벌할 뿐만 아니라 그 법인 또는 개인에게도 해당 조문의 벌금형을 과(科)한다. 다만, 법인 또는 개인이 그 위반행위를 방지하기 위하여 해당 업무에 관하여 상당한 주의와 감독을 게을리하지 아니한 경우에는 그러하지 아니하다(조처법 18).

■ 조사사무처리규정 [별지 제45호 서식]

통　　고　　서

1. 조세범칙행위 혐의자	주　　소 : 성명 또는 상호 : 생년월일 또는 사업자번호 :
2. 범 칙 사 항	별지와 같음
3. 위 반 조 항	법 제 조　　　　법 제 조 법 제 조
4. 적 용 사 항	「조세범 처벌법」 제 조 제 항 제 호 「조세범 처벌법」 제 조 제 항 제 호
5. 벌금상당액	금　　　　원정 (₩　　　　원정)
6. 몰수 또는 몰취 해당물건	
7. 추징금해당금액	금　　　　원정 (₩　　　　원정)
8. 납 부 장 소	상기 5, 7의 금액을 첨부한 납부서로 한국은행 국고(수납)대리점 또는 수입징수관서에 납부하십시오. 6의 몰수 또는 몰취된 물품은 해당 물품으로 납부하겠다는 의사표시만 하시기 바랍니다.

위 조세범칙행위에 대해 「조세범 처벌절차법」 제15조 제1항에 따라 통고합니다.

년　　월　　일

장

※ 통고 이행 관련 안내

1. 통고서에 기재된 내용을 이행하였을 때에는 조세범 처벌절차법 제15조 제3항에 따라 동일한 사건에 대하여 다시 조세범칙조사를 받거나 처벌 받지 않으나, 통고서를 송달 받은 날부터 15일 이내에 통고대로 이행하지 아니하면 조세범 처벌절차법 제17조 제2항에 따라 고발합니다.
2. 당해 통고처분은 국세기본법 제55조 제1항 제1호에 따라 이의신청, 심사·심판 청구 대상이 되지 아니하며, 통고내용에 대해 이의가 있는 경우 통고를 불이행하여 고발 후 수사기관의 수사 또는 형사재판에서 유·무죄를 다툴 수 있습니다.

통고내용과 관련한 문의사항이 있으시면 OO세무서 세무공무원 급 ○○○ (☎ OOO ~ OOO)에게 문의하여 주시기 바랍니다.

3 자금출처조사

1. 자금출처조사란

"자금출처조사"란 거주자 또는 비거주자가 재산을 취득(해외유출 포함)하거나 채무의 상환 또는 개업 등에 사용한 자금과 이와 유사한 자금의 원천이 직업 · 나이 · 소득 및 재산상태 등으로 보아 본인의 자금 능력에 의한 것이라고 인정하기 어려운 경우, 그 자금의 출처를 밝혀 증여세 등의 탈루 여부를 확인하기 위하여 행하는 세무조사를 말한다(조사규 3).

2. 재산 취득자금 등의 증여 추정(상증법 45)

(1) 재산취득자금의 증여추정

재산 취득자의 직업, 연령, 소득 및 재산 상태 등으로 볼 때 재산을 자력으로 취득하였다고 인정하기 어려운 경우로서 입증된 금액의 합계액이 취득재산의 가액에 미달하는 경우에는 그 재산을 취득한 때에 그 재산의 취득자금을 그 재산 취득자가 증여받은 것으로 추정하여 이를 그 재산 취득자의 증여재산가액으로 한다(상증법 45 ①).

(2) 채무상환자금의 증여추정

채무자의 직업, 연령, 소득, 재산 상태 등으로 볼 때 채무를 자력으로 상환(일부 상환 포함)하였다고 인정하기 어려운 경우로서 입증된 금액의 합계액이 채무의 상환금액에 미달하는 경우에는 그 채무를 상환한 때에 그 상환자금을 그 채무자가 증여받은 것으로 추정하여 이를 그 채무자의 증여재산가액으로 한다(상증법 45 ②).

(3) 실명확인계좌재산의 증여추정

「금융실명거래 및 비밀보장에 관한 법률」에 따라 실명이 확인된 계좌 또는 외국의 관계 법령에 따라 이와 유사한 방법으로 실명이 확인된 계좌에 보유하고 있는 재산은 명의자가 그 재산을 취득한 것으로 추정한다(상증법 45 ④). 이 규정은 기존의 대법원 판례(대법 96누3272)에 기초하여 규정된 것으로서 차명계좌의 입금행위가 증여가 아니라는 것에 대한 입증책임을 납세자 측에 부담하게 하여 증여세의 과세를 강화한 것이다.[5]

---

5) 신재열 외, 2014, 상속세 및 증여세 실무해설, 950p

3. 증여재산가액

증여추정 제외요건	입증하지 못한 금액<Min[① 재산취득가액×20%, ② 2억원]
증여재산가액	입증하지 못한 금액

증여재산가액＝취득재산가액·채무상환금액·실명확인계좌재산－자금출처로 입증된 금액

(1) 취득재산가액

취득재산가액이란 재산을 취득하기 위하여 실제로 소요된 총 취득자금을 말하는 것으로 취득세 등 취득부수비용을 포함한다. 만약, 취득당시 증빙불비로 취득자금을 확인할 수 없는 경우에는 취득당시 시가 또는 보충적 평가액을 취득자금으로 한다(상증집 45－0－3).

(2) 자금출처로 입증된 금액

자금출처로 입증된 금액은 다음의 금액의 합계액으로 한다. 다만, 입증되지 아니하는 금액이 취득재산의 가액 또는 채무의 상환금액의 20%에 상당하는 금액과 2억원 중 적은 금액에 미달하는 경우를 제외한다(상증령 34 ①).

① 신고하였거나 과세(비과세 또는 감면 경우 포함)받은 소득금액

② 신고하였거나 과세받은 상속 또는 수증재산의 가액

③ 재산을 처분한 대가로 받은 금전이나 부채를 부담하고 받은 금전으로 당해 재산의 취득 또는 당해 채무의 상환에 직접 사용한 금액

(3) 재산취득자금 등의 자금출처 입증금액의 범위(상증집 45－0－5)

① 본인 소유재산의 처분사실이 증빙에 의하여 확인되는 경우 그 처분금액에서 양도소득세 등 공과금 상당액을 차감한 금액

② 기타 신고하였거나 과세된 소득금액에서 당해 소득에 대한 소득세 등 공과금 상당액을 차감한 금액

③ 농지경작소득

④ 재산취득일 이전에 차용한 부채로서 입증된 금액

⑤ 재산취득일 이전에 자기재산의 대여로서 받은 전세금 및 보증금

실무포인트 **자금출처 증여추정 사례(상증집 45-34-2)**

재산취득(채무상환)	입증금액	미입증금액	증여추정
8억원	7억원	1억원<Min[①8억×20%, 2억원]=1.6억원	제외
9억원	6.5억원	2.5억원≧Min[①9억×20%, 2억원]=1.8억원	2.5억원
15억원	13.5억원	1.5억원<Min[①15억×20%, 2억원]=2억원	제외
19억원	16.5억원	2.5억원≧Min[①19억×20%, 2억원]=2억원	2.5억원

4. 증여추정 배제

다음 중 어느 하나에 해당하는 경우에는 재산취득자금 또는 채무상환자금의 증여추정을 적용하지 아니한다(상증법 45 ②).

① 취득자금 또는 상환자금이 재산취득일 전 또는 채무상환일 전 10년 이내에 해당 재산취득자금 또는 해당 채무상환자금의 합계액이 5,000만원 이상으로서 연령 · 세대주 · 직업 · 재산상태 · 사회경제적 지위 등을 고려하여 국세청장이 정하는 금액 이하인 경우에는 증여로 추정하지 않는다. 다만, 기준금액 이하이더라도 취득가액 또는 채무상관금액이 타인으로부터 증여받은 사실이 확인될 경우에는 증여세 과세대상이 된다(상증집 45-24-3).

② 취득자금 또는 상환자금의 출처에 충분한 소명이 있는 경우

▮ 자금출처 증여추정 배제기준(상증집 45-34-3) ▮

구 분	취득재산		채무상환	총액한도
	주 택	기타재산		
30세 미만	5천만원	5천만원	5천만원	1억원
30세 이상	1.5억원	5천만원	5천만원	2억원
40세 이상	3억원	1억원	5천만원	4억원

Corporate ta
Account Code
Tax base

PART 02

세무조사의 주요 쟁점

CHAPTER

01 부당행위계산 부인

1 법인세법상 부당행위

납세지 관할 세무서장 또는 관할지방국세청장은 내국법인의 행위 또는 소득금액의 계산이 특수관계인과의 거래로 인하여 그 법인의 소득에 대한 조세의 부담을 부당하게 감소시킨 것으로 인정되는 경우에는 그 법인의 행위 또는 소득금액의 계산과 관계없이 그 법인의 각 사업연도의 소득금액을 계산한다(법법 52 ①).

부당행위계산이라고 함은 납세자가 정상적인 경제인의 합리적 거래형식에 의하지 아니하고 우회행위, 다단계행위, 그 밖의 이상한 거래형식을 취함으로써 통상의 합리적인 거래형식을 취할 때 생기는 조세의 부담을 경감 내지 배제시키는 행위계산을 말하고, 「법인세법」 제52조에서 부당행위계산 부인 규정을 둔 취지는 법인과 특수관계 있는 자와의 거래가 「법인세법 시행령」 제88조 제1항 각 호에 정한 제반 거래형태를 빙자하여 남용함으로써 경제적 합리성을 무시하였다고 인정되어 조세법적인 측면에서 부당한 것이라고 보일 때 과세권자가 객관적으로 타당하다고 인정되는 소득이 있었던 것으로 의제하여 과세함으로써 과세의 공평을 기하고 조세회피행위를 방지하고자 하는 것이다(대법원 2003두13267, 2006.1.13.).

1. 법인세법상 특수관계인

특수관계인이란 법인과 다음 중 어느 하나의 관계에 있는 자를 말한다. 부당행위계산 부인 규정은 그 행위 당시를 기준으로 하여 당해 법인과 특수관계인 간의 거래에 대하여 이를 적용한다. 다만, 특수관계자인 법인 간 불공정합병 규정을 적용함에 있어서 특수관계인인 법인의 판정은 합병등기일이 속하는 사업연도의 직전 사업연도의 개시일부터 합병등기일까지의 기간에 의한다(법령 2 ⑤). 특수관계인 여부는 쌍방관계를 기준으로 판단한다. 즉, 어느 한 쪽을 기준으로 하여 특수관계인에 해당하면 다른 쪽을 기준으로 하여도 특수관계인에 해당한다(법집 2-2-1).

① 임원의 임면권의 행사, 사업방침의 결정 등 당해 법인의 경영에 대하여 사실상 영향력을 행사하고 있다고 인정되는 자(「상법」에 따른 업무집행지시자 등 포함)와 그 친족
② 소액주주등이 아닌 주주 또는 출자자와 그 친족
③ 다음의 어느 하나에 해당하는 자 및 이들과 생계를 함께하는 친족
㉠ 법인의 임원 · 직원 또는 비소액주주등의 직원(비소액주주등이 영리법인인 경우에는 그 임원을, 비영리법인인 경우에는 그 이사 및 설립자를 말한다)
㉡ 법인 또는 비소액주주등의 금전이나 그 밖의 자산에 의해 생계를 유지하는 자
④ 해당 법인이 직접 또는 그와 ①부터 ③까지의 관계에 있는 자를 통하여 어느 법인의 경영에 대하여 지배적인 영향력을 행사하고 있는 경우 그 법인
⑤ 해당 법인이 직접 또는 그와 ①부터 ④까지의 관계에 있는 자를 통하여 어느 법인의 경영에 대하여 지배적인 영향력을 행사하고 있는 경우 그 법인
⑥ 해당 법인에 30% 이상을 출자하고 있는 법인에 30% 이상을 출자하고 있는 법인이나 개인
⑦ 해당 법인이 기업집단에 속하는 법인인 경우 그 기업집단에 소속된 다른 계열회사 및 그 계열회사의 임원

| 특수관계인 범위 개요도 |

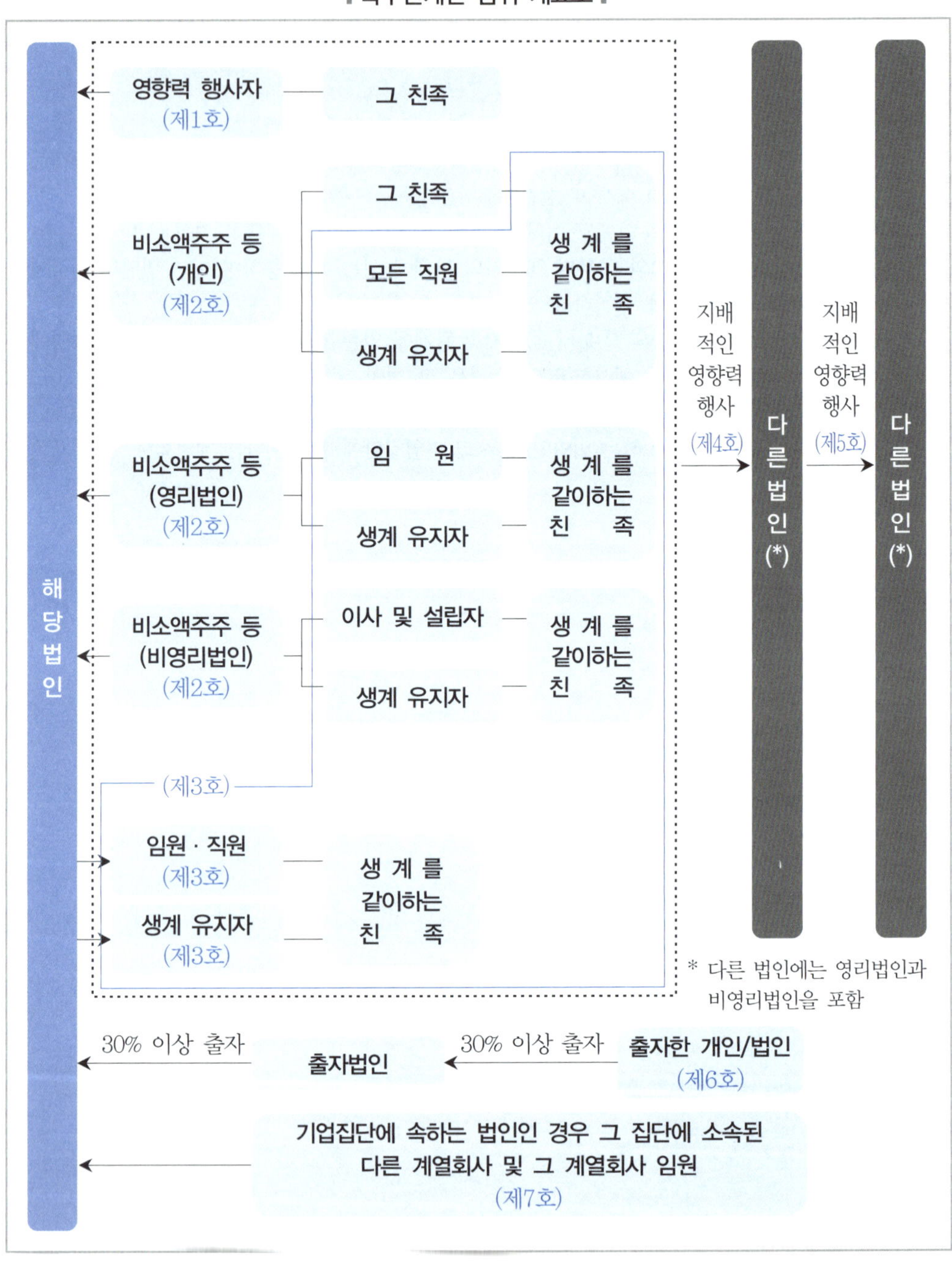
해당법인
영향력 행사자
(제1호)
그 친족
비소액주주 등
(개인)
(제2호)
그 친족
모든 직원
생계 유지자
생계를 같이하는 친족
비소액주주 등
(영리법인)
(제2호)
임원
생계 유지자
생계를 같이하는 친족
비소액주주 등
(비영리법인)
(제2호)
이사 및 설립자
생계 유지자
생계를 같이하는 친족
(제3호)
임원 · 직원
(제3호)
생계 유지자
(제3호)
생계를 같이하는 친족
지배적인 영향력 행사
(제4호)
다른법인(*)
지배적인 영향력 행사
(제5호)
다른법인(*)
* 다른 법인에는 영리법인과 비영리법인을 포함
30% 이상 출자
출자법인
30% 이상 출자
출자한 개인/법인
(제6호)
기업집단에 속하는 법인인 경우 그 집단에 소속된 다른 계열회사 및 그 계열회사 임원
(제7호)

(1) 사실상 영향력 행사자

임원의 임면권의 행사, 사업방침의 결정 등 당해 법인의 경영에 대하여 사실상 영향력을 행사하고 있다고 인정되는 자(「상법」에 따른 업무집행지시자 등 포함)와 그 친족은 특수관계인에 해당한다.

1) 사업에 따른 업무집행지시자

다음 각 호의 어느 하나에 해당하는 자가 그 지시하거나 집행한 업무에 관하여 「상법」 제399조, 제401조, 제403조 및 제406조의 2를 적용하는 경우에는 그 자를 "이사"로 본다(상법 401의 2 ①).

① 회사에 대한 자신의 영향력을 이용하여 이사에게 업무집행을 지시한 자
② 이사의 이름으로 직접 업무를 집행한 자
③ 이사가 아니면서 명예회장 · 회장 · 사장 · 부사장 · 전무 · 상무 · 이사 기타 회사의 업무를 집행할 권한이 있는 것으로 인정될 만한 명칭을 사용하여 회사의 업무를 집행한 자

2) 친 족

친족이란 「국세기본법 시행령」 제1조의 2 제1항에 해당하는 자를 말하며, 그 범위는 다음과 같다(국기령 1의 2 ①).

2023.2.28. 이전	2023.3.1. 이후
① 6촌 이내의 혈족 ② 4촌 이내의 인척 ③ 배우자(사실상의 혼인관계에 있는 자를 포함) ④ 친생자로서 다른 사람에게 친양자 입양된 자 및 그 배우자 · 직계비속	① 4촌 이내의 혈족 ② 3촌 이내의 인척 ③ 배우자(사실상의 혼인관계에 있는 자를 포함) ④ 친생자로서 다른 사람에게 친양자 입양된 자 및 그 배우자 · 직계비속 ⑤ 본인이 「민법」에 따라 인지한 혼인 외 출생자의 생부나 생모(본인의 금전이나 그 밖의 재산으로 생계를 유지하는 사람 또는 생계를 함께하는 사람으로 한정)

(2) 소액주주등이 아닌 주주 또는 출자자와 그 친족

소액주주등이 아닌 주주 또는 출자자와 그 친족은 특수관계인에 해당한다. 여기서 소액주주 등이란 발행주식총수 또는 출자총액의 1%에 미달하는 주식 또는 출자지분을 소유한 주주등(해당 법인의 국가, 지방자치단체가 아닌 지배주주등의 특수관계인인 자는 제외)을 말한다(법령 50 ②).

(3) 임직원 및 생계유지자 등

다음의 어느 하나에 해당하는 자 및 이들과 생계를 함께하는 친족은 특수관계인에 해당한다.

① 법인의 임원 · 직원 또는 비소액주주등의 직원(비소액주주등이 영리법인인 경우에는 그 임원을, 비영리법인인 경우에는 그 이사 및 설립자를 말한다)

② 법인 또는 비소액주주등의 금전이나 그 밖의 자산에 의해 생계를 유지하는 자

1) 생계를 함께하는 친족

"생계를 함께하는 친족"이라 함은 주주 등 또는 생계를 유지하는 자와 일상생활을 공동으로 영위하는 친족을 말한다(법통 2-2…1 ①).

2) 생계를 유지하는 자

"생계를 유지하는 자"라 함은 해당 주주 등으로부터 급부를 받는 금전 · 기타의 재산수입과 급부를 받는 금전 · 기타의 재산운용에 의하여 생기는 수입을 일상생활비의 주된 원천으로 하고 있는 자를 말한다(법통 2-2…1 ②).

(4) 지배적 영향력 행사자

1) 특수관계인의 범위

① 해당 법인이 직접 또는 그와 (1)부터 (3)까지의 관계에 있는 자를 통하여 어느 법인의 경영에 대하여 지배적인 영향력을 행사하고 있는 경우 그 법인은 특수관계인에 해당한다.

② 해당 법인이 직접 또는 그와 (1)부터 (4)까지의 관계에 있는 자를 통하여 어느 법인의 경영에 대하여 지배적인 영향력을 행사하고 있는 경우 그 법인

2) 지배적인 영향력

다음의 구분에 따른 요건에 해당하는 경우 해당 법인의 경영에 대하여 지배적인 영향력을 행사하고 있는 것으로 본다(법령 87 ②, 국기령 1의 2 ④).

구 분	내 용
영리법인인 경우	① 법인의 발행주식총수 또는 출자총액의 30% 이상을 출자한 경우 ② 임원의 임면권의 행사, 사업방침의 결정 등 법인의 경영에 대하여 사실상 영향력을 행사하고 있다고 인정되는 경우
비영리법인인 경우	① 법인의 이사의 과반수를 차지하는 경우 ② 법인의 출연재산(설립을 위한 출연재산만 해당)의 30% 이상을 출연하고 그중 1인이 설립자인 경우

2. 조세부담의 부당한 감소

(1) 조세부담 감소의 유형

조세의 부담을 부당하게 감소시킨 것으로 인정되는 경우란 다음 중 어느 하나에 해당하는 경우를 말한다(법령 88 ①). 다음의 부당행위의 유형 중 ①~④(이에 준하는 행위 포함)는 시가와 거래가액의 차액이 3억원 이상이거나 시가의 5%에 상당하는 금액 이상인 경우에 한하여 적용한다(법령 88 ③). 다만, 주권상장법인이 발행한 주식을 거래한 경우에는 현저한 이익 규정을 적용하지 않는다(법령 88 ④).

① 자산을 시가보다 높은 가액으로 매입 또는 현물출자받았거나 그 자산을 과대상각한 경우
② 자산을 무상 또는 시가보다 낮은 가액으로 양도 또는 현물출자한 경우
③ 금전, 그 밖의 자산 또는 용역을 무상 또는 시가보다 낮은 이율 · 요율이나 임대료로 대부하거나 제공한 경우. 다만, 다음 중 어느 하나에 해당하는 경우는 제외한다.
  ㉠ 주식매수선택권 등의 행사 또는 지급에 따라 금전을 제공하는 경우
  ㉡ 주주 등이나 출연자가 아닌 임원(소액주주등인 임원을 포함) 및 직원에게 사택(임차사택 포함)을 제공하는 경우
  ㉢ 연결납세방식을 적용받는 연결법인 간에 연결법인세액의 변동이 없는 등 법령으로 정하는 요건을 갖추어 용역을 제공하는 경우
④ 금전 기타 자산 또는 용역을 시가보다 높은 이율 · 요율이나 임차료로 차용하거나 제공받은 경우. 다만, 연결납세방식을 적용받는 연결법인 간에 연결법인세액의 변동이 없는 등 법령으로 정하는 요건을 갖추어 용역을 제공받는 경우는 제외한다.
⑤ 무수익 자산을 매입 또는 현물출자받았거나 그 자산에 대한 비용을 부담한 경우
⑥ 특수관계자인 법인 간 합병(분할합병을 포함) · 분할에 있어서 불공정한 비율로 합병 · 분할하여 합병 · 분할에 따른 양도손익을 감소시킨 경우. 다만, 「자본시장과 금융투자업에 관한 법률」 제165조의 4에 따라 합병(분할합병을 포함) · 분할하는 경우는 제외한다.
⑦ 불량자산을 차환하거나 불량채권을 양수한 경우
⑧ 출연금을 대신 부담한 경우
⑨ 파생상품에 근거한 권리를 행사하지 아니하거나 그 행사기간을 조정하는 등의 방법으로 이익을 분여하는 경우
⑩ 다음 중 하나에 해당하는 자본거래로 인하여 주주 등인 법인이 특수관계자인 다른 주주 등에게 이익을 분여한 경우
  ㉠ 특수관계자인 법인 간의 합병(분할합병 포함)에 있어서 주식 등을 시가보다 높거나 낮게 평가하여 불공정한 비율로 합병한 경우. 다만, 「자본시장과 금융투자업에 관한 법률」 제165조의 4에 따라 합병(분할합병 포함)하는 경우는 제외한다.
  ㉡ 법인의 자본(출자액 포함)을 증가시키는 거래에 있어서 신주(전환사채 · 신주인수권부사채 또는 교환사채 등을 포함)를 배정 · 인수받을 수 있는 권리의 전부 또는 일부를 포기하거나 신주를 시가보다 높은 가액으로 인수하는 경우

㉢ 법인의 감자에 있어서 주주 등의 소유주식 등의 비율에 의하지 아니하고 일부 주주 등의 주식 등을 소각하는 경우

⑪ ⑩ 외의 경우로서 증자 · 감자, 합병(분할합병 포함) · 분할, 「상속세 및 증여세법」에 따른 전환사채등에 의한 주식의 전환 · 인수 · 교환 등 자본거래를 통해 법인의 이익을 분여하였다고 인정되는 경우. 다만, 창업자 등이 부여한 주식매수선택권의 행사에 따라 주식을 발행하는 경우는 제외한다.

⑫ 위에 준하는 행위 또는 계산 및 그 외에 법인의 이익을 분여하였다고 인정되는 경우

(2) 조세회피의도

"조세부담을 부당히 감소시키는 것으로 인정되는 경우"라 함은 당해법인이 행한 거래형태가 객관적으로 보아 경제적 합리성을 무시한 비정상적인 것이어서 조세법적 측면에서 부당한 것이라고 인정되는 경우를 뜻하는 것으로 반드시 조세부담을 회피하거나 경감시킬 의도가 있어야만 부당행위계산에 해당하는 것은 아니다(대법원 95누7260, 1996.7.12.).

(3) 조세의 부담을 부당하게 감소시킨 것으로 인정되는 경우의 예시

조세의 부담을 부당하게 감소시킨 것으로 인정되는 경우에는 법에서 규정하는 것을 제외하고, 다음에 해당되는 경우를 포함하는 것으로 한다(법통 52-88…2).

① 특수관계자로부터 영업권을 적정대가를 초과하여 취득한 때
② 주주 등이 부담하여야 할 성질의 것을 법인이 부담한 때
③ 주주 또는 출자자인 비영리법인에게 주식비율에 따라 기부금을 지급한 때
④ 사업연도기간 중에 가결산에 의하여 중간배당금 등의 명목으로 주주 등에게 금전을 지급한 때(「상법」 제462조의 3의 규정에 의한 중간배당의 경우를 제외)
⑤ 대표자의 친족에게 무상으로 금전을 대여한 때(이 경우에는 대표자에게 대여한 것으로 본다)
⑥ 연임된 임원에게 퇴직금을 지급한 때

(4) 조세의 부담을 부당하게 감소시킨 것으로 인정되지 아니하는 경우의 예시

다음에 해당하는 것은 "조세의 부담을 부당하게 감소시킨 것으로 인정되는 경우"에 포함되지 아니하는 것으로 한다(법통 55-88…3).

① 법인의 업무를 수행하기 위하여 초청된 외국인에게 사택 등을 무상으로 제공한 때
② 「채무자 회생 및 파산에 관한 법률」에 따른 범위 내에서 법정관리인에게 보수를 지급한 때

③ 「채무자회생 및 파산에 관한 법률」에 따른 법정관리인이 법원의 허가를 받아 통상의 이율이나 요율보다 낮게 이자나 임대료를 받은 때
④ 건설공제조합이 조합원에게 대출하는 경우의 이자율이 금융기관의 일반대출 금리보다 낮은 경우로서 정부의 승인을 받아 이자율을 정한 때
⑤ 정부의 지시에 의하여 통상판매가격보다 낮은 가격으로 판매한 때
⑥ 특수관계자 간에 보증금 또는 선수금 등을 수수한 경우에 그 수수행위가 통상의 상관례의 범위를 벗어나지 아니한 때
⑦ 사용인(주주 등이 아닌 임원과 영 제50조 제2항에 따른 소액주주 등인 임원을 포함)에게 포상으로 지급하는 금품의 가액이 당해 사용인의 근속기간, 공적내용, 월급여액 등에 비추어 적당하다고 인정되는 때
⑧ 사용인에게 자기의 제품이나 상품 등을 할인판매하는 경우로서 다음에 해당하는 때
  ㉠ 할인판매가격이 법인의 취득가액 이상이며 통상 일반 소비자에게 판매하는 가액에 비하여 현저하게 낮은 가액이 아닌 것
  ㉡ 할인판매를 하는 제품 등의 수량은 사용인이 통상 자기의 가사를 위하여 소비하는 것이라고 인정되는 정도의 것
⑨ 대리점으로부터 판매대리와 관련하여 보증금을 받고 당해 보증금에 대한 이자를 적정이자율을 초과하지 아니하는 범위 내에서 지급하는 때
⑩ 특수관계자 간의 거래에서 발생된 외상매출금 등의 회수가 지연된 경우에도 사회통념 및 상관습에 비추어 부당함이 없다고 인정되는 때
⑪ 사용인이 부당유용한 공금을 보증인 등으로부터 회수하는 때
⑫ 사용인이 공금을 부당유용한 경우로서 해당 사용인과 그 보증인에 대하여 횡령액의 회수를 위하여 법에 의한 제반절차를 취하였음에도 무재산 등으로 회수할 수 없는 때
⑬ 특수관계자에 대한 가지급금등의 채권액이 「채무자회생 및 파산에 관한 법률」에 따라 정리채권으로 동결된 때
⑭ 법인이 합병으로 인하여 취득하는 자기주식에 대하여 배당을 하지 아니하는 때
⑮ 법인이 「국세기본법」 제39조에 따른 제2차 납세의무자로서 특수관계자의 국세를 대신 납부하고 가지급금등으로 처리한 경우
⑯ 법인이 「근로자복지기본법」에 의한 우리사주조합의 조합원에게 자사주를 영 제89조에서 규정하는 시가에 미달하는 가액으로 양도하는 경우. 다만, 금융지주회사의 자회사인 비상장법인이 당해 금융지주회사의 우리사주조합원에게 양도하는 경우에는 당해 법인의 종업원이 취득하는 경우에 한한다.

3. 시 가

(1) 일반적인 원칙

부당행위계산 부인 규정을 적용할 때에는 건전한 사회통념 및 상거래 관행과 특수관계자가 아닌 자 간의 정상적인 거래에서 적용되거나 적용될 것으로 판단되는 가격(시가)을 기준으로 한다(법법 52 ②). 부당행위계산의 부인규정을 적용함에 있어서 그 판단기준이 되는 '시가'란 해당 거래와 유사한 상황에서 해당 법인이 특수관계인 외의 불특정다수인과 계속적으로 거래한 가격 또는 특수관계인이 아닌 제3자 간에 일반적으로 거래된 가격이 있는 경우에는 그 거래 당시의 가격에 따른다. 다만, 주권상장법인이 발행한 주식을 다음의 어느 하나에 해당하는 방법으로 거래한 경우 해당 주식의 시가는 그 거래일의 「자본시장과 금융투자업에 관한 법률」에 따른 거래소 최종시세가액(거래소 휴장 중에 거래한 경우에는 그 거래일의 직전 최종시세가액)으로 하며, 기획재정부령으로 정하는 바에 따라 사실상 경영권의 이전이 수반되는 경우에는 「상속세 및 증여세법」을 준용하여 그 가액의 20%를 가산한다(법령 89 ①).

① 「자본시장과 금융투자업에 관한 법률」에 따른 증권시장 외에서 거래하는 방법
② 대량매매 등 기획재정부령으로 정하는 방법

(2) 시가의 입증책임

부당행위계산 부인의 적용기준이 되는 시가에 대한 주장 · 증명책임은 부당행위계산 부인을 주장하는 과세관청에 있다(대법원 2014두40517, 2014.12.11.).

(3) 시가가 불분명한 경우

시가가 불분명한 경우에는 다음을 차례로 적용하여 계산한 금액에 의한다(법령 89 ②).

① 「감정평가 및 감정평가사에 관한 법률」에 의한 감정평가법인등이 감정한 가액이 있는 경우 그 가액(감정한 가액이 둘 이상인 경우에는 그 감정한 가액의 평균액). 다만, 주식 등은 제외한다.
② 「상속세 및 증여세법」을 준용하여 평가한 가액. 이 경우 「상속세 및 증여세법」에 따라 비상장주식을 평가할 때 해당 비상장주식을 발행한 법인이 보유한 주식(주권상장법인이 발행한 주식으로 한정)의 평가금액은 평가기준일의 거래소 최종시세가액으로 한다.

구 분		시가평가 순서(「법인세법 시행령」 제89조 제1항부터 제6항)
① 주식 · 출자지분	상장주식	시가
	그 외	시가→상증법상 보충적 평가액
② 가상자산		시가→상증법상 보충적 평가액
③ ① · ② 외의 자산		시가→감정가액→상증법상 보충적 평가액
④ 금전의 대여 · 차용		가중평균이자율 또는 당좌대출이자율
⑤ 자산의 임대		시가→감정가액→상증법상 보충적 평가액→법인세법상 평가액
⑥ 용역의 제공		시가→감정가액→상증법상 보충적 평가액→법인세법상 평가액

(4) 자산 또는 용역의 제공

자산(금전 제외) 또는 용역을 제공할 때 위의 (1)부터 (3)까지의 원칙을 적용할 수 없는 경우에는 다음 산식에 따라 계산한 금액을 시가로 한다(법령 89 ④).

1) 유형 또는 무형의 자산을 제공하거나 제공받는 경우

당해 자산 시가의 50%에 상당하는 금액에서 그 자산의 제공과 관련하여 받은 전세금 또는 보증금을 차감한 금액에 정기예금이자율을 곱하여 산출한 금액

(당해 자산의 시가×50%－전세금 또는 보증금)×정기예금이자율

2) 건설 기타 용역을 제공하거나 제공받는 경우

당해 용역의 원가(용역 제공에 소요된 직접비 및 간접비)와 원가에 해당 사업연도 중 특수관계자 외의 자에게 제공한 유사한 용역제공거래 또는 특수관계인이 아닌 제3자 간의 일반적인 용역제공거래를 할 때의 수이률을 곱하여 계산한 금액을 합한 금액

원가×(1＋특수관계자 외의 자에게 제공한 유사거래 수익률*)

* 수이률＝(기업회계기준에 따라 계산한 매출액－원가)/원가

(5) 금전의 대여 또는 차용의 경우

금전의 대여 또는 차용의 경우에는 원칙적으로 가중평균차입이자율을 시가로 하며, 예외적으로 당좌대출이자율을 시가로 할 수 있다(법령 89 ③).

실무포인트

1. 소급감정의 인정 여부

시가라 함은 원칙적으로 정상적인 거래에 의하여 형성된 객관적 교환가격을 의미하지만 이는 객관적이고 합리적인 방법으로 평가한 가액도 포함하는 개념이므로 거래를 통한 교환가격이 없는 경우에는 공신력 있는 감정기관의 감정가격도 시가로 볼 수 있고, 그 가액이 소급감정에 의한 것이라 하여도 달라지지 않는다(대법원 2012두21109, 2013.2.14.; 대법원 204두2356, 2005.9.30.; 대법원 2001두6029, 2003.5.30.; 대법원 90누8459, 1991.4.12.).

2. 비상장주식의 경우 거래금액이 시가로 인정되는지 여부

시가라 함은 정상적인 거래에 의하여 형성된 객관적 교환가격을 말하는 것으로 증권거래소에 상장되지 아니한 비상장주식이라 하더라도 그와 같은 교환가치가 적정하게 반영된 정상적인 거래의 실례가 있으면 그 가격을 시가로 보아 주식의 가액을 평가하여야 하는 것이며 어떠한 거래가 일반적이고 정상적인 것인지 여부는 ① 당사자들이 각각 경제적 이익의 극대화를 추구하는 대등한 관계에 있는지, ② 당사자들이 거래와 관련된 사실에 관하여 합리적인 지식이 있으며 강요에 의하지 아니하고 자유로운 상태에서 거래를 하였는지 등의 제반 사정을 종합적으로 검토하여 결정하여야 하므로 특수관계에 있는 자와의 거래라 하더라도 위와 같은 전반적 사정을 고려하여 객관적 교환가치가 적정하게 반영된 정상적인 거래라고 판단되면 그 거래가격을 시가로 보아 평가하여야 할 것이다(대법원 2006두17055, 2007.1.11.).

3. 과세관청이 제시한 시가를 불인정한 판례

① 과세관청이 AS 부품운송용역의 시가를 적정하게 산정하였음을 입증하지 못하여 원고가 특수관계자로부터 고가로 용역을 제공받았음이 인정되지 아니하는 이상, 원고가 주장하는 경제적 합리성과 관련된 나머지 쟁점들에 관하여 더 나아가 판단할 필요 없이 부당행위계산 부인하여 부과한 처분은 사실을 오인한 것으로서 위법하다(대법원 2012두12006, 2012.10.25.).

② 피고가 제시한 비교대상거래들은 계열사 간 전산용역거래와 유사한 상황에 있지 아니하고, 시가로 보기에 부족하며, 계열사 간 거래에 경제적 합리성을 결한 비정상적인 것이라고 단정하기 어렵다(대법원 2017두 51167, 2017.9.29.).

4. 경제적 합리성 유무

부당행위계산 부인은 법인이 특수관계에 있는 자와의 거래에 있어 정상적인 경제인의 합리적인 방법에 의하지 아니하고 여러 거래형태를 빙자하여 남용함으로써 조세부담을 부당하게 회피하거나 경감시켰다고 하는 경우에 과세권자가 이를 부인하고 법령에 정하는 방법에 의하

여 객관적이고 타당하다고 보이는 소득이 있는 것으로 의제하는 제도이다. 이는 경제인의 입장에서 볼 때 부자연스럽고 불합리한 행위 · 계산을 함으로 인하여 경제적 합리성을 무시하였다고 인정되는 경우에 한하여 적용되는 것이고, 경제적 합리성의 유무에 대한 판단은 거래행위의 여러 사정을 구체적으로 고려하여 과연 그 거래행위가 건전한 사회통념이나 상관행에 비추어 경제적 합리성을 결한 비정상적인 것인지의 여부에 따라 판단하되, 비특수관계인 간의 거래가격, 거래 당시의 특별한 사정 등도 고려하여야 한다(대법원 2005두14257, 2007.12.13.).

실무포인트

1. 출자전환하여 신주를 인수한 행위

이 사건 출자전환은 원고가 pppp건설 주식회사에 대한 채권을 회수할 가능성이 거의 없고 또 pppp건설 주식회사가 파산할 경우 거액의 담보 및 보증제공으로 인하여 원고 또한 적지 않은 타격을 입을 것으로 예상되는 상황에서, 원고의 손해를 조금이나마 줄이기 위해서는 채권을 그대로 보유하는 것보다는 출자전환하여 pppp건설 주식회사의 재무구조를 개선함으로써 신규 공사수주가 가능하도록 하여 계속기업으로서 존속하게 하는 것이 낫다는 판단하에 이루어진 것으로서, 건전한 사회통념이나 상관행에 어긋나는 비정상적인 거래로서 경제적 합리성이 없는 것이라고 볼 수 없다(대법원 2009두12822, 2010.1.14.).

2. 특수관계법인의 자산을 매입하여 자금을 간접 지원한 경우

법인이 매입한 자산이 수익파생에 공헌하거나 장래에 그 자산의 운용으로 수익을 얻을 가능성이 있는 등 수익과 관련이 있는 자산에 해당하고 그와 같은 매입행위가 행위 당시를 기준으로 할 때 건전한 사회통념이나 상관행에 비추어 경제적 합리성을 결여한 비정상적인 행위라고 할 수 없다면, 설령 법인이 특수관계 없는 자로부터 자산을 매입함으로써 법인과 특수관계에 있는 자가 경제적으로 어떠한 이익을 얻었다고 하더라도 이를 법인세법 시행령 제88조 제1항 제2호 또는 제9호 소정의 부당행위계산에 해당한다고 할 수 없다(대법원 2013두20127, 2014.4.10.).

3. 합작법인 설립 시 영업권 양도대가를 받지 않은 경우

원고는 텔ㅇㅇㅇ와 사이에 51% 대 49%의 비율로 출자하여 ㅇㅇ텔을 설립하고 원고의 RSC 사업 이외에 전기통신사업 전부를 장부가액으로 ㅇㅇ텔에 양도하기로 하는 합작투자계약을 체결하면서, 원고가 장부가액에 반영되지 아니한 영업권을 사실상 ㅇㅇ텔에 추가 출자하는 것으로 인정하여 텔ㅇㅇㅇ로 하여금 그의 출자지분 49%에 따른 주식발행초과금으로 20억원을 ㅇㅇ텔에 추가 납입하도록 약정한 것이라 할 것인바, 원고는 아무런 대가 없이 위 영업권을 ㅇㅇ텔에 양도한 것이 아니라, 텔ㅇㅇㅇ의 주식발행초과금 20억원 납입에 상응하여, 원고의 출자지분 51%에 상당하는 주식발행초과금 2,081,632,653원의 납입에 갈음하여 위 영업권을 ○○텔에 양도함으로써 위 합작투자계약상의 출자비율에 따른 납입의무를 이행한 것이라고 할 것이므로, 위와 같은 거래행위가 건전한 사회통념이나 상관행에 비추어 경제적 합리성이 결여된 비정상적인 것이라고 할 수 없고, 따라서 원고의 위 영업권 양도에 따른 행위계산이 원고가 위 영업권을 ○○텔에 양도하면서 ○○텔로부터 그 양도대가를 지급받지 아니하였다는 점만을 들어 시행령 제46조 제2항 제4호 소정의 저가양도에 해당한다고 할 수 없을 뿐만 아니라, 원고가 영업권 양도의 대가로 주식발행초과금 2,081,632,653원의 납입을 면한 이익을 원고의 출자자 등에게 분여한 것으로 볼 수도 없어 시행령 제46조 제2항 제9호 소정의 기타 이익의 분여에도 해당한다고 할 수 없다(대법원 99두10131, 2001.11.27.).

4. 임차보증금 지원이 부당행위대상인지 여부

원고가 연수원에 대한 임대차보증금을 지급하고도 원고의 연수원에 대한 사용 · 수익권이 고려되지 아니한 통상의 연수 교육비용을 지급한 점, 연수원을 사용 · 수익할 수 없는 시점인 연수원 완공 이전에 미리 임대차보증금의 일부를 지급한 점 등의 사정을 들어 원고의 임대차보증금 지급행위에 관하여 경제적 합리성을 무시한 비정상적인 거래로서 조세법적 측면에서 부당한 것으로 판단된다(대법원 2005두10767, 2007.11.29.).

5. 부당행위계산 부인의 효과

부당행위계산에 해당하는 경우에는 시가와의 차액 등을 익금에 산입하여 당해 법인의 각 사업연도의 소득금액을 계산하며, 해당 금액은 귀속자에 대한 사외유출로 보아 배당, 상여, 기타, 기타사외유출로 처분한다(법령 89 ⑤). 부당행위계산 부인은 법인의 부당한 소득금액계산을 부인하고 정상적인 계산에 따라 소득금액을 계산하는 것에 한하며, 해당 거래의 사법적 효과에는 영향을 미치지 않는다.

한편, 부동산을 무상으로 임대하여 부당행위계산에 의하여 산정된 임대료상당액에 대하여 임대인에게 과세한 경우 해당 임대료상당액은 무상으로 사용한 임차인이 실제 지급한 것이 아니므로 해당 임차인의 필요경비에 산입할 수 없다(소집 27-55-5).

2 소득세법상 부당행위

납세지 관할 세무서장 또는 지방국세청장은 ① 출자공동사업자의 배당소득, ② 사업소득 또는 ③ 기타소득이 있는 거주자의 행위 또는 계산이 그 거주자와 특수관계인과의 거래로 인하여 그 소득에 대한 조세부담을 부당하게 감소시킨 것으로 인정되는 경우에는 그 거주자의 행위 또는 계산과 관계없이 해당 과세기간의 소득금액을 계산할 수 있다(소법 41 ①).

부당행위계산 부인 규정은 거주자의 행위 또는 계산이 객관적인 사실에 합치되고 또한 법률상 유효·적법한 것으로서 회계상으로는 정확한 계산이라 하더라도, 그 행위나 계산이 특수관계인 간의 거래이고 저가양도 등 객관적으로 조세의 부담을 부당하게 감소시키는 유형의 거래에 해당되는 경우에는 세법상 이를 부인하여 소득금액을 재계산하는 제도로서, 이는 실질과세원칙을 구체화하여 공평과세를 실현하고자 하는 데 그 입법 취지가 있다. 따라서 부당행위계산 부인은 특수관계자 사이의 일정한 거래가 사회통념이나 관습에 비추어 볼 때 합리적인 경제인이 취할 정상적인 거래로 볼 수 없어 조세의 부담을 부당하게 감소시킨 것으로 인정되는 때에 적용할 수 있는 것이다(대법원 99두1731, 2001.6.15.).

한편, 「소득세법」 제101조에서는 양도소득에 대하여도 부당행위계산 부인을 별도로 규정하고 있으며, 「소득세법」상 부당행위계산 부인은 대체로 「법인세법」의 규정과 그 내용이 유사하나, 특수관계인의 범위가 법인세법과 상이하고, 「소득세법」은 출자공동사업자의 배당소득, 사업소득 또는 기타소득에 대하여만 적용한다는 점에서 차이가 있다.

❙ 부당행위계산 부인의 적용방법 ❙

거주자	특수관계인(거래상대방)	
시가와 거래금액과의 차액을 소득금액에 가산	개 인	증여세 과세대상 여부 검토
	영리법인	추가 과세문제 ×

1. 소득세법상 특수관계인

「소득세법」상 부당행위계산 부인의 적용대상이 되는 특수관계인이란 「국세기본법 시행령」 제1조의 2 제1항, 제2항 및 같은 조 제3항 제1호에 따른 특수관계인을 말하며(소령 98 ①), 그 구체적 범위는 다음과 같다(국기법 2, 국기령 1의 2).

구 분	내 용
혈족 · 인척 등 친족관계	① 4촌 이내의 혈족 ② 3촌 이내의 인척 ③ 배우자(사실상의 혼인관계에 있는 자 포함) ④ 친생자로서 다른 사람에게 친양자 입양된 자 및 그 배우자 · 직계비속 ⑤ 본인이 「민법」에 따라 인지한 혼인 외 출생자의 생부나 생모(본인의 금전이나 그 밖의 재산으로 생계를 유지하는 사람 또는 생계를 함께하는 사람으로 한정)
임원 · 사용인 등 경제적 연관관계	① 임원과 그 밖의 사용인 ② 본인의 금전이나 그 밖의 재산으로 생계를 유지하는 자 ③ ① 및 ②의 자와 생계를 함께하는 친족
주주 · 출자자 등 경영지배관계	① 본인이 직접 또는 그와 친족관계 또는 경제적 연관관계에 있는 자를 통하여 법인의 경영에 대하여 지배적인 영향력을 행사하고 있는 경우 그 법인 ② 본인이 직접 또는 그와 친족관계, 경제적 연관관계 또는 ①의 관계에 있는 자를 통하여 법인의 경영에 대하여 지배적인 영향력을 행사하고 있는 경우 그 법인

| 특수관계인 범위 |

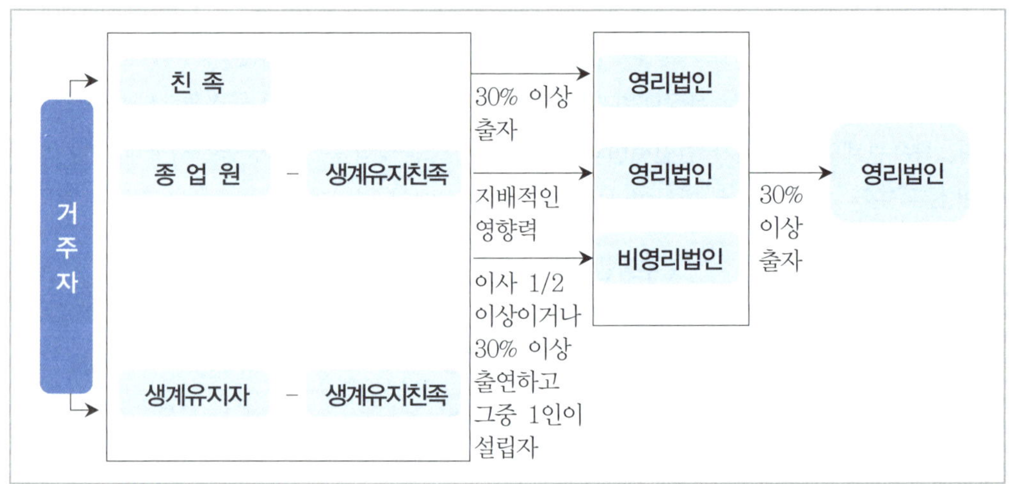

2. 조세부담의 부당한 감소

(1) 조세부담 감소의 유형

조세부담을 부당하게 감소시킨 것으로 인정되는 경우는 다음 중 어느 하나에 해당하는 경우로 한다. 다만, ①~③의 거래는 시가와 거래가액의 차액이 3억원 이상이거나 시가의 5%에 상당하는 금액 이상인 경우만 해당한다(소령 98 ②).

① 특수관계인으로부터 시가보다 높은 가격으로 자산을 매입하거나 특수관계인에게 시가보다 낮은 가격으로 자산을 양도한 경우
② 특수관계인에게 금전이나 그 밖의 자산 또는 용역을 무상 또는 낮은 이율 등으로 대부하거나 제공한 경우. 다만, 직계존비속에게 주택을 무상으로 사용하게 하고 직계존비속이 그 주택에 실제 거주하는 경우는 제외한다.
③ 특수관계인으로부터 금전이나 그 밖의 자산 또는 용역을 높은 이율 등으로 차용하거나 제공받는 경우
④ 특수관계인으로부터 무수익자산을 매입하여 그 자산에 대한 비용을 부담하는 경우
⑤ 그 밖에 특수관계인과의 거래에 따라 해당 과세기간의 총수입금액 또는 필요경비를 계산할 때 조세의 부담을 부당하게 감소시킨 것으로 인정되는 경우

3. 시 가

시가의 산정에 관하여는「법인세법 시행령」제89조 제1항 및 제2항의 규정을 준용한다(소령 98 ③).

(1) 시가의 개념

부당행위계산의 부인규정을 적용함에 있어서 그 판단기준이 되는 '시가'란 해당 거래와 유사한 상황에서 해당 법인이 특수관계인 외의 불특정다수인과 계속적으로 거래한 가격 또는 특수관계인이 아닌 제3자 간에 일반적으로 거래된 가격이 있는 경우에는 그 거래 당시의 가격으로 한다. 다만, 주권상장법인이 발행한 주식을 다음의 어느 하나에 해당하는 방법으로 거래한 경우 해당 주식의 시가는 그 거래일의「자본시장과 금융투자업에 관한 법률」에 따른 거래소 최종시세가액(거래소 휴장 중에 거래한 경우에는 그 거래일의 직전 최종시세가액)으로 하며, 법령으로 정하는 바에 따라 사실상 경영권의 이전이 수반되는 경우에는「상속세 및 증여세법」을 준용하여 그 가액의 20%를 가산한다(법령 89 ①).

① 「자본시장과 금융투자업에 관한 법률」에 따른 증권시장 외에서 거래하는 방법
② 대량매매 등 법령으로 정하는 방법

(2) 시가가 불분명한 경우

시가가 불분명한 경우에는 다음을 차례로 적용하여 계산한 금액에 의한다(법령 89 ②).

① 「감정평가 및 감정평가사에 관한 법률」에 의한 감정평가법인등이 감정한 가액이 있는 경우 그 가액(감정한 가액이 2 이상인 경우에는 그 감정한 가액의 평균액). 다만, 주식 등 가상자산은 제외한다.
② 「상속세 및 증여세법」을 준용하여 평가한 가액. 이 경우 「상속세 및 증여세법」에 따라 비상장주식을 평가할 때 해당 비상장주식을 발행한 법인이 보유한 주식(주권상장법인이 발행한 주식으로 한정)의 평가금액은 평가기준일의 거래소 최종시세가액으로 한다.

실무포인트

① "거주자와 해당 거주자가 대표자인 법인"은 특수관계인에 해당되는 것이며, 여기에서 "대표자"라 함은 법인 등기부상 대표자로 등재되어 있는지 여부와 관계없이 임원의 임면권의 행사, 사업방침의 결정 등 법인의 경영에 대하여 사실상의 영향력을 행사하고 법인을 실질적으로 지배하고 있는 사실상의 대표자를 말한다(소집 41-98-3 ①).
② 거주자가 해당 법인의 주식 또는 출자지분을 소유하지 아니한 경우에도 해당 거주자가 직접 또는 그와 친족관계, 경제적 연관관계에 있는 자를 통하여 법인의 경영에 지배적인 영향력을 행사하는 경우 해당 거주자는 특수관계인에 해당한다(소집 41-98-3 ②).
③ 사실혼 관계에 있는 배우자란 당사자의 배우자에 한하는 것이므로 혈족의 사실혼 배우자는 「국세기본법 시행령」 제1조의 2 제1항 제2호의 4촌 이내의 인척에 해당하지 아니한다(법령해석과-633, 2017.3.8.).
④ 동일법인의 임원 간 특수관계 여부(서이 46012-11902, 2003.10.31.)

질의 A법인이 B법인의 주주(지분율 40%)인 경우 당해 B법인의 임원인 거주자 C, D와의 세법상 관계와 관련하여
(질의 1) 법인 A와 임원 C가 법인세법상 특수관계 해당 여부
(질의 2) 임원 C와 임원 D는 소득세법상 및 상속세및증여세법상 특수관계 해당 여부

회신 귀 질의 1)의 경우 법인이 주식발행법인의 주주라는 사실만으로는 당해 법인의 임원과는 특수관계에 해당하지 아니하는 것이나, 주주인 법인이 독점규제 및 공정거래에 관한 법률에 의한 기업집단에 속하는 경우 그 기업집단에 소속된 계열회사의 임원은 특수관계가 있는 것이며,
질의 2)의 경우 소득세법 제41조 및 제101조를 적용함에 있어서 단순히 특정법인의 서로 다른 임원이라는 사유만으로는 같은 법 시행령 제98조 제1항이 정하는 "특수관계 있는 자"에 해당하지 않는다.

4. 부당행위계산 부인 사례

(1) 부당행위계산 부인에 포함되는 것

① 특수관계인 간에 공유하고 있는 부동산을 그 특수관계인 중 1인에게 무상임대하는 경우에는 부당행위계산 대상이 된다(소집 41－98－10 ①).

② 본인이 대표이사인 법인에 토지를 무상으로 제공하여 건물을 신축하고 임대업을 경영한 경우, 실제 임대소득이 없는 건축기간 동안에도 토지의 무상사용으로 인한 소득은 부당행위계산의 부인 대상에 포함된다(소집 41－98－10 ②). 이때 부동산을 무상으로 임대하여 부당행위계산에 의하여 산정된 임대료상당액에 대하여 임대인에게 과세한 경우 해당 임대료 상당액은 무상으로 사용한 임차인이 실제 지급한 것이 아니므로 해당 임차인의 필요경비에 산입할 수 없다(소집 27－55－5).

③ 실질적인 저작권자인 원고가 저작권을 특수관계법인에 무상으로 양도한 행위에 대하여 부당행위계산 부인 규정에 의거 소득세 등을 부과처분한 것은 적법하다(대법원 2019두32900, 2019.5.16.).

④ 대지를 자신이 대표이사이자 대주주로 있는 법인에게 무상으로 사용하게 하여 임대소득에 대한 조세의 부담을 부당하게 감소시켰으므로, 이는 「소득세법」상 부당행위계산에 해당되고, 반드시 기존에 부동산임대소득을 올리고 있었을 것을 그 요건으로 한다고 보기는 어렵다(대법원 2013두9007, 2013.8.23.).

(2) 부당행위계산 부인에 제외되는 것

1) 조세부담을 부당하게 감소시킨 것으로 인정되지 않는 경우의 예시

다음의 경우는 조세의 부담을 부당하게 감소시킨 경우에 해당하지 않는다(소집 41－98－5).

① 사업상 업무를 수행하기 위하여 초청된 외국인에게 사택 등을 무상으로 제공한 때

② 특수관계인의 채무에 대한 보증을 한 때(보증으로 인하여 손실이 발생한 경우 제외)

③ 정부의 지시에 의하여 특수관계인에게 통상판매가격보다 낮은 가격으로 판매한 때

④ 특수관계인 간의 보증금 또는 선수금 등을 수수한 경우에 그 수수행위가 통상 상관례의 범위를 벗어나지 아니할 때

⑤ 종업원에게 포상으로 지급하는 금품의 가격이 해당 종업원의 근속기간, 공적내용, 월급여액 등에 비추어 사회통념상 타당하다고 인정되는 때

⑥ 종업원에게 자기의 제품이나 상품 등을 할인판매하는 경우로서 다음에 해당하는 때

㉠ 할인판매가액이 해당 거주자의 취득가액 이상이며 통상 일반소비자에게 판매하는 가액에 비하여 현저하게 낮은 가액이 아닐 때

㉡ 할인판매를 하는 제품 등의 수량이 종업원이 통상 자기의 가사를 위하여 소비하는 것이라고 인정될 때

⑦ 대리점으로부터 판매대리와 관련하여 보증금을 받고, 해당 보증금에 대한 이자를 적정 이자율을 초과하지 아니하는 범위 내에서 지급하는 때

⑧ 특수관계인 간의 거래에서 발생한 외상매출금 등의 회수가 늦어지는 경우에도 사회통념 및 상관례에 비추어 부당함이 없다고 인정되는 때

⑨ 종업원이 부당 유용한 공금을 종업원의 보증인 등으로부터 회수하는 때. 이 경우 종업원과 그 보증인에 대하여 횡령금의 회수를 위하여 법에 따른 제반절차를 취하였음에도 무재산 등으로 회수할 수 없는 경우 동 횡령금은 그 종업원의 근로소득으로 보지 아니하나, 그 외의 사유로 횡령금을 회수할 수 없는 경우에는 그 종업원의 근로소득으로 처리한다.

⑩ 특수관계인과의 거래 시 「부동산 가격공시 및 감정평가에 관한 법률」에 따른 감정회사가 일반거래를 위해 감정한 부동산의 시가감정가액으로 거래를 한 때

⑪ 자산을 특수관계인의 채무에 대한 담보로 제공한 경우에도 그 담보제공에 따른 경제적 손실이 발생하지 아니한 때

2) 부당행위계산 부인 제외 사례

① 출자금 또는 사업에서 발생한 이익금을 인출하여 그 금액을 특수관계법인에게 무상대여한 경우에는 부당행위계산의 대상이 되지 않는다(소집 41-98-11).

② 부동산임대업을 경영하는 거주자가 그 임대용부동산의 일부를 해당 거주자가 구성원인 공동사업장에 무상으로 제공하는 경우(구성원 간 특수관계가 없는 경우를 말함) 그 부분에 대해서는 부동산임대업의 총수입금액에 산입하지 아니하며 부당행위계산의 부인 대상에도 해당하지 않는다(소집 41-98-10 ③).

5. 개인사업자의 법인전환 시 영업권과 부당행위

일반적으로 개인사업자가 사업을 양도하는 경우 영업권의 양도로 인하여 발생하는 소득은 기타소득에 해당하나 사업용고정자산과 함께 양도하는 경우 양도소득에 해당하는 것이며, 기타소득인 영업권을 특수관계법인에게 무상양도하는 경우 「소득세법」 제41조에 따라 부당행위계산 부인 규정이 적용된다(소득세과-313, 2013.5.20.). 세무조사 현장에서는 개인사업자의 법인전환 시 영업권을 저가 또는 무상양도를 부당행위로 보아 과세하는 사례가 있으며, 조세불복으로 이어지는 경우 부당행위에 대한 적용 여부가 상황에 따라 달리 판단되므로 주의가

요구된다.

(1) 영업권의 범위

영업권이라 함은 그 기업의 전통, 사회적 신용, 입지조건, 특수한 제조기술 또는 거래관계의 존재 등 영업상의 기능 내지 특성으로 인하여 동종의 사업을 영위하는 다른 기업의 통상수익보다 높은 수익을 올릴 수 있는 초과수익력이라는 무형의 재산적 가치를 말하는 것이다(대법원 95누18697, 1997.5.28.).

(2) 영업권의 무상양도로 보아 부당행위를 적용한 사례

① ㅇㅇ미디어의 영업상의 기능 등이 특수관계법인인 ㈜ㅇㅇ미디어로 옮겨져 영업적 활동이 계속적으로 이루어지고 있다고 봄이 합리적이어서, ㅇㅇ미디어가 특수관계법인인 ㈜ㅇㅇ미디어에게 쟁점영업권을 무상으로 양도한 것으로 봄이 타당하다(조심 2011서5015, 2013.6.11.).

② 특수관계법인이 거래선 등을 순차로 모두 이전 받음으로써 영업권을 대가 지급 없이 취득한 것이라 할 것이어서 청구법인이 영업권을 장부에 계상하고 있지 않더라도 영업권에 해당하는 자산을 무상으로 양도한 것으로 봄이 타당하다(국심 2006서2209, 2007.2.1.).

(3) 영업권의 무상양도로 볼 수 없어 부당행위에 해당하지 않는다고 본 사례

지난 2014년에 있었던 조세심판원 심판례(조심 2014서1902, 2014.7.17.)를 살펴보면 청구인은 개인사업자를 특수관계인들로 주주가 구성된 법인사업자로 전환하면서 영업권을 계상하지 않았다. 이에 과세관청에서는 향후 초과수익력에 대한 사실상의 증여 효과가 있으며, 청구인 자신의 종합소득세 부담을 부당히 감소시킨 사실이 있다고 판단하여 쟁점영업권의 특수관계자 간 무상양도에 대한 기타소득 누락에 대해 부당행위계산을 적용하여 종합소득세를 과세하였다. 그러나 조세심판원에서는 해당 사건에 대하여 영업권을 시가보다 저가(무상)에 양도하였다고 보아 부당행위계산 부인 규정을 적용하여 종합소득세를 과세한 처분은 잘못이 있다고 판단하였는데 그 주요 판결근거를 살펴보면 다음과 같다.

① 청구인이 특수관계인에게 영업권을 무상으로 양도하였다고 보기 위해서는 영업권이 실제 존재하고 불특정다수인에게 거래될 수 있을 정도이어야 할 것인바,

② 청구인과 롤렉스 시계 공급업자가 체결한 계약서 등이 제시되지 아니하여 청구인이 어떤 내용의 판매권을 보유하고 있는지 조사되지 아니한 점

③ 청구인이 쟁점영업권을 유상으로 매입한 사실도 제시되지 아니한 점

④ 처분청은 청구인이 백화점에 입점한 것은 영업권이 있기 때문이라는 의견이나 청구인과 ○○○ 간의 임대차계약에 의하면 임차인이 임차매장의 권리금을 주장할 수 없고 제3자에게 다시 임대할 수도 없는 것으로 나타나는 점

⑤ 영업권이 있다면 청구인은 영업권을 양도하고 대금을 수령할 수 있고 ○○○법인은 이를 감가상각자산으로 계상할 수 있음에도 영업권을 양도되는 자산으로 계상하지 아니한 점

⑥ 처분청은 ○○○법인의 주주들이 청구인 및 그 특수관계인들이므로 증여효과가 있다는 의견이나 이는 쟁점영업권이 존재하는지 여부와 직접적 관련이 있다고 보기 어려운 점

⑦ 처분청은 청구인이 쟁점사업과 관련하여 고액의 대출을 받은 것은 영업권이 있기 때문이라는 의견도 제시하고 있으나 청구인이 쟁점사업장의 신용만으로 대출받은 것인지 제시되지 아니하였고 대출받은 사실이 영업권 때문이라고 보기도 어려운 점

⑧ 청구인은 독점적인 공급자로부터 제품을 공급받아 판매하는 것에 불과한 것으로 보이고 그 판매점의 지위나 권리가 법상 또는 계약상 확보되었다고 보기 어려운 점 등에 비추어 볼 때 쟁점사업장에 영업권이 존재한다고 보기 어렵다고 할 것이다.

6. 개인으로 등록한 특허권 등을 법인에게 양도한 경우

국세청에서는 최근 법인의 대표이사가 개발에 참여한 특허권 · 디자인권등 지적재산권을 대표이사 명의로 등록 한 후 법인에게 양도한 행위를 부당행위로 보아 양도대가를 손금부인하는 등 과세를 이어 왔다. 이에 불복한 사건들의 판례 및 심판례에서 해당 지적재산권은 법인의 대표이사가 본연의 업무를 수행한 것이므로 대표이사의 것으로 등록 될 수 없다고 보아 당초부터 해당 지적재산권이 법인의 것이라 일관되게 판결하여 국가승소(납세자패소)로 결정해오고 있으므로 주의가 요구된다(대법원 2006두13831, 2008.5.29.; 수원지방법원 2021구합72582, 2022.11.30.; 수원지방법원 2019구합69682, 2020.7.16.; 창원지방법원 2021구합53731, 2022.12.22.; 조심 2022부0183, 2022.10.31.; 조심 2021구5945, 2022.10.12.; 조심 2021부2642, 2022.8.10.; 조심 2021부1613, 2022.8.2.; 조심 2021부5879, 2022.5.4. 외 다수).

3 부가가치세법상 부당행위

1. 재화 용역의 공급과 부당행위

사업자가 특수관계인에 대한 재화 또는 용역(수탁자가 위탁자의 특수관계인에게 공급하는 신탁재산과 관련된 재화 또는 용역을 포함한다)의 공급이 다음 중 어느 하나에 해당하는 경우로서 조세의 부담을 부당하게 감소시킬 것으로 인정되는 경우에는 공급한 재화 또는 용역의 시가를 공급가액으로 본다(부법 29 ④).

① 재화의 공급에 대하여 부당하게 낮은 대가를 받거나 아무런 대가를 받지 않은 경우

② 용역의 공급에 대하여 부당하게 낮은 대가를 받는 경우

③ 용역의 공급에 대하여 대가를 받지 않은 경우로서 과세되는 사업용 부동산임대용역을 공급한 경우

2. 시가의 범위

시가란 다음의 가격으로 한다(부령 62). 따라서 부당행위계산 부인을 적용할 때 시가는 순서대로 적용한다.

① 사업자가 그와 특수관계에 있는 자 외의 자와 해당 거래와 유사한 상황에서 계속적으로 거래한 가격 또는 제3자 간에 일반적으로 거래된 가격

② 위 ①의 가격이 없는 경우에는 사업자가 그 대가로 받은 재화 또는 용역의 가격(공급받은 사업자가 그와 특수관계에 있는 자 외의 자와 해당 거래와 유사한 상황에서 계속적으로 거래한 재화 및 용역의 가격 또는 제3자 간에 일반적으로 거래된 가격을 말한다)

③ 위 ①, ②에 따른 가격이 없거나 시가가 불분명한 경우에는 「소득세법」 또는 「법인세법」상 부당행위계산 부인 규정에서 적용되는 시가

3. 부당행위계산 부인과 세금계산서

「부가가치세법」상 부당행위계산 부인 규정은 부당하게 낮은 대가로 물품을 공급하는 자의 과세표준을 재계산하는 효력을 가지고 있을 뿐이고, 특수관계인과 사이에 적법 · 유효하게 성립된 법률행위의 사법상 효력을 부인하거나 실지거래를 재구성하는 효력을 가지는 것은 아니라고 할 것이다. 따라서 정상적인 거래 시 시가와 낮은 대가와의 차액에 대하여 세금계산서를 교부할 의무가 있다고 보기 어렵고, 당사자 합의에 따라 실제 거래금액을 공급가액으로

하여 교부된 세금계산서가 정상적인 거래 시 시가를 공급가액으로 하지 않았다는 이유로 사실과 다른 세금계산서라고 할 수도 없다(대법원 2002두1588, 2004.9.23.). 따라서 부당행위계산 부인 규정에 따라 시가를 과세표준으로 하는 경우에도 정상적인 거래 시가와 낮은 대가와의 차액에 대하여 세금계산서를 발급할 의무가 없는 것이며(부가가치세과-123, 2014.2.17.), 부당행위계산 부인이 적용된 부분에 대하여 세금계산서 미발급 가산세나 사실과 다른 세금계산서 가산세는 부과되지 않는다(대법원 2002두1588, 2004.9.23.).

세무조사사례 1

(고가매입) 수강료를 현금결제 유도하여 신고누락하고 자녀 주주 법인에 이익을 분여하여 편법 증여한 학원 사업자(국세청 보도자료 2023.4.6.)

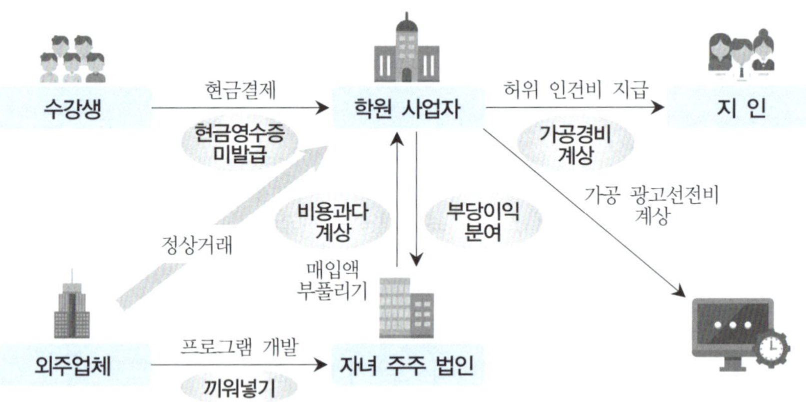

1. 주요 탈루혐의
   - 학원을 운영하는 ㅁㅁㅁ은, 할인을 조건으로 수강료의 현금결제를 유도하고 현금영수증은 발급하지 않으며 현금수입 신고누락
   - 프로그램 개발 업체와의 거래 사이에 자녀가 주주인 특수관계법인을 끼워넣고 특수관계법인으로부터 프로그램을 고가에 매입하는 방법으로 매입액을 부풀려 비용을 과다계상하고 특수관계법인에 이익을 분여하여 자녀에게 편법 증여
   - 또한, 실제 근무하지 않은 지인에게 허위 인건비를 지급하고, 광고선전비 명목으로 가공경비를 계상하여 법인세 탈루

2. 조사방향

   수강료수입 신고누락, 경비 과다계상 혐의 등 엄정 조사

세무조사사례 2

(고가매입) 민간수주 매출을 신고 누락하고, 가족소유 기업에 원재료비 과다지급, 용역비 허위지급한 관급공사 전문 지역토착 건설업체(국세청 보도자료 2023.2.9.)

1. 주요 탈루혐의
   - ㅁㅁㅁ는 △△지역에서 사회적 영향력을 바탕으로 대규모 관급공사를 수주하여 막대한 수익을 누리면서도 민간수주는 관급공사에 비해 매출파악이 어려운 점을 악용하여 소규모 민간수주 공사 매출을 신고 누락
   - 원재료의 80% 이상을 자녀가 대표인 특수관계법인으로부터 매입하면서 정상 단가보다 2배 이상 비싸게 매입하여 부당하게 이익을 분여하고, 친인척 소유의 특수관계법인은 용역을 제공할 설비가 없음에도 용역을 제공받은 것으로 꾸며 소득을 탈루

2. 조사 방향

   매출누락, 원가 과다계상 혐의 등 엄정 조사

세무조사사례 3

(상표권 양도부인) 거래처로부터 거짓세금계산서를 수취하고, 친인척에게 허위 근로소득을 지급하여 세금을 탈루한 발전 설비 사업자(국세청 보도자료 2023.4.6.)

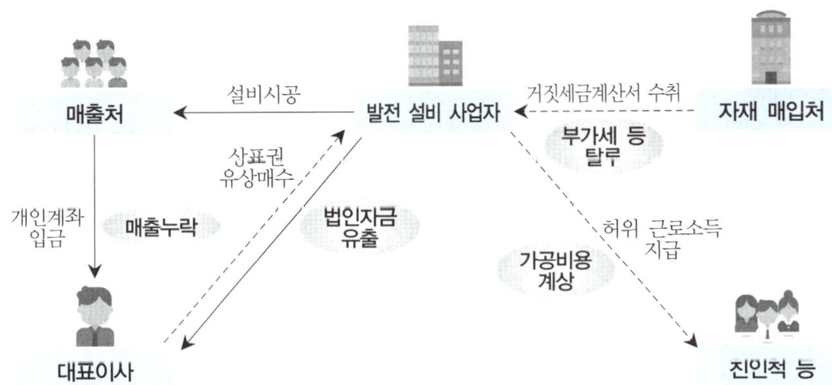

1. 주요 탈루혐의
   - ㅁㅁㅁ는 발전 설비 사업자로, 정부의 지원정책을 바탕으로 관련 신업이 호황을 누리며 매출이 급증하자 시공비를 대표이사의 개인계좌로 받아 신고누락하고 자재 매입처로부터 실물거래 없이 거짓세금계산서를 수취하여 법인세와 부가가치세를 탈루
   - 법인이 개발한 상표권을 대표이사 명의로 등록한 후, 대표이사로부터 해당 상표권을 유상 매수하는 방법으로 법인자금을 부당하게 유출

• 또한, 가족에게 허위 인건비를 지급하고, 마트 · 병원 · 홈쇼핑 사용금액을 법인비용으로 처리하여 소득 탈루

2. 조사방향

매출 누락, 거짓세금계산서 수취 혐의 등 엄정 조사

세무조사사례 4

(특허권 양도) 사주는 법인이 개발한 특허를 본인 명의로 출원 후 양도거래를 가장하여 법인자금을 유출하고, 법인 명의 호화자산을 사적사용(국세청 보도자료 2022.9.27.)

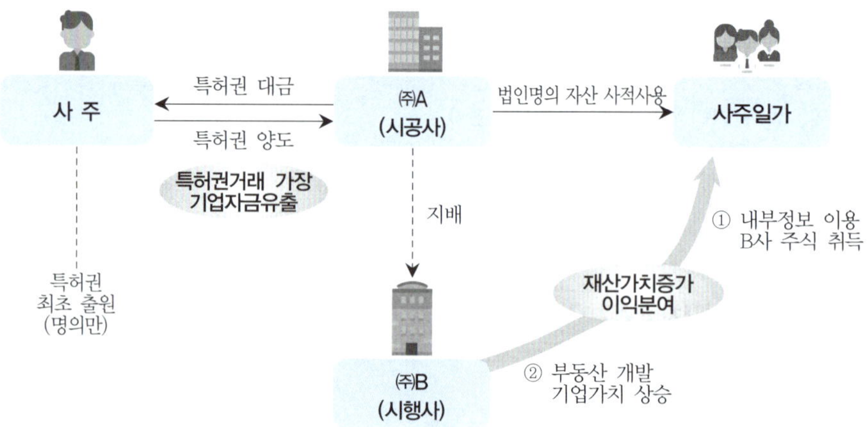

1. 주요혐의내용

• 사주는 우월적 지위를 이용하여 주력 계열사 A가 개발한 특허권(시공 기술)을 부당하게 본인 명의로 출원한 후, 특허권을 A사에 양도하는 형식을 가장하여 ㅇㅇ억원을 양도대금 명목으로 수령하며 법인자금을 편취

• 또한 대학생인 사주 자녀에게 계열사 B가 추진 중인 대규모 개발사업 정보를 제공하며 B사 주식을 미리 취득하게 하여 개발사업 성공에 따른 재산가치 상승 이익을 분여

• 그 외에도 사주일가는 법인명의 고가 슈퍼카 여러 대를 사적 사용

2. 조사결과

• 특허권 취득거래를 가장한 기업자금 유출 및 내부정보를 이용한 재산가치 증가이익 등 법인세 및 증여세 ㅇㅇㅇ억원 추징

세무조사사례 5

(영업권 무상양도) 영업권을 자녀에게 편법 증여하고 현금매출을 신고 누락, 법인카드를 사적으로 사용한 인플루언서(국세청 보도자료 2023.2.9.)

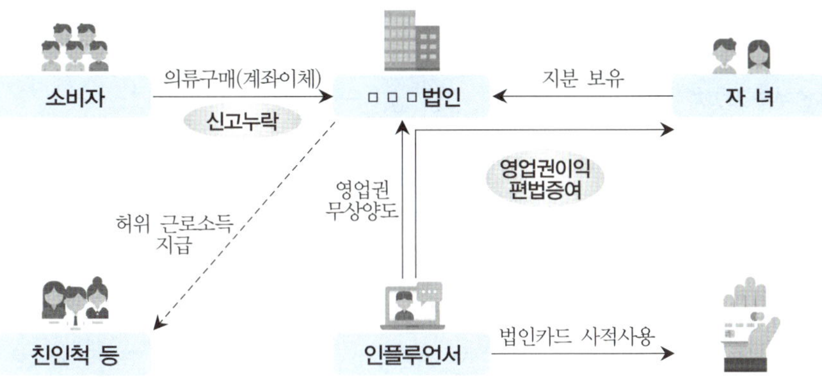

1. 주요 탈루혐의
   - 인플루언서 ㅁㅁㅁ은 한정 판매하는 인기의류에 대한 빠른 주문을 위해 계좌이체 결제를 유도하고 계좌이체 수입금액을 신고 누락
   - 법인사업자로 전환하면서 영업권을 당해 법인에 무상 이전하고, 법인 주식은 자녀에게 증여하는 방법으로 영업권을 편법 증여
   - 실제 근무하지 않는 친인척에게 근로소득을 지급하는 등 허위 비용을 계상하여 법인세 탈루
   - 탈루한 소득으로 고급 주택을 취득하고 법인카드를 해외여행, 피부관리, 자녀교육 등에 사적으로 사용

2. 조사 방향

   현금매출 신고 누락, 영업권 편법 증여 혐의 등 엄정 조사

세무조사사례 6

(저작권 무상양도) 웹툰 연재를 면세 신고하여 탈루한 소득으로 고가 사치품을 구매하고 가족에게 가공 인건비를 지급한 웹툰 작가(국세청 보도자료 2023.2.9.)

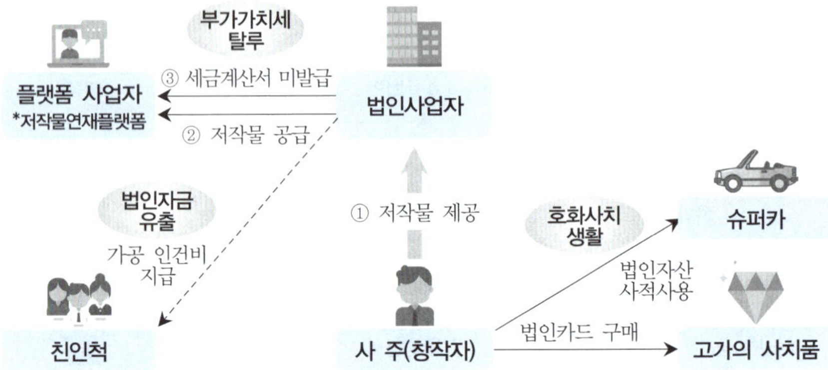

1. 주요 탈루혐의
   - ㅁㅁㅁ는 인터넷에 저작물을 연재하며 인기를 얻은 작가가 설립한 법인으로 부가가치세 과세대상인 저작물 공급에 대해 면세 매출로 신고하여 부가가치세를 탈루
   - 또한, 사주의 가족이 실제 근무하지 않음에도 근무한 것처럼 꾸며 가공의 인건비를 계상하는 방법으로 법인자금을 유출
   - 사주는 법인명의 슈퍼카 여러 대를 사적으로 사용하면서 법인 신용카드로 고가의 사치품을 구매하고 SNS에 과시하는 등 호화 · 사치생활을 영위

2. 조사 방향

   부가가치세 누락, 법인자금 유출 혐의 등 엄정 조사

세무조사사례 7

(유튜브채널 무상양도) 동영상 강의료를 가상화폐, 차명계좌로 받아 신고 누락하고, 자녀 법인에 유튜브 채널을 무상 이전한 유명 주식 유튜버(국세청 보도자료 2023.2.9.)

1. 주요 탈루혐의
   - ㅁㅁㅁ는 유명 주식 유튜버 A가 운영하는 온라인 투자정보서비스업체로 주식시장 상승기에 매출이 4배 이상 급증하자 홈페이지를 통한 동영상 강의 판매수입 수십억원을 차명계좌 또는 가상화폐로 받아 신고 누락하고, 인터넷 방송 플랫폼을 통한 강의 판매는 세금계산서 미발행
   - 직원명의로 십여 개의 경영컨설팅 업체를 설립하고 외주용역비 명목으로 거짓세금계산서를 수취하여 부가가치세와 소득세 탈루
   - 또한, 사주는 미성년 자녀가 1인 주주인 법인에 유튜브 채널과 유료가입자를 무상으로 이전하는 방식으로 편법 증여

2. 조사 방향

   현금수입 누락, 거짓세금계산서 수취 혐의 등 엄정 조사

CHAPTER

02 부가가치세 관련 주요 쟁점

1 과세와 면세

1. 부가가치세 과세대상

부가가치세는 이론상 부가가치에 부가가치세율을 곱하여 산출한 세액으로 과세한다. 그러나 우리나라 「부가가치세법」에서는 다단계 과세방식과 전단계세액공제법을 취하고 있으므로, 각 단계별로 발생하는 매출거래를 과세대상으로 하며, 매입거래에 대한 세액을 차감하게 된다. 따라서 「부가가치세법」상 과세대상은 부가가치 그 자체가 아니라, 각 단계별로 발생하는 공급으로 규정하게 된 것이며, 이에 따라 재화의 공급과 용역의 공급을 과세거래로 하고 있다. 또한, 소비지국 과세원칙에 따라 재화의 수입을 「부가가치세법」상 과세거래로 본다(부법 4).

과세대상	공급유형	사업자 여부
재화의 공급	실질공급	사업자만 과세
	공급의제	사업자만 과세
용역의 공급	실질공급	사업자만 과세
	공급의제	특수한 경우* 사업자만 과세
재화의 수입	실질수입	사업자 여부 불문

* 특수한 경우란 사업자가 특수관계인에게 대가를 받지 않고 사업용 부동산의 임대용역을 공급하는 경우를 말하며, 이 경우 시가를 과세표준으로 하여 사업자에게 부가가치세를 과세한다.

2. 부가가치세 면세대상

(1) 부가가치세법상 면세거래

부가가치세는 원칙적으로 모든 재화와 용역의 공급에 대하여 과세하지만, 소비자의 부가가치세 부담을 경감시켜 역진성의 완화 및 사회 · 문화 · 자선 · 종교 · 공익상의 정책적 목적을 위하여 법령에 열거된 것에 한하여 면세를 적용한다. 부가가치세의 면세대상은 다음과 같이 구분되며, 주요 면세 항목은 다음과 같다. 또한, 면세되는 재화 또는 용역의 공급에 통상적으로 부수되는 재화 또는 용역의 공급은 그 면세되는 재화 또는 용역의 공급에 포함되는 것으로 본다(부법 26 ②).

① 재화 · 용역의 공급에 대한 면세

② 재화의 수입에 대한 면세

구 분	주요 면세 항목
기초생활필수품	① 미가공식료품 ② 국내산 비식용 미가공 농 · 축 · 수 · 임산물 ③ 수돗물, 연탄과 무연탄 ④ 여성용 생리처리 위생용품 ⑤ 여객운송 용역 ⑥ 주택과 부수토지의 임대용역 ⑦ 국민주택과 해당 주택의 건설용역 ⑧ 관리규약에 따른 관리주체 또는 입주자대표회의가 제공하는 복리시설인 공동주택 어린이집의 임대용역
국민후생관련	① 의료보건용역(수의사의 용역 포함)과 혈액 ② 교육 용역 ③ 법 소정 담배 ④ 우표(수집용 우표 제외), 인지, 증지, 복권과 공중전화
문화관련	① 도서, 신문, 인터넷신문, 잡지, 관보, 통신 ② 예술창작품, 비영리 문화행사 · 예술행사, 아마추어 운동경기 ③ 도서관, 과학관, 박물관, 미술관, 동물원, 식물원에 입장
생산요소	① 토지 ② 법 소정의 인적용역 ③ 일정한 금융 · 보험 용역
공익목적	① 국가 · 지방자치단체 · 지방자치단체조합이 공급하는 재화 · 용역 ② 국가 · 지방자치단체 · 공익단체 등에 무상으로 공급하는 재화 · 용역 ③ 종교, 자선, 학술 등 그 밖의 공익목적 단체가 공급하는 재화 · 용역

(2) 조세특례제한법상 면세거래

다음 중 어느 하나에 해당하는 재화 또는 용역의 공급에 대해서는 부가가치세를 면제한다(조특법 106 ①).

① 전기사업자가 전기를 공급할 수 없거나 상당한 기간 전기 공급이 곤란한 도서지방의 자가발전 사용할 목적으로 「수산업협동조합법」에 의하여 설립된 수산업협동조합중앙

회에 직접 공급하는 석유류

② 다음 중 어느 하나에 해당하는 음식용역(식사류로 한정한다)

㉠ 공장, 광산, 건설사업현장 및 「여객자동차 운수사업법」에 따른 노선 여객자동차운송사업장의 경영자가 그 종업원의 복리후생을 목적으로 해당 사업장의 구내에서 식당을 직접 경영하여 공급하는 음식용역

㉡ 「여객자동차 운수사업법」에 따른 공동운수협정을 체결한 노선 여객자동차운송사업자로 구성된 조합이 그 사업자의 종업원에게 제공하기 위하여 위탁 계약을 통하여 공급받는 음식용역

㉢ 「초 · 중등교육법」 및 「고등교육법」에 따른 학교의 경영자가 학생의 복리후생을 목적으로 학교 구내에서 식당을 직접 경영하여 공급하는 음식용역

㉣ 「학교급식법」에 따라 학교의 장의 위탁을 받은 학교급식공급업자가 위탁급식의 방법으로 해당 학교에 직접 공급하는 음식용역

③ 농 · 어업 경영 및 농 · 어업 작업의 대행용역

④ 별정우체국, 한국토지주택공사 등 정부업무를 대행하는 단체가 공급하는 재화 또는 용역

⑤ 한국철도시설공단이 철도시설을 국가에 귀속시키고 철도시설관리권을 설정받는 방식으로 국가에 공급하는 철도시설

⑥ 「사회기반시설에 대한 민간투자법」에 따른 사업시행자가 부가가치세가 면제되는 사업을 할 목적으로 민간투자사업 방식으로 국가 또는 지방자치단체에 공급하는 사회기반시설 또는 사회기반시설의 건설용역

⑦ 교육부장관의 추천이나 교육부장관이 지정하는 자의 추천을 받은 자가 「사회기반시설에 대한 민간투자법」 제4조 제1호(기부채납)의 방식을 준용하여 건설한 학교시설(「고등교육법」에 따른 학교의 시설로서 대통령령으로 정하는 것으로 한정한다)에 대하여 학교가 제공하는 시설관리운영권 및 그 추천을 받은 자가 그 학교시설을 이용하여 제공하는 용역

⑧ 「한국사학진흥재단법」에 따른 한국사학진흥재단이 설립한 특수 목적 법인이 「사회기반시설에 대한 민간투자법」 제4조 제1호(기부채납)의 방식을 준용하여 건설한 기숙사에 대하여 국가 및 지자체가 제공하는 시설관리운영권 및 그 법인이 그 기숙사를 이용하여 제공하는 용역

⑨ 다음의 법인이 「사회기반시설에 대한 민간투자법」 제4조 제1호(기부채납)에 따른 방식을 준용하여 건설한 기숙사에 대하여 국가, 지방자치단체 또는 「고등교육법」에 따른

학교(이하 "학교"라 한다)가 제공하는 시설관리운영권 및 그 법인이 그 기숙사를 이용하여 제공하는 용역

㉠ 「한국사학진흥재단법」에 따른 한국사학진흥재단이 설립한 특수 목적 법인

㉡ 「한국사학진흥재단법」에 따른 한국사학진흥재단과 학교가 공동으로 설립한 특수 목적 법인

⑩ 「여객자동차 운수사업법」 및 같은 법 시행령에 따른 시내버스 및 마을버스운송사업용으로 공급하는 버스로서 천연가스를 연료로 사용하는 것

⑪ 다음의 요건을 모두 갖춘 버스

㉠ 「환경친화적 자동차의 개발 및 보급 촉진에 관한 법률」에 따른 전기자동차 또는 수소전기자동차로서 일정한 요건을 갖춘 자동차

㉡ 「여객자동차 운수사업법」 및 같은 법 시행령에 따른 시내버스 및 마을버스 운송사업용으로 공급하는 버스

⑫ 「여객자동차 운수사업법」 및 같은 법 시행령에 따른 개인택시운송사업용으로 「부가가치세법」에 따른 간이과세자에게 공급하는 자동차

⑬ 「관세법」에 따른 물품 중 희귀병치료 등을 위한 것으로서 대통령령으로 정하는 것

⑭ 영유아용 기저귀와 분유(액상 형태의 분유를 포함하되, 「부가가치세법」에 따라 부가가치세가 면제되는 분유는 제외한다)

⑮ 농민 또는 임업에 종사하는 자에게 난방용 또는 농업용 · 임업용으로 공급하는 목재펠릿으로서 대통령령으로 정하는 것

⑯ 「한국주택금융공사법」에 따른 한국주택금융공사가 같은 법에 따라 주택담보노후연금채권을 행사하거나 주택담보노후연금보증채무 이행으로 인한 구상권을 행사하기 위하여 처분하는 주택담보노후연금채권 담보 대상주택

(3) 면세사업자와 겸영사업자

면세의 적용대상자는 면세사업자로서 「부가가치세법」상 사업자가 아니다. 따라서 부가가치세의 신고 · 납부 · 거래징수 및 세금계산서 발급 등 「부가가치세법」상 제반의무를 이행하지 않는다. 다만, 발급받은 세금계산서에 대한 매입처별세금계산서합계표의 제출의무와 대리납부의무가 있을 뿐이다.

「부가가치세법」상 과세사업자도 면세대상 재화 또는 용역을 공급하는 경우 면세가 적용되므로 과세사업자는 면세 대상 재화 또는 용역의 공급이 가능한 겸영사업자에 해당한다. 즉, 사업자가 과세대상만을 공급하거나 과세 또는 면세대상을 모두 공급하는 경우에는 「부

가가치세법」상 사업자에 해당하게 되고, 사업자가 면세대상만을 공급하면 면세사업자가 되어 「부가가치세법」상 사업자에 해당하지 않고, 「소득세법」 또는 「법인세법」상 사업자에 해당 할 수 있다.

3. 부수재화 용역

(1) 주된 거래 관련 부수재화 또는 용역

주된 재화 또는 용역의 공급에 부수되어 공급되는 것으로서 해당 대가가 통상적으로 포함되거나 통상적으로 공급에 부수하는 재화 또는 용역의 공급은 주된 재화 또는 용역의 공급에 포함되는 것으로 본다(부법 14 ①).

1) 요 건

다음 중 어느 하나에 해당하는 재화 또는 용역의 공급은 주된 재화 또는 용역의 공급에 포함되는 것으로 본다.

① 해당 대가가 주된 재화 또는 용역의 공급에 대한 대가에 통상적으로 포함되어 공급되는 재화 또는 용역

② 거래의 관행으로 보아 통상적으로 주된 재화 또는 용역의 공급에 부수하여 공급되는 것으로 인정되는 재화 또는 용역

2) 과세방법

주된 거래와 관련된 부수재화 · 용역의 공급은 별도의 독립된 거래로 보지 않고 주된 거래인 재화 또는 용역의 공급에 포함되는 것으로 본다. 따라서 세금계산서(또는 계산서)가 주된 거래를 기준으로 작성되어 발급되므로 공급시기 · 과세표준 · 과세(면세) 여부가 주된 거래에 따른다.

(2) 주된 사업 관련 부수재화 또는 용역

주된 사업에 부수되는 재화 또는 용역의 공급은 별도의 공급으로 보되, 과세 및 면세 여부 등은 주된 사업의 과세 및 면세 여부 등을 따른다(부법 14 ②).

1) 요 건

① 주된 사업과 관련하여 우연히 또는 일시적으로 공급되는 재화 또는 용역

② 주된 사업과 관련하여 주된 재화의 생산 과정이나 용역의 제공 과정에서 필연적으로 생기는 재화

2) 과세방법

주된 사업에 관련된 부수 재화 · 용역의 공급은 독립된 사업으로 보지 않는다. 다만, 독립된 거래에는 해당한다. 따라서 거래가 이루어질 때마다 독립된 거래로서 세금계산서(또는 계산서)가 발급되므로 건별로 공급시기를 별도로 판단하고, 과세표준을 계산하여야 하며 과세(면세) 여부는 주된 사업에 따른다.

실무포인트

1. 정육점과 정육식당을 함께 운영하는 사업자의 면세 여부

(1) 처분청 주장

소비자가 정육매장에서 단순히 정육을 구매하는 경우에는 면세수입금액으로 볼 수 있으나, 동일사업장 내 1층 정육점에서 구입한 정육을 2층 시식코너를 이용하여 음식 부재료 등과 함께 제공하는 행위는 음식 용역의 제공으로 보는 것이며, 청구법인이 비록 손님들의 편의를 위하여 2층 시식코너 카운터에 별도의 계산대를 설치하여 별도 계산을 하고 있으나, 1층 정육점에서 구입한 정육을 동일 건물의 실내 계단을 통하여 2층에 출입하여 음식 부재료 등과 함께 음식용역을 제공받고 있으며, 동일 사업장에서 동일한 사업자가 운영하는 정육 판매와 음식 부재료 판매 행위는 별도의 사업장으로 볼 수 없고, 청구법인이 2층은 단순한 홍보용 시식코너라고 주장하지만 2009년 제2기 음식 부재료 판매액이 2억원을 초과하는 것으로 볼 때, 청구법인의 주장은 신빙성이 없으며, 소비자가 1층 정육점에서 정육을 구매하고 지불한 비용과 2층 시식코너에서 음식 부재료를 포함하여 음식 용역을 제공받고 지불한 상차림 및 음료 제공비용 등은 음식 용역의 제공에 따른 매출액으로 보는 것으로서 1층 정육점 판매분과 2층 시식코너 판매분은 별개의 사업행위라는 청구법인의 주장은 부가가치세를 탈루할 목적으로 과 · 면세 사업장을 인위적으로 구분한 것에 불과하므로 처분은 정당하다.

(2) 판 결 - 국가패소

원고는 1층에서는 쇠고기와 부산물들을 판매하는 정육매장을, 2층에서는 고객들이 구입하여 온 쇠고기를 조리하여 먹을 수 있는 접객시설을 갖춘 식당을 운영한 사실, 원고가 운영하는 1층 정육매장과 2층 식당은 출입문이 별도로 구분되어 있고, 각 층마다 별도의 계산대를 설치하여 계산이 이루어지고 있으며, 2층 식당의 메뉴는 기본 상차림, 양념, 된장찌개, 공기밥, 냉면류, 주류 및 음료 등으로서 쇠고기를 제외한 음식 부재료 등으로만 이루어져 있는 사실, 피고는 원고의 1층 정육매장에서 이루어진 쇠고기 매출 중 일부 고객들이 2층 식당에서 소비한 부분의 매출을 음식점 용역의 공급으로 인한 매출로 보아 2010.7.1. 원고에게 2009년 제1기 및 제2기 각 부가가치세를 부과하였다.

고객들이 1층 정육매장에서 쇠고기를 구입하고 계산함으로써 1층 정육매장에서의 재화 공급행위는 종료되었을 뿐만 아니라 원고가 2층 식당에서 고객들에게 쇠고기 자체를 조리하여 제공하지도 않았으므로, 비록 고객들이 그의 선택으로 1층 정육매장에서 쇠고기를 구입한 즉시 2층 식당으로 가서 별도로 구입한 음식부재료와 함께 이를 조리하여 먹었다거나 원고가 단일한 사업자로서 1층 정육매장과 2층 식당을 함께 운영하였다는 등의 사정만으로는, 원고가 고객들에게 음식점 용역을 제공한 것으로 볼 수 없다는 이유로 이 사건 처분이 위법하다(대법원 2012두28636, 2015.1.29.).

2. 주거용 건물을 임차하여 제공하는 레지던스업의 면세 여부

(1) 납세자 주장

쟁점건물은 주된 용도가 장기간 임대되는 시설로서 한국표준산업분류표상 주택에 해당되므로 청구법인이 제공받은 임대용역은 주택 임대에 해당한다는 주장에 대하여 보면, 시설의 종류(주택, 오피스텔 등), 허가사항, 시설제공의 형식 등에 불구하고 시설의 단기 제공을 예상하고 주거와 호텔식 서비스를 함께 제공하는 사업을 영위하였다면 일부 객실을 특정 고객에게 비교적 장기간 제공한 경우라도 전체적으로 숙박업으로 보는 것이 타당하고, 숙박기간에 따라 숙박용역과 주택임대용역으로 구분하여 과세·면세 여부를 판단할 사항은 아닌 것으로 보인다. 또한 청구법인은 서비스드 레지던스업에 대하여 숙박업으로 보아 부가가치세를 신고하고 있는 바, 임차인인 청구법인이 해당건물을 부가가치세 과세대상인 숙박업으로 보고 부가가치세를 신고하고 있으므로, 수분양자들도 부가가치세 과세대상인 임대사업자로 봄이 타당하다.

(2) 판 결

원고가 이른바 '서비스드 레지던스업'을 영위하기 위하여 그 소유자들로부터 임차하여 다시 투숙객들에게 임대한 이 사건 부동산의 경우 7일 이하의 일회성 투숙객의 비율이 가장 높고 나머지 투숙객들도 그 사용기간이 대부분 1년 미만이고, ② 원고가 장·단기 투숙객 모두에게 투숙에 필요한 침구와 가구 및 세탁, 청소 등 각종 생활편의서비스를 제공하고 있고(장기투숙객의 경우 침구 및 수건 등 목욕용품 교체, 세탁 등의 서비스는 별도의 비용을 받고 제공한다), 장·단기 투숙객 모두 이 사건 건물 내에 있는 수영장, 피트니스센터, 리셉션 데스크 등을 자유로이 이용할 수 있어 원고의 사업형태는 주택의 임대업이라기보다는 오히려 숙박업에 가까우며, ③ 원고가 투숙객들로부터 받는 대가에는 각 객실의 이용요금뿐 아니라 내부 집기 및 가전과 가구의 사용료, 수영장, 피트니스센터, 주차, 세탁 및 청소 등 편의시설의 사용대가 및 기타 서비스에 대한 대가가 포함되어 있어 상시주거용인 주택을 임대할 경우 통상적으로 받게 되는 임대료로 보기 어려운 사정들 등에 비추어, 원고가 이 사건 부동산의 소유자들로부터 공급받은 용역은 부가가치세 면세대상인 주택의 임대용역에 해당한다고 볼 수 없다(대법원 2013두1225, 2013.6.14.).

3. 주무관청의 인가 허가를 받지 않은 미인가 대안학교의 교육용역 면세 여부

(1) 납세자 주장

부가가치세법 제26조 제1항 제6호 및 구 부가가치세법 시행령(2016.2.17. 대통령령 제26600호로 개정되기 전의 것, 이하 '구 부가가치세법 시행령'이라 한다) 제36조는 '주무관청의 허가 또는 인가를 받거나 주무관청에 등록되거나 신고된 학교, 학원, 강습소, 훈련원, 교습소 또는 그 밖의 비영리단체'가 학생 등에게 지식, 기술을 가르치는 교육용역은 면세대상으로 정하고 있는바, 그 중 '그 밖의 비영리단체'는 주무관청의 인가 또는 인가를 받거나 주무관청에 등록되거나 신고될 필요 없이 정부로부터 실질적인 지도 · 감독을 받는 기관을 의미하는 것이다. 따라서 부가가치세 면제대상인 교육용역의 요건으로 '주무관청의 허가, 인가 또는 주무관청에 대한 등록이나 신고'가 필수요건이라 할 수 없고, 주무관청으로부터 지도 · 감독을 받는 경우에도 위 면제대상에 해당한다고 해석하여야 한다.

(2) 판 결 – 국가승소

구 부가가치세법 시행령 제36조의 문리해석상 '그 밖의 비영리단체'는 '주무관청의 허가 또는 인가를 받거나 주무관청에 등록되거나 신고된'의 꾸밈을 받는 구조이다. 즉, 모든 '비영리단체'가 아니라, 주무관청과 관련한 허가, 인가, 등록, 신고 중 어느 하나를 충족한 비영리단체여야 비로소 면세대상에 해당한다고 봄이 위 규정의 문리해석에 부합하고, 그 연장선에서 주무관청으로부터 지도 · 감독을 받는 것만으로는 위 규정상의 면세요건을 충족한다고 볼 수 없다. 이와 관련 앞서 본 대법원 2007두23255 판결은 "학교나 학원 등에 대한 구체적 시설 및 설비의 기준을 정한 교육시설관련법에 따른 허가나 인가 등을 받을 것"을 '그 밖의 비영리단체'의 해당 요건으로 명시하였다. 따라서 미인가 대안학교는 주무관청에 허가, 인가, 등록, 신고 중 어느 하나를 충족한 비영리단체로 볼 수 없어 미인가 대인학교가 제공하는 교육용역은 면세에 해당하지 않는다(대법원 2019두63546, 2020.4.9.).

4. 부가가치세가 면제되는 인적용역에 해당 여부(근로자 고용유무)

(1) 납세자 주장

원고는 통 · 번역업무를 의뢰한 통 · 번역사들에게 사업소득을 지급하고 사업소득을 원천징수하였으므로, 원고가 다른 통 · 번역사들을 고용하였다고 한 번도 생각하지 않는 등으로 이 사건 통 · 번역용역이 부가가치세의 과세대상이라고 전혀 생각할 수 없었고, 만약 과세관청이 이 사건 통 · 번역용역이 과세대상이라고 해석할 어지가 있는 줄 알았더라면 면세사업자로서 사업자등록증을 교부받은 원고로서는 당연히 면세를 포기하고 부가가치세를 신고하였을 것이므로, 원고에게는 가산세를 부과할 수 없는 정당한 사유가 있다.

(2) 판 결 – 국가승소

개인 사업자가 독립된 자격으로 용역을 제공한다 하더라도, 그 과정에서 자신의 전속적인 노동력만을 제공하는 것이 아니라 별도로 인력을 고용한 후 그들의 전문적 지식이나 노동력을 취합하여 용역을 제공한다거나 건축물과 같은 물적시설의 사용이 그 용역 제공에 필수적으로 부수되어 주요한 내용을 구성하는 경우라면, 그러한 용역은 더 이상 부가가치세가 면세되는 "개인적 인적용역"으로 보기는 어렵다 할 것이다. 따라서 원고는 통역 · 번역 업무를 함에 있어 원고 혼자 힘으로 수행할 수 없는 규모의 일을 수주하여 다른 통역 · 번역사들을 비롯한 근로자들을 고용(21명~61명)하여 그들의 노동력을 취합하여 통역 · 번역 용역을 제공하였으므로, 부가가치세 면제대상인 인적용역을 제공하였다고 볼 수 없다(대법원 2012두15913, 2012.11.15.).

5. 부가가치세가 면제되는 인적용역에 해당 여부(물적시설 유무)

(1) 물적시설이 있다고 보아 과세로 판단한 사례

쟁점수당의 경우 쟁점사업장의 사업구조상 청구인이 물적 시설을 갖추고 판매제품을 소개 · 홍보하고 다수의 회원들을 유지 · 관리하며, 회원들 간에 제품의 사용경험 및 관련 지식을 공유함으로써 하위 판매원들의 사업의욕을 고취시키고 판매실적을 제고한 결과 얻는 수익으로서, 제품의 판매 및 소비 실적에 따라 그 대가를 지급받는 재화나 용역의 공급과 직접 관련되므로 부가가치세가 면제되는 인적 용역으로 보기 어려운 점, 청구인은 쟁점사업장을 다단계판매업을 위한 장소로 계속적 · 반복적으로 이용한 것으로 보이는바, 이는 청구인이 자신의 노동력에 계속적 · 반복적으로 사업에만 이용되는 물적 시설을 결합시켜 부가가치를 창출한 것으로 보이는 점 등에 비추어 청구인이 지급받은 쟁점수당을 부가가치세 면제대상으로 보기는 어렵다(조심 2020중7796, 2020.11.19.).

(2) 물적시설이 없다고 보아 면세로 판단한 사례

① 설령 과세사업자로 등록이 되어 있다 하더라도 과세사업 관련 매입이 없거나 매출이 발생하지 아니한 경우에는 과세사업자로 보지 아니하는 것이 타당(조심 2008서1834, 2009.2.12., 같은 뜻)하므로, 청구인이 간이과세자로 사업장과 함께 신고하였다는 이유만으로 이건 관련 물적 시설을 갖추고 인적용역을 제공한 것으로 보고 과세한 처분은 부당해 보인다(심사부가 2012-25, 2012.4.23.).

② 청구인이 스포츠마사지에 이용한 공간은 청구외 법인이 운영하는 찜질방과 외형적으로 분리되어 있지 아니하고 임대차계약서상 그 면적, 위치 등을 특정할 수 없어 찜질방 전체를 일반고객들과 함께 이용하고 있다고 보는 것이 합리적인 점, 마사지대의 경우 스포츠마사지사의 업무에 필수적이라 할 수 없고 부수적으로 사용되는 비품에 불과하여 「부가가치세법 시행규칙」 제11조의 3 제5항에서 규정하고 있는

건축물 · 기계장치 등의 사업설비라 볼 수 없는 점 등을 고려하면, 청구인이 이용한 공간 및 마사지대를 물적시설로 보기는 어렵다 할 것이다. 따라서 청구인이 청구외 법인의 찜질방에서 고객에게 마사지를 해주고 대가를 받은 것은 물적시설 없이 개인이 독립된 자격으로 용역을 공급하고 일의 성과에 따라 대가를 받는 인적용역에 해당하므로 「부가가치세법」 제12조 제1항의 규정 등에 따라 부가가치세를 면제함이 타당하다 할 것이다(감심 2012-59, 2012.5.3.).

6. 국민주택 건설용역 해당 여부

① 공급 당시 공부상 용도가 업무시설인 오피스텔은 조세특례제한법 제106조 제1항 제4호의 '국민주택'에 해당한다고 볼 수 없으며(원칙적 소극) 이는 오피스텔이 공급 당시 사실상 주거의 용도로 사용될 수 있는 구조와 기능을 갖추었다거나 공급 이후 실제로 주거의 용도로 사용되고 있더라도 이와 달리 볼 수 없다(대법원 2020두40914, 2021.1.14.).

② 오피스텔은 그 규모가 주택법에 따른 국민주택 규모 이하인지 여부나 사실상 주거의 용도로 사용될 수 있는 구조와 기능을 갖추었고 실제로 주거의 용도로 사용되었는지 여부 등과 관계없이 조세특례제한법 제106조 제1항 제4호의 국민주택에 해당하지 아니한다(대법원 2021두61345, 2022.3.31.).

③ 발코니 확장 건설용역은 수분양자의 선택에 따라 그 공급 여부가 결정되는 것일 뿐, 이 사건 각 아파트의 공급에 통상적으로 포함되어 공급된다거나, 거래의 관행으로 보아 이 사건 각 아파트의 공급에 부수하여 공급된다고 보기는 어렵다고 할 것이므로, 이 사건 각 아파트의 공급에 필수적으로 부수되는 용역에 해당한다고 볼 수는 없어 과세대상에 해당한다(대법원 2014두40036, 2014.12.11.).

④ 다중주택을 용도변경의 허가를 받음이 없이 단지 그 현황이 욕실 및 취사시설을 갖추고 독립된 주거의 형태로 사용하고 있다는 주관적인 사정만으로는 이를 '「주택법」에 따른 국민주택 규모 이하의 주택'에 해당된다고 볼 수 없어 부가가치세 면제대상으로 볼 수 없다(대법원 2020두42637, 2021.1.28.).

7. 의료보건용역에 부수하는 면세대상 재화 · 용역 여부

① 원심 법원의 뉴타운장례식장 등 다수의 장례식장들에 대한 각 사실조회결과에 의하면, 위 각 장례식장에서는 장의용역을 제공하면서 동시에 빈소를 찾는 조문객들에게 조문에 필요한 범위 내에서 음식물(밥, 반찬, 약간의 다과 등) 등을 공급하고 있는 사실을 인정할 수 있는 점, 장례식장에서의 음식물 제공용역의 공급은 일반인이 아니라 특정 조문객만을 대상으로 빈소 바로 옆 공간이라는 제한된 장소에서 이루어지는 것이 일반적인 점 등에 비추어 보면, 거래의 관행상 장례식장에서의 음식물 제공용역의 공급이 부가가치세 면세 대상인 장의용역의 공급에 통상적으로 부수되고 있음을 충분히 인정할 수 있다(대법원 2013두932, 2013.6.28.).

② 부가가치세 과세사업자인 일반 피부관리실에서 이루어지는 용역과 그 추구하는 목적과 수행과정이 거의 유사함에도 불구하고 이 사건 의원과 같이 피부과 의원 내에서 행해지는 피부관리용역이라는 이유로 이에 대해 부가가치세를 면제한다는 것은 과세형평 및 실질과세원칙에 부합하지 않을 뿐 아니라, 국민 건강보건 증진을 위하여 의료법에 정한 의료인이 제공하는 의료행위에 대해서만 부가가치세를 면제하도록 한 입법 취지에도 맞지 아니한다. 따라서 이 사건 용역이 「부가가치세법」 제12조 제1항 제4호 또는 제3항에서 부가가치세 면제용역으로 규정하고 있는 의료보건용역이나 의료보건용역에 필수적으로 부수되는 용역에 해당된다고 보기는 어렵다(대법원 2008두11617, 2008.10.9.).

③ 병원의 주차용역은 의료용역의 공급에 통상적으로 부수되어 공급되거나 우연히 또는 일시적으로 공급되는 면세용역이라고 볼 수 없다(대법원 2019두50311, 2022.4.14.).

세무조사사례 1

건설업 등록을 하지 않은 사업자가 국민주택 건설용역을 제공하면서 면세로 오인하여 부가가치세 매출 신고를 누락한 사례(2023.1.5. 국세청 보도자료)

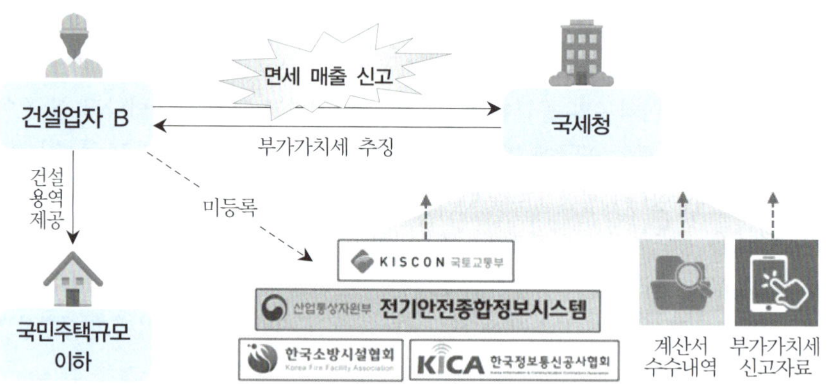

1. 분석 내용
   - 건설업자 B는 국민주택규모(85㎡) 이하에 해당하는 주택을 신축하면서 부가가치세가 면세되는 건설용역으로 보아 면세로 신고함
   - 건설산업기본법 등의 규정에 따라 건설업 등을 등록한 사업자가 국민주택 규모 이하의 주택건설용역을 제공하고 그 대가를 받는 경우 부가가치세가 면세*되나,

     * 조세특례제한법 제106조 제1항 제4호 및 같은 법 시행령 제106조 제4항 제2호

     – 사업자 B는 건설업 등록 등을 하지 않았음에도 제공한 건설용역을 면세로 오인하여 부가가치세를 신고하지 않아 분석대상자로 선정함

2. 조치 결과

- 건설업 등 관련 등록 자료*, 부가가치세 신고서, 계산서 수수내역 등을 분석한 결과, 건설 용역을 제공하면서 면세로 신고한 것이 확인되어 사업자 B에게 가산세와 함께 부가가치세를 추징함

  * 건설산업기본법, 전기공사업법, 소방시설공사업법, 정보통신공사업법, 주택법 등에 의하여 등록을 한 사업자 자료

3. 관련 규정

국민주택 규모의 주택을 공급하거나 그 주택의 건설용역으로서 다음에 해당하는 것은 면세한다(조특령 106 ④). 국민주택의 공급에 대하여는 해당 공급자의 관계 법령에 따른 면허 또는 등록 여부에 관계없이 부가가치세를 면제하며(조특집 106-0-1 ④), 사업자가 건설 중에 있는 국민주택을 양도하는 경우에 면세한다(조특집 106-0-3).

① 「주택법」에 따른 주택으로서 그 규모가 국민주택규모(다가구주택의 경우에는 가구당 전용면적을 기준) 이하인 주택

② ①의 규정에 의한 주택의 건설용역으로서 「건설산업기본법」·「전기공사업법」·「소방시설공사업법」·「정보통신공사업법」·「주택법」·「하수도법」 및 「가축분뇨의 관리 및 이용에 관한 법률」에 의하여 등록을 한 자가 공급하는 것. 다만, 「소방시설공사업법」에 따른 소방공사감리업은 제외

③ ①의 규정에 의한 주택의 설계용역으로서 「건축사법」, 「전력기술관리법」, 「소방시설공사업법」, 「기술사법」 및 「엔지니어링산업 진흥법」에 따라 등록 또는 신고를 한 자가 공급하는 것

세무조사사례 2

웹툰 연재를 면세 신고하여 탈루한 소득으로 고가 사치품을 구매하고 가족에게 가공 인건비를 지급한 웹툰 작가(2023.2.9. 국세청 보도자료)

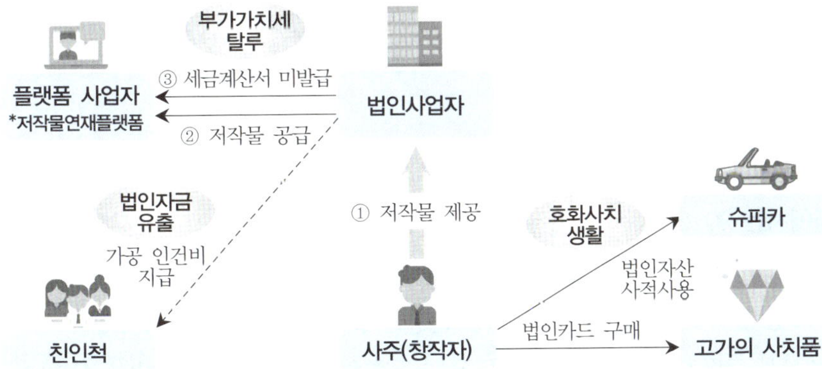

1. 주요 탈루혐의

- ㅁㅁㅁ는 인터넷에 저작물을 연재하며 인기를 얻은 작가가 설립한 법인으로
  - 부가가치세 과세대상인 저작물 공급에 대해 면세 매출로 신고하여 부가가치세를 탈루
- 또한, 사주의 가족이 실제 근무하지 않음에도 근무한 것처럼 꾸며 가공의 인건비를 계상하는 방법으로 법인자금을 유출
- 사주는 법인명의 슈퍼카 여러 대를 사적으로 사용하면서
  - 법인 신용카드로 고가의 사치품을 구매하고 SNS에 과시하는 등 호화·사치생활을 영위

2. 조사 방향

부가가치세 누락, 법인자금 유출 혐의 등 엄정 조사

3. 관련규정

부가가치세법에서는 면세대상 재화 용역을 열거하면 도서 및 도서의 대여용역을 면세대상으로 열거하고 있다(부법 26 ① 8호). 면세대상인 도서에는 도서에 부수하여 그 도서의 내용을 담은 음반, 녹음테이프 또는 비디오테이프를 첨부하여 통상 하나의 공급단위로 하는 것과 기획재정부령으로 정하는 전자출판물을 포함한다(부령 38 ①). 여기서 "기획재정부령으로 정하는 전자출판물"이란 도서나 부가가치세법 시행령 제38조 제2항에 따른 간행물의 형태로 출간된 내용 또는 출간될 수 있는 내용이 음향이나 영상과 함께 전자적 매체에 수록되어 컴퓨터 등 전자장치를 이용하여 그 내용을 보고 듣고 읽을 수 있는 것으로서 문화체육관광부장관이 정하는 기준에 맞는 전자출판물을 말한다. 다만, 「음악산업진흥에 관한 법률」, 「영화 및 비디오물의 진흥에 관한 법률」 및 「게임산업진흥에 관한 법률」의 적용을 받는 것은 제외한다(부칙 26). 웹툰은 전자출판물 요건을 충족하는 경우 부가가치세 면세대상인 도서에 포함된다고 판단된다.

---

2 세금계산서 관련 주요 쟁점

1. 세금계산서 조기경보 시스템

국세청에서는 2012년부터 전자세금계산서 발급상황을 실시간으로 감시하여 자료상 등 부당 거래자를 조기색출할 수 있는 「전자세금계산서 조기경보시스템」을 개발하여 운영 중에 있으며, 2012년 한 해에만, 조기경보시스템 운영을 통해 374명을 조사하여 5조 359억원의 거짓 세금계산서 부당거래금액을 적출하였고, 3,736억원 부과하고 288명을 사법당국에 고발하는 등 과세자료로 적극 활용하고 있다(2012.10.17. 국세청 보도자료 참고).

(1) 조기경보 시스템이란

조기경보시스템은 전자세금계산서 발급상황을 실시간으로 감시하여 조기에 자료상을 색출하는 “신고 전 조기경보시스템”과 신고내용을 종합분석하여 매입세액 부당공제 등 불성실 사업자를 적발하는 “신고 후 조기검증시스템”으로 구성된다.

(2) 조기경보 시스템에 따른 조사방식

전자세금계산서 조기경보시스템은 자료상혐의자 등에 대하여 최초의 거짓세금계산서 교부자부터 최종 거래자까지 흐름을 신속하고 간편하게 파악 · 분석이 가능하므로, 이들 거래자 전체에 대하여 신속히 경보를 발령하고 동시에 조사를 실시한다.

| 전자세금계산서 조기경보 시스템 조사 흐름도 |

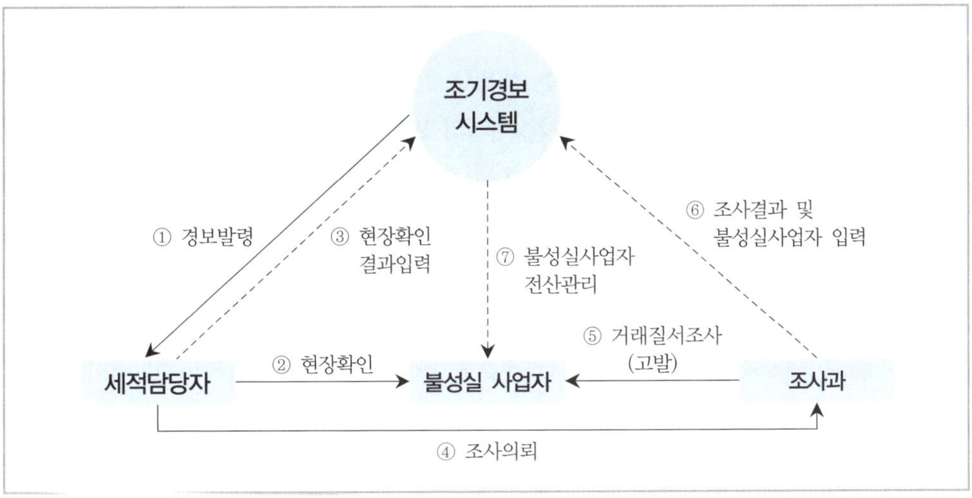

조기경보 시스템
① 경보발령
③ 현장확인 결과입력
⑦ 불성실사업자 전산관리
⑥ 조사결과 및 불성실사업자 입력
⑤ 거래질서조사 (고발)
세적담당자
② 현장확인
불성실 사업자
조사과
④ 조사의뢰

2. 거짓세금계산서 적발 시 제재

(1) 부가가치세법상 가산세(부법 60 ③)

구 분	사 유	가산세액
1) 가공세금계산서	① 재화 · 용역을 공급하지 아니하고 세금계산서 또는 신용카드 매출전표 등을 발급한 경우 ② 재화 또는 용역을 공급받지 아니하고 세금계산서 등을 발급받은 경우	세금계산서 등에 적힌 공급가액 ×3%

구 분	사 유	가산세액
2) 허위세금계산서	① 재화 또는 용역을 공급하고 실제로 재화 또는 용역을 공급하는 자가 아닌 자 또는 실제로 재화 또는 용역을 공급받는 자가 아닌 자의 명의로 세금계산서 등을 발급한 경우 ② 재화 또는 용역을 공급받고 실제로 재화 또는 용역을 공급하는 자가 아닌 자의 명의로 세금계산서 등을 발급받은 경우	공급가액×2%
3) 과다기재 세금계산서	① 재화 또는 용역을 공급하고 세금계산서 등의 공급가액을 과다하게 기재한 경우 ② 재화 또는 용역을 공급받고 공급가액이 과다하게 기재된 세금계산서 등을 발급받은 경우	과다하게 기재한 부분의 공급가액 ×2%

(2) 조세범처벌법상 처벌(조처법 10)

1) 거짓세금계산서 발급자

다음 각 호의 어느 하나에 해당하는 행위를 한 자는 1년 이하의 징역 또는 공급가액에 부가가치세의 세율을 적용하여 계산한 세액의 2배 이하에 상당하는 벌금에 처한다.

① 「부가가치세법」에 따라 세금계산서(전자세금계산서를 포함한다. 이하 같다)를 발급하여야 할 자가 세금계산서를 발급하지 아니하거나 거짓으로 기재하여 발급한 행위

② 「소득세법」 또는 「법인세법」에 따라 계산서(전자계산서를 포함한다. 이하 같다)를 발급하여야 할 자가 계산서를 발급하지 아니하거나 거짓으로 기재하여 발급한 행위

③ 「부가가치세법」에 따라 매출처별 세금계산서합계표를 제출하여야 할 자가 매출처별 세금계산서합계표를 거짓으로 기재하여 제출한 행위

④ 「소득세법」 또는 「법인세법」에 따라 매출처별 계산서합계표를 제출하여야 할 자가 매출처별 계산서합계표를 거짓으로 기재하여 제출한 행위

2) 거짓세금계산서를 발급받은 자

다음 각 호의 어느 하나에 해당하는 행위를 한 자는 1년 이하의 징역 또는 공급가액에 부가가치세의 세율을 적용하여 계산한 세액의 2배 이하에 상당하는 벌금에 처한다.

① 「부가가치세법」에 따라 세금계산서를 발급받아야 할 자가 통정하여 세금계산서를 발급받지 아니하거나 거짓으로 기재한 세금계산서를 발급받은 행위

② 「소득세법」 또는 「법인세법」에 따라 계산서를 발급받아야 할 자가 통정하여 계산서를 발급받지 아니하거나 거짓으로 기재한 계산서를 발급받은 행위

③ 「부가가치세법」에 따라 매입처별 세금계산서합계표를 제출하여야 할 자가 통정하여 매입처별 세금계산서합계표를 거짓으로 기재하여 제출한 행위

④「소득세법」 또는「법인세법」에 따라 매입처별 계산서합계표를 제출하여야 할 자가 통정하여 매입처별 계산서합계표를 거짓으로 기재하여 제출한 행위

3) 가공허위거래

재화 또는 용역을 공급하지 아니하거나 공급받지 아니하고 다음 각 호의 어느 하나에 해당하는 행위를 한 자는 3년 이하의 징역 또는 공급가액에 부가가치세의 세율을 적용하여 계산한 세액의 3배 이하에 상당하는 벌금에 처한다.

①「부가가치세법」에 따른 세금계산서를 발급하거나 발급받은 행위

②「소득세법」 및「법인세법」에 따른 계산서를 발급하거나 발급받은 행위

③「부가가치세법」에 따른 매출 · 매입처별 세금계산서합계표를 거짓으로 기재하여 제출한 행위

④「소득세법」 및「법인세법」에 따른 매출 · 매입처별계산서합계표를 거짓으로 기재하여 제출한 행위

4) 중개자에 대한 처벌

3)의 행위를 알선하거나 중개한 자도 3)과 같은 형에 처한다. 이 경우 세무를 대리하는 세무사 · 공인회계사 및 변호사가 제3항의 행위를 알선하거나 중개한 때에는「세무사법」 제22조 제2항에도 불구하고 해당 형의 2분의 1을 가중한다.

(3) 벌과금 상당액 양정규정 제10조

1) 거짓세금계산서 관련

「조세범 처벌법」 제10조 제1항(거짓세금계산서 발급자) 및 제2항(거짓세금계산서를 발급받은 자)에서 규정한 범칙행위에 대한 벌금상당액은 다음 각 호에 따라 양정한다. 다만, 범칙행위일 전 3년 이내에 같은 조의 범칙행위로서 1회 처벌받은 사실이 있는 경우에는 1배, 2회 이상 처벌받은 사실이 있는 경우에는 2배의 금액을 벌금상당액으로 한다.

①「조세범 처벌법」 제10조 제1항(거짓세금계산서 발급자)의 경우에는 공급가액에 부가가치세의 세율을 적용하여 산출한 세액의 0.5배의 금액

②「조세범 처벌법」 제10조 제2항(거짓세금계산서를 발급받은 자)의 경우에는 매입금액에 부가가치세의 세율을 적용하여 산출한 세액의 0.5배의 금액

2) 가공허위거래 및 중개자

「조세범 처벌법」 제10조 제3항(가공허위거래) 및 제4항(중개자)에서 규정한 범칙행위에 대해서는 세금계산서 · 계산서(매출 · 매입처별세금계산서합계표와 계산서합계표 포함)에 기재된 공

급가액 또는 금액에 부가가치세의 세율을 적용하여 산출한 금액을 벌금상당액으로 한다. 다만, 범칙행위일 전 3년 이내에 같은 조의 범칙행위로서 1회 처벌받은 사실이 있는 경우에는 2배, 2회 이상 처벌받은 사실이 있는 경우에는 3배의 금액을 벌금상당액으로 한다.

3) 가중처벌

세무를 대리하는 세무사 · 공인회계사 및 변호사가 법 제10조 제3항(가공허위거래)의 행위를 알선하거나 중개한 때에는 해당 벌금상당액의 2분의 1을 가중한다.

실무포인트

1. 전자세금계산서 조기경보(동일IP 접속 등)

(1) 처분청 주장

처분청은 ○○○의 전자세금계산서 조기경보(동일IP 접속 등) 과세자료에 따라 2017.1.24. 현장확인 등 조사를 실시하여 쟁점세금계산서를 실물거래 없는 순환 가공거래로 보아 해당 매출액 및 매입액을 감액하고 세금계산서 가공발급 및 가공수취에 대한 가산세를 적용하여 2017.4.12. 청구법인들에게 2016년 제2기 부가가치세 ○○○을 각 경정 · 고지하였다.

쟁점거래는 실질적인 재화의 이동이 없었고, 용역을 제공한 사실도 없으며, 재화 및 용역의 제공에 따른 대금지급이라고 볼 수 있는 금융거래 내역도 없고, 거래금액도 확정되지 않았음에도 쟁점세금계산서를 발행한 점으로 볼 때, 청구법인들 간에 가공세금계산서를 수수했다가 처분청에서 현장확인을 통보(2017.1.24. 통화)함에 따라 부가가치세 확정신고 전에 취소(2017.1.25.)한 것에 불과하므로 가산세를 부과한 처분은 정당하다.

(2) 판 단 – 국가승소

청구법인들은 사정변경 등을 이유로 쟁점계약을 합의해제(2017.1.6.) 및 부가가치세 확정신고 기한 전에 수정세금계산서를 발행하였다고 주장하나, 쟁점계약서상 제품의 재고나 용역을 공급할 능력이 없는 청구법인들은 실물거래 없이 자전거래한 것으로 조사된 점, 청구법인들 간 쟁점세금계산서를 수수했다가 처분청의 현장확인 통보(2017.1.24.) 이후인 2017.1.25. 이를 모두 취소한 점, 청구법인들은 세무조사가 진행되고 있다는 사실을 인지한 후 수정세금계산서를 발행한 것으로 보이는 점 등에 비추어 가산세를 면제할 정당한 사유가 있다고 보기 어려우므로 처분청이 쟁점세금계산서를 실물거래 없이 수수한 것으로 보아 과세한 처분은 달리 잘못이 없다고 판단된다(조심 2017서 3218, 2017.12.11.).

2. 조기경보시스템(동일한 CPU와 랜카드 사용)

(1) 처분청 주장

청구인은 화장품 도소매업을 주업으로 사업자등록을 하였으나 2021.5.25. 전자세금계산서 조기경보 발령에 따라 처분청이 청구인의 사업장을 현장 확인한 바 소호사무실 형태로 한 호수에 7개 사무실이 분리되어 있었고 2평 미만의 공간에 책상만 있었다. 또한 청구인의 이력을 확인한 결과 화장품 도소매업 사업장등록 이전까지 일용직 근로자로 건설현장에서 근무한 경력이 전부이며 도소매업을 영위한 이력은 확인되지 아니하였다.

또한 청구인은 2020년 이후에 5개 동일업종의 사업자등록(법인 2개, 개인사업자 3개)을 하여 실제 이들 사업장이 모두 정상적인 사업장인지 확인되지 아니하고, 이에 대하여 처분청이 출석요구를 하거나 증빙서류 제출을 요청하였음에도 이에 불응하였다.

청구인이 발행하거나 수취한 쟁점세금계산서 내역을 분석하면 사업장 소재지가 상이한 매출처와 매입처의 세금계산서가 동일한 CPU와 랜카드를 사용하여 발행된 것으로 확인되는 등 실제 동일한 PC를 사용하였다고 판단되고 이는 전형적인 자료상 거래행위에 해당한다.

또한 금융내역을 살펴보면 매출 거래대금이 입금된 후 1시간 이내에 매입처로 출금되는 등 청구인의 수익 없이 매출대금이 모두 출금되는 형태를 갖추고 있다. 특히 불특정 다수의 거래처에서 매출대금이 입금되면 즉시 매입처 명의로 이체되어 청구인의 계좌에는 잔액이 거의 남지 않아 정상적인 거래라고 보기 어렵다.

(2) 판 단 – 국가승소

청구인은 쟁점세금계산서가 사실과 다른 세금계산서가 아니라고 주장하나, 상호가 다른 청구법인의 매입·매출처 명의의 쟁점세금계산서가 동일한 PC에서 발급된 것으로 보이는 점, 청구인의 금융내역을 살펴보면 매출대금이 입금되자마자 바로 송금되어 청구인의 계좌에 수익금액이 남지 않는 것으로 보이는 점, 쟁점세금계산서를 발급 또는 수취한 거래처가 자료상으로 확정되거나 처분청의 조사에 불응하는 등 실제 거래사실이 구체적이고 객관적으로 입증되지 아니하는 점 등에 비추어 쟁점세금계산서를 사실과 다른 세금계산서로 보아 이 건 부가가치세를 과세한 처분은 달리 잘못이 없다고 판단된다(조심 2022중 6149, 2022.12.13.).

3. 조기경보시스템(매출 매입거래처가 동일장소 소재)

(1) 처분청 주장

청구법인은 2021.4.1. 동일지번 사업장소재 사업자와의 거래가 과다하다는 이유로 전자세금계산서 조기경보대상으로 선정되었고, 처분청은 검증을 위해 현장확인을 실시(2021.4.5.~2021.4.9.)하였다.

청구법인의 대표이사 AAA 및 감사 BBB가 쟁점매출처 및 쟁점매입처의 이사 또는 직원으로, 쟁점매출처가 직접 할 수 있는 용역을 청구법인으로부터 대가를 주고 제공받을 이유가 없고, 청구법인이 쟁점매입처로부터 제공받았다는 ○○○ 또한 객관적 증빙이 없다. 그밖에 (용역)공급가액을 임의로 산정한 점, 쟁점매입 · 매출세금계산서의 ○○○가 동일한 점, 쟁점매출처의 체납을 우려하여 일시적으로 청구법인이 자금을 보유할 필요가 있었던 것으로 보이는 점 등에 비추어, 쟁점매입 · 매출거래는 가공거래로 보기에 충분하다.

(2) 판 단 - 국가승소

쟁점매출처, 쟁점매입처의 실제 사업장은 같은 장소로서, 세금계산서도 동일 장소, 동일 PC에서 거의 같은 시기에 발급되었고, 쟁점매출 · 매입거래에서 발생한 구체적인 용역의 실체를 알 수 있는 구체적인 결과물 등의 제시가 없으며, 처분청은 이 건 부과처분에 이어, 청구법인을 대표이사 AAA, 감사 BBB와 함께 조세범칙범으로 확정하여 ○○○에 고발한 점 등에 비추어, 위 청구주장은 받아들이기 어려우므로, 처분청이 쟁점매출 · 매입거래를 가공거래로 보아, 청구법인에게 부가가치세를 부과한 이 건 처분은 달리 잘못이 없는 것으로 판단된다(조심 2021인6666, 2022.12.8.).

3. 사실과 다른 세금계산서

발급받은 세금계산서 또는 수입세금계산서에 필요적 기재사항의 전부 또는 일부가 적히지 아니하였거나 사실과 다르게 적힌 경우의 매입세액(공급가액이 사실과 다르게 적힌 경우에는 실제 공급가액과 사실과 다르게 적힌 금액의 차액에 해당하는 세액)은 공제하지 않는다(부법 39 ①).

(1) 사실과 다른 세금계산서란?

필요적 기재사항이 사실과 다르게 적힌 세금계산서에 의한 매입세액공제를 제한하는 취지는 「부가가치세법」에서 채택한 전단계 세액공제 제도의 정상적인 운영을 위해서 과세기간별로 각 거래 단계에서 사업자가 공제받을 매입세액과 전단계 사업자가 거래 징수할 매출세액을 대조하여 상호 검증하는 것이 필수적인 점을 고려하여 세금계산서의 정확성과 진실성을 확보하기 위한 것이다(대법원 2014두35706, 2016.2.18.). 여기서 "사실과 다르다"는 의미는 세금계산서의 필요적 기재사항의 내용이 재화 또는 용역에 관한 당사자 사이에 작성된 거래계약서 등의 형식적인 기재내용에도 불구하고 그 재화 또는 용역을 실제로 공급하거나 공급받는 주체와 가액 및 시기 등과 서로 일치하지 아니하는 경우를 가리키는 것이다(대법원 2011두26695, 2012.3.29.).

(2) 사실과 다른 세금계산서의 입증책임

'사실과 다른 세금계산서'에 해당한다는 점에 관한 증명책임은 과세관청이 부담함이 원칙이다(대법원 2008두9737, 2008.12.11.). 다만, 세금계산서가 실물거래 없이 허위로 작성되었다는 점이 과세관청에 의해 상당한 정도로 증명되어 그것이 실지비용인지 여부가 다투어지고 납세의무자가 주장하는 비용의 용도와 그 지급의 상대방이 허위임이 상당한 정도로 증명된 경우와 같은 특별한 사정이 있는 때에 한하여, 예외적으로 그러한 비용이 실제로 지출되었다는 점에 관하여 장부와 증빙 등 자료를 제시하기가 용이한 납세의무자가 이를 증명할 필요가 있다(대법원 2005두16406, 2006.4.14.).

(3) 명의위장 사업자와의 거래

실제 공급자와 세금계산서상의 공급자가 다른 세금계산서는 공급받는 자가 세금계산서의 명의위장사실을 알지 못하였고 알지 못한 데에 과실이 없다는 특별한 사정이 없는 한 그 매입세액을 공제 내지 환급 받을 수 없으며, 공급받는 자가 위와 같은 명의위장 사실을 알지 못한 데에 과실이 없다는 점은 매입세액의 공제 내지 환급을 주장하는 자가 이를 입증하여야 한다(대법원 2009두1808, 2009.6.11.).

실무포인트

1. 사실과 다른 세금계산서로 판단한 경우 : 매입세액 불공제

(1) 기존 사업장 명의로 교부받은 세금계산서

원고가 기존 부동산 임대사업을 확장할 목적으로 이 사건 창고를 신축하였다고 인정하기에 부족하며, 오히려 이 사건 창고는 광고회사를 운영하는 원고 며느리가 시공하였고, 애당초 광고자재 하치장으로 사용하기 위하여 지은 것으로 보여 기존사업장에서 영위하고 있는 사업과 관련이 없는 것으로 보아 매입세액을 공제하지 아니한 처분은 정당하다(대법원 2013두11987, 2013.9.26.).

(2) 직원명의 사업자로 교부받은 세금계산서

사업자등록을 하고 부동산자문업 등을 영위하고 있으면서 자신의 명의가 아닌 직원들의 명의로 사업자등록을 하고 세금계산서를 수취한 경우에는 매입세액을 불공제한다(대법원 2008두19642, 2009.1.15.).

(3) 고유번호로 수취한 세금계산서

비영리법인이 수익사업 관련 재화를 공급받으면서 비영리법인의 고유번호로 세금계산서를 교부받은 경우 매입세액은 공제되지 아니하는 것이다(부가가치세과-320, 2010.3.18.).

(4) 면세사업자로 수취한 세금계산서

원고가 면세사업자인 병원 명의로 한 식당 사업자등록은 부가가치세법상 사업자등록으로 인정되지 아니하므로 병원 명의로 수취한 세금계산서의 매입세액은 공제되지 않는다(대법원 2013두1362, 2013.2.22.).

2. 사실과 다른 세금계산서로 판단하지 않은 경우 : 매입세액 공제

(1) 타인명의를 빌린 사업자의 매입세금계산서

자기의 계산과 책임으로 사업을 영위하지 아니하는 타인의 명의를 빌린 사업자가 어느 사업장에 대하여 그 타인의 명의로 사업자등록을 하되 온전히 자신의 계산과 책임으로 사업을 영위하며 부가가치세를 신고 · 납부하는 경우와 같이 그 명칭이나 상호에도 불구하고 해당 사업장이 온전히 실제 사업자의 사업장으로 특정될 수 있는 경우 그 명의인의 등록번호는 곧 실제 사업자의 등록번호로 기능하는 것이므로, 그와 같은 등록번호가 '공급받는 자'의 등록번호로 기재된 세금계산서는 사실과 다른 세금계산서라고 할 수 없다(대법원 2016두62726, 2019.8.30.).

(2) 학교법인이 산하의 대학교 명의로 수취한 세금계산서의 매입세액 공제 여부

무엇보다도 세금계산서가 「부가가치세법」이 요구하는 형식을 갖추지 아니하면 매입세액을 공제받을 수 없도록 규정하면서 세금계산서의 기재사항에 관한 착오가 발생한 경우 수정세금계산서를 교부받아 매입세액을 공제받는 등의 일정한 경우에만 엄격하게 예외를 인정하는 규정을 둔 이유는 추후 세금계산서의 수정을 넓게 인정한다면 거래질서가 어지럽혀지고 과세당국이 사실 여부를 확인하기 어렵게 됨으로써 부가가치세 체계에 혼란을 초래하고 악용의 소지가 많기 때문이라 할 것인데, 이 건과 같이 공급받는 자를 원고 자신의 산하 조직의 고유번호로 잘못 기재함으로써 거래질서를 어지럽힐 우려가 전혀 없고 이 사건 공사 용역이 원고에게 제공되었음이 객관적으로 명백하여 과세당국이 사실 여부를 확인하기 용이한 경우에 예외규정을 적용한다고 하여 부가가치세 체계에 혼란을 초래한다거나 악용의 소지가 있을 위험이 없으므로, 원고의 주장과 같은 매입세액 공제를 인정함이 타당하다(대법원 2009두10635, 2010.10.28.).

(3) 자료상과의 거래라도 공제되는 경우

자료상과의 거래라고 하더라도 가공거래로 확정된 과세기간이 아닌 과세기간에 발생한 거래에 대한 세금계산서를 사실과 다른 세금계산서로 단정할 수는 없고 이에 대한 입증책임은 과세관청에 있는 것이다(대법원 2014두8346, 2014.9.25.).

(4) 착오로 주민번호로 발급받는 경우

사업자로 등록을 한 자가 세금계산서상 공급받는 자의 등록번호를 착오로 대표자 주민등록번호로 발급받은 사실을 확인한 후 과세표준 및 세액이 경정될 것을 미리 알지 못한 상태에서 부가가치세법 시행령 제70조 제1항 제5호에 따라 사업자등록번호로 수정하여 발급받은 경우에는 같은 법 제38조 제1항에 따라 매입세액공제가 가능한 것

이다(사전법령부가-22453, 2015.2.27.).

3. 선의의 거래당사자로 볼 수 없어 매입세액을 불공제한 사례

쟁점거래처들에 대한 조사청의 세무조사 결과 쟁점거래처들의 사업장은 실제 사용되지 않았고 홍길동이 친인척 명의를 빌려 쟁점사업장을 운영한 것으로 확인되었고, 청구인도 사업장 방문 등의 사실확인을 하지 않고 홍길동에게 연락하여 상의하고 제품을 공급받고서, 쟁점거래처들로부터 쟁점세금계산서를 수취한바 이는 사실과 다른 세금계산서에 해당하는 점,

청구인은 쟁점거래처들과 2013년부터 2016년까지 장기간 거래를 하면서 쟁점거래처들이 자주 바뀌어 위장사업자일지 모른다는 생각이 들 정도의 충분한 정황이나 사정이 있었음에도, 쟁점거래를 함에 있어 쟁점거래처들이 실제 사업을 하고 있는지, 제품 공급능력이 있는지 등 상대방이 정상적인 업체인지 여부에 대하여 충분히 확인하지 아니한 것으로 보이는 점,

청구인은 쟁점거래처들이 정상적인 업체인지 확인하기 위해 쟁점거래처들의 사업자등록증 사본, 대표자 신분증, 명함 확인, 제품의 흠결 여부 판단 등을 하여 쟁점거래처들이 정상적인 사업자인지 여부를 확인하기 위한 노력을 기울였다고 주장하나, 단순히 이러한 확인만으로는 청구인이 선량한 거래당사자로서 주의의무를 다하였다고 볼 수 없는 점(조심 2018부-1935, 2018.7.3. 같은 뜻) 등

이 건에 있어 상기와 같은 점 등을 종합적으로 고려할 때, 청구인은 쟁점거래 시 주의의무를 다한 선량한 거래당사자에 해당한다고 볼 수 없으므로 처분청이 청구인에게 이 건 부가가치세를 부과한 처분은 달리 잘못이 없다고 판단된다(심사부가 2019-25, 2019.5.8.).

4. 선의의 거래당사자로 보아 매입세액을 공제한 사례

공급자가 허위로 기재되어 사실과 다른 세금계산서를 공급받았더라도 그 증빙자료로 운송차량 사진, 계량증명서, 세금계산서, 거래명세서 등을 함께 보관하였으며, 거래대금을 정확하게 송금하는 등 주의의무를 다한 것으로 실제 공급자가 아님을 알지 못하였고, 알지 못한 데 과실도 없으므로 매입세액불공제는 부당하다(대법원 2014두14235, 2015.2.26.).

3 매출세액 및 매입세액

1. 매출누락 시 과세표준

사업자가 재화 또는 용역을 공급하고 그 대가로 받은 금액에 부가가치세가 포함되어 있는지가 분명하지 아니한 경우에는 그 대가로 받은 금액에 110분의 100을 곱한 금액을 공급가액으로 한다(부법 29 ⑦).

이 규정의 취지는 사업자가 재화 또는 용역의 공급대가로 받은 금액에 부가가치세가 포함되었는지 불분명하여 부가가치세가 포함되었다고 볼 여지가 있는 경우에, 위 금액을 기준으로 과세표준을 산정한다면 사업자는 실제 납부해야 할 부가가치세보다 더 많은 금액을 납부하게 되므로 이를 방지하고, 실제 공급가액에 따른 정당한 세액을 산출하기 위한 데 있다. 따라서 이처럼 이 규정은 ① 사업자가 장차 과세관청에 부가가치세를 납부할 의사를 가지고 ② 상대방으로부터 부가가치세를 포함한 금액을 대가로 받은 경우를 전제로 하므로, 사업자가 장차 과세관청에 부가가치세를 납부할 의사를 갖고 있지 않은 경우나, 사업자가 재화 또는 용역의 공급대가로 받은 금액에 부가가치세가 포함되지 않은 경우에는 위 규정이 적용될 수 없다(창원지방법원 2016구합51267, 2017.1.24.).

즉, 부가가치세를 별도로 수수할 수 있었음에도 공급가액만을 수령하여 부가가치세를 포기한 경우에는 공급가액과 세액이 불분명한 것으로 볼 수 없으므로 매출누락 금액 전액을 공급가액으로 보아야 한다(대법원 2017두59291, 2017.11.23.).

2. 면세거래 오인 시 과세표준

부가가치세 과세대상거래를 오인하여 영세율 또는 면세거래로 보아 공급가액만을 수수한 경우 공급가액과 세액이 불분명한 것으로 볼 수 없다(부집 29-0-4 ③).

3. 매출증빙관련 가산세

세무조사 과정에서 매출누락금액이 적출되는 경우 부가가치세, 신고불성실 가산세, 납부지연가산세가 부과됨과 동시에 매출증빙과 관련된 가산세가 부과된다.

구 분	가산세
일반적인 경우	세금계산서 미발급 가산세 : 공급가액×2%
현금영수증 의무발급대상 업종	현금영수증 미발급 가산세 : 공급대가×20%(10%)
영수증 발급대상 업종	가산세 없음

(1) 현금영수증 의무발급대상 업종

현금영수증가맹점으로 가입하여야 하는 사업자 중「소득세법 시행령」[별표 3의 3]의 업종을 영위하는 사업자는 건당 거래금액(부가가치세액 포함)이 10만원 이상인 재화 또는 용역을 공급하고 그 대금을 현금으로 받은 경우에는 상대방이 현금영수증 발급을 요청하지 아니하더라도 현금영수증을 발급하여야 한다. 다만, 사업자등록을 한 자에게 재화 또는 용역을 공급하고 계산서 또는 세금계산서를 교부한 경우에는 현금영수증을 발급하지 아니할 수 있다(소법 162의 3 ④).

(2) 현금영수증의 의무발행 업종의 발행방법

1) 무기명 발행방법

현금영수증 의무발행 업종의 사업자는 건당 거래금액(부가가치세액 포함)이 10만원 이상인 경우 상대방이 현금영수증 발급을 요청하지 아니하더라도 그 대금을 현금으로 받은 날부터 5일 이내에 무기명으로 발급 하여야 한다(소령 210의 3 ⑫). 이때 무기명으로 발급하는 경우에는 공급받는 자의 휴대전화번호 등이 아닌 "010－000－1234"로 발급하여야 한다(국세청고시 제2021－11호).

2) 주가요금 금지

현금영수증가맹점은 현금영수증 발급을 이유로 재화 또는 용역의 공급대가 이외에 어떠한 명목의 추가요금을 소비자에게 부담하게 해서는 안 된다(국세청고시 제2021－11호).

3) 금지행위

현금영수증가맹점은 다음의 어느 하나에 해당하는 행위를 해서는 안 된다(국세청고시 제2021－11호).

① 재화 또는 용역의 공급 없이 거래를 한 것으로 가장하여 현금영수증을 발급하는 행위

② 재화 또는 용역의 공급대가를 초과하여 현금영수증을 발급하는 행위

③ 다른 현금영수증가맹점 명의로 현금영수증을 발급하는 행위

④ 현금영수증가맹점의 명의를 타인에게 대여하는 행위

⑤ 현금영수증을 발급한 후 정당한 사유 또는 소비자의 동의 없이 현금영수증 발급을 취소하는 행위
⑥ 무기명으로 발급된 현금영수증을 거래상대방이 아닌 타인에게 교부하는 행위

4) 부가통신사업자

통신판매업자가 부가통신사업을 영위하는 사업자가 운영하는 사이버몰을 이용하여 재화 또는 용역을 공급하고 그 대가를 부가통신사업자를 통하여 받는 경우에는 부가통신사업자가 해당 통신판매업자의 명의로 현금영수증을 발급할 수 있다(조특령 121의 3 ⑫).

(3) 의무발행 위반 시 가산세

1) 미발급 가산세

현금영수증 의무발행 규정을 위반하여 현금영수증을 발급하지 아니한 경우에는 미발급금액의 20%를 가산세로 부과한다. 단, 착오나 누락으로 인하여 거래대금을 받은 날부터 10일 이내에 관할 세무서에 자진 신고하거나 현금영수증을 자진 발급한 경우에는 10%로 한다(소법 81의 9 ② 3호).

2) 적용배제

다음 중 어느 하나에 해당하는 경우에는 미발급 가산세를 적용하지 않는다(소령 147의 4 ②).

① 「국민건강보험법」에 따른 보험급여
② 「의료급여법」에 따른 의료급여
③ 「긴급복지지원법」에 따른 의료지원비
④ 「응급의료에 관한 법률」에 따른 대지급금
⑤ 「자동차손해배상 보장법」에 따른 보험금 및 공제금(같은 법 제2조 제6호의 「여객자동차 운수사업법」 및 「화물자동차 운수사업법」에 따른 공제사업자의 공제금으로 한정한다)

(4) 현금영수증 발급의무 위반 신고

현금영수증가맹점으로 가입한 사업자 또는 현금영수증 의무발행 사업자가 현금영수증을 발급하지 아니하거나 사실과 다른 현금영수증을 발급한 때에는 그 상대방은 그 현금거래 내용을 국세청장 · 지방국세청장 또는 세무서장에게 신고할 수 있다(소법 162의 3 ⑤). 현금영수증가맹점으로부터 현금영수증 발급이 거부되거나 사실과 다른 현금영수증을 발급받은 자가 그 거래내용을 신고하려는 때에는 신고서에 관련 사실을 증명할 수 있는 서류 또

는 자료를 첨부하여 현금영수증 발급이 거부되거나 사실과 다르게 발급받은 날부터 5년 이내에 국세청장 · 지방국세청장 또는 세무서장에게 제출하여야 한다(소령 201의 3 ⑦).

실무포인트

1. 통신판매업자로서 부가통신사업자(오픈마켓)를 통하여 판매한 경우

부가통신사업자가 현금영수증 의무발행업종을 영위하는 통신판매업자를 갈음하여 현금영수증을 발급하지 않는 경우에는 해당 통신판매업자에게 현금영수증 의무발행업종 사업자로서의 발급의무가 있다. 다만, 통신판매업자가 부가통신사업자가 운영하는 사이버몰에서 재화나 용역을 공급하고 그 대가를 부가통신사업자를 통하여 받는 경우 부가통신사업자가 통신판매업자에 갈음하여 현금영수증을 발급할 수 있으며 이 경우 해당 통신판매업자에 대해서는 소득세법 제162조의 3 제4항 및 법인세법 제117조의 2 제4항이 적용되지 않는다(서면 2020전자세원5881, 2021.1.4.).

2. 의무발행업자가 전자세금계산서를 발급한 경우의 현금영수증 미발급 가산세

의무발행업종인 인테리어 공사업체가 현금영수증 발급시기에 비사업자인 고객의 주민등록번호 전자세금계산서를 발급한 경우라면 현금영수증 발급하지 아니할 수 있으므로 현금영수증 미발급 가산세 대상에 해당하지 않는다(서면 2021전자세원-5210, 2021.8.13.).

3. 해외쇼핑몰을 통해 외국으로 재화를 공급하고 대금을 현금으로 받는 경우 현금영수증 의무발급대상 여부

귀 서면질의의 경우, 「소득세법 시행령」 별표 3의 3에 따른 업종 중 전자상거래 소매업을 영위하는 사업자(현금영수증가맹점인 개인사업자)가 건당 거래금액(부가가치세액을 포함)이 10만원 이상인 재화를 소포우편을 이용하여 해외로 공급하고 그 대금을 현금으로 지급받는 경우에, 부가가치세 신고서에 「부가가치세법 시행령」 제101조 제1항에 규정하는 소포수령증 등을 첨부하여 제출하더라도 현금영수증을 발급하여야 하는 것으로, 소비자의 신분인식수단이 확인되지 않는 경우에는 국세청장 지정번호(010-000-1234)로 현금영수증을 발급할 수 있는 것이다(서면-2021-법령해석소득-7836[법령해석과-4738], 2021.12.29.).

4. 영세율이 적용된 국외제공용역의 경우 현금영수증 의무발급대상 아님

「소득세법 시행령」 별표 3의 3에 따른 업종을 영위하는 사업자(현금영수증가맹점인 개인사업자 및 내국법인을 말한다)가 국내사업장이 없는 비거주자 또는 외국법인에게 10만원 이상인 재화 또는 용역을 공급하고 그 대금을 현금으로 받은 경우에 「부가가치세법」 제18조 및 제19조, 같은 법 시행령 제73조에 따른 부가가치세 신고기한 내에 「부가가치세법 시행령」 제64조 제3항 제4호에 규정하는 외화입금증명서를 붙여 사업장 관할 세무서장에게 부가가치세 과세표준 신고(수정신고를 포함한다)한 경우, 동 거래는 「소득세법」 제162조의 3 제4

항에 따른 현금영수증 의무발급대상에 해당되지 아니하는 것이다(기획재정부 소득세제과-0549, 2011.12.21.).

5. 계좌이체로 받은 금액도 현금영수증 의무발급대상임

현금영수증제도는 우리나라의 소비시장에서 현금거래가 차지하는 비중이 과반을 넘는 현실에서 모든 거래가 투명하게 노출되는 과표 양성화를 통해 조세탈루를 막고 세원 간 형평성을 추구하기 위하여 도입되었고, 특히 현금영수증 발급의무조항은 고소득 전문직 사업자 등 고액 현금거래가 많은 업종의 사업자에 대하여 과세표준을 양성화하여 세금탈루를 방지하고 공정한 거래질서를 확립하기 위한 것이다.

본 현금영수증제도의 도입목적, 구 소득세법상의 현금영수증 관련 조항, 조세특례제한법 및 같은 법 시행령 관련 조항, 구 국세청고시의 관련 조항 등에 비추어 보면, 소비자로부터 인터넷뱅킹 · 폰뱅킹 및 무통장입금 등을 통하여 은행계좌로 그 대금을 입금받는 것은 현금을 수수하는 방법에 불과하므로, 「구 소득세법」 제162조의 3 제4항에 규정된 '그 대금을 현금으로 받은 경우'에 포함된다고 보아야 한다.

그럼에도 원심이 이 사건 위반자가 재화 또는 용역을 공급하고, 위반자 명의의 은행계좌로 대금을 이체받은 경우는 '그 대금을 현금으로 받은 경우'에 해당한다고 볼 수는 없다고 판단하였는바, 이는 「구 소득세법」 제162조의 3 제4항의 해석에 관한 법리를 오해하여 판단을 그르친 것이다. 그러므로 원심결정을 파기하고, 사건을 다시 심리 · 판단하게 하기 위하여 원심법원에 환송하기로 하여, 관여 대법관의 일치된 의견으로 주문과 같이 결정한다(대법원 2015마1864, 2016.3.11.).

「소득세법 시행령」 [별표 3의 3] (2023.2.28. 개정)

▌현금영수증 의무발행업종(제210조의 3 제1항 제4호 및 같은 조 제11항 관련)▐

구 분	업 종
1. 사업서비스업	가. 변호사업 나. 공인회계사업 다. 세무사업 라. 변리사업 마. 건축사업 바. 법무사업 사. 심판변론인업 아. 경영지도사업 자. 기술지도사 차. 감정평가사업 카. 손해사정인업 타. 통관업

구 분	업 종
	파. 기술사업 하. 측량사업 거. 공인노무사업 너. 행정사업(2023.1.1. 시행)
2. 보건업	가. 종합병원 나. 일반병원 다. 치과병원 라. 한방병원 마. 요양병원 바. 일반의원(일반과, 내과, 소아청소년과, 일반외과, 정형외과, 신경과, 정신건강의학과, 피부과, 비뇨의학과, 안과, 이비인후과, 산부인과, 방사선과 및 성형외과) 사. 기타의원(마취통증의학과, 결핵과, 가정의학과, 재활의학과 등 달리 분류되지 않은 병과) 아. 치과의원 자. 한의원 차. 수의업
3. 숙박 및 음식점업	가. 일반유흥 주점업(「식품위생법 시행령」 제21조 제8호 다목에 따른 단란주점영업을 포함한다) 나. 무도유흥 주점업 다. 일반 및 생활 숙박시설운영업 라. 출장 음식 서비스업 마. 기숙사 및 고시원 운영업(고시원 운영업으로 한정한다) 바. 숙박공유업(2023.1.1. 시행)
4. 교육 서비스업	가. 일반 교습 학원 나. 예술 학원 다. 외국어학원 및 기타 교습학원 라. 운전학원 마. 태권도 및 무술 교육기관 바. 기타 스포츠 교육기관 사. 기타 교육지원 서비스업 아. 청소년 수련시설 운영업(교육목적용으로 한정한다) 자. 기타 기술 및 직업훈련학원 차. 컴퓨터 학원 카. 그 외 기타 분류 안 된 교육기관
5. 그밖의 업종	가. 골프장 운영업 나. 골프 연습장 운영업 다. 장례식장 및 장의관련 서비스업

구 분	업 종
	라. 예식장업 마. 부동산 중개 및 대리업 바. 부동산 투자 자문업 사. 산후 조리원 아. 시계 및 귀금속 소매업 자. 피부 미용업 차. 손·발톱 관리 미용업 등 기타 미용업 카. 비만 관리 센터 등 기타 신체 관리 서비스업 타. 마사지업(발 마사지업 및 스포츠 마사지업으로 한정한다) 파. 실내건축 및 건축마무리 공사업(도배업만 영위하는 경우는 제외한다) 하. 인물 사진 및 행사용 영상 촬영업 거. 결혼 상담 및 준비 서비스업 너. 의류 임대업 더. 「화물자동차 운수사업법」 제2조 제4호에 따른 화물자동차 운송주선사업(이사화물을 포장하는 서비스를 제공하는 사업으로 한정한다) 러. 자동차 부품 및 내장품 판매업 머. 자동차 종합 수리업 버. 자동차 전문 수리업 서. 전세버스 운송업 어. 가구 소매업 저. 전기용품 및 조명장치 소매업 처. 의료용 기구 소매업 커. 페인트, 창호 및 기타 건설자재 소매업 터. 주방용품 및 가정용 유리, 요업 제품 소매업[거울 및 액자(내용물이 없는 것으로 한정한다) 소매업, 주방용 유리제품 소매업, 관상용 어항 소매업으로 한정한다] 퍼. 안경 및 렌즈 소매업 허. 운동 및 경기용품 소매업 고. 예술품 및 골동품 소매업 노. 중고자동차 소매업 및 중개업 도. 악기 소매업 로. 자전거 및 기타 운송장비 소매업 모. 체력단련시설 운영업 보. 화장터 운영, 묘지 분양 및 관리업(묘지 분양 및 관리업에 한정한다) 소. 특수여객자동차 운송업 오. 가전제품 소매업 조. 의약품 및 의료용품 소매업 초. 독서실 운영업 코. 두발 미용업

구 분	업 종
	토. 철물 및 난방용구 소매업 포. 신발 소매업 호. 애완용 동물 및 관련용품 소매업 구. 의복 소매업 누. 컴퓨터 및 주변장치, 소프트웨어 소매업 두. 통신기기 소매업 루. 건강보조식품 소매업(2022.1.1. 시행) 무. 자동차 세차업(2022.1.1. 시행) 부. 벽지, 마루덮개 및 장판류 소매업(2022.1.1. 시행) 수. 공구 소매업(2022.1.1. 시행) 우. 가방 및 기타 가죽제품 소매업(2022.1.1. 시행) 주. 중고가구 소매업(2022.1.1. 시행) 추. 사진기 및 사진용품 소매업(2022.1.1. 시행) 쿠. 모터사이클 수리업(2022.1.1. 시행) 투. 가전제품 수리업(2023.1.1. 시행) 푸. 가정용 직물제품 소매업(2023.1.1. 시행) 후. 가죽, 가방 및 신발 수리업(2023.1.1. 시행) 그. 게임용구, 인형 및 장난감 소매업(2023.1.1. 시행) 느. 구두류 제조업(2023.1.1. 시행) 드. 남자용 겉옷 제조업(2023.1.1. 시행) 르. 여자용 겉옷 제조업(2023.1.1. 시행) 므. 모터사이클 및 부품 소매업(부품 판매업으로 한정한다)(2023.1.1. 시행) 브. 시계, 귀금속 및 악기 수리업(2023.1.1. 시행) 스. 운송장비용 주유소 운영업(2023.1.1. 시행) 으. 의복 및 기타 가정용 직물제품 수리업(2023.1.1. 시행) 즈. 중고 가전제품 및 통신장비 소매업(2023.1.1. 시행) 츠. 백화점(2024.1.1. 시행) 크. 대형마트(2024.1.1. 시행) 트. 체인화편의점(2024.1.1. 시행) 프. 기타 대형 종합소매업(2024.1.1. 시행) 흐. 서적, 신문 및 잡지류 소매업(2024.1.1. 시행) 기. 곡물, 곡분 및 가축사료 소매업(2024.1.1. 시행) 니. 육류 소매업(2024.1.1. 시행) 디. 자동차 중개업(2024.1.1. 시행) 리. 주차장 운영업(2024.1.1. 시행) 미. 여객 자동차 터미널 운영업(2024.1.1. 시행) 비. 통신장비 수리업(2024.1.1. 시행) 시. 보일러수리 등 기타 가정용품 수리업(2024.1.1. 시행)

구 분	업 종
6. 통신판매업(제1호부터 제5호에서 정한 업종에서 사업자가 공급하는 재화 또는 용역을 공급하는 경우로 한정한다)	가. 전자상거래 소매업(2023.1.1. 시행) 나. 전자상거래 소매 중개업(2023.1.1. 시행) 다. 기타 통신 판매업(2023.1.1. 시행)

비고 : 업종의 구분은 위 표에서 특별히 규정하는 업종을 제외하고는 한국표준산업분류를 기준으로 한다.

4. 매입세액 불공제

<table>
<tr><th colspan="3">구 분</th><th colspan="2">매입세액</th></tr>
<tr><td colspan="3">사업관련성 ×</td><td>사업과 직접 관련이 없는 매입세액</td><td rowspan="3">불공제</td></tr>
<tr><td rowspan="3">사업
관련성
○</td><td colspan="2">납세자
귀책사유 ○</td><td>① 매입처별 세금계산서합계표 미제출 · 불명분 매입세액
② 세금계산서 미수취 · 불명분 매입세액
③ 사업자등록 전 매입세액</td></tr>
<tr><td rowspan="2">납세자
귀책사유
×</td><td>열거
○</td><td>① 비영업용 자동차의 구입 · 임차 및 유지에 관한 매입세액
② 접대비 및 이와 유사한 비용의 지출에 관련된 매입세액
③ 면세사업 등에 관련된 매입세액
④ 토지에 관련된 매입세액</td></tr>
<tr><td>열거
×</td><td>자기의 과세사업에 사용되었거나 사용될 매입세액</td><td>공제</td></tr>
</table>

실무포인트

1. 콘도회원권 매입세액의 공제 여부

(1) 처분청 주장

청구법인들은 임직원의 복리후생을 목적으로 쟁점콘도회원권을 취득하였다고 주장하나, 청구법인들에 대한 부가가치세 환급 현지확인과정에서 임직원들이 예약 · 사용에 대한 증빙자료를 제출하지 못하였고 대표자의 개인용도 등으로 상용될 가능성이 크다는 점, 청구법인1의 대표자 김○식이 평창동계올림픽과 패럴림픽의 자원봉사자로 활동하면서 사용한 점, 임직원이 3명이나 콘도면적이 389㎡이며 분양가액이 각각 12억원 상당하는 고가의 콘도회원권을 매입한 점 등으로 보아 임직원의 복리후생목적이라고 볼 이유가 없다.

(2) 판 단 – 국가승소

청구법인들은 쟁점콘도회원권을 임직원들의 복리후생 목적과 향후 리조트를 인수하기 위한 임직원의 임시 숙소로 사용할 목적으로 구입하였다고 하나, 리조트 인수에 관한 개발계획, 양해각서, 강원개발공사와 맺은 업무협약서 등에 리조트 인수작업의 당사자가 주식회사 fff랜드로 되어 있는 점, 쟁점콘도회원권은 그 대상이 되는 콘도면적이 389㎡이며, 쟁점콘도회원권 1/2지분의 분양가액은 각각 12억원 상당의 고액이나, 사용할 직원은 대표이사의 친인척을 제외하면 3명뿐인 점 등에 비추어 처분청에서 청구법인들이 매입한 쟁점콘도회원권을 사업과 직접 관련이 없는 자산으로 보아 부가가치세를 과세한 처분은 달리 잘못이 없다고 판단된다(조심 2018서4409, 2019.4.2.).

2. 골프회원권의 공제 여부

(1) 불공제된 사례

법인이 골프회원권을 자산의 취득으로 분류하여 장부에 계상하였다고 하더라도 그것이 오로지 접대를 목적으로 취득한 것이 분명하다면 그 취득비용은 매입세액 불공제대상인 접대비에 해당하고, 원고가 오로지 거래처의 접대를 목적으로 골프회원권을 구입한 이상 골프회원권의 취득비용은 매입세액 불공제대상인 접대비로 보아야 한다(대법원 2013두14887, 2013.11.28.).

(2) 골프회원권의 공제 여부 – 공제된 사례

① 원고는 법인 골프회원권의 관리 및 경비 집행의 투명성 확보를 위하여 '법인 골프회원권 관리(운영) 지침'(갑 제3호증)을 제정하여 시행하고 있는데, 이에 의하면 골프회원권은 임직원 복리후생 증진을 위한 여가활동, 각종 사내행사와 관련한 단체 체육활동, 법인의 업무 수행을 위하여 필요하다고 인정되는 경우에만 이용하여야 하며 어떠한 경우에도 개인적인 용도의 이용을 금하고 있는 사실,

② 원고의 세무회계팀에서 작성하는 '골프회원권 사용내역'(갑 제4호증)으로 볼 때 이 사건 골프회원권은 협력행사, 중역행사, 각종 단합대회, OP 총괄행사, 생산담당 모임, 업무협의, 대리점 간담회 등 사내 행사 또는 임직원 복리후생 목적으로 이용되거나, 업체 활동, 거래처 및 협력사 접대, 산학협력 워크샵, 교수초청 골프행사 등 대외업무 내지 영업활동의 일환으로 이용된 사실을 인정할 수 있다.

③ 위 인정 사실에 더하여, 이 사건 처분의 과세기간 동안 이 사건 골프회원권을 원고 임직원들 간에 이용한 경우가 영업상 원고 임직원들이 외부인과 함께 이용한 경우보다 훨씬 많은 것으로 보이는 점,

④ 약 6,000명의 직원을 두고 있는 원고 법인의 규모에 비추어 원고가 임직원들에게 이 사건 골프회원권과 같은 체육시설 이용권을 제공하는 것은 복리후생(사기진작) 차원에서 통상적으로 인정될 수 있는 지출로 볼 수 있는 점,

⑤ 이 사건 골프회원권이 접대 용도로 일부 사용되었다고 하여 임직원 복리 후생 등의 목적이 전부 부인될 수는 없는 점 등에 비추어 보면, 원고가 이 사건 골프 회원권을 매입한 것은 사업 관련성이 있다고 할 것이고, 이와 달리 위 매입이 사업과 직접 관련이 없는 지출에 해당한다고 볼 만한 자료가 없다(인천지법 2013구합1045, 2013.10.10.).

3. 승합차의 매입세액공제 여부

(1) 공제된 사례

쟁점회사는 편의점으로 24시간 영업을 하는 것으로 종업원의 근태사항관리카드에 의하여 확인되는 것으로 보아 늦은 시간대에 종업원의 출·퇴근용으로 쟁점차량을 이용하고, 쟁점회사의 매출은 월평균 37,832천원으로 확인되는 것으로 판단해 볼 때, 평소 고객이 많은 양의 상품을 배달 주문하는 경우와 연말연시 및 명절에 선물용으로 대량의 상품을 구입하고, 선물세트를 회사나 개인에게 배달을 요구하는 경우 쟁점차량으로 배달한다는 청구인의 주장이 타당성이 있다고 판단되므로, 쟁점차량은 비영업용 소형 승용차가 아닌 업무용 차량으로 보아 쟁점차량에 대한 부가가치세 매입세액은 매출세액에서 공제하여야 한다(심사부가 2004-7112, 2004.12.20.).

(2) 불공제된 사례

청구인은 쟁점차량을 직원들의 출퇴근을 위해 운행하였다고 주장하나, 직원들의 거주지는 대체로 청구인의 사업장과 도보 10분 이내에 소재하므로 쟁점차량을 직원들의 출퇴근 목적으로 사용할 필요성이 적은 것으로 판단되는 점, 청구인은 쟁점차량에 '○○○'라는 상호가 기재된 스티커를 부착하고 다니면서 쟁점차량을 사업에 직접 사용하고 있다며 쟁점차량의 사진을 제출하였으나, 쟁점차량에 부착된 스티커는 처분청의 수정신고 안내문 수령일인 ○○○ 이후에 제작된 것으로 확인되는 점, 그 외 쟁점차량이 청구인의 사업에 직접 사용되었다고 인정할 만한 객관적인 증빙이 없는 점, 청구인이 영위하는 프랜차이즈 미용업의 특성상 한정된 공간에서 업무가 이루어지므로 차량을 이용하여 인적·물적시설을 운송할 여건에 있다고 보기 어려운 점(조심 2015서3831, 2015.12.3., 같은 뜻임) 등에 비추어 볼 때, 처분청이 쟁점차량의 구입대금을 청구인의 사업과 직접 관련이 없는 지출로 보아 관련 매입세액을 불공제하여 이 건 부가가치세를 과세한 처분은 달리 잘못이 없는 것으로 판단된다(조심 2017중0268, 2017.6.22.).

세무조사사례 1

토지취득 관련 매입세액 및 업무무관 자산 취득 매입세액을 부당하게 공제받은 사례(2023.4.4. 국세청 보도자료)

1. 사실관계 및 확인과정
   - 주택건설업을 영위하는 B법인은 토지 취득 컨설팅 비용 및 요트 구입 비용 관련 매입세액을 공제대상으로 하여 부가가치세를 신고함
   - 토지 관련 매입세액 및 사업과 직접 관련 없는 지출은 불공제 대상이므로 토지 관련성 및 사업 관련성 여부를 확인함

2. 확인 결과
   - 컨설팅 계약서, 수입신고필증, 세금계산서, 부가가치세 신고서 등 검토한 결과, B법인은 컨설팅 비용을 토지 관련 매입세액으로 인정하고, 요트 구입은 요트 대여사업 계획에 따른 매입이라고 해명하였으나, 요트 대여사업 관련 사업자등록 및 사업진행 경과가 확인되지 않아 토지 취득 컨설팅 및 요트 구입 관련 매입세액 전액 불공제하고 부가세 ○○○백만원 추징

세무조사사례 2

보트 등 고액의 사치성 레저물품을 사업자 명의로 구입하고 관련 매입세액을 부당하게 공제받은 사례(2023.1.5. 국세청 보도자료)

1. 분석 내용
   - 건축자재를 판매하는 사업자 C는 산업용 재화 무역업을 영위하는 사업자 E로부터 부품 · 장비 매입 명목으로 세금계산서를 발급받아 부가가치세를 환급받음
   - 사업자 E는 국제보트쇼 참가업체로 보트 · 크루즈 모터 등 레저부품 판매업도 겸업하는 것이 확인됨에 따라 사업자 C가 고액의 개인 사치성 물품을 구입하면서 관련 매입 세액을 공제 신고한 혐의가 있어 분석 대상자로 선정함

2. 조치 결과
   - 국제보트쇼 참가업체 명단, 세금계산서 수수내역 등을 통해 거래내용을 확인하고, 인명구조요원 원천세 신고내역, 레저기구 등록증 등 물품 매입처의 레저사업 관련성을 종합적으로 분석한 결과 사치성 레저물품 관련 매입세액을 부당하게 공제 신고한 것이 확인되어 가산세와 함께 부가가치세를 추징함

세무조사사례 3

업무와 무관한 개인적 소송비용을 사업장 관련 매입세액으로 잘못 신고하여 부당하게 공제받은 사례(2022.7.7. 국세청 보도자료)

1. 분석 내용
   - 제조업을 운영하는 법인사업자 A는 임원의 형사소송비용을 대납하면서 법무법인으로부터 세금계산서를 수취하고, 관련 부가가치세를 사업 관련 매입세액으로 보아 공제 신고함
   - 임원의 개인적 소송비용을 대납하면서 세금계산서를 수취한 경우 사업과 관련없는 비용으로 관련 매입세액은 불공제 대상임에도 공제 대상으로 잘못 신고하여 분석대상자로 선정함

2. 조치 결과
   - 부가가치세 신고서, 세금계산서 발행내역, 소송대리자료를 기반으로 빅데이터 분석한 결과, 소송당사자와 세금계산서 수취자가 서로 상이하고, 도로교통법위반(음주운전) 등 사업과 관련없는 형사사건임이 확인되어 사업자 A에게 가산세와 함께 부가가치세를 추징함

세무조사사례 4

건물 신축을 위해 토지·건물을 일괄 구입한 후 노후 건물을 철거하면서 수취한 철거용역 관련 세금계산서를 공제대상으로 신고한 사례(2021.7.8. 국세청 보도자료)

1. 분석 내용
   - 건설업자 B는 상가건물 신축(과세대상)을 위해 노후건물과 토지를 일괄로 구입한 후 기존 건물을 철거하면서 구조물해체 공사업자로부터 철거용역과 관련한 매입세금계산서를 수취하여 부가가치세를 환급받음
   - 건물 신축을 목적으로 토지·건물 일괄 구입 후 기존 건물 철거 시 발생하는 철거용역 관련 매입세액은 불공제이나 과세사업을 위해 소모되는 비용으로 오인하여 부당하게 공제 신고한 혐의가 있어 분석대상자로 선정함

2. 조치 결과
   - 국토교통부로부터 비계·구조물해체 공사업자 사업현황 자료를 수집하여 철거대상 건축물 소재지 등을 확인하고 사업자 정보, 세금계산서 발행내역, 토지·건물 취득시기 등을 분석하여 부당 공제받은 건설업자 B에게 부가가치세를 추징함

세무조사사례 5

다수 사업장 운영 사업자가 신용카드로 결제한 사업 관련 비용을 사업장별로 중복 공제 신고하여 이중으로 매입세액 공제받은 사례(2021.7.8. 국세청 보도자료)

1. 분석 내용
   - 카페와 음식점을 동시에 운영하는 사업자 D는 카페 운영에 필요한 각종 비품 등을 신용카드로 구입하면서, 음식점 관련 매입으로 중복 신고하고 부가가치세를 이중 환급받음
   - 사업장별로 동일한 신용카드번호로 매입 신고한 것이 확인되고, 거래 상대방 · 거래 건수 · 금액 등에 비추어 하나의 매입거래로 중복 공제받은 혐의가 있어 분석대상자로 선정함

2. 조치 결과
   - 빅데이터 등을 활용하여 카드번호별 거래내역을 분석하고, 사업자 D가 운영하는 모든 사업장의 부가가치세 신고서상 「신용카드매출전표 등 수령명세서」 내역과 대사하여 빅데이터로 분석한 카드번호별 거래금액을 초과하여 신고한 금액은 중복 신고로 보아 부가가치세를 추징함

세무조사사례 6

국내 사업장이 없는 외국법인에 전문서비스 용역을 제공하면서 면세 상호주의 고려 없이 무조건 영세율 매출로 신고한 사례(2022.7.7. 국세청 보도자료)

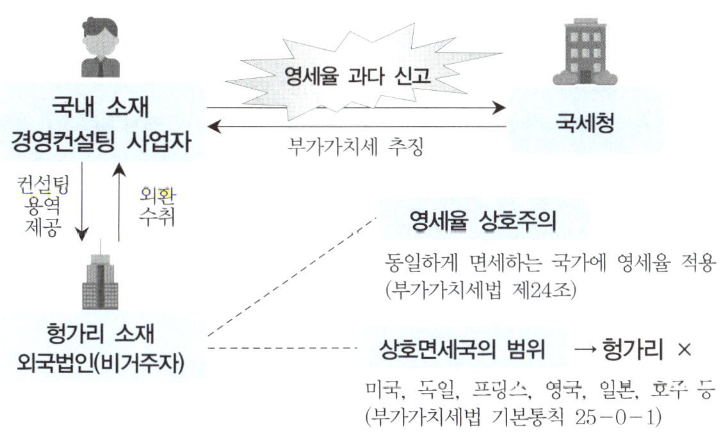

1. 분석 내용
   - 경영 컨설팅업을 영위하는 사업자 B는 국내 사업장이 없는 헝가리 소재 외국법인에게 경영 컨설팅 용역을 제공하면서 외화를 획득하는 용역의 공급으로 보아 영세율 매출로 신고함
   - 국내 사업장이 없는 외국법인에게 경영컨설팅 등 전문서비스 용역을 제공하면서 영세율을 적용받으려면 상대방 국가에서 우리나라의 거주자 등에 대해 동일하게 면세(면세 상호주의)*를 적용해

야 함

* 부가가치세법 제24조 제1항 제3호 및 같은 법 시행령 제33조 제2항 제1호

- 사업자 B는 외국법인이 소재한 헝가리가 면세 상호주의 국가가 아님에도 영세율 적용이 가능한 것으로 오인하여 부가가치세 과세 매출로 신고하지 않아 분석대상자로 선정함

2. 조치 결과

- 부가가치세 신고서와 외환수취내역을 분석한 결과, 경영컨설팅 용역을 제공하면서 면세 상호주의가 적용되지 않는 국가로부터 외환을 수취한 것이 확인되어 사업자 B에게 가산세와 함께 부가가치세를 추징함

3. 관련규정

(1) 영세율 적용대상

국내에서 국내사업장이 없는 비거주자(국내에 거소를 둔 개인, 외교공관등의 소속 직원, 우리나라에 상주하는 국제연합군 또는 미합중국군대의 군인 또는 군무원은 제외) 또는 외국법인에 공급되는 다음 중 어느 하나에 해당하는 재화 또는 사업에 해당하는 용역으로서 그 대금을 외국환은행에서 원화로 받는 경우에는 영세율을 적용한다(부령 33 ② 1호).

① 비거주자 또는 외국법인이 지정하는 국내사업자에게 인도되는 재화로서 해당 사업자의 과세사업에 사용되는 재화

② 전문, 과학 및 기술 서비스업(수의업, 제조업 회사본부 및 기타 산업 회사본부는 제외한다)

③ 사업지원 및 임대서비스업 중 무형재산권 임대업

④ 통신업

⑤ 컨테이너수리업, 보세구역 내의 보관 및 창고업, 「해운법」에 따른 해운대리점업, 해운중개업 및 선박관리업

⑥ 정보통신업 중 뉴스 제공업, 영상 · 오디오 기록물 제작 및 배급업(영화관 운영업과 비디오물 감상실 운영업은 제외한다), 소프트웨어 개발업, 컴퓨터 프로그래밍, 시스템 통합관리업, 자료처리, 호스팅, 포털 및 기타 인터넷 정보매개서비스업, 기타 정보 서비스업

⑦ 상품 중개업 및 전자상거래 소매 중개업

⑧ 사업시설관리 및 사업지원 서비스업(조경 관리 및 유지 서비스업, 여행사 및 기타 여행보조 서비스업은 제외한다)

⑨ 「자본시장과 금융투자업」에 관한 법률에 따른 투자자문업

⑩ 교육 서비스업(교육지원 서비스업으로 한정한다)

⑪ 보건업(임상시험용역을 공급하는 경우로 한정한다)

⑫ 「관세법」에 따른 보세운송업자가 제공하는 보세운송용역

(2) 상호면세주의 적용대상 용역

(1)의 영세율 적용대상 업종 중 ② 중 전문서비스업과 ⑧ 및 ⑨에 해당하는 용역의 경우에는 해당 국가에서 우리나라의 거주자 또는 내국법인에 대하여 동일하게 면세하는 경우(우리나라의 부가가치세 또는 이와 유사한 성질의 조세가 없거나 면세하는 경우)에 한정하여 영세율을 적용한다

(부령 33 ② 1호).

(3) 상호면세 적용국가 예시

부가가치세법 제25조에 규정하는 영세율 적용에 대한 상호면세국이란 부가가치세법 제21조부터 제24조까지의 규정을 적용할 때 사업자가 비거주자 또는 외국법인이면 그 해당 국가에서 대한민국의 거주자 또는 내국법인에 대하여 동일하게 면세하는 해당 국가를 말한다(부통 25-0-1).

> ※ 상호면세국 예시
> 그리스, 남아공화국, 네덜란드, 노르웨이, 뉴질랜드, 덴마크, 레바논, 리베리아, 말레지아, 미국, 베네주엘라, 벨지움, 사우디아라비아, 독일, 스웨덴, 스위스, 싱가포르, 영국, 이란, 이태리, 인도, 인도네시아, 일본, 대만, 칠레, 카나다, 태국, 파나마, 파키스탄, 핀랜드, 호주, 홍콩, 프랑스

CHAPTER

03 계정별 주요 쟁점

1 매출액

1. 매출누락의 적발 유형

세무조사 과정에서 적출되어 세금으로 부과되는 유형 중 가장 일반적이며, 많은 금액을 차지하는 부분이 매출누락 적발이다. 매출누락으로 적발된 금액에 대하여는 법인세나 소득세가 부과될 뿐만 아니라 부가가치세도 부과되며, 각종 가산세가 부과되므로 적발 시 많은 금전적 손실이 발생하게 된다. 세무조사 과정에서 매출누락이 적발되는 경우는 매우 다양한데, 이를 예시하면 다음과 같다.

① 법인이 대표자 친인척 명의 또는 임직원명의 차명계좌에 매출금액을 입금받아 관리하다가 적발되는 경우

② 홈페이지, 예약문자, 견적서, 입금요청서 등에 기재된 입금요청계좌와 실제 사업자명의가 달라 차명계좌가 적발되는 경우

③ 세무조사 과정에서 제출된 회사의 전산자료 중 실제매출을 특정할 수 있는 자료(예 : 매출품의서, 재고술불부, 고객예약명단 등)와 신고매출의 차이가 적발되는 경우

④ 프랜차이즈 가맹점의 POS자료가 기록된 가맹본사의 전산자료가 적발되어, 각 가맹점의 POS매출과 실제 신고매출의 차액이 매출누락으로 적발되는 경우

⑤ 고액 부동산 등 취득자에 대한 자금출처 조사과정에서 자금원천의 흐름을 추적하여 차명계좌가 적발되는 경우

⑥ 매출과 직접 연관있는 매입자료(예시 : 배달건수, 스크린골프장 게임건수)를 근거로 매출누락액이 산출되는 경우

⑦ 현금영수증 의무발행 대상 업종의 경우 현금영수증 미발급 신고에 따른 현장확인 과정에서 매출누락이 적발되는 경우

⑧ 양도소득세 신고서에 첨부된 필요경비 영수증(예시 : 법무사 등기비용, 공인중개사 수수료, 인

테리어 영수증 등)이 현금영수증 미발급으로 확인되어 매출누락으로 적발되는 경우

실무포인트

1. ERP자료를 근거로 매출누락액을 확정한 사례

(1) 처분청 주장

조사청은 2017.2.28. 조사 착수 시 청구법인의 사업장 내 컴퓨터에서 '주문번호, 주문일자, 회원명, 센터명, 상품명, 출고수량, 출고일자, 판매금액, 판매단가, 부가세, 공급대가, 공급가액' 등이 확인되는 ERP자료를 확보하였는바, 청구법인이 착오로 중복 입력한 ○○○원을 제외한 ERP자료상의 매출액과 부가가치세 신고서상의 과세표준 간의 차액을 산정하여 총 ○○○원의 매출누락 혐의 금액을 확인하였다.

'주문번호, 주문일자, 회원명, 센터명, 상품명, 출고수량, 출고일자, 판매금액, 판매단가, 부가세, 공급대가, 공급가액' 등에 대하여 상세히 기록된 ERP자료를 과세근거로 하였고, 더욱이 조사과정에서 청구법인의 부사장 ○○○의 자녀이자 재무회계 담당직원인 ○○○ 대리와 ERP자료상의 매출액과 부가가치세 신고서상의 과세표준과의 차액을 함께 대사하였으며, 이러한 사실은 2017.11.15.자 ○○○ 및 ○○○의 확인서를 통해서도 알 수 있다. 따라서 조세부과처분의 근거와 과세금액의 산출근거가 적법한 것으로 확인되므로 이 건 과세처분은 정당하다.

(2) 판 단 – 국가승소

조사당시 주문번호, 주문일자, 회원명, 센터명, 상품명, 출고수량, 출고일자 등이 구체적으로 기재된 청구법인의 '출고주문리스트' ERP자료를 확보하여 이를 부가가치세 신고내역과 대사한 결과 쟁점매출누락으로 확정한 점, 대표이사 등이 매출누락을 인정하는 확인서를 제출한 점 등으로 보아 청구법인의 주장을 받아들이기 어렵다(조심 2018중 3429, 2019.2.1.).

2. 프랜차이즈 본사 POS시스템을 근거로 과세한 사례

(1) 처분내용

서울지방국세청장은 2008.6.11.부터 같은 달 27.까지 이 사건 사업장을 관리하는 이 사건 가맹본사에 대한 세무조사(이하 '이 사건 세무조사')를 실시한 후, 2008.7.9. 2006년, 2007년의 판매시점정보관리시스템[POS(Point Of Sales) 시스템이라고도 하며 음식점 등에서 바코드를 자동으로 판독할 수 있는 자동판독기 또는 터치스크린에 정보를 직접 입력하여 접속된 POS 터미널에서 매입, 재고 및 고객관리 등의 기능을 구현하는 경영관리시스템을 말한다. 이하 '이 사건 POS 시스템'이라 한다]상 매출내역을 과세근거로 하여, 원고들이 이 사건 사업장을 운영하면서 2006년 2기에 293,779,606원(=1,071,543,454원−777,763,848원), 2007년 1기에 243,973,590원(=1,102,517,772원−858,544,182원)의 매출을 누락하였다고

보고, 이를 위 사업장 및 원고들의 주소지를 관할하는 피고들에게 통보하였다.

(2) 판 단 – 국가승소

가맹점의 POS 자료는 본사서버에 보관하고 있으면서 이를 바탕으로 지역상권 분석 및 손익분석 등을 실시한 점 등을 종합하면 POS 시스템 매출내역은 신빙성이 높으므로 이를 과세자료로 삼아 매출누락금액을 산정하여 과세한 처분은 적법하다(서울행정법원 2010구합26186, 2011.5.20.).

3. 금융계좌 입금액을 매출누락으로 판단 시 기준

조세부과처분 취소소송에서 과세요건사실에 대한 증명책임은 과세관청에 있으므로, 납세의무자의 금융기관 계좌에 입금된 금액이 매출이나 수입에 해당하고, 그것이 신고에서 누락된 금액이라는 과세요건사실은 과세관청이 증명하여야 하는 것이 원칙이다. 다만, 납세의무자의 금융기관 계좌에 입금된 금액이 매출이나 수입에 해당한다는 것은 구체적인 소송과정에서 경험칙에 비추어 이를 추정할 수 있는 사실을 밝히거나 이를 정할만한 간접적인 사실을 밝히는 방법으로도 증명할 수 있다. 이때 그와 같이 추정할 수 있는지 여부는 해당 금융기관 계좌가 과세대상 매출이나 수입에 관한 주된 입금 · 관리계좌로 사용되었는지, 입금 일자나 상대방 및 금액 등에 비추어 매출이나 수입에 해당하는 외형을 가지고 있는지, 그 계좌의 거래 중에서 매출이나 수입 관련 거래가 차지하는 비중, 반대로 매출이나 수입이 아닌 다른 용도의 자금이 혼입될 가능성 및 그 정도 등 해당 금융기관 계좌에 입금된 금액에 관한 여러 사정들을 종합하여 판단하여야 한다(대법원 2016두1035, 2017.6.29. 등 참조).

그리고 위와 같은 여러 사정들을 종합한 결과 납세의무자의 금융기관 계좌가 매출이나 수입에 관한 주된 입금 · 관리계좌로서 그에 입금된 금액이 매출이나 수입에 해당한다고 추정할 수 있는 경우라 하더라도, 개별적인 입금이나 일정한 유형의 입금이 그 일자, 액수, 거래 상대방 및 경위 등과 아울러 경험칙에 비추어 이미 신고한 매출이나 수입과 중복되는 거래이거나 매출이나 수입과 무관한 개인적인 거래로 인정될 수 있는 특별한 사정이 있는 경우에는, 이를 신고가 누락된 매출이나 수입에 해당한다고 쉽게 단정할 수는 없다고 봄이 타당하다(대법원 2012두7776, 2015.6.23. 판결 참조).

4. 인적사항이 확인되지 않은 입금액을 매출누락액으로 인정하지 않은 사례

이 사건 각 예금계좌가 원고의 매출누락에 이용된 사정이 있기는 하지만 그 판시사실 등을 통하여 알 수 있는 사정에 비추어 보면 이 사건 각 예금계좌의 입금액 중 입금인의 상호 · 성명은 기재되어 있으나 그 인적사항이 확인되지 않는 254,572,725원은 과세요건사실이 추정되는 사실이 밝혀졌다고 보기 어려워 원고의 매출누락액으로 볼 수 없고, 따라서 그 부분에 관한 부가가치세 및 법인세 부과처분과 소득금액변동통지는 위법하다(대법원 2010두20805, 2013.3.28.).

5. 임가공업체에게 지급한 원재료 로스분을 매출누락으로 보지 않은 사례

원고가 대리점을 통하여 금제품의 임가공을 의뢰받을 당시에 해리금을 고려하여 제공받아야 할 원재료인 금의 중량과 현금으로 지급받아야 할 수공비가 확정되는 사실, 원고는 원재료인 금을 임가공용역 제공 이후에 지급받는 경우도 많으나, 그 경우에도 위와 같이 임가공을 의뢰받을 당시 약정한 대로 원재료인 금과 현금 수공비를 지급받을 뿐이고 별도의 정산절차를 거치지는 않는 사실이 인정된다.

또한, 일정량씩 모아서 정련하고 합금한 후 임가공작업에 사용하는 위와 같은 작업과정을 고려할 때 원고가 거래처별로 해리금 중 '본래적 의미의 해리금'과 '수공비로서의 해리금'을 구분하여 산정하는 데에는 현실적으로 어려운 점이 있는 것으로 보인다. 특히 부가가치세의 경우, 임가공용역의 공급 당시 양 당사자가 '수공비로서의 해리금'을 구분하여 인식할 수 있어야 거래징수가 가능할 것이다.

매출처등으로부터 수취한 고금에 포함되어 있는 해리금에 대하여도 과세관청이 '수공비로서의 해리금'을 분리하여 충분히 과세할 수 있는 것이나 과세표준을 산정함에 있어 근거가 적정하지 않아 전부취소한다(서울고등법원 2017누59781, 2018.6.20.).

6. 임가공업체에게 지급한 원재료 로스분을 매출누락으로 본 사례

(1) 처분내용

○○지방국세청장은 2017.××.××.부터 2017.××.××.까지 ○○제강에 대한 세무조사를 실시하여(이하 '이 사건 세무조사'라고 한다), ○○제강이 원고에게 이 사건 임가공 계약에 따라 현금가공비 외에 철근 가공과정에서 발생하는 고철 등 부산물(이하 '이 사건 부산물'이라 한다)을 현물로 지급하였음에도 현금가공비에 대해서만 세금계산서를 발급받은 사실을 확인하고, 현금가공비와 이 사건 부산물 공급부분 모두를 이 사건 임가공 용역의 대가로 보아, ○○제강에 대해서는 이 사건 부산물 공급분에 대하여 2017.××.××. 부가가치세를 과세하고, 2017.××.××. 피고에게 이 사건 부산물 수취부분에 대한 매출누락금액을 과세하도록 과세자료를 통보하였다.

(2) 판 단 – 국가승소

임가공 과정에서 철근을 가공할 때 손실이 발생하는 부분이 있음을 감안하여 철근 손실분을 추가로 지급 받았고, 이를 임가공 계약의 계약금액으로 명시적으로 포함시킨 바 있으므로, 이는 임가공 용역의 대가로 봄이 합리적이다(대법원 2022두57671, 2023.1.12.).

2. 매출누락 적발 시 소득처분

(1) 매출누락액의 상여처분

익금에 산입한 금액이 사외에 유출된 것이 분명하나 귀속이 불분명한 경우에는 대표자에게 귀속된 것으로 보아 대표자에 대한 상여로 처분한다(법령 106 ① 1호). 법인이 그 매출액을 장부에 기재하지 아니하거나 가공의 비용을 장부에 계상한 경우 특별한 사정이 없는 한 그 매출누락액 또는 가공비용 전액 상당의 법인의 수익이 사외로 유출된 것으로 보아야 하고, 이 경우 그 매출누락액 또는 가공비용이 사외로 유출된 것이 아니라고 볼 특별한 사정은 이를 주장하는 법인이 증명하여야 한다(대법원 2019두43313, 2019.9.26.). 「법인세법」상 대표자 인정상여 제도는 그 대표자에게 그러한 소득이 발생한 사실에 바탕을 두는 것이 아니라, 법인에 의한 세법상의 부당행위를 방지하기 위하여 그러한 행위로 인정될 수 있는 일정한 사실에 대해 그 실질에 관계없이 무조건 대표자에 대한 상여로 간주하도록 하는 것이다(대법원 1994.3.8. 선고 93누1176 판결 등 참조).

(2) 일반적인 소득처분 방법

각 사업연도의 소득금액 계산상 익금에 산입하는 매출누락액 등의 금액은 다음의 경우를 제외하고는 그 총액(부가가치세 등 간접세를 포함한다)을 그 귀속자에 따라 처분한다(법집 67−106−11 ①).

① 외상매출금 계상누락

② 매출누락액의 사실상 귀속자가 별도로 부담한 동 매출누락액에 대응하는 원가상당액으로서 부외처리 되어 법인의 손금으로 계상하지 아니하였음이 입증되는 금액

(3) 수정신고 시 소득처분 방법

내국법인이 수정신고기한 내에 매출누락, 가공경비 등 부당하게 사외유출된 금액을 회수하고 세무조정으로 익금에 산입하여 신고하는 경우의 소득처분은 사내유보로 한다. 다만, 다음 중 어느 하나에 해당되는 경우로서 경정이 있을 것을 미리 알고 사외유출된 금액을 익금산입하는 경우에는 그러하지 아니하다(법령 106 ④).

① 세무조사의 통지를 받은 경우

② 세무조사가 착수된 것을 알게 된 경우

③ 세무공무원이 과세자료의 수집 또는 민원 등을 처리하기 위하여 현지출장이나 확인업무에 착수한 경우

④ 납세지 관할 세무서장으로부터 과세자료 해명안내 통지를 받은 경우

⑤ 수사기관의 수사 또는 재판 과정에서 사외유출 사실이 확인된 경우

⑥ 그 밖에 위 ①~⑤의 규정에 따른 사항과 유사한 경우로서 경정이 있을 것을 미리 안 것으로 인정되는 경우

3. 매출누락액과 부외경비가 함께 적발되는 경우의 소득처분

매출누락액의 사실상 귀속자가 별도로 부담한 동 매출누락액에 대응하는 원가상당액으로서 부외처리 되어 법인의 손금으로 계상하지 아니하였음이 입증되는 금액은 귀속자에게 소득처분하지 않는다(법집 67-106-11 ①). 이 경우 누락수입에 대응하는 별도비용의 지출이 있었고 동 비용의 신고도 누락 되었다는 점에 관하여는 별도의 공제를 구하는 납세의무자가 주장 입증하여야 한다(대법원 90누10179, 1991.7.12. 참조).

(1) 부외경비를 제외하지 않고 매출누락액 총액을 상여처분한 사례

① 법인이 매출사실이 있음에도 그 매출액을 장부에 기재하지 아니한 경우에는 다른 특별한 사정이 없는 한 원료매입비 등 원가상당액을 포함한 그 매출누락액 전액이 사외로 유출된 것으로 보아야 하며 이 경우 그 매출누락액이 사외로 유출된 것이 아니라고 볼 특별한 사정은 이를 주장하는 법인측에서 입증하여야 하는 것이다(대법원 90누3751, 1990.12.26.).

② 법인이 매출사실이 있음에도 불구하고 매출액을 장부에 기재하지 아니하였으면 매출누락금액뿐만 아니라 그 대응경비까지 밝혀졌다고 하더라도 특별한 사정이 없는 한 매출원가 등 대응경비가 포함된 매출누락금액 전액이 사외에 유출된 것으로 보아야 하고, 이 경우 매출누락금액 전액이 사외로 유출된 것이 아니라고 볼 특별한 사정은 이를 주장하는 법인이 입증하여야 하며, 과세관청이 법인세 과세표준 신고 시에 경비로 신고되지 않은 금액을 특별히 법인의 경비로 인정하여 법인의 소득금액 계산에서 공제해 주었다 하더라도, 사외유출되어 대표자 등에게 귀속되는 소득금액에서 법인의 부담으로 지출된 경비를 당연히 공제해야 하는 것은 아니다(대법원 1999.5.25. 선고 97누19151 판결 등 참조).

(2) 매출누락액에서 부외경비를 제외하여 상여처분한 사례

① 법인이 매출을 신고누락하여 사외유출된 금원을 소득처분함에 있어서 그 중 실제 법인의 사용된 것으로 확인되는 금액은 소득처분대상에서 제외함이 타당하다고 할 것이고, 청구외법인의 법인계좌에는 ○○천원이 입금되었고 출금된 금액은 ○○천원이

며, 사용된 금액은 ○○천원으로 나타나는 점 등에 비추어 매출누락 전액을 상여로 소득처분한 것은 잘못이 있다(조심 2017광 0470, 2017.7.10.).

② 부외경비가 업무와 관련있는 비용인지 여부는 구체적인 증명서류에 의하여 판정하는 것이며, 부외경비가 청구법인의 별도 자금이 아니라 대표자가 부담한 것으로 매출누락액에 대한 상여처분금액에서 차감하여야 하나, 당해 과세연도의 매출누락액의 한도로 상여처분금액에서 제외하는 것이 타당하다(심사기타 2011-0032, 2011.12.16.).

실무포인트

1. 수정신고 시 유보로 소득처분을 할 수 있는지 여부

① 청구법인은 쟁점거래처에 대한 조사청의 세무조사 종결(2016.8.22.) 이후인 2016.12.14.에서야 처분청에 쟁점세금계산서와 관련된 수정신고를 제출한 점, 청구법인은 쟁점세금계산서와 관련하여 처분청의 경정이 있을 것을 미리 안 것으로 인정되므로 처분청에서 쟁점금액을 상여로 소득처분하고, 중소기업특별세액 감면을 배제하여 법인세를 과세한 이 건 처분은 달리 잘못이 없다(조심 2019중4532, 2020.3.10.).

② 어떤 법인에 대하여 직접 세무조사에 착수한 것은 아니더라도 그 거래 상대방에 대한 세무조사 등을 이유로 해당 법인이 사외유출한 금액에 관하여 경정이 있을 것을 미리 안 것으로 인정되는 경우에는 해당 금액에 대하여 같은 조 제1항 제1호에 따른 소득처분을 하여야 한다(서울고법 2019누557, 2019.11.27.).

③ 「법인세법 시행령」 제106조 제4항을 적용함에 있어 법인이 특정거래처와의 거래금액 중 일부에 대하여 과세관청으로부터 과세자료 소명안내를 받은 후 그 거래처와의 거래금액 중 과세자료 소명 안내를 받은 거래금액뿐만 아니라 다른 거래금액도 부당하게 사외유출된 것으로 확인되어 이를 회수하고 익금에 산입하여 수정신고하는 경우 익금에 산입한 거래금액 전액을 사내유보로 소득처분할 수 없다(법인세과-955, 2009.8.31.).

2. 가지급금 회수로 계상된 매출누락액의 소득처분

매출누락액을 대표자 계좌에 입금한 후 필요에 따라 법인의 계좌에 송금하면서 가지급금 회수로 처리한 것은 소비대차로서 상여에 해당된다(심사소득 2014-0089, 2014.12.15.).

3. 가수금으로 계상된 매출누락액의 소득처분

청구법인이 쟁점누락액을 임시계정인 가수금 계정에 계상함으로써 그 상대계정인 현금이 일단 법인계좌에 들어온 것으로 회계처리되었더라도, 대표자 가수금의 경우 법인의 부채계정으로 있는 한 대표이사 등이 당해 법인에 대하여 채권을 보유하고 있다는 내용을 기장한 것으로 대표이사가 언제라도 이를 인출할 수 있는 것이므로 쟁점누락액은 이미 사외로 유출되어 위 가수금 거래의 상대방인 대표이사에게 귀속된 것으로 보이므로 당초처분은 정당하다(조심 2010서2803, 2010.12.27.; 대법원 2000두3726).

4. 선수금으로 계상된 매출누락액의 소득처분

① 처분청은 쟁점매출누락액이 사외유출된 것으로 보아 청구인에 대한 상여로 소득처분하여 이 건 종합소득세를 과세하였으나, ○○○ 쟁점법인 사무실에 화재가 발생하여 쟁점법인이 법인세 신고기한연장을 승인받은 것으로 나타나므로 쟁점매출누락액 관련 세금계산서가 분실 또는 소실된 것으로 보이는 점, 이에 따라 쟁점법인의 예금계좌에 입금된 쟁점매출누락액의 정확한 내역을 확인하지 못하여 선수금으로 처리하였다는 청구주장이 신빙성이 있어 보이는 점, 이후 쟁점매출누락액이 사외유출되었다는 명백한 근거는 나타나지 아니하는 점, 쟁점법인은 비록 ○○○세무서장으로부터 과세자료 해명안내를 받은 이후이기는 하나 쟁점매출누락액이 신고누락된 사실을 확인하고 수정신고를 하면서 기타로 소득처분한 점 등에 비추어 쟁점매출누락액이 사외유출되었다고 단정하기 어려우나, 쟁점매출누락액의 선수금 계상 이후 동 선수금에 대한 쟁점법인의 회계처리 등 이 건 과세기간을 전후한 과세기간 거래처에 대한 선수금 처리내용 등에 대하여 추가적인 조사가 필요하다고 보이므로 처분청이 쟁점매출누락액이 사외유출되었는지를 재조사하여 그 결과에 따라 과세표준 및 세액을 경정하는 것이 타당하다고 판단된다(조심 2015중5520, 2015.12.30.).

② 경리직원이 자주 바뀐 관계로 1997년도 결산시점까지의 잘못 처리된 계정들에 대하여 결산 시 이를 모두 바로잡으면서 남는 금액(입금원인을 알 수 없는 현금 잔액) 144,715,340원을 선수금으로 대체하였음이 확인되는 점으로 미루어, 쟁점금액 상당액이 사외로 유출된 것이 아니라 선수금으로 대체되어 다음 사업연도로 이월되었다고 판단되는바, 그렇다면 쟁점금액이 1997년도에 사외로 유출되어 그 귀속이 불분명하다고 본 것은 잘못이라고 할 것이나, 다만 1997년 이후의 사업연도에 동 선수금이 사외로 유출되었는지의 여부에 대한 근거의 제시가 미흡하므로, 처분청이 이 부분을 재조사하여 그 결과에 따라 과세표준과 세액을 경정함이 타당하다고 판단된다(심사소득 2003-3150, 2004.10.25.).

③ 수출대금을 초과하여 입금된 금액을 선수금으로 처리한 쟁점금액을 단기차입금으로 임의 대체한 후 이를 출금하여 대표이사 및 그 배우자가 개인적인 용도에 사용한 것으로 확인되었고, 쟁점금액이 선수금임을 뒷받침할 수 있는 계약서나 주문서 등이 제시되지 아니하였으며 선수금을 물품으로 변제한 내역도 없으므로 청구주장을 받아들이기 어렵다고 판단된다. 따라서 수출대금을 초과하여 입금된 쟁점금액은 매출누락에 해당하며, 상여로 처분한다(조심 2012부4054, 2014.5.22.).

세무조사사례 1

실내 스크린골프장을 운영하는 사업자가 게임 이용료를 현금으로 지급받으면서 부가가치세 매출 신고를 누락한 사례(2023.1.5. 국세청 보도자료)

1. 분석 내용
   - 실내 스크린골프장을 운영하는 사업자 A는 현금할인 이벤트 명목으로 게임 이용료를 현금으로 지급받거나, 수시로 현금 결제를 유도하면서 관련 부가가치세를 신고하지 않음
   - 최종 소비자를 대상으로 하는 업종 특성상 신용카드 매출 외에 기타 현금 매출(정규영수증 외 매출분)도 발생하지만, 신고서를 분석한 결과 전무하거나 소액으로 확인되어 분석대상자로 선정함

2. 조치 결과
   - 스크린골프 창업 자료를 수집하여 특정 매입(유지보수비 등)에 비례하여 매출이 발생한다는 사업 구조를 확인하고, 세금계산서 수수내역, 스크린골프 예약앱 자료, 신용카드 일일 매출건별 거래내역 등을 분석하여 누락한 현금매출액을 확인한 후 사업자 A에게 가산세와 함께 부가가치세를 추징함

세무조사사례 2

낚시어선 운영업을 영위하는 사업자가 낚시인들로부터 현금으로 승선비를 지급받으면서 부가가치세 매출 신고를 누락한 사례(2022.7.7. 국세청 보도자료)

1. 분석 내용
   - 낚시어선을 운영하는 선주 C는 바다낚시 동호회 회원들에게 단체할인 명목으로 승선비를 현금으로 지급받거나, 개인 낚시인들에게 현금 결제를 유도하면서 관련 부가가치세를 신고하지 않음
   - 어선에 승객들을 승선시켜 가까운 연안해역 등에서 바다낚시를 할 수 있게 어선 운항 용역을 제공하는 경우, 부가가치세 과세 대상으로 매출 신고를 하여야 함에도 이를 누락하여 분석대상자로 선정함

2. 조치 결과
   - 해양수산부로부터 수집한 낚시어선업 신고자료, 각 지역 해양경찰서에서 제출받은 어선별 승선인원 및 부가가치세 신고자료 등을 분석한 결과, 낚시어선 운영업에 대한 사업자등록을 하지 않거나, 현금 매출 신고를 누락하는 등 세금탈루 혐의가 확인되어 선주 C에게 가산세와 함께 부가가치세를 추징함

세무조사사례 3

인테리어 공사업을 영위하는 사업자가 비사업자에게 할인을 명목으로 현금 결제를 유도하여 부가가치세 매출 신고를 누락한 사례(2022.7.7. 국세청 보도자료)

1. 분석 내용
   - 인테리어 공사업을 운영하는 사업자 D는 인테리어 수요가 많은 신축 대단지 아파트 입주민(비사업자)을 대상으로 공사비용 할인을 제시하면서 현금 결제를 유도하고, 관련 부가가치세를 신고하지 않음
   - 아파트 내부 구조 변경, 실내 장식, 도배 등 인테리어 공사 용역을 제공하는 경우, 부가가치세 과세 대상으로 매출 신고를 하여야 하나 이를 누락하여 분석대상자로 선정함

2. 조치 결과
   - 아파트 관리사무소 등으로부터 수집한 동 · 호수별 승강기 사용료 자료, 사용료 지급에 따른 세금계산서 발급 내역, 공사 의뢰 입주민에 대한 현금영수증 발행 여부, 부가가치세 신고자료 등을 연계 분석한 결과, 인테리어 공사업자는 현금영수증 의무발행 사업자*임에도 불구하고 발행 내역이 전무하고, 비사업자 대상 세금계산서 발행 사실도 없어 매출 신고 누락으로 보아 사업자 D에게 가산세와 함께 부가가치세를 추징함

   * 소득세법시행령 제210조의 3 제11항 별표 3의 3, 실내건축 및 건축마무리 공사업

세무조사사례 4

'절세단말기'로 가장한 불법 · 탈세행위를 엄단하겠습니다(2022.11.30. 국세청 보도자료)

1. 기획점검배경

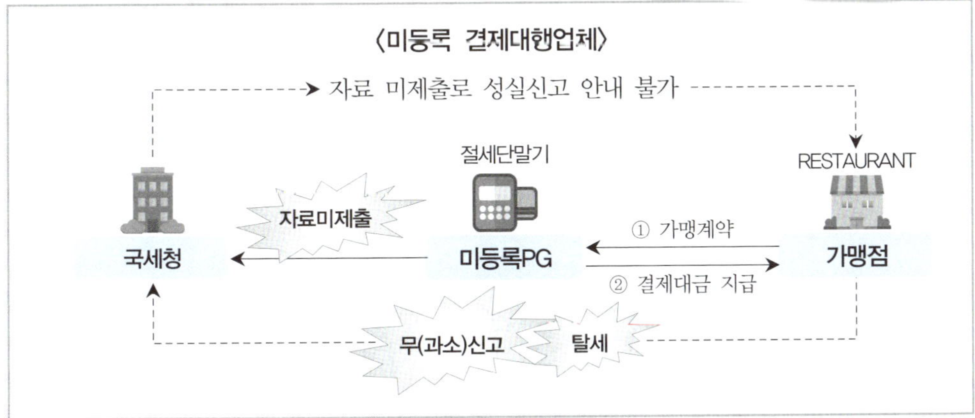

미등록 결제대행업체가 가맹점의 매출자료를 국세청에 제출하지 않는 방식으로, 매출 증가에 따른 세금부담을 우려하는 일부 자영업자들의 탈세를 조장하고 있습니다. 이들은 '절세단말기', '분리매출을 통한 세율구간 하락', '신용카드 매출의 현금화' 등의 문구로 자영업자들의 각종 세금 및 건강보험료 등을 회피할 수 있다고 광고하고, 높은 수수료(매출금액의 7~8%)를 편취하고 있습니다. 일부 자영업자도 '절세단말기' 사용이 절세가 아님을 알면서도 세금을 줄이기 위해 미등록 결제대행업체의 영업행태에 편승하는 경우도 있는 것으로 보입니다.

〈광고 예시〉

'사장님들의 세금을 절세단말기로 줄여드립니다!'

☑ 결제 시 카드 매출로 잡히지 않습니다.
☑ 수수료는 높지만 각종 세금, 건강보험, 국민연금을 줄여드립니다.
☑ 여신전문금융업법에 따른 합법적 절세수단입니다.
☑ 최근 절세의 목적으로 많은 사장님들이 사용하고 계십니다.
☑ 세무상 문제되는 것이 없습니다.

2. 기획점검내용

국세청은 미등록 결제대행업체의 가맹점 모집 광고 자료 및 신용카드 · 전자세금계산서 발행 내역 등 다양한 자료를 빅데이터 분석기법으로 분석하여 미등록 혐의 결제대행업체 43개('20.1기~'21.2기)를 추출하였습니다.

이들에 대해 결제대행자료 미(과소)제출에 관한 해명안내문을 발송하고, 제출된 해명자료에 대한 면밀한 검토를 통해 세금 탈루 혐의를 검증할 예정입니다. 검증한 결과, 금융감독원에 등록하지 않은 사실이 확인되면 해당 명단을 금융감독원에 통보할 계획입니다. 그리고 미등록 결제대행업체에 대한 검증과정에서 수집한 가맹점 매출자료를 분석하여 가맹점의 성실신고 여부에 대해서도 검증할 예정입니다.

만일 가맹점의 매출 누락 사실이 확인되면, 무(과소)신고한 금액에 대해 부가가치세와 소득세 등을 부과할 계획입니다.

2 인건비

1. 특수관계인 인건비

(1) 특수관계인 인건비 관련 규정

1) 「법인세법」

법인이 지배주주등(특수관계에 있는 자를 포함)인 임원 또는 직원에게 정당한 사유 없이 동일 직위에 있는 지배주주등 외의 임원 또는 직원에게 지급하는 금액을 초과하여 보수를 지급한 경우 그 초과금액은 이를 손금에 산입하지 아니한다(법령 43 ③). 또한, 상근이 아닌 법인의 임원에게 지급하는 보수로서 부당행위계산 부인에 해당하는 경우에는 손금에 산입하지 않는다(법령 43 ④).

법적으로는 주식회사 이사 · 감사의 지위를 갖지만 회사와의 명시적 또는 묵시적 약정에 따라 이사 · 감사로서의 실질적인 직무를 수행하지 않는 이른바 명목상이사 · 감사도 원칙적으로는 회사에 대하여 정관의 규정 또는 주주총회의 결의에 의하여 결정된 보수의 청구권을 갖지만, 오로지 보수의 지급이라는 형식을 통해 회사의 자금을 개인에게 지급하기 위한 방편으로 이사 · 감사에 선임된 것이라는 등의 특별한 사정이 있다면 위 보수청구권은 인정될 수 없다(대법원 2015.7.23. 선고 2014다236311 판결 취지 참조).

2) 「소득세법」

종업원의 급여는 필요경비에 산입하며, 이때 종업원에는 당해 사업자의 사업에 직접 종사하고 있는 그 사업자의 배우자 또는 부양가족을 포함하는 것으로 한다(소령 55 ① 6, 소칙 24 ①).

(2) 특수관계인 인건비 세무조사 유형

「법인세법」 및 「소득세법」에서는 실제 근무하고 있는 특수관계인에 대한 인건비를 원칙적으로 경비로 인정하나, 과다지급에 대한 부당행위를 적용 할 수 있도록 규정하고 있다. 그러나 실제 세무조사 현장에서는 특수관계인에 대한 인건비를 보다 면밀하게 분석하여 경비 인정 여부를 확인한다. 세무조사 공무원은 조사 개시시점에 일반적으로 회사의 조직도나 내선번호표 등 직원명단을 제출받아 급여내역과 대사하는 방식으로 검증하는데, 세무조사 개시 전 급여신고한 직원명단 중 특수관계인 여부를 미리 파악하여 조사에 임하는 경우가 많다. 특수관계인 인건비에 대하여는 다음과 같은 사항을 요청하며, 조사결과 가공경비로 판단되는 경우 이를 부인하고 사외유출로 처분한다.

① 특수관계인 인건비를 지급한 금융자료

② 출퇴근기록

③ 업무수행증빙(결제문서, 이메일 발송내역, 거래처와의 소통내역 등)

실무포인트

1. 비상근 임원의 급여를 인정하지 않은 사례

① aaa의 날인이 있는 원고의 서류는 정기주주총회 회의록과 이사회 회의록뿐인데, 원고의 재무담당이사는 이 사건 조사 과정에서 정기주주총회 당시에는 aaa의 위임을 받아 자신이 날인을 하였고, 이사회 회의는 실제로 개최되지 아니하여 형식적으로 자신이 aaa 명의의 날인을 하였다고 진술하였다(일부 이사회 회의 개최 당시에 원고는 국외 출국 중이었다). 위 정기주주총회 당시에 재무담당이사가 aaa에 대하여 결의사항 등에 대하여 보고를 하거나 지시를 받았음을 인정할 만한 객관적인 자료도 없다. 따라서 아무런 근로를 제공하지 아니한 사주 자녀를 등기이사로 선임하고 지급한 급여는 손금불산입함이 타당하다(서울행정법원 2019구합75952, 2020.7.31.).

② 비상근임원은 임원회에 참석하지 않는 등 근로제공 사실이 확인되지 아니하므로 피고의 관련 인건비 손금부인의 부과처분은 적법하다(서울행정법원 2017구합88473, 2019.2.15.).

③ 출퇴근 현황, 결재내역, 경영관여 등으로 보아 비상근 임원으로서 실제로 노무를 제공하였다고 보기는 어렵다(제주지방법원 2009구합670, 2010.2.3.).

2. 비상근 임원의 급여를 인정한 사례

(1) 처분청 주장

처분청은 청구법인에 대한 조사(조사대상기간 : 2004~2006사업연도)를 실시하여 비상근 임원인 감사 김○○○에게 지급한 급여 94,900천원(2004년 2,800천원, 2005년 30,800천원, 2006년 61,300천원)을 업무와 관련없는 비용으로 보아 손금불산입하고, 법인세를 결정 고지하였다.

비상근감사 김○○○의 이력을 조회한 바 1995년~1996년 속셈학원, 1996~1998년 기계장비도매업, 2003년 보습학원, 2007.11. 도매무역업 등을 영위하여 자동차판매업과는 무관하며, 김○○○감사가 회사경영에 참여하였다고 주장하며 제출한 품의서는 당초 이 건 조사 시 제출하지 아니한 서류로서 비상근감사로서 회사내부의 사소한 일까지도 결재를 하였다는 것은 감사의 의무에 맞지 않는 등 신빙성이 없어 보이므로 당초 처분은 정당하다.

(2) 판 단 – 납세자 승소

이 건의 경우 청구법인이 김○○○에게 지급한 급여수준은 평균 3,000천원 수준으로서 대표이사(매월 9,800천원), 부사장(매월 7,900천원)에게 지급한 급여수준을 고려할 때 과다한 것으로 보이지 아니하고, 청구법인이 제시한 이사회의사록에는 청구법인의 재무제표승인의 건, 임원선임의 건, 신주 발행의 건 등 청구법인의 주요 업무와 관련된 의사결정과정에 참여한 사실이 나타나고 있는 점에 비추어 볼 때, 김○○○이 청구법인에 근무하지 아니하면서 쟁점급여를 수취하였다고 보기보다는 청구법인의 주요 의사결정과정에 참여하는 등 근로를 제공하고 그 대가로 쟁점급여를 지급받은 것으로 봄이 사실관계에 합당하다 할 것이므로, 쟁점급여를 청구법인의 소득금액계산상 손금에 산입하고 청구법인의 대표이사에 대한 상여처분금액에서 제외함이 타당할 것으로 판단된다. 따라서 청구법인이 비상근임원인 감사 김○○○에게 지급한 급여를 업무와 관련없는 비용으로 보아 손금불산입한 후 이 건 법인세를 부과한 처분은 잘못이 있는 것으로 판단된다(조심 2008중2466, 2009.2.26.).

3. 특수관계인 인건비 부인 사례

① 청구인의 배우자가 조력자로서의 업무를 수행하였음을 입증할 수 있는 객관적 · 구체적인 증빙을 제시하지 못하는 점, 동해항 소속 도선사인 청구인의 근무일에 배우자는 부산에 소재하며 신용카드를 사용한 사실이 다수 확인되는 점 등에 비추어 쟁점인건비는 사업소득의 필요경비로 인정하기 어렵다고 판단된다(조심 2018부1869, 2019.2.15.).

② 청구인의 배우자 ***의 해외체류일수가 2008년~2012년 과세기간 동안 연간 162일에서 331일에 달하므로 실제로 쟁점사업장에서 근무하였다고 보기 어려운 점, 쟁점차량을 쟁점사업장의 업무에 사용하였음을 입증할 수 있는 증빙의 제시가 없는 점 등에 비추어 처분청이 배우자에 대한 급여 및 쟁점차량에 대한 유지관리비 등을 업무무관비용으로 보아 필요경비 불산입하여 종합소득세를 과세한 처분은 잘못이 없다(조심 2014중1229, 2014.8.11.).

③ 근로계약서가 없고 근무사실 입증 결재나 출 · 퇴근 기록, 비상연락망 등이 확인되지 않는 점, 대표이사 지시로 비정기적으로 출근하며 별도 근무공간이 없는 등 통상적인 근로용역 제공으로 보기 어려운 점, 증빙으로 제출한 특허는 법인의 사업과 상이하며 관련 사업내역이 확인되지 않는 점 등에 비추어 처분청이 대표이사의 배우자와 딸에게 지급한 인건비를 가공인건비로 보아 과세한 처분은 정당하다(조심 2019구0048, 2019.10.16.).

④ 청구인 아들의 급여가 쟁점사업장 소재지 내 135개 동종업계의 평균급여액을 상회하는 정도가 아니라, 최고 급여를 받는 자의 급여액의 3배 이상에 달하는 점 등에 비추어 동 급여는 사회통념과 상관행 등에 비추어 특수관계인이 아니었더라면 지급하기로 결정할 만한 적정한 금액에 해당하지 아니하는 것으로 판단된다(조심 2016서2594, 2016.10.24.).

2. 해외파견직원에 대한 인건비

중소기업 및 중견기업이 발행주식총수 또는 출자지분의 100%를 직접 또는 간접 출자한 해외현지법인에 파견된 임원 또는 직원의 인건비는 해당 내국법인이 지급한 인건비가 해당 내국법인 및 해외출자법인이 지급한 인건비 합계의 50% 미만인 경우로 한정하여 손금으로 인정한다(법령 19 3호).

「조세특례제한법 시행령」 제2조에 따른 중소기업 및 중견기업에 해당하는 내국법인이 100%를 직접 또는 간접 출자한 해외현지법인에 임직원을 파견하고 지급한 사업연도별 인건비가 내국법인과 해외현지법인이 지급한 인건비 합계의 50% 이상인 경우 해당 임직원이 사실상 내국법인의 업무에 종사하지 않을 시에는 해당 인건비 전액을 손금에 산입하지 않는다. 다만, 내국법인이 100%를 직접 또는 간접 출자한 해외현지법인에 파견한 임직원이 사실상 내국법인의 업무에 종사하는 경우에는 손금에 산입할 수 있는 것이며, 내국법인의 업무에 종사하는지의 여부는 수행하는 업무의 성격과 범위 등에 따라 사실판단할 사항이다(서면법인 2020-2823, 2020.8.25.).

실무포인트

1. 해외파견직원에 대한 인건비를 부인한 사례

청구법인은 해외현지법인에 파견한 임직원에 대한 쟁점인건비가 청구법인의 업무와 관련이 있는 비용이라고 주장하나, 청구법인과 해외현지법인은 별개의 법인으로서 해외현지법인에 파견된 임직원의 인건비는 원칙적으로 본사의 업무에 사실상 종사하는 경우에 한하여 손금에 산입할 수 있는 것으로, 이를 인정할 수 있는 객관적인 증빙을 제시하거나 청구법인이 해외현지법인의 생산제품을 구입하여 현지에서 제3국에 수출하는 등 파견된 임직원의 업무활동이 직접적으로 청구법인의 수익 증대에 기여하였음이 구체적으로 입증되어야 할 것인바, 청구법인이 제시하는 심리자료만으로는 해외현지법인의 임직원 업무활동이 실질적으로 청구법인의 수익 증대에 직접 기여하였다는 것이 객관적으로 인정되기 어려워 보이는 점, 조사청은 세무조사를 통하여 청구법인이 해외현지법인에 파견한 임직원 전원의 세부적인 업무내용을 확인하였고 이에 따라 일정 임직원에게 지급한 인건비를 이미 손금으로 인정함으로써 해외현지법인에 파견된 임직원이 수행하고 있는 업무 중 청구법인과 관련된 업무에 대하여는 적정하게 손금으로 인정한 것으로 보이는 점 등에 비추어 처분청이 쟁점인건비를 청구법인의 업무무관비용으로 보아 경정청구를 거부한 처분은 달리 잘못이 없는 것으로 판단된다(조심 2018중4299, 2019.10.7.).

2. 해외파견직원에 대한 인건비를 인정한 사례

① 파견직원은 현지법인의 경영실적, 해외시장 동향정보 등을 청구법인에게 지속적으로 보고한 것으로 나타나는 점 등에 비추어 파견직원은 청구법인의 경영참가, 기술 이전 등의 목적으로 파견되어 청구법인과 현지법인의 업무를 동시에 수행하였다고 보이므로 파견직원의 실제 업무내역을 재조사하여 그 결과에 따라 청구법인이 부담할 인건비는 손금에 산입하는 것이 타당하다(조심 2014전2612, 2015.6.2.).

② 내국법인이 해외현지법인에 종업원을 파견하면서 급여를 지급하는 경우로서 그 종업원이 사실상 내국법인의 업무에 종사하는 때에는 그 비용을 내국법인의 손금에 산입할 수 있다 할 것인바, ○○○는 청구법인의 제품을 ○○○ 현지에서 판매할 목적으로 청구법인이 100% 출자하여 설립한 법인인 점, AAA은 청구법인의 해외영업팀 상무의 직책을 겸직하면서 ○○○ 현지시장 분석, 경쟁사 제품에 대한 정보수집 및 기술력 분석, 신제품 개발을 위한 시장조사 등을 위해 청구법인에 주기적으로 자료를 보고한 것으로 나타나는 점 등에 비추어 AAA이 ○○○의 업무뿐만 아니라 사실상 청구법인의 업무에도 종사한 것으로 보이므로 처분청이 쟁점금액을 청구법인의 업무무관비용으로 보아 손금불산입하여 이 건 법인세를 과세한 처분은 잘못이 있는 것으로 판단된다(조심 2021전3196, 2022.2.15.).

③ 해외 현지법인의 매출액 전부가 청구법인으로부터 발생하므로 현지법인에 대한 청구법인의 관리 · 감독이 필요한 것으로 보이는 점, 파견 직원의 근로계약서 및 이메일 등에 의하면 파견 직원들은 청구법인을 위하여 근무한 것으로 보이는 점 등에 비추어 처분청이 쟁점인건비를 손금불산입한 처분은 잘못이 있다(조심 2014중-5159, 2015.12.11.).

3. 임원상여금

(1) 임원의 범위

임원이란 다음 중 어느 하나의 직무에 종사하는 자를 말한다(법령 40 ①). 임원에 해당하는지 여부는 그 직책에 관계없이 종사하는 직무의 실질내용에 따라 판단한다(법집 26-43-2 ②).

① 법인의 회장, 사장, 부사장, 이사장, 대표이사, 전무이사 및 상무이사 등 이사회의 구성원 전원과 청산인

② 합명회사, 합자회사 및 유한회사의 업무집행사원 또는 이사

③ 유한책임회사의 업무집행자

④ 감사

⑤ 그 밖에 위 ①~④의 규정에 준하는 직무에 종사하는 자

(2) 임원상여금

법인이 임원에게 지급하는 상여금 중 정관 · 주주총회 · 사원총회 또는 이사회의 결의에 의하여 결정된 급여지급기준에 의하여 지급하는 금액을 초과하여 지급한 경우 그 초과금액은 이를 손금에 산입하지 아니한다(법령 43 ②). 만약 임원상여금에 대한 규정이 없는 경우에는 전액 손금으로 인정하지 않는다. 또한, 법인이 그 임원 또는 직원에게 이익처분에 의하여 지급하는 상여금은 이를 손금에 산입하지 아니한다. 이 경우 합명회사 또는 합자회사의 노무출자사원에게 지급하는 보수는 이익처분에 의한 상여로 보아 손금에 산입하지 않는다(법령 43 ①).

임원에게 지급하는 보수가 임원의 직무집행에 대한 정상적인 대가라기보다는 주로 법인에 유보된 이익을 분여하기 위하여 대외적으로 보수의 형식을 취한 것에 불과하다면, 이익처분으로서 손금불산입 대상이 되는 상여금과 실질이 동일하므로, 손금에 산입할 수 없다(대법원 2019두38199, 2019.7.11.).

실무포인트

1. 이사직급의 미등기 임원을 세법상 임원으로 판단하지 않은 사례

주식회사의 임원인지 여부는 등기 또는 직책 여부에 관련 없이 그 직원이 이사회 구성원, 감사, 청산인인지 또는 이에 준하는 직무에 종사하는지를 확인하여 판단하여야 할 것인바, 이사 등으로 불린다 하더라도 정관이나 주주총회에서 선임됨이 없이 일반직원과 동일한 방법으로 공개 채용되거나 또는 일반직원 채용방법에 따라 채용되어 승진 · 보임 · 발령되고, 청구법인으로부터 사무처리를 위임받음이 없이 고용계약에 의하여 근무하고 있거나 그 직위 또는 호칭에 부합하는 회사대표권 및 업무집행권을 부여받지 아니함에 따라 이를 행사하지도 않는 경우라면 단순히 이사로 호칭된다 하여 임원이라 볼 수 없다 할 것이다(국심 2003서2443, 2003.12.31.).

2. 전무직급의 미등기 임원을 세법상 임원으로 판단한 사례

법인의 '임원'인지 여부는 법인의 경영에 참여하여 경영전반의 의사결정과 집행에 적극적으로 참여하거나 회계와 업무에 관한 감독권을 행사하는지 등에 따라 실질적으로 파악하여야 할 것이고, 법인등기부에는 등재되지 않더라도 임원에 준하는 직무에 종사하는 이른바 미등기임원에 해당한다면 임원퇴직금 한도를 적용하여야 한다.

일반적으로 '상무'나 '전무'는 회사의 업무를 분장하여 집행하는 임원인 이사의 직급을 지칭한다. 이 사건 회사 또한 '상무' 이상의 직급을 임원으로 분류하였는데, 원고의 인사카드에는 그 직급이 '전무/E03'으로 기재되어 있고, 이 사건 회사의 조직도에도 법무실 업무를 총괄하는 전무로 기재되어 있다. 이와 같이 원고는 이 사건 회사의 재직기간 동안 상무이사 또는 전무이사의 직급에 있었다.

원고는 법무 관련 업무의 부서장으로 법무실에 소속된 송무팀, 자문팀, 보험팀의 업무를 총괄하여 왔으므로, 이 사건 회사로부터 그 경영에 속하는 특정한 업무 사항을 위임받아 자신의 책임하에 수행하여 왔다고 볼 수 있다. 따라서 원고는 이 사건 회사의 경영에 관한 의사를 결정하고 그 성과에 대한 책임을 지는 지위에 있었다고 할 것이다.

이 사건 회사의 조직도에 나타나는 사람들 중 대표이사를 제외한 본부장이나 부서장들은 모두 사내이사 등 법인등기부에 등재된 임원이 아니다. 따라서 이 사건 회사의 경우 법인등기부의 등재 여부는 구 법인세법 시행령 제44조 제4항의 '임원'에 해당하는지 판단함에 있어 결정적인 기준이 된다고 보기 어렵다.

따라서 원고는 법인등기부에 등재된 이사에 준하는 직무에 종사하는 자로서 세법상 '임원'에 해당한다(서울고등법원 2021누67772, 2022.5.19.).

3. 직원의 상여금 지급비율을 초과하여 지급한 임원 상여금을 부인한 사례

(1) 납세자 주장

청구법인은 2005.11.28. 임시주주총회 제1호 의안 '임원보수의 한도'에서 한도를 ○○○원으로 한다고 의결한 바 있고, 부동산임대업이기에 이미 임대료수입이 정해져 있어 주주임원들을 포함한 모든 직원들의 급여총액(기본급+상여금+비과세급여)을 미리 정할 수 있었으며, 급여조정을 통해 상여금 규모를 결정해 왔다(2014사업연도 초 급여조정을 실시하여 2016사업연도까지 적용, 2017사업연도 초 급여조정을 실시하여 2018사업연도까지 적용, 2019사업연도 초 급여조정을 하여 현재까지 적용).

청구법인은 연초 또는 전년도에 주주임원들을 포함한 모든 직원들의 기본급(비과세 포함)과 상여금을 포함한 연봉총액을 정하고, 상여금을 설날상여금(1월 또는 2월)과 분기별 상여금(3월, 6월, 9월, 12월)으로 나누어 정기적으로 지급하였으므로 쟁점상여금은 업무실적과 관련하여 부정기적으로 지급하는 상여금이 아닌 통상임금 성격에 해당하며, 다수의 대법원 판례[2013.12.18. 선고 2012다89399 판결(전원합의체), 1981.11.24. 선고 81다카174 판결, 2006.5.26. 선고 2003다54322 · 54339 판결, 1976.6.22. 선고 76다439 판결, 1988.1.19. 선고 87누287 판결, 1980.2.26. 선고 79다2120 판결, 2005.9.9. 선고 2004다41217 판결, 2011.10.13. 선고 2009다86246 판결]에서도 상여금이 계속적 · 정기적으로 지급되고 그 지급액이 확정되어 있다면 이는 근로의 대가로 지급되는 임금의 성질을 가지고 있다고 판결하였다.

(2) 판 단 - 국가승소

청구법인이 쟁점상여금 지급근거로 제출한 2005.11.28.자 임시주주총회의사록에 의하면, 임원보수의 한도는 ○○○원이라고만 정하였고, 2014사업연도, 2017사업연도 및 2019사업연도 급여조정계산서에는 기본급과 상여금 및 수당 등 금액과 인상률만

기재되어 있어 주주임원들에게 지급한 쟁점상여금에 대한 개별적 · 구체적인 기준이 있었다고 인정하기는 어려운 점, 주주임원들의 급여 대비 상여금 지급비율은 약 ○○○%로 직원들의 급여 대비 상여금 지급비율(○○○%)과는 현저한 차이가 있고, 2017 사업연도 이후 청구법인의 매출액과 영업이익은 감소하여 동종업종 평균 대비 영업이익률은 현저히 낮음에도 매출액 중 임원 총급여비율은 오히려 동종업종 평균 대비 ○○○배 이상으로 나타나는 등 주주임원들에게 쟁점상여금을 지급한 합리적인 사유를 확인하기 어려운 점, 다수의 우리 원 선결정례에서도 상여금 지급과 관련한 구체적인 기준이 없고 상여금 지급에 대한 합리적인 사유가 없는 경우 실질적으로 이익처분에 의하여 지급되는 상여금에 해당하는 것으로 보아 손금불산입 대상이 되는 상여금이라고 판단한 점[조심 2020중1462(2020.12.15.), 조심 2020서2247 · 2248(2021.12.14.), 조심 2018서2802(2018.11.20.) 등, 같은 뜻임] 등에 비추어 처분청이 지급기준이 없는 쟁점상여금은 손금불산입 대상으로 보아 주주임원들에게 과도하게 지급된 쟁점상여금을 직원의 상여금 지급비율을 기준으로 재산정하여 그 초과분을 손금불산입하여 법인세를 과세한 이 건 처분은 달리 잘못이 없다고 판단된다(조심 2021서6630, 2022.2.16.).

4. 임원 상여금을 인정한 사례

① 청구법인의 쟁점임원상여금 지급은 매년 주주총회 결의를 거쳐 계속 · 반복적으로 이루어졌고, 매년 이익처분에 의해 배당을 실시하여 지배주주에 의해 법인의 유보된 이익을 일시적으로 상여금의 형식으로 배분한 것으로 보기 어려운 점 등에 비추어 이를 손금불산입한 처분은 잘못이 있다(조심 2017중4393, 2018.4.24.).

② 이익처분에 따른 상여금 지급이 아닌 점, 동일한 상여금지급규정에 근거하여 쟁점상여금을 지급하였으므로 손금산입이 가능한 범위가 존재하는 점, 과거 대비 월등한 경영성과를 달성한 것에 대한 보상으로 상여금을 지급하였다는 청구법인의 주장에 신빙성이 있는 점에 비추어 기타임원 지급분과 대표이사 지급분 등은 손금으로 인정하는 것이 타당하다(조심 2016중3852, 2017.10.23.).

③ 청구법인이 임원 상여금을 자의적으로 결정한 것이 아니라 일반 직원과 동일하게 기본급의 ○○○%를 지급한 것이므로 이는 묵시적인 지급기준이 있다고 볼 수 있는 점, 쟁점임원상여금이 과다한 수준이라고 볼 수 없어 통상적인 인건비의 범위로 볼 수 있는 점 등에 비추어 쟁점임원상여금을 손금산입 대상으로 봄이 타당하다(조심 2015서4678, 2016.2.23.).

5. 임원 상여금을 이익처분 상여로 보아 부인한 사례

① 청구법인 대표이사가 작성한 확인서, 청구법인의 정관 등에 따르면, 청구법인이 상여금과 관련하여 정관 · 주주총회 · 사원총회 또는 이사회의 결의에 의하여 결정된 급여 지급기준을 갖추고 있다고 보기 어려운 점, 청구법인이 상여금 지급근거로 제출한 임

직원 상여금 지급안만으로는 구체적인 성과평가지표 · 평가방법 등을 확인할 수 없고, 그 결정기준에 대한 합리적 설명이 부족한 점 등에 비추어, 쟁점임원상여금 등을 손금불산입하여 과세한 처분은 달리 잘못이 없는 것으로 판단된다(조심 2022인2363, 2022.6.9.).

② 상여금 지급과 관련한 구체적인 기준이 없고 상여금 지급에 대한 합리적인 사유가 없는 경우 실질적으로 이익 처분에 의하여 지급되는 상여금에 해당하는 것으로 보아 손금불산입하여 과세한 이 건 처분은 달리 잘못이 없다(조심 2021서6630, 2022.2.16.).

③ 다른 사업연도에도 이익이 발생하였으나 특별성과급을 지급한 사실이 없으며 200ㅁ사업연도에 일시적으로 외형이 급증하여 당기순이익이 과다하게 발생함에 따라 법인세 부담을 줄이기 위하여 이익처분을 상여금 형식으로 지급한 것으로 보여지는 점 등을 종합하여 볼 때, 쟁점상여금이 손금산입대상에 해당한다는 청구주장을 받아들이기 어렵다(조심 2011부4878, 2012.7.17.).

④ 청구법인에게 쟁점상여금을 지급할 수 있는 근거 규정이 마련되어 있지 아니하고, 조사청이 청구법인에 대하여 조사할 당시 청구법인의 재무팀장 FFF가 2019사업연도에 쟁점임원에게 지급된 쟁점상여금은 대표이사(쟁점임원의 아버지)의 지시에 따라 지급하였다고 진술한 사실이 있으며, 쟁점상여금 지급의 원인인 ○○○ 수주 건은 2012사업연도부터 진행된 프로젝트로 쟁점임원이 아닌 청구법인의 연구소에서 주관하여 진행한 것으로 보이고, 해외수주 성과에 대하여 쟁점임원 외에는 쟁점상여금과 유사한 성격의 특별상여금이 지급된 사실이 없는 것으로 보아, 쟁점상여금은 사실상 이익처분에 의하여 지급되는 상여금으로 볼 수 있음이 상당하다 할 것이다. 따라서 처분청이 쟁점초과급여와 쟁점상여금을 손금불산입하여 청구법인에게 법인세를 부과한 이 건 처분은 달리 잘못이 없는 것으로 판단된다(조심 2022구5276, 2022.11.8.).

6. 회장에게 지급한 인건비가 업무무관비용인지 여부

(1) 처분청 주장

① 청구법인은 이사회 의사록 및 경비근무일지의 차량 입 · 출고시간 등을 근거로 허○○○가 실질적으로 청구법인의 경영에 참여하고 근무하였다고 주장하나, 이사회 의사록의 시간과 경비근무일지의 차량 입 · 출고시간이 불일치하는 점, 단순 차량 입 · 출고시간만 기재된 경비근무일지로는 실질 근무내역을 확인할 수 없는 점 등에 비추어 허○○○가 청구법인에서 실제로 근무하였다고 보기 어려우므로 허○○○에 대한 급여 및 차량유지비로 지급한 쟁점비용을 업무무관비용으로 보아 손금불산입하고 법인세를 과세한 처분은 정당하다.

② 청구법인은 허○○○가 청구법인의 주요 경영의사결정에 참여하였다고 주장하나, 청구법인이 제출한 이사회 의사록 등에 의하면 2011년 4월 경기 ○○○의 지점설치 건, 2012년 8월 본점이전 건 및 매년 정기 주주총회출석만 확인되는 점(회의일

에 경비근무일지가 없어 출근사항 확인불가), 2013.7.15. 시작된 임시 주주총회 회의록과 경비근무일지의 차량 입 · 출고시간을 비교하여 보면 주주총회는 9시에 시작되어 9시 50분에 종료되었으나 쟁점이사의 차량 입고시간은 9시 40분으로 실질적으로 회의에 참석하지 않은 것으로 판단되는 점, 경비근무일지의 차량 입 · 출고시간상 주요임원인 회장○○○과 사장○○○에 대한 기록은 기재되어 있으나 상근이사 윤○○○의 차량 입 · 출고시간이 기재되어 있지 아니하여 경비근무일지의 기재내용을 믿기 어려운 점 등에 비추어 허○○○가 청구법인에 상시 출근하여 청구법인의 주요의사에 참여하였다고 보기 어렵다.

③ 청구법인은 주주총회에서 정한 급여를 지급하였으므로 허○○○에게 지급한 급여가 청구법인의 규모나 지급액에 있어서 과다하지 않다고 주장하나 청구법인의 조직도 및 기안(품의)서상 부장 1인이 업무를 총괄하고 있는데 반해, 임원은 대표이사 허○○○, 배우자인 이사 윤○○○, 부친인 허○○○까지 3명으로서 부장 외 단순직원 1~2명이 업무를 관장하고 있는 청구법인의 규모에 비하여 총임원에 지급된 급여비율이 69%로 사회통념상 과다한 것으로 보인다.

(2) 판 단 - 국가패소

이상의 사실관계 및 관련 법령 등을 종합하여 살피건대, 청구법인이 제출한 주주총회 회의록, 이사회 의사록 등에 따르면 허○○○가 청구법인의 주주총회 등에 출석하여 결산보고 승인, 지점설치 등 청구법인의 경영에 관한 주요 의사결정과정에 참여한 것으로 나타나는 점, 경비근무일지, 사무실 주변상가 이용 영수증, 허○○○의 출근 모습이 촬영된 사진 등에 따르면 허○○○가 청구법인의 이사로 근무하면서 거의 매일 출근한 것으로 보이는 점, 청구법인은 2013년 연매출이 ○○○에 달하고, 2013년에 정규직원 외에 경비원, 미화원, 시설관리인원 등 건물관리인원 18명이 근무하면서 건물관리비로 ○○○을 지출한 바, 청구법인의 규모에 비해 정규직원(회장, 사장, 이사, 경리, 비서, 운전기사)에게 지출한 2013년 인건비가 ○○○으로 적은 규모이고, 청구법인이 허○○○에게 지급한 급여수준은 월 ○○○에서 ○○○ 수준으로 대표이사에게 지급한 급여수준○○○, 허○○○의 직책(회장) 등을 고려할 때 과다한 것으로 보이지 아니하는 점 등에 비추어 허○○○가 청구법인에서 근무하면서 경영에 관한 주요 의사결정에 참여한 후 이 건 급여를 지급받은 사실을 인정할 수 있으므로 처분청에서 쟁점경비를 업무무관비용으로 보아 손금불산입하여 청구법인에게 이 건 법인세 등을 과세한 처분은 잘못이 있다고 판단된다.

4. 임원퇴직금

(1) 임원퇴직금한도

법인이 임원에게 지급한 퇴직급여 중 다음 중 하나에 해당하는 금액을 초과하는 금액은 손금에 산입하지 아니한다(법령 44 ④ · ⑤). 임원에게 지급한 퇴직금 중 영 제44조 제4항에 규정하는 한도를 초과함으로써 익금에 산입한 금액은 이를 그 임원에 대한 상여로 처분한다(법통 67－106…4).

1) 규정이 있는 경우

정관 또는 정관에서 위임된 퇴직급여지급규정에서 퇴직급여 및 퇴직위로금 등으로 지급할 금액이 정하여진 경우에는 정관 등에 정하여진 금액

2) 규정이 없는 경우

다음 산식에 의하여 계산된 임원퇴직금 한도액

$$한도액=퇴직직전\ 1년간\ 총급여\times\frac{1}{10}\times근속기간$$

① 퇴직직전 1년간 총급여

그 임원이 퇴직하는 날부터 소급하여 1년 동안 해당 임원에게 지급한 총급여액은「소득세법」규정에 따라 근로의 제공으로 받는 봉급 · 급료 · 보수 · 세비 · 임금 · 상여 · 수당과 이와 유사한 성질의 급여 및 잉여금 처분에 의한 상여를 포함한다. 다만,「소득세법」상 비과세소득과 손금불산입된 금액은 제외한다.

② 근속연수

역년에 의하여 계산한 근속연수를 말하며, 이 경우 1년 미만의 기간은 월수로 계산하되, 1개월 미만의 기간은 이를 산입하지 아니한다(법칙 20 ⑤). 근속연수는 역년에 따라 계산하며, 1년 미만의 기간은 월수로 계산하되 1개월 미만의 기간은 없는 것으로 한다. 이 경우 사용인에서 임원으로 된 때에 퇴직금을 지급하지 아니한 임원에 대한 근속연수는 사용인으로 근무한 기간을 포함한다(법집 26－44－2).

(2) 임원에 대한 확정기여형 퇴직연금

내국법인이 임원 또는 직원의 퇴직연금의 부담금으로서 지출하는 금액 중 확정기여형 퇴직연금 등의 부담금은 전액 손금에 산입한다(법령 44의 2 ②). 확정기여형 퇴직연금 중 임

원에 대한 부담금은 법인이 퇴직 시까지 부담한 부담금의 합계액을 퇴직급여로 보아 임원 퇴직금 한도초과 규정을 적용하되, 손금산입한도 초과금액이 있는 경우에는 퇴직일이 속하는 사업연도의 부담금 중 손금산입 한도 초과금액 상당액을 손금에 산입하지 아니하고, 손금산입 한도 초과금액이 퇴직일이 속하는 사업연도의 부담금을 초과하는 경우 그 초과금액은 퇴직일이 속하는 사업연도의 익금에 산입한다(법령 44의 2 ③).

실무포인트

1. 정관에 의한 임원퇴직금 규정을 인정하지 않은 사례

(1) 처분의 경위

① eee과 fff는 각각 합병 전 bbbbb과 합병 전 cccc의 이사로, ***섭은 합병 전 ddddd의 이사로 각 근무하면서 모두 월 5,389,500원의 급여를 지급 받아 오다가, eee의 급여가 2009년 8월부터 월 3,000만원으로, fff와 ggg의 급여는 2009년 9월부터 월 2,000만원으로 각각 인상되었다.

② 합병 전 ddddd는 2009.7.1. 주주총회를, 합병 전 bbbbb과 합병 전 $$$$은 2009.10.30.에 임시사원총회를 각각 개최하여, 그 결의로 퇴직하는 임원(이사 및 감사)에게 '퇴직 직전 3월의 평균임금×재임연수×지급률(20배)'의 산식에 따라 계산한 퇴직금을 지급한다는 동일한 내용의 임원퇴직금 지급규정을 마련하였다.

③ 이에 따라 합병 전 회사들은 인상된 월 급여를 기초로 새로 마련한 임원퇴직금 규정을 적용하여, 2009.9.28. 합병 전 bbbbb에서 퇴직한 이사 eee에게 1,963,055,383원의 퇴직급여를, 2009.12.31. 합병 전 cccc에서 퇴직한 이사 fff에게 1,795,711,600원의 퇴직급여를, 2009.12.23. 합병 전 ddddd에서 퇴직한 이사 ggg에게 1,812,193,286원의 퇴직급여를 각각 지급하였다.

④ 2005사업연도부터 2009사업연도까지 5년 동안의 순이익 합계액은 합병 전 mmmmm의 경우 약 50억원, 합병 전 cccc과 합병 전 ddddd의 경우 각각 약 25억원이다.

(2) 판 단

임원 퇴직급여 규정이 근로 등의 대가로서 퇴직급여를 지급하려는 것이 아니라 퇴직급여의 형식을 빌려 특정 임원에게 법인의 자금을 분여하기 위한 일시적인 방편으로 마련된 것이라면, 이는 구「법인세법 시행령」제44조 제4항 제1호 또는 제5항에서 정한 임원 퇴직급여 규정에 해당하지 아니한다고 볼 것이다. 따라서 임원 퇴직급여 규정이 종전보다 퇴직급여를 급격하게 인상하여 지급하는 내용으로 제정 또는 개정되고, 그 제정 또는 개정에 영향을 미칠 수 있는 지위에 있거나 그와 밀접한 관계에 있는 사람이 퇴직임원으로서 급격하게 인상된 퇴직급여를 지급받게 되며, 그에 따라 지급되는 퇴직급여액이 해당 퇴직임원의 근속기간이나 근무내용 또는 다른 비슷한 규모의 법인에서 지급되는 퇴직급여액 등에 비추어 볼 때 도저히 재직기간 중의 근로나 공헌에 대한 대가라고 보기 어려운 과다한 금액이고, 그 규정 자체나 해당 법인의 재무상황 또는 사업전망 등에 비추어 그 이후에는 더 이상 그러한 퇴직급여가 지급될 수 없을 것으로 인정되는 등 특별한 사정이 있는 경우에는, 그 퇴직급여 규정은 실질적으로 근로의 대가로서 퇴직급여를 지급하기 위한 것이 아니라 퇴직급여의 형식을 빌려 그 임원에게 법인의 자금을 분여하기 위한 일시적 방편에 불과하다고 볼 것이므로, 이 경우에는 구 「법인세법 시행령」 제44조 제4항 제2호의 규정에 따라 산정되는 금액을 넘는 부분은 퇴직급여로 손금에 산입될 수 없다고 할 것이다. 그리고 그와 같은 일시적인 방편에 불과한 임원 퇴직급여 규정을 만든 법인이 특정 임원에게 퇴직급여의 형식으로 법인의 자금을 분여하기 위하여 그 임원의 퇴직 직전에 퇴직급여의 산정 기초가 되는 월 급여를 아무런 합리적인 이유 없이 인상한 경우에는 인상되기 전의 월 급여를 기초로 하여 산정되는 금액만이 퇴직급여로 손금산입 대상이 된다고 보아야 한다(대법원 2015두50153, 2016.2.18.).

2. 임원퇴직금 규정을 인정한 사례

(1) 정관을 급조한 것으로 볼 수 없으므로 퇴직급여 규정을 인정함

임시주주총회 의사록 등을 보면 청구법인의 정관에 첨부된 임원퇴직금지급규정이 청구법인의 주주총회에서 의결된 이후 약 6년이 지난 시점에서야 청구법인의 이사회에서 청구법인 이사들의 특별한 공로를 인정하여 임원퇴직금지급규정 제13조에 따라 퇴직위로금을 지급하기로 의결한 사실이 확인되는데, 이러한 일련의 과정에 비추어 청구법인의 임원퇴직금지급규정이 특정 임원에게 임의로 퇴직급여를 과다하게 지급하기 위한 방편으로 지배주주의 지배력에 의하여 급조되었다거나 특정 임원에게만 정당한 이유없이 퇴직급여를 고액으로 정하거나 지급배율을 차별적으로 높게 정하였다고 볼 수 없으므로, 청구법인의 임원퇴직금지급규정은 「법인세법 시행령」 제44조 제4항 제1호에 따른 정관에 의한 임원퇴직급여 지급규정에 해당한다 하겠다(조심 2022서0036, 2023.4.6.).

(2) 일반적 구체적 규정은 인정됨

청구법인의 퇴직급여지급기준을 보면, 청구법인의 정관 제24조(임원의 보수)에는 임원의 보수 및 퇴직금은 주주총회에서 결정한다. 단, 퇴직금은 회장 및 대표이사의 경우 퇴직 시 법정퇴직금에 다음의 배수를 적용하여 지급할 수 있으며, 구체적으로는 근속연수 5년 이내는 2배, 10년 이내는 5배, 20년 이내는 10배, 20년 이상은 15배 및 기타 임원의 경우에는 3배까지 지급할 수 있다고 하고 있고, 임시주주총회 의사록(2000.12.28.)을 보면, 주주총수 5명 중 주주 3명, 감사 1명 등 4명이 참석하여 회장 및 대표이사 임원 퇴직금에 관한 건을 상정하고, 의장은 회장 및 대표이사의 공로를 인정하여 정관상의 배수를 적용하여 지급할 것을 물어 만장일치로 이를 승인가결한 것으로 되어 있다.

살피건대, 퇴직금지급규정은 일반적이고 구체적으로 적용되어야 하고, 퇴직 시마다 계속적 · 반복적으로 적용되는 것이어야 하며, '일반적이고 구체적'이라 함은 누구라도 적용할 수 있어야 하고, 누가 적용하더라도 같은 결론이 도출될 수 있어야 하는 것을 의미하는 것이라고 보아야 할 것인 바, 청구법인의 경우 특정임원에 대하여는 지급배율이 기타임원에 비하여 높은 경향이 있는 것은 사실이나, 청구법인이 정한 정관에 따라 주주총회에서 의결한 임원퇴직금지급규정에서 특정임원뿐만 아니라 기타임원에 대하여도 근속연수별로 일률적인 지급기준을 정한 것으로서 실제 기타임원에 대하여도 같은 지급규정에 의하여 퇴직금을 지급한 사실이 인정되는 점에 비추어, 단지 특정임원에게 높은 배율의 퇴직금을 지급하였다 하여 이러한 사실로 청구법인의 퇴직급여 지급에 대하여 모두 부당행위계산 부인 적용대상으로 보기에는 어려움이 있는 것으로 판단된다(조심 2008부0420, 2008.9.16.).

3. 임원퇴직금 규정상 6배수가 과도한 것인지 여부

청구법인은 하○○○에게 지급한 퇴직급여의 지급배수(6배)가 지나치게 과도한 수준이 아니라며, 타 법인 사례와 종전 우리 원의 선 결정례에서도 6배가 넘는 경우는 물론 심지어 9배까지 정상적인 손금으로 인정한 사례(조심 2013중4367, 2014.1.10.)가 있었다는 점을 들고 있으나, 퇴직급여를 과도하게 지급하였는지 여부는 단순히 절대적인 지급배수로만 판단할 것이 아니라, 해당 법인의 지급 여력, 다른 임원이나 직원들에게도 이에 상응한 수준으로 지급하고 있는지 여부 등 각 법인마다 개별적인 여건이나 상황에 따라 상대적으로 판단할 사안에 해당하고, 이는 「법인세법 시행령」에서도 손금한도를 획일적으로 규정하지 않고 각 법인의 정관에 위임하는 형식을 취하고 있는 사실에 의하여 확인된다고 할 것이다.

법인은 인건비 등 비용을 지출함에 있어, 해당 법인의 재무상황 또는 사업전망 등에 비추어 지급할 수 있는 여력에 기초함이 당연할지언데, 청구법인은 2009사업연도(○○○억원) 및 2010사업연도(○○○억원)의 당기순이익이 하○○○에게 지급한 퇴직금(○○○억원)보다 낮은 수준이었고, 2011사업연도에 ○○○억원의 쟁점퇴직금을 지급할 경우 실적이 악화될 것이었음에도 무리하게 대표이사에게 그 금액을 초과하는 과다한 퇴직금을 지급하여 당기순손실이 발생하였다.

2010년 당시 청구법인의 임원 수는 5명으로, 임원의 급여 수준을 살펴보면, 하○○○에게는 ○○○억 ○○○만원을 지급하면서 나머지 다른 임원들에게는 ○○○억원 미만으로 지급하고 있었는바, 퇴직금 지급배수가 급여에 연동하는 점을 감안하면, 하○○○에게 적용된 퇴직금 지급배율 6배수가 높은 수준이 아니라고 보기 어렵다. 특히, 청구법인이 임원지급 사례로 제시한 전인수의 퇴직금과 비교하면, 하○○○이 전○○○보다 급여 자체가 8.3배가 더 높은 상황에서 퇴직금도 전○○○(2배)보다 3배 더 높은 6배수인 점을 감안하면 전체적으로는 25배(8.3×3) 더 높게 지급한 결과가 되므로, 대표이사에게 적용된 퇴직금 지급배율 6배수가 결코 과도한 수준이 아니라고 볼 수는 없다 하겠다. 따라서 대표이사에게 지급한 퇴직금에 대하여 「법인세법」상 임원퇴직금 한도를 적용하여 그 초과액을 손금불산입하고 대표자상여로 소득처분한 당초처분은 적정하다(조심 2018중2173, 2018.12.21.).

4. 임원에 대한 확정기여형 퇴직연금 과다 납입액의 세무조정 시기

(1) 처분청 주장

원고의 정관에 규정된 임원 퇴직금지급기준(이하 '이 사건 임원 퇴직금지급기준'이라 한다)은 ① 임시주주총회 개최 없이 임의로 신설되었고, ② 대표이사에 대하여만 적용 되어 원고의 모든 임원들에게 일반적으로 적용되는 규정이 아니어서 구 법인세법 시행령 제44조 제4항에 따른 정당한 임원 퇴직금지급기준이라고 할 수 없으므로 이 사건 퇴직연금부담금도 정당한 퇴직급여라고 할 수 없다. 따라서 구 법인세법 시행령 제44조의 2 제3항 단서 규정은 적용되지 아니한다.

원고가 퇴직연금사업자에게 이 사건 퇴직연금부담금을 불입한 행위는, 원고가 특수관계자인 대표이사 BBB에게 원고의 이익을 분여하여 조세 부담을 부당하게 감소시킨 경우에 해당하므로 구 법인세법(2010.12.30. 법률 제10423호로 개정되기 전의 것) 제52조 제1항, 제2항 및 구 법인세법 시행령 제88조 제1항 제9호에 따라 부당행위계산 부인의 대상이 된다. 손금불산입의 범위를 정하는 기준인 '시가'는 2010.12.30. 기준 BBB에 대한 퇴직금 중간정산금액인 ○○○원(예비적으로 임원 퇴직급여지급규정이 없는 경우 구 법인세법 시행령 제44조 제4항 제2호에 따른 퇴직급여 한도액인 229,087,100원)이므로, 이 사건 퇴직연금부담금 중 시가를 초과한 금액은 손금불산입의 대상이 되고, 이 사건 퇴직연금부담금은 실질적으로 원고의 대표이사인 BBB의 소유이므로 그 귀속자인 BBB에게 이 사건 금액을 상여 처분한 것은 정당하다.

(2) 판 단 – 국가패소

임원에 대한 확정기여형퇴직연금은 임원퇴직급여지급기준이 정당하지 않더라도 납입일이 속하는 사업연도에 손금산입 후 임원이 실제 퇴직하는 사업연도에 한도초과액 손금불산입하며, 납입일이 속하는 사업연도에 납입한 퇴직연금부담금만으로 조세부담을 부당히 감소시킨 경우에 해당하는지 단정하기 어려우므로 부당행위계산 부인을 적용할 수 없다(대법원 2016두48256, 2019.10.18.).

5. 임원에 대한 확정기여형 퇴직연금 중도인출 시 세무조정 여부

임원의 확정기여형 퇴직연금에 대하여 중도인출이 이루어졌다는 사유만으로 법인세법 시행령 제44조의 2에서 정한 퇴직 연금부담금 한도초과액에 관한 손금불산입의 요건인 '퇴직'이 있었다고 볼 수 없다. 법인세법 시행령 제44조의 3 제3항의 '퇴직'의 의미를 제44조에서 정한 '현실적인 퇴직', 즉 '퇴직연금사업자에게 납입하는 부담금의 중도인출'까지 포함하는 의미로 해석하는 것은 합리적 이유 없이 확장해석하는 것이다. 따라서 임원이 확정기여형 퇴직연금을 중도인출한 시점을 퇴직으로 볼 수 없으므로 중도인출 시 임원 퇴직금 한도초과 세무조정을 할 수 없다(대법원 2021두49147, 2021.12.16.).

세무조사사례

근무하지 않은 대표이사 가족에게 인건비 허위 지급

1. 사전 신고안내
   - 대표이사 가족에게 인건비를 지급한 법인을 대상으로 가족이 실제로 근무하지 않은 경우에는 손금이 아님을 신고도움자료로 사전 안내

2. 신고내용
   - 도매업을 영위하는 ㈜ㅁㅁ은 대표이사의 배우자에게 인건비를 지급하고 급여로 비용처리함

3. 검증결과
   - 대표이사 배우자의 근무내역 분석결과, 배우자는 자녀 해외유학 동행을 위해 장기간 해외에 체류하였으며 체류국에는 해당 법인의 해외현지법인이 없는 등 근로용역 제공 사실이 없음을 확인
   - 이에 자녀 해외유학 출국시점부터 가공 계상한 급여 등 ㅇㅇ억원을 손금불산입(대표자 상여처분)하여 법인세 등 ㅇ억원 추징

3 가지급금

1. 가지급금 인정이자

특수관계자에게 금전을 무상 또는 시가보다 낮은 이율로 대부한 경우에는 시가와 실제 수령한 이자와의 차액을 익금에 산입하고(법령 88 ① 6호), 귀속자에 따라 상여 등으로 소득처분한다(법집 52-89-5 ①). 이때 특수관계자에게 대여한 자금을 가지급금이라 하며, 자금대여 시 적용하는 이자의 시가를 인정이자라 한다.

회계처리	(차) 현 금 등 (대) 이 자 수 익	미달 수령액 〈익금산입〉 (상여 등)
법인세법	「법인세법」상 인정이자	

(1) 인정이자의 계산방법

인정이자=가지급금 적수×1/365×인정이자율

(2) 이자율

구 분	이자율
원 칙	가중평균차입이자율 대여시점 현재의 $\frac{\Sigma \text{ 각 차입금 잔액} \times \text{이자율}}{\text{총 차입금 잔액}}$
선택한 경우	당좌대출이자율(연 4.6%)

2. 인정이자의 세무조정과 소득처분

(1) 원 칙

가지급금 인정이자에 관한 규정은 인정이자와 회사가 수령한 이자와의 차액이 3억원 이상이거나 시가의 5%에 상당하는 금액 이상인 경우에 한하여 적용한다(법령 88 ③). 현저한 이익에 해당하는 경우에는 계산된 인정이자와 회사가 수령한 이자와의 차액을 익금에 산입하며 금전을 대여받은 자의 구분에 따라 다음과 같이 소득처분한다(법통 67-106…10).

① 출자자(출자임원 제외) : 배당

② 사용인(임원 포함) : 상여

③ 법인 또는 사업을 영위하는 개인 : 기타사외유출

④ 전 각 호 이외의 개인 : 기타소득

(2) 미수수익을 계상한 경우

1) 약정이 없는 경우

법인이 특수관계인 간의 금전거래에 있어서 상환기간 및 이자율 등에 대한 약정이 없는 대여금 및 가지급금등에 대하여 결산상 미수이자를 계상한 경우에도 동 미수이자는 익금불산입하고 영 제89조 제3항 및 제5항의 규정에 의하여 계산한 인정이자상당액을 익금에 산입하여 귀속자에 따라 상여 등으로 소득처분한다(법통 67-106…10).

2) 약정이 있는 경우

가지급금의 대여시점마다 상환기간 이자율 등에 대한 구체적이고 개별적인 약정이 있는 경우에는 약정일에 미회수된 이자에 대하여 미수이자를 계상하는 것이 가능할 것으로 판단된다. 다만, 구체적이고 개별적인 약정이 아닌 포괄약정 등은 약정이 없는 것으로 보아 미수이자를 익금불산입하고 인정이자 전액에 대하여 귀속자에게 상여 등으로 소득처분한다.

(3) 회수되지 않은 가지급금 및 미수이자

가지급금 및 그 이자로서 다음 중 어느 하나에 해당하는 금액은 익금에 산입하고, 「법인세법 시행령」 제106조의 규정에 따라 상여 등으로 소득처분한 것으로 본다(법령 11 9의 2호, 법통 4-0…6).

① 특수관계가 소멸되는 날까지 회수하지 아니한 가지급금 및 인정이자(②에 따라 익금에 산입한 이자는 제외)

② 특수관계가 소멸되지 아니한 경우로서 가지급금의 이자를 이자발생일이 속하는 사업연도 종료일부터 1년이 되는 날까지 회수하지 아니한 경우 그 이자

실무포인트

1. 회수지연된 특수관계인에 대한 외상매출금이 가지급금인지 여부

(1) 가지급금으로 본 사례

법인이 특수관계자로부터 지급받아야 할 매매대금의 회수를 정당한 사유 없이 지연시키는 것은 실질적으로 매매대금이 계약상의 의무이행기한 내에 전부 회수된 후 다시 가지급된 것과 같은 효과를 가져온다는 점에서 그 미회수 매매대금 상당액은 "업무와 관련 없이 지급한 가지급금등"에 해당하여 그에 상당하는 차입금의 지급이자가 손금에 산입되지 아니한다. 또한 그와 같은 매매대금의 회수지연이 건전한 사회통념이나 상관행에 비추어 경제적 합리성이 결여되어 조세의 부담을 부당하게 감소시킨 것으로 인정되는 경우에는 부당행위계산 부인에 의하여 그에 대한 인정이자가 익금에 산입된다(대법원 2007두5646, 2010.1.14.).

(2) 가지급금이 아니라고 본 사례

특수관계법인이 법인의 대량거래처일뿐더러 생산제품의 유일한 수요자로서 그 경영상태 및 변제능력을 감안할 수밖에 없는 경우라면 특수관계법인의 경영실적이 악화되었을 때에는 외상매출금회수를 적게 하고 경영상태가 호전됨에 따라 그 회수를 강화하는 것은 거래처의 효율적인 관리를 통한 매출물량의 확대를 기하고자 하는 경제적 합리성에 따른 것으로 보아야 할 것이므로 법인의 요구를 수용할 수밖에 없는 다른 군소거래처들에 대한 외상매출금의 회수사정과 단순히 산술적으로만 비교하여 특수관계법인에 대한 외상매출금의 회수가 경제적 합리성을 무시한 부당행위부인규정에 해당한

다고 할 수 없다(대법원 89누8095, 1990.5.11.).

2. 퇴직금 지급대신 가지급금과 상계한 경우 현실적 퇴직에 해당하는지

(1) 처분청 주장

청구법인은 전기절연물/제조업을 영위하는 사업자로서, 2007.12.31. 「법인세법 시행령」 제44조 제2항 제4호에 의거 청구법인의 임원인 이○○ 상무(이하 "이○○"라 한다)에 대한 급여를 연봉제로 전환하고 향후 퇴직급여를 지급하지 않는 조건으로 퇴직급여 825,137,921원(이하 "쟁점퇴직급여"라 한다)을 손금계상하고 이중 757,758,111원을 가지급금과 상계처리하였다.

2011.4.1.~4.22. ○○세무서장(이하 "조사관서"라 한다)은 청구법인에 대한 법인사업자 조사를 실시한 결과, 쟁점퇴직급여는 실제 지급없이 가지급금 등과 부당하게 상계처리하였다고 조사하여 쟁점퇴직급여를 손금불산입하고 대응되는 가지급금에 대한 인정이자 및 지급이자에 대하여 익금산입(손금불산입)하도록 처분청에 과세자료를 통보하였고, 이에 따라 법인세를 경정 고지하고 소득금액변동통지를 하였다.

「법인세법 시행령」 제44조 제2항을 보면 현실적인 퇴직에는 법인이 퇴직급여를 실제로 지급한 경우라고 규정되어 있으며, 제4호를 보면 법인의 임원에 대한 급여를 연봉제로 전환함에 따라 향후 퇴직급여를 지급하지 아니하는 조건으로 그 때까지의 퇴직급여를 정산하여 지급한 때라고 규정되어 있다. 청구법인은 현금지급을 하지 아니하여 퇴직급여의 손금계산의 전제요건을 미충족하였을 뿐더러 상식선을 벗어나는 과도한 금액을 퇴직금으로 계산한 후 이를 현금으로 수령받지 않고 법인의 가지급금과 직접 상계처리한 바, 이는 당초부터 퇴직이 목적이 아니라 과도하게 계상된 가지급금 계정을 부당하게 감소시킬 의도로 상기의 회계처리한 것으로밖에는 보이지 않으므로 쟁점퇴직급여를 손금불산입하고 가지급금을 익금산입하여 관련 법인세를 계상하고 소득금액변동통지를 한 당초 처분은 정당하다.

(2) 판 단 – 국가패소

쟁점급여가 「법인세법」에서 정하는 퇴직급여 손금한도를 초과하지 아니하는 것으로 나타나고, 청구법인이 제시한 증빙자료 및 관련 근거에 의하면 실제 청구법인이 이○○에 대하여 가지고 있던 채권(가지급금)과 청구법인이 이○○에 대하여 지는 채무(퇴직급여)를 근거로 하여 이○○로부터 현금을 지급받아 그 현금으로 이○○에 대한 채무인 쟁점퇴직급여를 지급한 것에 해당하여 그 경제적 실질이 이○○에게 현금을 지급한 것과 동일하다고 보여지므로 쟁점퇴직급여가 실제 지급된 것으로 이○○가 현실적으로 퇴직하였다고 봄이 합리적이라 할 것이므로, 처분청에서 쟁점퇴직급여가 실제 지급 없이 가지급금과 부당하게 상계처리되었다고 보아 쟁점퇴직급여를 손금불산입하고 대응되는 가지급금에 대한 인정이자 및 지급이자를 손금불산입한 처분은 잘못이 있다고 판단된다(조심 2011중3362, 2011.12.28.).

3. 미회수된 인정이자를 상여처분한 사례

① 법인이 특수관계인에 대한 가지급금 이자를 실제 회수함이 없이 장부상 미수이자 또는 가지급금 원본에 가산하여 회계처리하는 경우 이는 가공자산에 불과할 뿐이고, 설령 청구주장과 같이 청구법인이 가지급금 미수이자인 쟁점미수이자를 가지급금 원본에 가산하였다 하더라도 청구주장을 받아들이기는 어렵다. 가지급금 인정이자를 미수이자에 계상한 후 1년 뒤 회수하지 아니하였다고 보아 이를 익금산입하고 상여처분하는 것이 타당한지 여부(조심 2020중1482, 2021.1.15.)

② 특수관계자의 업무무관가지급금 인정이자는 이자발생일이 속하는 사업연도 종료일부터 1년이 되는 날까지 회수하지 아니하고 원본에 가산한 경우에는 이를 부인하여 손금불산입하고, 동 이자를 익금에 산입하여 소득처분한다(서울고등법원 2015누37312, 2015.8.19.).

4. 소멸시효가 완성된 가지급금의 대손금 인정 여부와 인정이자계산

(1) 처분내용

① 청구법인은 특수관계자에 해당하는 한국○○ 및 ○○학원에 대한 공사대금 등 채권을 추심하기 위한 아무런 조치를 취하지 아니한 채 소멸시효가 완성되도록 방치한 것은 경제적 합리성이 없는 행위로서 부당행위계산의 부인 대상에 해당하므로, 가사, 원고가 주장하는 바와 같이 위 공사대금 등 채권의 소멸시효가 완성되었다고 하더라도, 위 공사대금 등 채권을 대손금으로서 손금에 산입할 수는 없고,

② 원고가 위 공사대금 등 채권의 추심이 가능함에도 불구하고 이를 회수하지 아니한 행위도 부당행위계산의 부인 대상이 되므로, 위 공사대금 등 채권의 시효소멸 여부와는 무관하게 각 사업연도의 인정이자 계산에 산입하여야 한다.

(2) 판 단

공사대금 등 채권을 추심하는 것이 가능하였음에도 불구하고 위 공사대금 등 채권을 적극적으로 추심하거나, 그 소멸시효를 중단시키기 위한 아무런 조치를 취하지 아니한 채 소멸시효가 완성되도록 방치함으로써 위 공사대금 등 채권을 소극적으로 포기한 것이라고 봄이 상당하고, 이와 같은 부작위는 경제적인 합리성이 없는 행위로서 구 법인세법시행령(1998.12.31. 대통령령 제15970호로 전문개정 되기 전의 것) 제46조 제2항 제7호, 제9호 소정의 특수관계자 등에게 용역을 무상으로 제공한 EO에 준하여 복수관계자의 한국○○ 및 ○○학원에게 원고의 이익을 분여하였다고 인정되는 것이 있을 때에 해당한다고 할 것이다.

한편, 해당 채권은 각 소멸시효가 완성됨으로써 모두 소멸하였음은 앞서 본 것과 같으므로, 위 각 채권이 소멸한 다음의 사업연도부터는 원고의 소득금액을 조정함에 있어 이미 소멸된 위 각 채권은 인정이자의 계산 대상에서 제외되어야 할 것이다.

따라서 특수관계자간 채권의 회수지연으로 소멸시효가 완성되었다는 이유로는 대손금

으로 볼 수 없고 부작위에 의한 부당행위계산 부인 대상에 해당되며, 채권 미회수에 따른 인정이자를 계산하기 위해서는 채권이 유효하게 존재하여야 하나 시효완성된 채권이므로 인정이자 계산 대상이 아니다(대법원 2007두20249, 2008.1.17.).

5. 특수관계 소멸시점까지 미회수된 가지급금

(1) 폐업시점에 특수관계가 소멸하지 않은 것으로 판단한 사례

주식회사의 경우 부가가치세법상 폐업신고를 하더라도 법인이 해산되어 청산사무가 종결될 때까지는 특수관계가 유지되는 것이 원칙이라 할 것이고, 다만 예외적으로 외관상 해산사유가 발생하지 아니하여 청산절차가 개시되지 아니하였다고 하더라도, 특수관계인에 대한 가지급금을 회수하지 아니한 채 폐업상태를 유지하여 실질에 있어 해산 또는 청산된 것과 다름없는 상태에 이르렀음에도 해산 또는 청산이 이루어지지 않았다는 이유로 장기간 세금을 부과할 수 없게 된다면 청산절차가 종결된 법인에 비하여 불공평한 취급을 하게 되는 결과가 되어 조세공평의 원칙에 반하는 경우와 같은 특별한 사정이 있는 경우에는 폐업일에 특수관계가 소멸하였다고 볼 수 있다.

비록 원고가 폐업일로부터 1년여가 지나 해산 및 청산절차를 개시하고, 이 사건 가지급금과 이자를 변제하게 된 것이 피고로부터 소득처분을 받은 것을 염려하여 한 것이라 하더라도 ○○○○ 폐업일에 특수관계가 소멸하였다고 볼 만한 특별한 사정이 있는 경우라고 볼 수는 없다 할 것이어서, ○○○○의 청산종결까지는 여전히 특수관계가 유지되었다고 할 것이고, ○○○○은 특수관계가 소멸하기 전에 이 사건 가지급금과 이자를 회수하였으므로 이 사건 가지급금과 이자가 사외 유출되었다고 볼 수 없다. 따라서 ○○○○의 청산 종결 전에 이 사건 가지급금과 이자가 회수된 이상, ○○○○의 폐업일에 원고의 ○○○○에 대한 특수관계가 소멸함으로써 그때까지 이 사건 가지급금과 이자가 회수되지 않았다는 이유로 위 폐업일에 이 사건 가지급금과 이자가 사외 유출되어 원고에게 확정적으로 귀속되었음을 전제로 한 이 사건 처분은 위법하다(대법원 2007두8416, 2007.7.26.).

(2) 폐업시점에 특수관계가 소멸한 것으로 판단한 사례

① 주식회사의 경우 부가가치세법상 폐업신고를 하더라도 법인이 해산되어 청산사무가 종결될 때까지는 특수관계가 유지되는 것이 원칙이라 할 것이나, 예외적으로 해산 및 청산절차가 개시되지 않았다고 하더라도 사업장이나 종업원 등 인적·물적 시설이 존재하지 않아 회사의 실체가 없고, 영리를 목적으로 하는 사업을 계속하고 있지 않아 사실상 해산 또는 청산된 것과 다름없는 상태에 이르렀는데도 해산 또는 청산이 이루어지지 않았다는 이유로 특수관계인에 대하여 장기간 세금을 부과할 수 없다면 청산절차가 종결된 법인에 비하여 불공평한 취급을 하게 되는 결과가 되어 조세평등의 원칙에 반하는 경우와 같은 특별한 사정이 있는 경우에는 폐업시에 특수관계가 소멸하였다고 볼 수 있다.

즉 ① 소외 회사가 2008.7.30. 폐업신고를 한 후 사업장 등 사업에 필요한 인적·물적시설을 갖추지 않고 있었고, 법인세나 부가가치세를 신고하거나 납부한 사실도 없어 소외 회사가 회사로서 실체를 가지고 영업을 계속한 흔적을 찾을 수 없는 점, ② 피고의 소외 회사에 대한 과세예고통지 이후에야 비로소 해산 및 청산절차를 밟기에 이른 점 등을 종합하여 보면, 비록 소외 회사가 폐업 당시 상법상 해산 및 청산절차를 밟지 않았다고 하더라도 그 때에 원고와의 특수관계도 소멸되었다고 봄이 타당하고, 위 폐업 당시는 물론 소외 회사에 대한 과세예고통지가 있기까지 소외 회사가 원고로부터 이 사건 가지급금 등을 회수하지 않고 있었으므로, 소외 회사가 사실상 위 가지급금의 회수를 포기하였거나 회수가 불가능하게 되었다고 볼 수 있어 결국 이 사건 가지급금은 원고에게 확정적으로 귀속되었다고 봄이 타당하다(부산고등법원 2013누1396, 2014.5.1.).

② ○○○○가 사업부진으로 폐업하고 더 이상 아무런 사업을 영위하지 아니한 채 원고가 그 자리에서 같은 상호로 개인사업체를 운영하다가, 피고로부터 폐업 시 이미 원고와 ○○○○사이의 특수관계가 소멸되었음을 전제로 한 이 사건 과세처분을 받게 되자, 비로소 해산 및 청산종결등기를 하기에 이르렀다면, 이는 비록 ○○○○가 폐업 당시 상법상 해산 및 청산절차를 밟지 않았다고 하더라도 그 때에 이미 사실상 청산되었음은 물론 나아가 ○○○○와 원고 사이의 특수관계도 함께 소멸되었다고 볼 수 있고, 그럼에도 당시는 물론 그 이후 이 사건 과세처분이 있기까지 ○○○○가 원고로부터 이 사건 가지급금 등을 회수하지 않고 있었다면, 이는 ○○○○가 사실상 위 가지급금 등의 회수를 포기하였거나 회수가 불가능하게 되었다 할 것이므로, 결국 이 사건 가지급금 등은 원고에게 확정적으로 귀속되었다고 봄이 상당하다.

따라서 법인이 원고에게 지급한 가지급금과 미수이자를 폐업시점에 원고와 법인과의 특수관계가 소멸된 것으로 보고 회수하지 않은 가지급금등을 원고에 대한 상여로 소득처분하고 과세한 처분은 정당하다(대전고등법원 2006누1560, 2007.1.18.).

3. 자기주식의 취득과 가지급금

구「상법」(2011.4.14. 법률 제10600호로 개정되기 전의 것) 제341조 제1항은 "회사는 다음의 경우 이에는 자기의 계산으로 자기의 주식을 취득하지 못한다"고 규정하여 각 호의 주식 소각이나 회사의 합병 등 예외적인 경우를 제외하고는 원칙적인 자기주식 취득 금지를 규정하고 있었다. 이는 회사의 자기주식 취득이 회사의 자본적 기초를 위태롭게 하여 회사와 주주 및 채권자의 이익을 해하고 주주평등의 원칙을 해하며 대표이사 등에 의한 불공정한 회사지배를 초래하는 등의 여러 가지 폐해를 생기게 할 우려가 있으므로 「상법」이 일반 예방적인 목적에서 이를 일률적으로 금지하는 것을 원칙으로 하면서 예외적으로 자기주식의 취득이 허용되는 경우를 유형적으로 분류하여 명시하였던 것이었다(대법원 2003.5.16. 선고 2001다44109 판결 참조). 그러나 「상법」이 2011.4.14. 개정되면서 개정된 「상법」 제341조와 그 시행령이 정한 절차와 방법에 따른 자기주식 취득을 허용하였다.

국세청 예규에 따르면 내국법인이 주주에게 우회적으로 자금을 지원할 목적이 없이, 「상법」(2011.4.14. 법률 제10600호로 개정된 것) 제341조에 따라 주주로부터 자기주식을 취득하면서 지급한 금액은 인정이자 계산 대상 가지급금에 해당되지 않으나(법인세과-0469, 2018.2.27.), 심판례 등에서는 「상법」 규정 위반 여부, 자기주식의 취득 목적, 취득 후 주주에게 재매각하는지 등 거래 내용의 제반 사항을 종합적으로 고려하여 가지급금 여부를 판단하므로 주의가 요구된다.

(1) 상법상 자기주식의 취득방법

「상법」상 제341조의 절차를 준수하지 않은 자기주식의 취득은 취득행위 자체가 무효가 되므로 지급한 자기주식의 취득금액은 법률상 원인없이 지급된 금액으로 「법인세법」상 가지급금에 해당하게 된다. 따라서 자기주식 취득대금이 가지급금인지 여부는 「상법」상 절차를 준수하였는지가 중요한 판단기준이 되는데, 상법상의 자기주식취득 절차의 주요내용을 살펴보면 다음과 같다.

1) 「상법」상 자기주식 취득규정

자기주식을 취득하려는 회사는 미리 주주총회의 결의로 다음의 사항을 결정하여야 한다. 다만, 이사회의 결의로 이익배당을 할 수 있다고 정관으로 정하고 있는 경우에는 이사회의 결의로써 주주총회의 결의를 갈음할 수 있다(상법 341 ②).

① 취득할 수 있는 주식의 종류 및 수

② 취득가액의 총액의 한도

③ 1년을 초과하지 아니하는 범위에서 자기주식을 취득할 수 있는 기간

2) 자기주식 취득 절차

회사는 다음의 방법에 따라 자기의 명의와 계산으로 자기의 주식을 취득할 수 있다. 다만, 그 취득가액의 총액은 직전 결산기의 대차대조표상의 순자산액에서 제462조 제1항 각 호의 금액(자본금, 자본준비금, 이익준비금 등)을 뺀 금액을 초과하지 못한다(상법 341 ①).

① 거래소에서 시세가 있는 주식의 경우에는 거래소에서 취득하는 방법

② 제345조 제1항의 주식의 상환에 관한 종류주식의 경우 외에 각 주주가 가진 주식 수에 따라 균등한 조건으로 취득하는 것으로서 대통령령으로 정하는 방법

3) 취득의 방법

「상법」 제341조 제1항 제2호에서 "대통령령으로 정하는 방법"이란 다음 중 어느 하나에 해당하는 방법을 말한다(상법령 9 ①).

① 회사가 모든 주주에게 자기주식 취득의 통지 또는 공고를 하여 주식을 취득하는 방법

② 「자본시장과 금융투자업에 관한 법률」 제133조부터 제146조까지의 규정에 따른 공개매수의 방법

4) 모든 주주에게 통지 또는 공고를 하는 방법

이때에 3) ②의 방법에 따라 모든 주주에게 통지 또는 공고를 하는 경우에는 다음의 기준에 따라야 한다(상법령 10).

① 「상법」 제341조 제2항에 따른 결정을 한 회사가 자기주식을 취득하려는 경우에는 이사회의 결의로써 다음 각 목의 사항을 정할 것. 이 경우 주식 취득의 조건은 이사회가 결의할 때마다 균등하게 정하여야 한다.

㉠ 자기주식 취득의 목적

㉡ 취득할 주식의 종류 및 수

㉢ 주식 1주를 취득하는 대가로 교부할 금전이나 그 밖의 재산(해당 회사의 주식은 제외한다. 이하 "금전등")의 내용 및 그 산정 방법

㉣ 주식 취득의 대가로 교부할 금전등의 총액

㉤ 20일 이상 60일 내의 범위에서 주식양도를 신청할 수 있는 기간(이하 "양도신청기간")

㉥ 양도신청기간이 끝나는 날부터 1개월의 범위에서 양도의 대가로 금전등을 교부하는 시기와 그 밖에 주식 취득의 조건

② 회사는 양도신청기간이 시작하는 날의 2주 전까지 각 주주에게 회사의 재무 현황, 자기주식 보유 현황 및 ① 각 목의 사항을 서면으로 또는 각 주주의 동의를 받아 전자문서로 통지할 것. 다만, 회사가 무기명식의 주권을 발행한 경우에는 양도신청기간이 시작하는 날의 3주 전에 공고하여야 한다.

③ 회사에 주식을 양도하려는 주주는 양도신청기간이 끝나는 날까지 양도하려는 주식의 종류와 수를 적은 서면으로 주식양도를 신청할 것

④ 주주가 ③에 따라 회사에 대하여 주식 양도를 신청한 경우 회사와 그 주주 사이의 주식 취득을 위한 계약 성립의 시기는 양도신청기간이 끝나는 날로 정하고, 주주가

신청한 주식의 총수가 ① ㉡의 취득할 주식의 총수를 초과하는 경우 계약 성립의 범위는 취득할 주식의 총수를 신청한 주식의 총수로 나눈 수에 ③에 따라 주주가 신청한 주식의 수를 곱한 수(이 경우 끝수는 버린다)로 정할 것

(2) 자기주식 취득의 가지급금 판단사례

1) 종전 심판례와 판례 등

기존의 심판례와 판례 등에서는 일부주주가 주식양도를 포기하여 특정주주의 주식만을 자기주식으로 취득한 경우 「상법」상 주주의 균등조건에 따른 취득이 아닌 것으로 보아 「상법」을 위반하였다고 판단하였다. 또한, 차입금을 마련하여 자기주식을 취득한 경우도 배당가능이익을 재원으로 자기주식을 취득한 것이 아니라고 보아 「상법」을 위반하였다고 보아 자기주식의 취득대금을 가지급금으로 판단하였다(조심 2016서1700, 2016.7.7.; 심사법인 2018-20, 2018.10.17.; 서울고법 2017누35631, 2017.8.30. 등 참고).

2) 기존의 심판례 및 판례와 상반된 최근 대법원 판례

과거 고등법원에서는 ① 자기주식 취득목적 통지를 누락하였고, 특정주주로부터만 주식을 양수한 점, ② 차입금으로 자기주식 취득대금을 지급한 점을 근거로 「상법」을 위배한 것으로 판단하여 자기주식 취득대금을 가지급금으로 판단한바 있다(서울고법 2017누35631, 2017.8.30.). 본 사건에 대하여 대법원에서는 원심판결을 파기하고, 사건을 다시 심리·판단하게 하기 위하여 고등법원에 환송하였는데, 판결의 주요내용을 요약하면 다음과 같다(대법원 2017두63337, 2021.7.29.).

① 원고가 자기주식 취득의 통지를 하면서 이사회에서 결의한 사항의 일부를 누락하였다는 이유만으로 주주들의 공평한 주식양도의 기회가 침해되었다고 보기 어렵다. 또한 원고가 모든 주주들에게 자기주식 취득의 통지를 한 점 등에 비추어 보면, 원심이 든 사정만으로 원고가 처음부터 한○○가 보유하고 있던 주식만을 취득하려고 하였다고 단정할 수 없다. 따라서 이 사건 거래를 무효로 볼 수 없다.

② 원심은 「상법」 제341조 제1항 단서는 배당가능이익을 재원으로 자기주식을 취득하여야 한다는 것을 의미하는데 차입금에 의한 자기주식 취득은 배당가능이익을 재원으로 한 것이 아니라는 전제하에, 원고가 차입금으로 자기주식을 취득한 이상, 이 사건 거래는 「상법」 제341조 제1항 단서를 위반하여 무효라고 판단하였다. 그런데 배당가능이익은 채권자의 책임재산과 회사의 존립을 위한 재산적 기초를 확보하기 위하여 직전 결산기상의 순자산액에서 자본금, 법정준비금 등을 공제한 나머지로서 회사가 당기에 배당할 수 있는 한도를 의미하는 것이지 회사가 보유하고 있는 특정한 현금을

의미하는 것이 아니다. 또한 회사가 자기주식을 취득하는 경우 당기의 순자산이 그 취득가액의 총액만큼 감소하는 결과 배당가능이익도 같은 금액만큼 감소하게 되는데, 이는 회사가 자금을 차입하여 자기주식을 취득하더라도 마찬가지이다. 따라서 「상법」 제341조 제1항 단서는 자기주식 취득가액의 총액이 배당가능이익을 초과하여서는 안 된다는 것을 의미할 뿐 차입금으로 자기주식을 취득하는 것이 허용되지 않는다는 것을 의미하지는 않는다. 이러한 원심의 판단에는 자기주식 취득의 한도인 배당가능이익에 관한 법리를 오해하여 판결에 영향을 미친 잘못이 있다.

(3) 가지급금이 아닌 자기주식 거래대금의 과세방법

지금까지 살펴본 바와 같이 「상법」 제341조의 규정을 준수하여 적법한 절차에 따라 취득된 자기주식의 거래대금에 대하여는 가지급금으로 보지 않는다. 이때 주주는 주식의 취득가액과 법인으로부터 수령한 주식대금의 차액에 대하여 다음과 같이 과세된다.

구 분	과세방법
① 주식양도 거래로 보는 경우	양도차익에 대한 양도소득세 또는 법인세 과세
② 주식소각 거래로 보는 경우	의제배당으로 보아 소득세 또는 법인세 과세(법법 16 ① 1호)

1) 자기주식 취득거래의 판단기준

주식의 매도가 자산거래인 주식의 양도에 해당하는가 또는 자본거래인 주식의 소각 내지 자본의 환급에 해당하는가는 법률행위 해석의 문제로서 그 거래의 내용과 당사자의 의사를 기초로 하여 판단하여야 할 것이지만, 실질과세의 원칙상 단순히 당해 계약서의 내용이나 형식에만 의존할 것이 아니라, 당사자의 의사와 계약체결의 경위, 대금의 결정방법, 거래의 경과 등 거래의 전체과정을 실질적으로 파악하여 판단하여야 한다(대법원 2008두19628, 2010.10.28.).

2) 자기주식 거래를 의제배당으로 과세한 사례

① 주식의 거래가 주식소각방법에 의한 자본감소절차의 일환으로 이루어진 것이고, 의제배당의 귀속시기는 주식의 양도일이 아닌 주식의 소각을 결정한 날이 되는 것이다(대법원 2016두49525, 2019.6.27.). 본 판례에서는 법인과 양도주주들 사이의 주식매매계약서, 이 사건 주식 취득을 위한 임시주주총회 의사록 등에 이 사건 주식의 향후 처리에 관한 내용이 기재되어 있지 않은 점, 원고가 이 사건 주식을 취득하고 주식을 소각하기까지 기간이 1년 3개월로 장기이나 그러한 사정들만으로 원고에게 이 사건 주식을 취득할 당시 주식소각 또는 자본 환급의 목적이 없었다고 단정할 수 없는 점,

실제로 이 사건 주식이 소각됨으로써 그만큼 자본 감소가 발생한 점 등을 근거로 자기주식거래를 소각거래로 판단하였다.

② 주식의 양도대금과 원고가 이 사건 주식을 취득하기 위하여 소요된 금액과의 차액은 「소득세법」 제17조 제1항 제3호 소정의 의제배당소득이 된다(대전지법 2017구합102340, 2017.11.29.).

3) 자기주식 거래를 양도소득으로 과세한 사례

① 이 건 법인의 임시주주총회 의사록 및 이사회의사록 등에는 자기주식의 취득목적이 경영상 필요 등으로 되어 있고, 2011.4.14. 법률 제10600호로 개정된 「상법」에서도 종전에 자기주식을 예외적으로 취득할 수 있는 경우로 보았던 '주식을 소각하기 위한 때' 등이 삭제되었으며, 이 건 법인이 쟁점주식을 소각한 시기(2013.12.31.)도 청구인이 쟁점주식을 자기주식으로 취득한 날(2013.1.23.)부터 약 11개월이나 경과한 시점인 점, 청구인의 쟁점주식 양도 사유가 청구인이 법인에 불법행위에 의한 손해를 입혀 해임되자, 청구인이 퇴사하면서 법인이 청구인에 대한 민 · 형사상 소송을 제기하지 아니하고 퇴직금을 받지 않는 조건에 의한 것임이 각서 및 퇴직금 포기각서, 이사회회의록, 국세청 전산자료상으로 확인된다. 따라서 청구인의 쟁점주식의 양도사유가 이 건 법인이 쟁점주식을 소각하기 위한 것이라기보다는 청구인의 불법행위로 위한 불가피한 사정에 의한 것임이 구체적인 증빙으로 확인되므로, 쟁점주식의 양도와 관련하여 청구인이 한 양도소득세 신고를 부인하고, 이를 주식소각에 따른 그 취득가액 초과액의 배당으로 보아 종합소득세를 부과한 처분은 잘못이 있다고 판단된다(조심 2018중3318, 2018.11.15.).

② 청구법인의 임시주주총회 의사록에 의하여 쟁점주식을 '경영상 목적 등을 위하여 자기주식을 보유 후 재매각 목적'으로 취득하는 것으로 의결한 사실이 확인되는 점, 취득한 쟁점주식 중 일부를 거래처에 대한 증여, 직원에 대한 성과상여 지급 등의 목적으로 처분한 사실이 확인되는 점, 청구법인이 쟁점주식을 취득한 후 3년여가 경과한 심리일 현재까지도 쟁점주식을 소각한 사실이 확인되지 아니하는 반면, 생점주식의 취득이 실질적으로 소각을 통한 자본의 환급을 목적으로 하였다는 사실을 인정할 만한 객관적인 과세근거가 제시된 사실이 없는 점 등에 비추어 쟁점주식 양수도거래가 실질적으로 주식소각 목적의 자본거래에 따른 의제배당에 해당하는 것으로 보아 배당소득(원천)세 및 법인세 등을 과세한 처분은 잘못이 있는 것으로 판단된다(조심 2017중4926, 2018.2.5.).

③ ABCDE은 2015.12.31. 원고로부터 자사주를 매입한 때로부터 1년이 넘는 기간이

경과한 2017.2.26.에야 이 사건 주식을 소각하였고, ABCDE에 자사주 매입과 자사주 소각을 요구한 각 투자자는 전혀 다른 법인으로서 상호 아무런 관련이 없다. 위 인정 사실에 의하여 알 수 있는 다음과 같은 사정들을 종합하면, 원고가 2015.12.31. ABCDE에 이 사건 주식을 양도한 것이 주식의 소각이나 자본의 환급을 목적으로 한 것이라고 볼 수 없으므로, 이 사건 주식거래로 인하여 원고가 취득한 소득이 의제배당소득에 해당한다고 할 수 없다(서울행정법원 2020구합58939, 2021.5.4.).

세무조사사례 1

업무무관 가지급금 인정이자 및 지급이자 신고누락(국세청 보도자료 2023.2.27.)

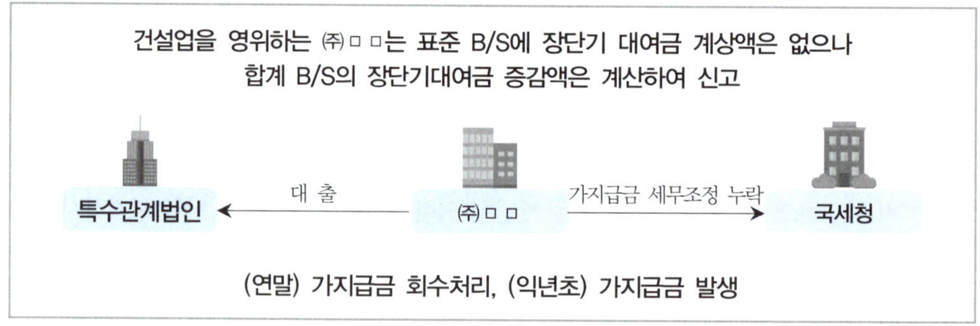

1. 사전 신고안내
   - 특수관계인 대여금이 있는 법인에게 업무무관 가지급금은 인정이자 및 지급이자 세무조정 대상임을 신고도움자료로 사전 안내

2. 신고내용
   - 건설업을 영위하는 ㈜ㅁㅁ은 표준재무상태표에 연도말 기준으로 특수관계인 대여금이 없는 것으로 장부를 작성하였고
   - 이에 따라 특수관계인에 대한 업무무관 가지급금 관련 인정이자와 지급이자 손금불산입 세무조정 신고 누락

3. 검증결과
   - ㈜ㅁㅁ의 합계표준재무상태표(연도 중 증감내역 기재)를 분석한 결과, 특수관계인 대여금을 연도말에 회수처리하고 다음 연도에 다시 대여한 것으로 변칙 회계처리한 사실을 확인하고
   - 업무무관 가지급금에 대한 인정이자 익금산입 및 지급이자 손금불산입 세무조정을 통해 법인세 등 ㅇ억원 추징

세무조사사례 2

「상법」을 위반하여 취득한 자기주식은 업무무관 가지급금에 해당함에도 업무무관 가지급금에 대한 인정이자 · 지급이자 세무조정 누락(국세청 보도자료 2023.2.27.)

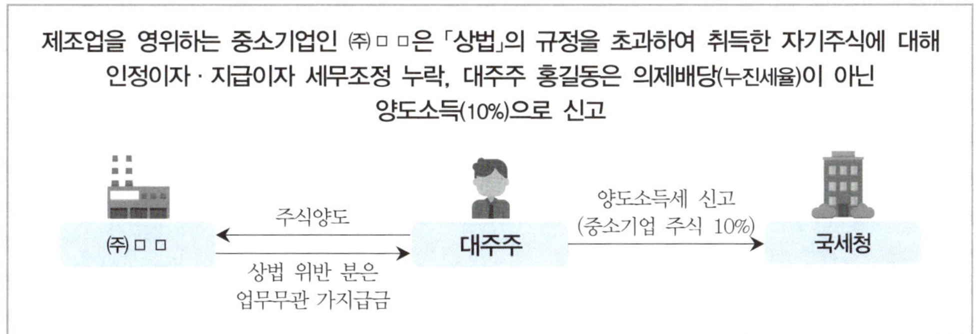

1. 사전 신고안내
   - 「상법」을 위배하여 자기주식을 보유한 경우 업무무관 자산 해당 여부를 검토하여 지급이자 등에 대한 세무조정을 누락하지 않도록 안내

2. 신고내용
   - 제조업을 영위하는 중소기업인 ㈜□ □은 「상법」의 규정을 위반하여 취득한 자기주식을 자본조정으로 계상하고, 업무무관 자산에 해당하는 자기주식에 대한 지급이자 손금불산입, 인정이자 익금산입을 누락 및 자기주식처분이익 익금산입 누락

3. 검증결과
   - ㈜□ □의 합계표준재무상태표(연도 중 증감내역 기재), 대주주 양도소득세 신고내역 등을 분석한 결과, 관련 세무조정이 누락된 사실을 확인하고 지급이자 손금불산입, 인정이자 익금산입 세무조정으로 법인세 등 ○억원 추징

4 업무무관비용

1. 업무무관 경비

법인이 지출한 비용 중 다음의 금액은 각 사업연도의 소득금액을 계산할 때 손금에 산입하지 아니한다(법법 27).

① 업무무관 자산을 취득 · 관리함으로써 발생하는 비용
② 그 법인의 업무와 직접 관련이 없다고 인정되는 지출금액으로서 법령에서 정하는 것

(1) 업무무관자산을 취득 · 관리함으로써 발생하는 비용

법인이 업무와 관련 없는 자산을 취득 · 관리함으로써 생기는 비용, 유지비, 수선비 및 이와 관련되는 비용은 손금에 산입하지 않는다(법령 49 ③). 이는 업무무관자산의 자체를 부인하는 것이 아니라 그 자산에 대한 관리비용을 손금으로 인정하지 않는 것이므로 업무무관자산의 취득가액 및 취득부대비용은 자산으로 보며, 해당 자산의 장부가액을 처분시점의 손금으로 인정한다.

▌업무무관자산의 손금 처리▐

구 분	내　용
① 취득단계	취득가액, 취득세 · 등록세 및 취득부대비용을 자산으로 처리
② 보유단계	수선비, 재산세 등 유지비용은 손금불산입
③ 처분단계	처분당시 세무상 장부가액을 손금산입

(2) 그 외 업무무관비용

다음의 비용은 업무와 관계없는 비용으로 보아 손금에 산입하지 않는다(법령 50 ①).

① 해당 법인이 직접 사용하지 아니하고 다른 사람(주주등이 아닌 임원과 소액주주등인 임원 및 직원은 제외)이 주로 사용하고 있는 장소 · 건축물 · 물건 등의 유지비 · 관리비 · 사용료와 이와 관련되는 지출금. 다만, 법인이 「대 · 중소기업 상생협력 촉진에 관한 법률」 제35조에 따른 사업을 중소기업(제조업을 영위하는 자에 한한다)에 이양하기 위하여 무상으로 해당 중소기업에 대여하는 생산설비와 관련된 지출금 등은 제외한다.
② 해당 법인의 주주등(소액주주등은 제외)이거나 출연자인 임원 또는 그 친족이 사용하고 있는 사택의 유지비 · 관리비 · 사용료와 이와 관련되는 지출금

③ 업무무관자산을 취득하기 위하여 지출한 자금의 차입과 관련되는 비용
④ 해당 법인이 공여한 「형법」 또는 「국제상거래에 있어서 외국공무원에 대한 뇌물방지법」에 따른 뇌물에 해당하는 금전 및 금전 외의 자산과 경제적 이익의 합계액
⑤ 「노동조합 및 노동관계조정법」 규정을 위반하여 지급하는 노동조합 전임자의 급여

실무포인트

1. 여비교통비와 접대비가 업무무관비용인지 여부

(1) 처분청 주장

청구법인은 쟁점금액의 업무관련성을 전혀 입증하지 못하고 있다. 조사청은 이 건 세무조사 과정에서 청구법인이 판매관리비로 계상한 항목(접대비, 여비교통비, 복리후생비, 소모품비 및 통신비 등)에 대한 적정여부를 검토하였고, 중국 소재 임가공업체를 통해 생산한 의류를 영국으로 수출하는 청구법인의 거래구조상 거래처가 모두 국외에 소재하여 국내에서 접대성 경비가 발생할 개연성이 없음에도 다수의 국내 골프장 등에서 법인카드를 사용하고 이를 거래처에 대한 접대비로 계상한 사실을 확인하고 업무관련 입증자료를 요구하였으나, 청구법인은 법인카드 결제내역 외에는 어떠한 자료도 제출하지 못하였다. 청구법인이 실제로 국내거래처 확보를 위한 접대비로 쟁점금액을 지출하였다면 조사대상 과세기간 동안 200회 이상의 골프접대를 통하여 실제로 달성된 성과가 있었을 것임에도 청구법인은 이를 전혀 입증하지 못하고 있다.

쟁점금액 중 여비교통비 부분도 손금으로 인정받기 위해서는 업무관련성이 인정되어야 하는데, 청구법인은 해외출장비 등의 명목으로 총 ○○○에 달하는 여비교통비를 계상하였음에도 출장여비 지급기준 및 여비교통비의 직무수행 관련성 입증자료(출장자, 출장지, 출장기간, 출장목적, 출장금액 등을 확인할 수 있는 임직원 출장대장 및 지출증빙) 등을 제출하라는 조사청의 요구에도 어떠한 증빙자료도 제출하지 못한 채 주 업무가 수출이라서 해외 출장이 잦을 수밖에 없다는 주장만 하고 있으므로 해당 여비교통비를 업무관련성이 없는 지출로 보아 법인세 등을 과세한 이 건 처분은 정당하다.

(2) 판 단 - 국가승소

이 건의 경우 쟁점금액 중 접대비는 그 상대방이 사업에 관련 있는 자들이고 지출의 목적이 접대 등의 행위에 의하여 사업관계자들과의 사이에 친목을 두텁게 하여 거래관계의 원활한 진행을 도모하는 데 있는 것인지가 객관적으로 입증되지 아니하고, 청구법인이 중국의 임가공업체를 통하여 생산한 의류를 영국 등에 수출하는 방식으로 사업을 운영한 점을 감안하면 대부분 국내의 골프장 및 해당 숙박업체에서 사용된 금액을 선불리 접대비로 인정하기 어려운 점, 쟁점금액 중 여비교통비의 경우 청구법인이 해외출장 실시에 따른 관련 보고서 및 사후정산서 등 업무관련성을 뒷받침할 만한

객관적이고 구체적인 입증자료를 전혀 제시하지 못하는 점, 그 밖에 과세관청이 세무조사를 하는 과정에서 납세의무자로부터 일정한 부분의 거래가 가공거래임을 자인하는 내용의 확인서를 작성받았다면 그 확인서가 작성자의 의사에 반하여 강제로 작성되었거나 혹은 그 내용의 미비 등으로 인하여 구체적인 사실에 대한 입증자료로 삼기 어렵다는 등의 특별한 사정이 없는 한 그 확인서의 증거가치는 쉽게 부인할 수 없다 할 것(대법원 2002.12.6. 선고 2001두2560 판결 참조)인데, 청구법인의 대표이사인 허운행이 이 건 조사 시 쟁점금액이 업무무관비용임을 시인하는 내용의 확인서를 작성한 점 등에 비추어 쟁점금액을 업무와 관련 없이 지출된 것으로 봄이 타당하다 할 것이다. 따라서 처분청이 쟁점금액을 손금불산입하여 청구법인에게 법인세 및 부가가치세를 과세하는 한편, 이를 대표이사에 대한 상여로 소득처분하여 소득금액변동통지한 이 건 처분은 달리 잘못이 없는 것으로 판단된다.

2. 인적용역자인 직업운동선수의 복리후생비, 소모품비 등이 업무무관비용인지 여부

(1) 납세자 주장

청구인은 직업운동 선수로 인적용역을 제공하는 사업자로서 인적, 물적 설비가 없어 주요경비(인건비 등) 관련 적격증빙을 갖추기 어려워 카드 사용내역, 예금 인출내역 등으로 증명서류를 제출하였으나, 처분청에서는 이를 부인하였다.

그러나 복리후생비는 지역가입자로서 청구인이 부담한 보험료와 한방진료비 등으로 지출되었고, 소모품비는 미혼인 청구인이 월세로 거주하는 주택에 필요한 세탁기 등 가전제품 구입 등에 소요되었으며, 지급수수료 중 일부는 도시가스 요금, 통신비, 기타경비 등 모두 사업과 관련된 경비임이 증명서류를 통하여 확인된다.

따라서 처분청이 부인한 쟁점필요경비 중 ○○○원은 청구인의 일신에 귀속되는 지출비용으로 총수입금액에 대응하는 경비가 분명하므로 처분청이 인정한 ○○○원이 아니라 ○○○원을 필요경비로 인정하여야 한다.

(2) 판 단 - 국가승소

처분청은 당초 전액을 경비로 인정하지 않았던 복리후생비 중 건강보험료 및 한방진료비를 추가로 인정하면서 식대 및 의류대만을 부인하였고, 생활비 및 가전제품 구매 등으로 확인되는 소모품비 전액을 사업과 무관한 사적 사용으로 판단하였으며, 지급수수료 계정에서 도시가스 비용과 신용카드 사용 내역상 사업관련성이 인정되지 아니하는 금액에 대하여 필요경비를 부인하였다.

청구인이 제시하는 증빙만으로는 업무관련성을 인정하기는 곤란한 점, 처분청은 심판청구 이후 불복대상 중 복리후생비의 일부에 대하여 추가로 필요경비로 인정한 반면 나머지 부인 내역은 식사대금 및 의류대금 · 생활비 · 가전제품 구매비용 등으로 해당 지출액이 개인적이 아니라 사업용으로 사용되었는지 여부가 불분명해 보이므로 청구주장을 받아들이기는 어려운 것으로 판단된다(조심 2017서2705, 2017.8.3.).

3. 화보촬영 장소를 겸한 대표자 거주주택 임차료가 업무무관비용인지 여부

(1) 납세자 주장

청구법인의 매출 증가로 거의 매일 화보촬영을 하게 되면서 안정적인 촬영장소가 필요하였을 뿐만 아니라, 화보촬영을 전문가에게 맡길 경우 발생하는 천문학적인 비용도 해결하여야 하였고, ○○○이 직접 일상복과 속옷 등을 착용하고 화보를 촬영하는 특성을 감안하여 한강변 조망권으로 촬영배경에 있어 구도가 적정한 호텔식 고급빌라인 쟁점아파트를 촬영 스튜디오로 임차한 것인바, 이를 부인하는 것은 청구법인의 존재와 매출 자체를 부인하는 것이다.

쟁점아파트는 청구법인의 사업장 소재지와 차로 30분(7㎞) 거리에 위치하여 거리도 적정하고, 필요시 회의실로 사용하거나 귀빈 접객에도 유용할 뿐만 아니라, 쟁점아파트에는 조리도구, 식기, 양념류, 반찬 등이 갖추어져 있지 않고, 냉장고에도 식수, 음료수만 있으며, 촬영에 필요한 침대 및 판매용 또는 샘플용 의류 몇 벌 외에 이불 및 특정 개인의 일상복 등이 존재하지 않는 등 의식주를 위한 기본 생활도구가 갖추어지지 않았음이 조사 당시 확인되었으며, 전기료와 난방비는 사업장에서 발생할 수 있는 정도이고, 거주의 주요 지표인 음식물 처리비가 거의 발생하지 않아 주거공간으로 사용되지 않았음을 알 수 있다.

또한, 조사청은 쟁점아파트가 일반 아파트와 같고 스튜디오로 볼 만한 촬영장비나 소품이 없었다는 의견이나, 임대차계약에 따라 쟁점아파트의 실내구조를 변경할 수 없고, 의류판매업은 휴대 가능한 디지털카메라만 있으면 촬영이 가능할 뿐만 아니라 아웃도어 같은 의류는 야외 · 길거리에서 수시로 촬영되며, 쟁점아파트에 있던 신발 200켤레, 침대 등 기본배경 자체 및 화장 · 분장 도구도 소품에 해당한다.

쟁점아파트의 입주자로 ○○○과 그 어머니인 ○○○가 등재된 것은 형식상 입주절차에 따른 것일 뿐이고, 쟁점아파트에서 촬영 · 회의 등을 하는 경우 근처에서 식사하거나 소품 등을 구입하기 위하여 법인카드를 사용하는 것은 당연하다 할 것이며, 주민등록표상 ○○○의 주소지는 쟁점아파트가 아님이 확인된다.

(2) 판 단

○○○의 개인블로그에 2012.10.6.~2014.12.31. 기간 동안 게시된 글에서 ○○○이 쟁점아파트를 집으로 지칭하면서 인근 음식점 및 공원을 이용하고 가족 및 지인을 초대하는 등 쟁점아파트에서 일상 생활을 영위한 것으로 나타나는 점,

특히 2013.6.19.자 ○○○의 블로그 게시글을 보면, "집에서 밥을 안해 먹는다"고 되어 있어 조리기구가 없다 하더라도 쟁점아파트를 주거공간으로 볼 수도 있는 점,

세무조사 당시 ○○○은 쟁점아파트의 침대가 놓여 있는 2개의 방 중 하나에 대하여 "어머님이 아버님과 살고 있으며, 가끔 와서 주무시고 아침식사하신다"라고 답변한 점,

청구법인의 법인카드 사용내역을 보면 이 건 과세기간 중 656건이 쟁점아파트 근처에

서 사용되었는데, 그 중 상당 부분이 휴일 및 업무시간 외의 시간에 사용되었을 뿐만 아니라, 상당부분을 차지하는 ○○○원 미만의 소액결제는 대부분 음식점 및 마트에서 사용된 점,

쟁점아파트에서 발생한 수도, 가스 등 사용량이 ○○○ 등의 주민등록지였던 1차 주택 및 2차 주택과 비교하여도 쟁점아파트를 통상의 주거지로 볼 수 있을 정도로 계속하여 수도 등 사용량이 발생한 점 등에 비추어 쟁점아파트에서 일부 광고촬영 등이 이루어졌을 수도 있으나 청구법인의 대표자인 ○○○이 상시 주거용으로 사용한 것으로 보이므로 쟁점임차료등을 업무무관비용으로 보아 손금불산입하고 관련 매입세액을 불공제한 처분은 달리 잘못이 없다고 판단된다(조심 2017서4883, 2018.7.27.).

2. 업무무관자산등에 대한 지급이자 손금불산입

업무무관자산을 취득하거나 보유하거나 특수관계자에게 업무와 관련 없이 지급한 가지급금이 있는 내국법인이 각 사업연도에 지급한 차입금의 이자 중 해당 자산가액에 상당하는 금액의 이자는 손금에 산입하지 않는다(법법 28 ①). 업무무관자산 등 지급이자의 손금불산입액은 다음의 산식에 따라 계산하며, 손금불산입액은 기타사외유출로 처분한다(법령 53 ②).

$$\text{손금불산입액} = \text{지급이자} \times \frac{\text{업무무관 자산가액적수} + \text{업무무관 가지급금적수(차입금적수를 한도로 함)}}{\text{차입금적수}}$$

본 규정의 입법목적은 차입금을 보유하고 있는 법인이 특수관계인에게 업무와 관련없이 가지급금 등을 지급한 경우에는 이에 상당하는 차입금의 지급이자를 손금불산입하도록 하는 조세상의 불이익을 주어, 차입금을 생산적인 부분에 사용하지 아니하고 계열사 등 특수관계인에게 대여하는 비정상적인 행위를 제한함으로써 타인자본에 의존한 무리한 기업 확장으로 기업의 재무구조가 악화되는 것을 방지하고, 기업자금의 생산적 운용을 통한 기업의 건전한 경제활동을 유도하는 데 있다(2005헌바75, 2007.1.17.).

(1) 법인의 업무

법인이 업무란 다음의 업무를 말한다(법칙 26 ②).

① 법령에서 업무를 정한 경우에는 그 법령에 규정된 업무

② 각 사업연도 종료일 현재의 법인등기부상의 목적사업(행정관청의 인가 · 허가 등을 요하는 사업의 경우에는 그 인가 · 허가 등을 받은 경우에 한한다)으로 정하여진 업무

(2) 업무무관자산

업무무관자산이란 다음과 같다(법령 49).

구 분	내 용
부동산	① 법인의 업무에 직접 사용하지 아니하는 부동산. 다만, 법정 유예기간이 경과하기 전까지의 기간 중에 있는 부동산을 제외한다. ② 유예기간 중에 당해 법인의 업무에 직접 사용하지 아니하고 양도하는 부동산. 다만, 부동산매매업을 주업으로 영위하는 법인의 경우를 제외한다.
동 산	① 서화 및 골동품. 다만, 장식 · 환경미화 등의 목적으로 사무실 · 복도 등 여러 사람이 볼 수 있는 공간에 상시 비치하는 것을 제외한다. ② 업무에 직접 사용하지 아니하는 자동차 · 선박 및 항공기. 다만, 저당권의 실행 기타 채권을 변제받기 위하여 취득한 선박으로서 3년이 경과되지 아니한 선박 등 법령이 정하는 부득이한 사유가 있는 자동차 · 선박 및 항공기를 제외한다. ③ 기타 위와 유사한 자산으로서 당해 법인의 업무에 직접 사용하지 아니하는 자산

(3) 업무무관 가지급금의 범위

'업무와 직접 관련없이 지급한 가지급금'이라 함은 명칭 여하에 불구하고 당해 법인의 업무와 관련이 없는 자금의 대여액을 말한다. 「법인세법 집행기준」에서 예시하고 있는 업무무관가지급금의 범위는 다음과 같다(법집 28-53-2).

① 업무무관가지급금이란 명칭 여하에 관계없이 해당 법인의 업무와 관련이 없는 자금의 대여액(금융기관 등의 주된 수익사업으로 볼 수 없는 자금의 대여액을 포함)을 말하는 것으로서 지급이자 손금불산입 대상은 특수관계인에 대한 대여금만 해당된다.

② 업무무관가지급금에는 순수한 의미의 대여금뿐만 아니라 채권의 성질상 대여금에 준하는 것도 포함되고 적정한 이사율에 따라 이자를 받는 경우도 포함되며, 그 가지급금의 업무관련성 여부는 해당 법인의 목적사업이나 영업내용 등을 기준으로 객관적으로 판단한다.

③ 법인이 특수관계인과의 거래에서 발생된 외상매출금 등의 회수가 지연되는 경우로서 해당 매출채권이 실질적인 소비대차로 전환된 것으로 인정되는 때에는 업무와 관련없는 가지급금으로 본다. 다만, 거래상대방의 자금사정 등으로 불가피하게 그 회수가 지연되는 등 매출채권의 회수가 지연되는 데 정당한 사유가 있다고 인정되는 경우와 해당 매출채권의 지연에 따른 연체료상당액을 받기로 한 경우에도 해당 매출채권이 업무와 관련없는 가지급금으로 전환된 것으로 보지 아니한다.

④ 자금대여를 주업으로 하지 아니하는 법인이 특수관계인에게 당좌대출이자율에 따라

이자를 수수하기로 약정하고 자금을 대여한 경우에도 해당 대여금은 업무와 관련없는 가지급금에 해당한다.

⑤ 내국법인이 해외현지법인의 시설 및 운영자금을 대여한 경우에 그 자금의 대여가 사실상 내국법인의 영업활동과 관련된 것인 때에는 이를 업무무관가지급금 등으로 보지 아니한다.

(4) 업무무관 가지급금에서 제외되는 것

「법인세법 시행규칙」 제44조 각 호의 하나에 해당하는 금액, 즉 인정이자계산의 대상에서 제외하는 금액은 업무와 직접 관련없이 지급한 가지급금으로도 보지 아니한다(법령 53 ① 단서, 법칙 28 ①).

① 미지급소득에 대한 소득세를 법인이 납부하고 이를 가지급금 등으로 계상한 금액. 미지급소득이란 「소득세법」상 지급시기의제 규정에 의하여 지급한 것으로 보는 배당소득 및 상여금을 말한다.

② 정부의 허가를 받아 국외에 자본을 투자한 내국법인이 당해 국외투자법인에 종사하거나 종사할 자의 여비 · 급료 기타 비용을 대신하여 부담하고 이를 가지급금 등으로 계상한 금액

③ 법인이 우리사주조합 또는 그 조합원에게 해당 우리사주조합이 설립된 회사의 주식취득에 소요되는 자금을 대여한 금액

④ 「국민연금법」에 의하여 근로자가 지급받은 것으로 보는 퇴직금전환금

⑤ 사외유출된 것이 분명하나 그 귀속이 불분명하여 대표자에게 상여처분한 금액에 대한 소득세를 법인이 납부하고 이를 가지급금으로 계상한 금액

⑥ 직원에 대한 월정급여액의 범위 안에서의 일시적인 급료의 가불금

⑦ 직원에 대한 경조사비 또는 학자금(자녀의 학자금을 포함)의 대여액

⑧ 「조세특례제한법 시행령」 제2조에 따른 중소기업에 근무하는 직원(지배주주등인 직원은 제외한다)에 대한 주택구입 또는 전세자금의 대여액

⑨ 한국자산관리공사가 출자총액의 전액을 출자하여 설립한 법인에 대여한 금액

실무포인트

① '법인의 업무와 관련이 없는 자금의 대여액'에는 순수한 의미의 대여금은 물론 채권의 성질상 대여금에 준하는 것도 포함되고, 또 특수관계에 있는 자로부터 적정한 이자율에 따른 이자를 받으면서 가지급금을 제공한 경우도 포함되며, 이때 가지급금의 업무관련성 여

부는 당해 법인의 목적사업이나 영업내용 등을 기준으로 객관적으로 판단하여야 한다(대법 2002두11479, 2004.2.13.).

② 자금의 대여를 주된 수익사업으로 하지 아니하는 법인이 특수관계인에게 업무와 직접 관련없이 자금을 대여하고 약정내용에 따라 이자를 수수하는 경우에도 업무와 직접 관련없는 가지급금으로 본다(대법원 91누8302, 1992.11.10.).

3. 업무무관 부동산

업무무관부동산의 범위는 다음과 같다(법령 49).

① 법인의 업무에 직접 사용하지 아니하는 부동산. 다만, 법정 유예기간이 경과하기 전까지의 기간 중에 있는 부동산을 제외한다.

② 유예기간 중에 당해 법인의 업무에 직접 사용하지 아니하고 양도하는 부동산. 다만, 부동산매매업을 주업으로 영위하는 법인의 경우를 제외한다.

(1) 업무에 사용하는 것으로 보는 경우

다음 중 어느 하나에 해당하는 경우에는 당해 부동산을 업무에 사용한 것으로 본다(법칙 26 ③).

① 토지를 취득하여 업무용으로 사용하기 위하여 건설에 착공한 경우(착공일이 불분명한 경우에는 착공신고서제출일을 기준으로 함)에는 업무에 사용한 것으로 본다. 다만, 천재지변 · 민원의 발생 기타 정당한 사유 없이 건설을 중단한 경우에는 중단한 기간 동안 업무에 사용하지 아니한 것으로 본다(법칙 26 ③ 1호).

② 부동산매매업[부동산공급업(묘지분양업을 포함) 및 건물건설업(자영건설업에 한함)]을 주업으로 하는 법인이 취득한 매매용 부동산을 유예기간 내에 양도하는 경우에는 업무에 사용한 것으로 본다(법칙 26 ③ 2호).

여기서 '부동산매매업을 주업으로 영위하는 법인'이란 한국표준산업분류에 따른 부동산개발 및 공급업(묘지분양업을 포함) 및 건물 건설업(자영건설업에 한함)을 말한다. 이 경우 부동산매매업과 다른 사업을 겸영하는 경우에는 해당 사업연도와 그 직전 2사업연도의 부동산매매업 매출액의 합계액(해당 법인이 토목건설업을 겸영하는 경우에는 토목건설업 매출액을 합한 금액을 말함)이 이들 3사업연도의 총수입금액 합계액의 50%를 초과하는 경우에 한하여 부동산매매업을 주업으로 하는 법인으로 본다(법칙 26 ⑦).

(2) 업무에 사용하는 것으로 보지 않는 경우

건축물이 없는 토지를 임대하는 경우(공장 · 건축물의 부속토지 등 법인의 업무에 직접 사용하던 토지를 임대하는 경우를 제외) 당해 토지는 업무에 직접 사용하지 아니하는 부동산으로 본다. 다만, 당해 토지를 임대하던 중 당해 법인이 건설에 착공하거나 그 임차인이 당해 법인의 동의를 얻어 건설에 착공한 경우(당해 토지는 착공신고서 제출일을 말함)부터 업무에 직접 사용하는 부동산으로 본다(법칙 26 ④).

(3) 유예기간

구 분	유예기간
건축물 또는 시설물 신축용 토지	취득일부터 5년 (공장용 부지로서 승인을 얻은 사업계획서상의 공장건설계획기간이 5년을 초과하는 경우에는 당해 공장건설계획기간)
다음의 부동산매매업을 주업으로 하는 법인이 취득한 매매용 부동산 • 부동산개발 및 공급업(묘지분양업을 포함) • 건물건설업(자영건설업에 한함)	취득일부터 5년
전 각 호 외의 부동산	취득일부터 2년

1) 취득의 경우 유예기간 기산일

부동산의 취득시기는 「소득세법 시행령」 제162조의 규정을 준용하되, 동조 제1항 제3호의 규정에 의한 장기할부조건에 의한 취득의 경우에는 당해 부동산을 사용 또는 수익할 수 있는 날로 한다(법칙 26 ⑥).

2) 취득 외의 경우 유예기간 기산일

부동산의 유예기간을 적용함에 있어서 다음의 사유가 발생한 경우 유예기간의 계산은 다음에 의한다(법칙 26 ⑧).

① 법령에 의하여 사용이 금지 또는 제한된 부동산(사용이 금지 또는 제한된 기간에 한함), 「문화재보호법」에 의하여 지정된 보호구역 안의 부동산(지정된 기간에 한함)은 각각 해당 법령에 의한 사용의 금지 · 제한이 해제된 날 또는 「문화재보호법」에 의한 보호구역지정이 해제된 날부터 기산한다(법칙 26 ⑨ 1호).

② 유예기간이 경과되기 전에 법령에 의하여 당해 사업과 관련된 인가 · 허가(건축허가를 포함) · 면허 등을 신청한 법인이 「건축법」 제12조의 규정 및 행정지도에 의하여 건축허가가 제한됨에 따라 건축을 할 수 없게 된 토지(건축허가가 제한된 기간에 한함)와 유예

기간이 경과되기 전에 법령에 의하여 당해 사업과 관련된 인가 · 허가 · 면허 등을 받았으나 건축자재의 수급조절을 위한 행정지도에 의하여 착공이 제한된 토지(착공이 제한된 기간에 한함)는 건축허가 또는 착공이 제한된 기간을 가산하여 계산한다(법칙 26 ⑧ 2호).

③ 합병법인이 피합병법인으로부터 승계받은 부동산에 대하여 업무와 관련없는 자산의 해당 여부를 판정함에 있어서 유예기간의 기산일은 합병에 의한 소유권이전등기일로 한다(법통 27-49…1, 법집 27-49-2 ②, 법인 46012-2027, 2000.10.2.).

④ 분할신설법인(분할합병의 상대방법인을 포함)이 분할법인(소멸한 분할합병의 상대방법인을 포함)으로부터 승계받은 부동산의 유예기간의 기산일은 분할에 의한 소유권이전 등기일로 한다(법집 27-49-2 ③, 서이 46012-10405, 2001.10.23.).

(4) 업무와 관련이 없는 것으로 보는 기간(법칙 ⑨ · ⑩)

구 분	업무와 관련 없는 부동산으로 보는 기간	근거법
• 업무에 직접 사용하지 아니하는 부동산	• 업무에 직접 사용하지 아니한 기간 중 유예기간과 겹치는 기간을 제외한 기간	법칙 26 ⑨ 1호 본문
• 취득 후 계속하여 업무에 사용하지 아니하고 양도하는 부동산	• 취득일부터 양도일까지의 기간	〃 1호 단서
• 유예기간 경과 전에 법령에 의하여 사용이 금지 · 제한된 부동산 등	• 금지 · 제한이 해제된 날부터 양도일까지의 기간	법칙 26 ⑨ 1호 단서
• 유예기간 중에 업무에 사용하지 아니하고 양도하는 부동산 • 법령에 의하여 사용이 금지 · 제한된 부동산	• 취득일부터 양도일까지의 기간 • 금지 · 제한이 해제된 날부터 양도일까지의 기간	법칙 26 ⑨ 2호
• 업무에 사용하지 아니하거나 유예기간 중에 업무에 사용하지 아니하고 양도한 부동산이 다음 각 호에 해당되는 경우 - 수용(협의매수를 포함)되는 경우 - 산업단지 안의 토지를 양도하는 경우	• 업무에 직접 사용하지 아니한 기간 중 유예기간과 겹치는 기간을 제외한 기간	법칙 26 ⑩

(5) 업무무관 부동산에서 제외하는 것

다음 중 어느 하나에 해당하는 부득이한 사유가 있는 부동산은 법인의 업무에 직접 사용하지 아니하는 부동산에서 제외한다(법령 49 ① 1호 단서, 법칙 26 ⑤).

① 해당 부동산의 취득 후 다음 중 어느 하나에 해당하는 사유가 발생한 부동산(법칙 26 ⑤ 2호). 이 규정은 당해 부동산을 취득한 후 법령에 의하여 사용이 금지 또는 제한된 부동산에 대하여 적용되는 것으로서 취득당시부터 이미 법령에 의하여 사용이 금지 또는 제한된 부동산을 취득한 경우에는 이를 적용하지 아니한다(법집 27-49-4, 서이 46012-10623, 2002.3.26.; 대법원 2005두5598, 2007.1.25.).

㉠ 법령에 의하여 사용이 금지 또는 제한된 부동산(사용이 금지 또는 제한된 기간에 한함). 이때에 토지를 취득한 후 유예기간이 경과된 후 법령의 규정에 의하여 사용이 금지 또는 제한된 부동산은 업무와 관련이 없는 자산으로 본다(법인 46012-3565, 1999.9.22.).

㉡ 「문화재보호법」에 의하여 지정된 보호구역 안의 부동산(지정된 기간에 한함)

㉢ 유예기간이 경과되기 전에 법령에 따라 해당 사업과 관련된 인가 · 허가(건축허가를 포함) · 면허 등을 신청한 법인이 「건축법」 제18조의 규정 또는 행정지도에 의하여 건축허가가 제한됨에 따라 건축을 할 수 없게 된 토지(건축허가가 제한된 기간에 한함). 다만, 부동산매매업[한국표준산업분류에 따른 부동산공급업(묘지분양업을 포함) 및 건물건설업(자영건설업에 한함)을 말함]을 주업으로 하는 법인이 취득한 매매용 부동산은 제외한다.

㉣ 유예기간이 경과되기 전에 법령에 의하여 당해 사업과 관련된 인가 · 허가 · 면허 등을 받았으나 건축자재의 수급조절을 위한 행정지도에 의하여 착공이 제한된 토지(착공이 제한된 기간에 한함). 다만, 부동산매매업[한국표준산업분류에 따른 부동산공급업(묘지분양업을 포함) 및 건물건설업(자영건설업에 한함)을 말함]을 주업으로 하는 법인이 취득한 매매용 부동산은 제외한다.

② 법률 제6538호 「조세특례제한법」 중 개정법률로 개정되기 전의 「조세특례제한법」 제78조 제1항 각 호 또는 같은 법 제81조 제1항에 규정된 자가 보유하는 같은 법 제78조 제1항 각 호 또는 같은 법 제81조 제1항에 규정된 부동산(법칙 26 ⑤ 3호)

③ 「광업법」에 의하여 지식경제부장관의 인가를 받아 휴광 중인 광업용 부동산(법칙 26 ⑤ 4호)

④ 사업장(임시작업장을 제외)의 진입도로로서 「사도법」에 의한 사도 또는 불특정다수인이 이용하는 도로(법칙 26 ⑤ 5호)

⑤ 「건축법」에 의하여 건축허가를 받을 당시에 공공공지로 제공한 토지(당해 건축물의 착공일부터 공공공지로의 제공이 끝나는 날까지의 기간에 한함)(법칙 26 ⑤ 6호)

⑥ 「대덕연구개발특구 등의 육성에 관한 법률」 제34조의 특구관리계획에 의하여 원형지로 지정된 토지(원형지로 지정된 기간에 한함)(법칙 26 ⑤ 7호)

⑦ 「농업협동조합의 구조개선에 관한 법률」에 의한 농업협동조합자산관리회사가 동법 제30조에 따라 「농업협동조합법」에 의한 조합, 농업협동조합중앙회, 농협은행, 농협생명 또는 농협손해보험으로부터 취득한 부동산(법칙 26 ⑤ 8호)

⑧ 「농업협동조합법」에 의한 조합, 농업협동조합중앙회, 농협은행, 농협생명 또는 농협손해보험이 「농업협동조합의 구조개선에 관한 법률」에 의한 농업협동조합자산관리회사에 매각을 위임한 부동산(법칙 26 ⑤ 9호)

⑨ 「민사집행법」에 의하여 경매가 진행 중인 부동산과 「국세징수법」에 의하여 공매가 진행 중인 부동산으로서 최초의 경매기일 또는 공매일부터 5년이 경과되지 아니한 부동산(법칙 26 ⑤ 10호)

⑩ 저당권의 실행 기타 채권을 변제받기 위하여 취득한 부동산 및 청산절차에 따라 잔여재산의 분배로 인하여 취득한 부동산으로서 취득일부터 5년이 경과되지 아니한 부동산(법칙 26 ⑤ 11호). 법인이 채권을 변제받기 위하여 취득한 부동산을 취득일부터 유예기간이 경과할 때까지 업무에 사용하지 아니한 경우에는 유예기간이 경과한 날부터 업무와 관련이 없는 부동산으로 보며, 유예기간 중에 당해 부동산을 법인등기부상의 목적사업인 임대사업에 공한 경우에는 임대에 공한 시점부터 업무에 사용한 것으로 본다(법인 46012-851, 2000.4.3.).

⑪ 「금융기관부실자산 등의 효율적 처리 및 한국자산관리공사의 설립에 관한 법률」에 의하여 설립된 한국자산관리공사(이하 "한국자산관리공사"라 한다)에 매각을 위임한 부동산으로서 3회 이상 유찰된 부동산(법칙 26 ⑤ 12호)

⑫ 영 제61조 제2항 각 호의 어느 하나에 해당하는 금융회사 등이 저당권의 실행 또는 그 밖에 채권을 변제받기 위하여 취득한 자산으로서 다음 각 목의 어느 하나에 해당하는 부동산(법칙 26 ⑤ 13호)
   ㉠ 한국자산관리공사에 매각을 위임한 부동산
   ㉡ 부동산의 소유권에 관한 소송이 계속 중인 부동산

⑬ 당해 부동산의 취득 후 소유권에 관한 소송이 계속 중인 부동산으로서 법원에 의하여 사용이 금지된 부동산과 그 부동산에 대한 소유권 확정판결일부터 5년(종전에는 3년)이 경과되지 아니한 부동산(법칙 26 ⑤ 14호)

⑭ 「도시개발법」에 의한 도시개발구역 안의 토지로서 환지방식에 의하여 시행되는 도시개발사업이 구획단위로 사실상 완료되어 건축이 가능한 날부터 5년이 경과되지 아니한 토지(법칙 26 ⑤ 15호)

⑮ 건축물이 멸실 · 철거되거나 무너진 경우에는 당해 건축물이 멸실 · 철거되거나 무너진 날부터 5년이 경과되지 아니한 토지(법칙 26 ⑤ 16호)

⑯ 법인이 사업의 일부 또는 전부를 휴업 · 폐업 또는 이전함에 따라 업무에 직접 사용하지 아니하게 된 부동산으로서 그 휴업 · 폐업 또는 이전일부터 5년이 경과되지 아니한 부동산(법칙 26 ⑤ 17호). 이때에 법인이 사업의 일부를 폐업함에 따라 업무에 직접 사용하지 아니하게 된 부동산은 「법인세법 시행규칙」 제26조 제5항 제17호의 규정에 의하여 폐업일부터 기산하여 5년의 유예기간이 경과한 날부터 업무무관자산으로 보며(법인-329, 2011.5.6.) 폐업일은 당해 공장에서 제품의 생산을 실제로 중단한 날부터 기산한다(법인 46012-1236, 2000.5.26.).

⑰ 다음 각 목의 1에 해당하는 법인이 신축한 건물로서 사용검사일부터 5년이 경과되지 아니한 건물과 그 부속토지(법칙 26 ⑤ 18호)

㉠ 주택신축판매업(주거용 건물공급업 및 주거용 건물건설업 중 자영건설업에 한함)을 영위하는 법인

㉡ 「산업집적활성화 및 공장설립에 관한 법률」에 의한 아파트형공장의 설치자

㉢ 건설업을 영위하는 법인

⑱ 「주택법」에 따라 주택건설사업자로 등록한 법인이 보유하는 토지 중 「주택법」에 따라 승인을 얻은 주택건설사업계획서에 기재된 사업부지에 인접한 토지로서 해당 계획서상의 주택 및 대지 등에 대한 사용검사일부터 5년(종전에는 3년)이 경과되지 아니한 토지(법칙 26 ⑤ 19호)

⑲ 「염관리법」 제16조의 규정에 의하여 허가의 효력이 상실된 염전으로서 허가의 효력이 상실된 날부터 5년(종전에는 4년)이 경과하지 아니한 염전(법칙 26 ⑤ 20호)

⑳ 「공유수면매립법」에 의하여 매립의 면허를 받은 법인이 매립공사를 하여 취득한 매립지로서 당해 매립지의 소유권을 취득한 날부터 5년(종전에는 4년)이 경과되지 아니한 매립지(법칙 26 ⑤ 21호)

㉑ 행정청이 아닌 도시개발사업의 시행자가 「도시개발법」에 의한 도시개발사업의 실시계획인가를 받아 분양을 조건으로 조성하고 있는 토지 및 조성이 완료된 후 분양되지 아니하거나 분양 후 「산업집적활성화 및 공장설립에 관한 법률」 제41조의 규정에 의하여 환수 또는 환매한 토지로서 최초의 인가일부터 5년이 경과되지 아니한 토지(법

칙 26 ⑤ 22호)

㉒ 다음 각 목의 어느 하나에 해당하는 기관이 「금융산업의 구조개선에 관한 법률」 제10조에 따른 의한 적기시정조치 또는 같은 법 제14조 제2항에 따른 계약 이전의 결정에 따라 같은 법 제2조 제3호에 따른 부실금융기관으로부터 취득한 부동산(법칙 26 ⑤ 23호)

㉠ 「예금자보호법」 제3조의 규정에 의한 예금보험공사

㉡ 「예금자보호법」 제36조의 3의 규정에 의한 정리금융기관

㉢ 「금융산업의 구조개선에 관한 법률」 제2조 제1호의 규정에 의한 금융기관

㉓ 「자산유동화에 관한 법률」에 따른 유동화전문회사가 같은 법 제3조의 따른 자산유동화계획에 따라 자산보유자로부터 취득한 부동산(법칙 26 ⑤ 24호)

㉔ 유예기간 내에 법인의 합병 또는 분할로 인하여 양도되는 부동산(법칙 26 ⑤ 25호)

㉕ 공장의 가동에 따른 소음 · 분진 · 악취 등에 의하여 생활환경의 오염피해가 발생되는 지역 안의 토지로서 당해 토지소유자의 요구에 따라 취득한 공장용 부속토지의 인접토지(법칙 26 ⑤ 26호)

㉖ 전국을 보급지역으로 하는 일간신문을 포함한 3개 이상의 일간신문에 다음 각 목의 조건으로 매각을 3일 이상 공고하고, 공고일부터 1년이 경과하지 아니하였거나 1년 이내에 매각계약을 체결한 부동산(법칙 26 ⑤ 27호, 법집 27-49-3 ①)

㉠ 매각예정가격이 「법인세법」 제52조의 규정에 의한 시가 이하일 것

㉡ 매각대금의 70% 이상을 매매계약체결일부터 6월 이후에 결제할 것

이때에 '3개 이상의 일간신문에 매각을 3일 이상 공고'라 함은 3 이상의 일간신문에 동호 각 목의 조건으로 매각을 각각 3회 이상 공고하는 것을 말하며(법집 27-49-3 ②), 부동산을 양도하기 위하여 신문공고를 한 법인에 대한 업무무관부동산 해당 여부의 세부 판정기준은 다음과 같다(법통 27-49…2, 법집 27-49-3 ③, 법인 46012-385, 2001.7.13.).

㉠ 「법인세법 시행규칙」 제26조 제1항의 규정에 의한 유예기간 내에 신문공고를 한 경우에는 최초 신문공고 후 1년 이내에 매각계약을 체결하거나 1년이 경과하지 아니한 때까지는 당해 부동산의 취득일부터 업무무관부동산으로 보지 아니한다.

㉡ 「법인세법 시행규칙」 제26조 제1항의 규정에 의한 유예기간이 경과한 후에 신문공고를 한 경우에는 당해 부동산의 취득일부터 신문공고일까지의 기간을 업무무관부동산으로 본다.

㉗ 전호의 규정에 의한 부동산으로서 동호 각 목의 요건을 갖추어 매년 매각을 재공고하

고, 재공고일부터 1년이 경과하지 아니하였거나 1년 이내에 매각계약을 체결한 부동산(직전매각공고 시의 매각예정가격에서 동 금액의 10%를 차감한 금액 이하로 매각을 재공고한 경우에 한함)(법칙 26 ⑤ 28호)

㉘「주택법」 제16조 및 동법 시행령 제18조 제5호에 따라 사업계획승인권자로부터 공사착수기간의 연장승인을 받아 연장된 공사착수기간 중에 있는 부동산으로서 최초의 공사착수기간 연장승인일부터 5년이 경과되지 아니한 부동산(공사착수가 연장된 기간에 한정)(법칙 26 ⑤ 29호)

㉙ 당해 부동산의 취득 후 전 각 호의 사유 외에 도시계획의 변경 등 정당한 사유로 인하여 업무에 사용하지 아니하는 부동산(법칙 26 ⑤ 30호)

㉚「송 · 변전설비 주변지역의 보상 및 지원에 관한 법률」 제5조에 따른 주택매수의 청구에 따라 사업자가 취득하여 보유하는 주택 및 그 대지(법칙 26 ⑤ 31호)

5 그 외 주요 쟁점

1. 가공경비 부인의 기준

(1) 손금의 인정기준

손금은 자본 또는 출자의 환급, 잉여금의 처분 및「법인세법」에서 규정하는 것은 제외하고 해당 법인의 순자산을 감소시키는 거래로 인하여 발생하는 손실 또는 비용(이하 "손비")의 금액으로 한다. 손비는「법인세법」 및 다른 법률에서 달리 정하고 있는 것을 제외하고는 그 법인의 사업과 관련하여 발생하거나 지출된 손실 또는 비용으로서 일반적으로 인정되는 통상적인 것이거나 수익과 직접 관련된 것으로 한다(법법 19 ① · ②).

여기에서 말하는 '일반적으로 용인되는 통상적인 비용'이라 함은 납세의무자와 같은 종류의 사업을 영위하는 다른 법인도 동일한 상황 아래에서는 지출하였을 것으로 인정되는 비용을 의미하고 그러한 비용에 해당하는지 여부는 지출의 경위와 목적, 형태, 액수, 효과 등을 종합적으로 고려하여 객관적으로 판단하여야 할 것인데 특별한 사정이 없는 한 사회질서에 위반하여 지출된 비용은 여기에서 제외된다고 할 것이다(대법원 2007두12422, 2009.11.12.). 한편, 위법소득을 얻기 위하여 지출한 비용이나 지출 자체에 위법성이 있는 비용에 대하여도 그 손금산입을 인정하는 것이 사회질서에 심히 반하는 등의 특별한 사정이 없는 한 손금으로 산입함이 타당하다(대법원 2008두7779, 2009.6.23.).

(2) 손금의 부인의 입증책임

1) 원 칙 – 과세관청 입증

과세처분의 위법을 이유로 그 취소를 구하는 행정소송에 있어서 과세처분의 적법성 및 과세요건사실의 존재에 관하여는 원칙적으로 과세관청이 그 입증책임을 부담하나 경험칙상 이례에 속하는 특별한 사정의 존재는 납세의무자에게 그 입증책임 내지는 입증의 필요가 돌아간다. 소득액확정의 기초가 되는 필요경비액에 대한 입증책임도 원칙적으로 과세관청에 있고 다만 구체적 경비항목에 관한 입증의 난이라든가 당사자 사이의 형평 등을 고려하여 납세자 측에 그 입증책임을 돌리는 경우가 있다 할 것인 바, 납세자가 그 소득을 얻기 위하여 통상적으로 필요로 하는 통상적 경비는 과세관청이 그 불존재를 입증하여야 할 것이며, 다만 경험칙상 그 불존재가 사실상 추정되는 이례적인 특별경비는 그 존재를 주장하는 납세자에게 입증책임이 있다고 할 것이다(대법원89누2851, 1990.2.13.).

2) 예 외 – 입증책임 전환(납세자 입증)

납세의무자가 신고한 어느 비용 중의 일부 금액이 실지비용이냐 아니냐가 다투어지는 경우 과세관청에 의해 납세의무자가 주장하는 비용의 용도와 지급의 상대방이 허위임이 상당한 정도로 입증되고, 납세의무자가 신고내역대로의 비용지출은 아님을 시인하면서 같은 금액만큼의 다른 비용지출이 있었다고 주장하는 이상 그 신고비용과 다른 비용의 존재와 액수에 관해서는 구체적 비용지출 사실에 관한 장부기장과 증빙 등 일체의 자료를 제시하기 용이한 납세의무자가 이를 입증할 필요가 있다고 보아야 한다(대법원 2005.6.10. 선고 2004두14168 판결 등 참조).

3) 입증책임 전환의 한계

사업소득자의 당해연도 소득금액을 산정할 때에 공제하여야 할 필요경비의 구체적인 항목에 대한 증명에 관하여 그 증명의 난이라든가 당사자의 형평 등을 고려하여 납세의무자에게 그 증명의 필요를 돌리는 경우가 있으나, 그와 같은 경우란 과세관청에 의하여 납세의무자가 신고한 어느 비용의 용도와 그 지급의 상대방이 허위임이 상당한 정도로 증명된 경우 등을 가리키는 것으로서, 그러한 증명이 전혀 없는 경우에까지 납세의무자에게 곧바로 필요경비에 대한 증명의 필요를 돌릴 수는 없으므로(대법원 97누15463, 1999.1.15.), 과세관청이 그러한 증명을 하지 못한 경우에는 납세의무자가 신고한 비용을 함부로 부인할 수 없다(대법원 2012두7776, 2015.6.23.).

2. 접대비

접대비는 세법상 한도를 두어 그 한도를 초과하는 금액에 대하여는 손금으로 인정하지 않고 있다. 접대비란 접대, 교제, 사례 또는 그 밖에 어떠한 명목이든 상관없이 이와 유사한 목적으로 지출한 비용으로서 내국법인이 직접 또는 간접적으로 업무와 관련이 있는 자와 업무를 원활하게 진행하기 위하여 지출한 금액을 말한다(법법 25 ①). 즉, 접대비 여부는 계정과목 명칭이나 회계처리 방식에 관계없이 그 실질내용에 따라 판단하여야 한다. 실제로 세무조사 현장에서는 다른 계정과목으로 회계처리된 항목 중 실질이 접대비에 해당한다면 이를 접대비로 재분류하여 한도초과액을 계산하고 손금불산입으로 처리하는 경우가 많이 발생한다.

한편, 최근 국세청에서는 법인의 접대비 분산처리 혐의에 대하여 사후검증이나 세무조사를 통해 적발하고자 많은 노력을 기울이고 있어, 접대비와 관련된 법인세 및 부가가치세의 추징사례가 많이 발생하고 있다. 이하에서는 심판례 및 판례를 통해 유사한 계정과목에 대하여 접대비로 구분하는 경우와 그렇지 않은 경우에 대하여 알아보고자 한다.

(1) 접대비와 복리후생비

법인이 사업을 위하여 지출한 비용 가운데 상대방이 사업에 관련있는 자들이고 지출의 목적이 접대 등의 행위에 의하여 상업관계자들과의 사이에 친목을 두텁게 하여 거래관계의 원활한 진행을 도모하는 데 있다면 접대비라고 할 것이다(대법원88누933, 1988.12.6.). 따라서 법인의 임직원은 거래관계자들에 해당하지 않으므로 임직원을 위한 지출액은 복리후생비로 봄이 타당하다.

지출의 상대방이 임직원인지 거래관계가 있는 자인지 여부에 따라 접대비와 복리후생비를 구분하는 것은 과세관청이나 납세자 간에 대체적으로 이견이 없다. 그런데 대법원 판례 "대법원 2007두26650"를 살펴보면 협력업체 직원들의 야근식대 등으로 지출한 금액을 접대비가 아닌 일반적으로 용인되는 통상적인 비용으로 보아야 한다고 판결한 바 있다. 해당 판례는 해당법인이 복리후생비 등 경비로 처리한 부분을 과세관청에서 접대비로 보아 과세처분한 것인데 1심과 2심에서는 과세관청의 입장을 인용하여 접대비로 판단하였으나 최종 대법원에서는 원심과 달리 납세자의 주장을 인용하여 접대비가 아닌 것으로 판결하였다. 판결 요지를 살펴보면 단지 지출된 금액에 협력업체 직원들에 대한 비용이 포함되어 있다는 이유만으로 접대비로 보아서는 안 되며, 사업과 관련하여 지출된 것으로서 일반적으로 용인되는 통상적인 비용으로 볼 수 있는 경우에는 접대비로 볼 수 없고, 거래관계자들과 친목을 두텁게 하여 거래관계의 원활한 진행을 도모하기 위한 비용이어야 접대비로 볼 수 있다고 하였다(대법원 2007두26650, 2008.7.10.).

(2) 접대비와 광고선전비

1) 구분기준

법인이 사업을 위하여 지출한 비용으로서 접대비, 광고선전비 또는 판매부대비용은 다음과 같이 구분한다(법집 25-0-4 ①).

① 지출의 상대방이 사업에 관련 있는 자들이고 지출의 목적이 접대 등의 행위에 의해 사업관계자들과의 사이에 친목을 두텁게 하여 거래관계의 원활한 진행을 도모하는 데 있는 것이라면 접대비

② 지출의 상대방이 불특정 다수인이고 지출의 목적이 구매의욕을 자극하는 데 있는 것이라면 광고선전비

③ 지출의 성질, 액수 등이 건전한 사회통념이나 상관행에 비추어 볼 때 상품 또는 제품의 판매에 직접 관련하여 정상적으로 소요되는 비용으로 인정되는 것이라면 판매부대비용

광고선전비와 접대비를 구분하는 주요 기준은 지출의 상대방이 불특정다수인지 여부이다. 불특정다수인에게 현금 · 상품권 · 상품 등을 지급한다고 사전공시하지 않고, 지급하는 사은품 등은 접대비에 해당하지만(법인-3550, 2008.11.24.), 판촉활동의 일환으로 거래실적이 우수한 불특정고객에게 선물을 증정한다고 사전에 홍보하고 사은품을 지급하여 왔다면 그 구입에 소요된 비용은 광고선전비에 해당한다(대법원 2000두2990, 2002.4.12.).

2) 광고선전용 자산의 수증익

제조업자 등이 자기의 상품 등을 판매하는 자 등에게 자기의 상호 · 로고 · 상품명 등을 표시하여 광고효과가 인정되는 물품 등을 제공하는 경우에는 다음과 같이 처리한다(법통 15-11…4).

① 광고선전용 간판, 네온사인, 플래카드와 같이 오로지 광고선전용으로 사용되는 물품 등을 제공한 경우는 제조업자 등의 광고선전비로 처리하고 판매업자 등은 회계처리하지 아니한다.

② 물품 등의 소유권을 이전하거나 물품 등의 가액을 금전으로 제공한 경우는 제조업자 등은 접대비로 처리하고, 판매업자 등은 사업용 자산과 자산수증익으로 회계처리한 후 당해 자산에 대하여 감가상각을 통하여 손금에 산입한다.

③ 제조업자 등이 당해 물품을 회수하여 재사용이 가능한 경우로서 제조업자 등이 물품 등의 소유권을 유지하는 것을 약정한 경우에는 제조업자 등의 자산으로 계상하고 감가상각비상당액을 광고선전비로 처리한다. 이 경우 판매업자 등은 회계처리하지 아니한다.

(3) 접대비와 판매부대비용

1) 판매부대비용의 범위와 사례

"판매와 관련된 부대비용"이란 기업회계기준에 따라 계상한 판매 관련 부대비용을 말하며(법칙 10), 그 범위를 예시하면 다음과 같다(법통 19-19…3).

① 사전약정에 따라 협회에 지급하는 판매수수료
② 수탁자와의 거래에 있어서 실제로 지급하는 비용
③ 관광사업 및 여행알선업을 영위하는 법인이 고객에게 통상 무료로 증정하는 수건, 모자, 쇼핑백 등의 가액
④ 용역대가에 포함되어 있는 범위 내에서 자가시설의 이용자에게 동 시설의 이용 시에 부수하여 제공하는 음료 등의 가액
⑤ 일정액 이상의 자기상품매입자에게 자기출판물인 월간지를 일정기간 무료로 증정하는 경우의 동 월간지의 가액상당액
⑥ 판매촉진을 위하여 경품부판매를 실시하는 경우 경품으로 제공하는 제품 또는 상품 등의 가액
⑦ 기타 ① 내지 ⑥과 유사한 성질이 있는 금액

한편, 보험사업을 영위하는 법인이 사업자인 보험설계사에게 지출한 비용은 지출목적 등에 따라 접대비 · 판매부대비 등으로 구분하여 손금에 산입한다. 이 경우 판매부대비로 보아 손금에 산입하는 것을 예시하면 다음 각 호와 같다(법통 25-0…6, 법집 25-0-5).

①「보험업법 시행령」에 따라 보험모집인 등록요건을 갖추기 위한 연수에 소요되는 비용 등 신규 보험설계사 모집 · 선발을 위하여 지출하는 비용
② 보험회사, 협회 및 보험연수원에서 실시하는 보험설계사 교육훈련비
③ 보험설계사의 사기진작을 위하여 지출하는 비용으로서 정기적으로 개최하는 체육대회 등의 행사비용
④「법인세법 시행령」 제19조 제18호의 규정을 적용받는 광고선전용 물품을 보험설계사를 통하여 고객에게 기증하는 경우 해당 물품의 구입비용
⑤ 사전에 공지된 우수고객 선정기준에 따라 법인의 우수고객에게 기증되는 물품을 보험설계사를 통하여 기증하는 경우 해당 물품의 구입비용

2) 판매부대비용의 구분기준

법인이 사업을 위하여 지출한 비용 가운데 상대방이 사업에 관련 있는 자들이고 지출의 목적이 접대 등의 행위에 의하여 사업관계자들과의 사이에 친목을 두텁게 하여 거래관계의

원활한 진행을 도모하는 데 있는 것이라면 그 비용은 접대비라고 할 것이나, 그 지출경위나 성질, 액수 등을 건전한 사회통념이나 상관행에 비추어 볼 때 상품 또는 제품의 판매에 직접 관련하여 정상적으로 소요되는 비용으로 인정되는 것이라면 손비로 인정하는 판매부대비용에 해당한다(대법원 2007두10389, 2009.7.9.). 「법인세법 집행기준」에서는 다음의 경우에 있어 건전한 사회통념과 상관행에 비추어 정상적인 거래라고 인정될 수 있는 범위안의 금액은 판매부대비용으로 본다(법집 19－19－2 ②)고 규정하고 있어 판매부대비용의 요건을 설명한 것이다.

① 모든 거래처에 동일한 조건에 의하여 차별 없이 관행적으로 계속하여 지급하는 식대로서 기업회계기준에 따라 판매부대비용으로 계산된 경우 해당금액

② 제조업 영위 법인이 제품을 판매하면서 사전 약정에 따라 자사의 제품을 판매하는 모든 거래처에 동일한 조건으로 할인판매가액 상당액을 부담하는 경우 해당금액

판례나 심판례를 살펴보면 과세관청은 위의 집행기준에 따라 사전약정이 없거나 모든 거래처에 동일한 조건이 아닌 경우에는 접대비로 보아 과세하는 경우가 있는 것으로 나타난다. 실제로 약정을 초과하여 임의로 지급한 판매수수료는 상품판매와 직접 관련된 정상적인 소요비용이 아니므로 접대비에 해당된다(대법원 2008두12320, 2011.1.27.)는 판례도 있다. 그러나 납세자의 적극적인 주장을 인용하여 접대비가 아닌 판매부대비용로 인정하는 경우가 있으므로 몇 가지 사례를 살펴보고자 한다.

3) 사전약정 여부

과거의 예규를 살펴보면 판매장려금 등 판매부대비에 관련된 내용에서 거래상대방과 사전약정이 있으면 판매부대비이지만 사전약정이 없는 경우에는 접대비로 본다는 내용이 상당수 나타난다. 그러나 「법인세법 시행령」 제19조 제1호의 2에 따르면 "판매한 상품 또는 제품의 보관료, 포장비, 운반비, 판매장려금 및 판매수당 등 판매와 관련된 부대비용(판매장려금 및 판매수당의 경우 사전약정 없이 지급하는 경우를 포함)"이라고 규정하고 있으므로 사전약정이 없다고 하여 접대비가 되어서는 안 될 것이다. 위 규정은 2009.2.4.에 신설된 것인데 다음의 심판례를 살펴보면 2013년에 지방국세청에서 조사한 내용임에도 불구하고 최근까지 판매장려금을 접대비로 구분함에 있어서 그 근거를 사전약정이 없다는 점으로 들고 있다는 것을 알 수 있다. 그러나 조세심판원에서는 위에서 살펴본 바와 같이 「법인세법 시행령」을 근거로 하여 사전약정없음이 접대비로 보는 기준이 될 수 없다는 점을 분명히 하고 있다.

구 분	내 용
과세관청의 입장	판매장려금 지급에 대한 사전약정 및 계약을 체결한 사실이 없어 쟁점비용을 지급해야 하는 의무가 없으므로 접대비에 해당함(조심 2014중1668, 2015.2.12.)
조세심판원의 판단	「법인세법 시행령」 제19조에서 손비의 범위에 판매장려금 및 판매수당의 경우 사전약정 없이 지급하는 경우에도 포함되도록 규정하고 있어 사전약정 없이 지급하였다는 사실만으로 접대비에 해당되는 것으로 볼 수 없음(조심 2014중1668, 2015.2.12.)

4) 일부 거래처에 지급한 장려금

기존의 예규들은 특정거래처에 제공하는 물품, 판매부대비용 등은 접대비로 보았으며, 모든 거래처에게 동일한 조건으로 제공되는 것만을 판매부대비 등으로 인정하였다. 그러나 최근 심판례 등에서는 특정거래처에만 지급하거나 각 거래처별로 달리 지급할 만한 정당한 사유가 있다고 판단되는 경우에는 그 지급되는 물품이나 금품을 판매부대비 등으로 인정하고 있다. 다음의 심판례를 살펴보면 과세관청에서는 모든 거래처에 동일하지 않은 조건으로 제공하거나 특정 거래처에만 지급한 경우에는 접대비로 보아 과세하고 있음을 알 수 있다. 이에 대하여 조세심판원의 판단은 각 상황별로 달리 나타나므로 실무자들의 주의가 요구된다.

구 분	내 용
접대비로 보는 경우	① 모든 고객에게 적용되는 것이 아니고, 특정 고객에 대하여만 적용되는 중도상환수수료 면제액은 접대비에 해당함(조심 2013서1684, 2014.9.30.) ② 인테리어 공사가 특정거래처에만 한정적으로 지원되었으므로 그 성격상 접대비로 보는 것이 타당함(조심 2010서2821, 2010.11.3.)
접대비로 보지 않는 경우	① 일부 거래처에게만 판매장려금을 지급한 것이 영업정책의 일환에 의한 것이므로 비록 통일된 지급기준이 없이 지급되었다고 하더라도 판매부대비용으로 보는 것이 타당함(조심 2010서1000, 2010.11.18.) ② 조합원을 일반인에 우대하여 거래량 등의 사전약정에 따라 장려금을 차등하여 합리적인 기준으로 지급한 점 등을 고려할 때, 접대성 경비라기보다는 청구법인의 영업정책의 일환으로 지급한 판매부대비용으로 보는 것이 타당함(조심 2013서4437, 2014.2.18.)

(4) 접대비와 기부금

사업과 직접 관계있는 자에게 금전 또는 물품을 기증한 경우에 그 금품의 가액은 접대비로 구분하며, 사업과 직접 관계가 없는 자에게 금전 또는 물품 등을 기증한 경우에 그 물품의 가액은 거래실태별로 다음 각 호에 게기하는 기준에 따라 접대비 또는 기부금으로 구분한다(법통 24-0…1).

① 업무와 관련하여 지출한 금품 : 접대비

② 위 ①에 해당되지 아니하는 금품 : 기부금

위의 기준에 따르면 지출의 상대방이 법정기부금 또는 지정기부금 단체라 하더라도 그 지출의 목적이 업무와 관련된 것이라면 기부금이 아니라 접대비가 되어야 한다. 예규에서는 의약품을 도매하는 법인이 계속적인 납품거래관계를 유지하기 위하여 대학부속병원에 지출하는 금전의 가액은 접대비로 판단하였다(법인 46012-4019, 1999.11.18.). 그러나 대법원에서는 단지 그 기부금의 지급대상인 병원 등과 사이에 거래관계가 있었다는 사정만으로 해당 기부금을 접대비에 해당한다고 보기는 어려우며, 기부금에 해당한다고 판단한 경우도 있다(대법 2006두9436, 2008.7.10.).

(5) 접대비와 회의비

정상적인 업무를 수행하기 위해 지출하는 회의비로서 사내 또는 통상 회의가 개최되는 장소에서 제공하는 다과 및 음식물 등의 가액 중 사회통념상 인정될 수 있는 범위 내의 금액인 통상회의비는 이를 각 사업연도의 소득금액 계산상 손금에 산입하나, 통상회의비를 초과하는 금액과 유흥을 위하여 지출하는 금액은 이를 접대비로 본다(법집 25-0-4 ④, 법통 25-0…4).

접대비로 보는 경우	접대비로 보지 않는 경우
룸살롱 등 유흥비에 가까운 비용은 회의비가 아닌 접대비로 판단됨(국심 1999경1550)	음식점에서 식사를 하면서 추가 설명이나 질의응답을 하는 형식으로 제품설명회를 한 것은 접대비에 해당하지 않음(조심 2015서920)

(6) 접대비와 대손금

약정에 의한 채권의 전부 또는 일부를 포기하는 경우에도 이를 대손금으로 보지 아니하며 기부금 또는 접대비로 본다. 다만, 특수관계자 외의 자와의 거래에서 발생한 채권으로서 채무자의 부도발생 등으로 장래에 회수가 불확실한 어음 · 수표상의 채권 등을 조기에 회수하기 위하여 당해 채권의 일부를 불가피하게 포기한 경우 동 채권의 일부를 포기하거나 면제한 행위에 객관적으로 정당한 사유가 있는 때에는 동 채권포기액을 손금에 산입한다(법통 19의 2-19의 2…5). 한편, 법인의 채권에 대하여 채권의 회수가능성 등 구체적인 사정을 감안하여 정당한 사유 없이 채권회수를 위한 제반 법적조치를 취하지 아니함에 따라 채권의 소멸시효가 완성된 경우 등의 미수금은 접대비 또는 기부금으로 본다(서이-984, 2006.5.30.).

3. 업무용승용차

법인명의로 등록된 승용차는 업무용으로 사용되기도 하지만 현실적으로는 사적용도로도 사용되기도 한다. 「법인세법」에서는 이러한 업무용승용차로 인한 비용이 과다하게 손금에 산입되지 않도록 하기 위하여 감가상각비 및 처분손실에 연간 한도를 두었고, 관련비용을 업무사용비율에 따라 손금으로 인정하도록 규정하고 있는데, 업무용승용차에 대한 규정을 요약하면 다음과 같다.

<table>
<tr><th>1차검토</th><th>구분</th><th>2차검토</th><th>구분</th><th>내 용</th></tr>
<tr><td rowspan="3">업무전용자동차
보험 가입 여부</td><td rowspan="2">여</td><td rowspan="2">운행기록부 작성 여부</td><td>여</td><td>운행기록부에 의해 확인된 업무사용비율 초과분
〈손금불산입〉(상여 등)</td></tr>
<tr><td>부</td><td>1,500만원 초과금액
〈손금불산입〉(상여 등)</td></tr>
<tr><td>부</td><td>관련비용 전액
〈손금불산입〉(상여 등)</td><td colspan="2">–</td></tr>
</table>

세무조사 과정에서는 운행기록부를 검토하더라도 실제 업무용으로 사용하였는지 여부를 확인하는 데 한계가 있을 것으로 예상된다. 다만, 판례를 살펴보면 운행기록부 작성 내용의 진실성을 확인하기 위해 세무조사 과정에서 하이패스 이용내역을 대조하여 보는 것으로 추정된다. 그러나 주로 시내주행을 하는 차량의 경우에는 이와 같은 방법을 사용하기에 무리가 있을 것으로 예상되며, 회사가 작성한 운행기록부를 부인하기 위해서는 과세관청에서 이를 입증해야 하는 어려움이 있으므로, 세무조사 과정에서 운행기록부로 인한 쟁점은 많이 발생하지 않을 것으로 예상된다.

한편, 업무전용자동차 보험의 가입 여부는 보험증권을 확인하는 절차로 비교적 간단하게 검토가 가능할 뿐 아니라, 업무전용자동차 보험에 가입되지 않은 경우, 손금을 부인함에 있어서 대부분의 경우 납세자와 이견이 발생하지 않을 것으로 예상된다. 실제로 최근 세무조사 현장에서는 제출자료로서 업무용승용차에 대한 보험증권을 요구하는 경우가 많으므로, 실무자들은 업무전용자동차 보험 가입 여부에 유의하여야 할 것이다.

실무포인트

앞서 인정한 사실 및 증거들, 갑 제7호증의 각 기재에 변론 전체의 취지를 종합하여 인정되는 다음과 같은 사실 및 사정, 즉 ① 이 사건 운행일지에는 2016, 2017 사업연도를 기준으로 하는 이 사건 차량의 사용자, 사용목적, 사용일자, 출발지, 도착지, 주행거리, 업무용 주행거리 등이 수기로 상세하게 기재되어 있는데, 이에 의하면 이 사건 차량은 원고의 직원이 대표자를 위하여 업무용으로 운행한 차량으로 보이는 점, ② 이 사건 운행일지는 이 사건 차량의 하이패스 출입기록과 상당 부분 일치하고 있고, 그 구체성, 작성 시기 및 작성 방식 등에 비추어 신뢰할 수 있는 점, ③ 원고는 당초 이 사건 차량에 대하여 임직원 한정 운전 특약을 조건으로 자동차보험에 가입하고자 하였으나 이 사건 보험회사 측의 과실로 특약 조건이 누락되었던 점 등을 종합하면 이 사건 차량은 원고의 업무와 관련한 용도로 운행되었다고 봄이 상당하다. 그렇다면 이 사건 차량과 관련하여 지출된 이 사건 비용은 비록 구 법인세법 제27조의 2의 요건을 구비하지 못하여 손금으로 인정될 수는 없지만, 실질적으로는 원고를 위하여 사용되었다 할 것이므로, 이를 사외에 유출된 것이라고 볼 수 없다. 따라서 이 사건 비용이 사외에 유출되었음을 전제로 하는 이 사건 소득금액 변동통지는 위법하므로 취소되어야 한다(서울행정법원 2019구합89067, 2020.8.18.).

세무조사사례 1

법인카드를 해외여행 · 접대목적 등 사적으로 사용하고 복리후생비 등 타계정으로 분산 계상하는 등 업무무관 비용을 손금으로 처리(국세청 보도자료 2023.2.27.)

1. 사전 신고안내
   - 법인의 신용카드 사용자료 중 사적사용 개연성이 높은 ① 신변잡화, ② 가정용품 구입, ③ 업무무관업소 이용, ④ 개인적 치료와 해외사용액에 대해 비용처리하지 않도록 사전안내

2. 신고내용
   - 광고업을 영위하는 ㈜ㅁㅁ의 대표이사 △△△는 법인 신용카드를 해외여행, 골프장, 상품권 구입 등 사적 · 접대목적으로 사용하고 복리후생비 등 타계정에 분산 계상하였고
   - 법인의 업무와 관련이 없는 법인 신용카드 사적사용액을 손금계상하고 이에 대한 세무조정을 신고 누락

3. 검증결과
   - ㈜ㅁㅁ의 신용카드 사용액, 해명자료를 검토하여 업무무관 비용에 해당하는 금액을 손금불산입 세무조정하여 법인세 등 ㅇ억원 추징

세무조사사례 2

특정시설물 이용권 취득 법인의 업무무관자산 관련 비용 부당계상(국세청 보도자료 2023.2.27.)

1. 사전 신고안내
   - 대표이사가 고가 콘도 · 휴양시설 등을 법인 명의로 취득한 후 사적으로 사용하는 경우 해당 업무무관 자산의 유지비용은 손금에 해당되지 않음을 보도참고자료로 사전 안내

2. 신고내용
   - ㈜ㅁㅁ은 해변가에 소재하는 골프장 단지 내 고가의 콘도회원권을 취득하고, 업무무관 자산의 유지비용을 복리후생비로 처리

3. 검증결과
   - ㈜ㅁㅁ이 취득한 고가의 콘도회원권은 지리적 위치 · 이용제한 등을 고려할 때 개인적 사용혐의가 높은 것으로 분석되어
   - 실제 시설물 숙박내역 등을 자료 수집하여 이용자와 법인의 업무관련성(접대 및 복리후생 여부)을 검토한 바
   - 대표이사 및 특수관계인이 사적으로 이용한 사실이 확인하고, 부가가치세 매입세액 불공제, 유지 · 관리비용 손금불산입하여 법인세 등 ○억원 추징

세무조사사례 3

대표이사 및 특수관계인이 업무용승용차를 사적으로 사용하였음에도 관련 비용을 전액 비용처리하여 법인세 탈루(국세청 보도자료 2023.2.27.)

1. 사전 신고안내
   - 법인 보유 고가의 업무용승용차를 사적으로 사용하는 경우 감가상각비 등 관련비용을 손금불산입하고 사용자에게 소득처분됨을 신고도움자료로 사전 안내

2. 신고내용
   - 제조업을 영위하는 ㈜ㅁㅁ는 ㅇ억원을 초과하는 슈퍼카를 보유하고 있으며, 해당 차량 관련 비용 전액을 업무관련 비용으로 손금산입함

3. 검증결과
   - 법인 보유 업무용승용차의 운행기록부와 유지관리비 등 지출증빙을 대조하여 검토한 바, ㈜ㅁㅁ는 운행일지를 허위로 작성하였으며, 업무목적 사용내역이 확인되지 않음
     * 신용카드 사용 지역, 주유 내역, 하이패스 사용 현황 등
   - 업무용승용차 관련비용 중 사적 사용분에 대하여 손금불산입(대표자 상여처분)하고 법인세 등 ㅇ억원 추징

포인트 세무조사 실무

Profile

세무사 **김태원**

- 동국대학교 회계학과 졸업
- 택스에듀넷(taxedutv.co.kr) 대표강사
- ㈜더존다스 근무
- 욿세무회계 대표 세무사
- 이나우스아카데미, 한국능률협회, 상공회의소 등 강의
- 현대백화점, 현대홈쇼핑, 현대HCN 등 다수기업 ERP 컨설팅
- ㈜휴스틸, 소리바다, 유엔젤㈜ 등 다수기업 내부회계관리제도 컨설팅
- 유튜브 채널 "김태원 세무사의 택스에듀TV" 운영 중

〈주요 저서〉

- 법인결산신고실무(공저, 조세통람)
- 포인트 법인조정 실무(공저, 조세통람)
- 포인트 연말정산 실무(공저, 조세통람)
- 포인트 종합소득세 실무(공저, 조세통람)
- 포인트 부가가치세 실무(공저, 조세통람)
- 포인트 통합고용세액공제 실무(공저, 조세통람)
- 세법학 1, 2(공저, 나무와사람)
- 회계관리 2급(시대고시기획)
- 왕초보 회계원리(시대고시기획)
- 전산회계 2급(공저, 시대고시기획)

꼭 필요한 실무내용만 짚어주는

포인트 세무조사 실무

저　　자 **김태원**
발 행 인 **서원진**
편집 · 교정 **류현수, 김영림, 박가온**
편집디자인 **이은희, 이미영, 황자애**
발 행 처 **㈜조세통람**
펴 낸 날 **2023년 6월 16일 초판 1쇄 발행**
2024년 10월 15일 초판 2쇄 발행

저자와의
협의하에
인지생략

주　　소 서울특별시 중구 동호로 14길 5－6(신당동)
등　　록 1976. 11. 5. 제9－81호
대표전화 02) 2231－7027
F A X 02) 2234－1754
구입문의 02) 2231－7027~9
I S B N 979-11-6064-275-9 13320
정　　가 **40,000원**

(주)조세통람은 좋은 책을 만들기 위해 독자 여러분의 의견을 기다립니다.
• 독자 의견 및 도서 문의 메일 : E · mail(josetop@inaus.co.kr)